한 권으로 끝내는 영단어

고등 내신・기출 1800

한 권으로 끝내는 영단어_고등 내신·기출 1800

초판 1쇄 발행 2022년 1월 7일
초판 3쇄 발행 2022년 11월 15일

지은이 해피스터디 영어교육연구소
펴낸이 임승규 김문식 최민석
총괄기획 이미진
기획편집 박소호 김재원 이혜미 조연수 김지은 정혜인
디자인 배현정
제작 제이오
펴낸곳 ㈜해피북스투유
출판등록 2016년 12월 12일 제2016-000343호
주소 서울시 성북구 종암로 63, 5층 501호(종암동)
전화 02-336-1203
팩스 02-336-1209

ISBN 979-11-6479-497-3 53740

단어를 알면 영어 공부가 즐거워집니다

공부는 마음이 먼저입니다.
공부가 잘되는 날에도 '마음' 덕분,
공부가 안 되는 날도 '마음' 때문이지요.
마음을 다지고, 키우고, 붙잡아두는 것.
어쩌면 공부하는 일이란 이 세 가지가 전부일 수도 있습니다.
마음가짐을 제대로 갖추기만 하면,
하루하루가 "공부가 이렇게 재미있다니!"라는 감탄이 나오는 순간들로 채워질 것이고,
그러다 보면 분명 놀라운 기적이 눈앞에 펼쳐질 것입니다.

— 박성혁 저, 《이토록 공부가 재미있어지는 순간》 중에서

단어 공부도 마음이 중요합니다.
매일매일 꾸준하게 반복적으로 공부해야 하는 것이 단어입니다.
그러기 위해서는 공부하는 마음을 다지고, 키우고, 붙잡아두는 것이 중요합니다.
그렇게 꾸준히 반복하다 보면 단어가 내 것이 되는 즐거움을 느낄 수 있을 것입니다.

단어를 알면 영어 공부가 즐거워집니다.
《한 권으로 끝내는 영단어》로 여러분들도 공부가 즐거워지는 순간을 경험하게 되시기 바랍니다.

해피스터디 영어교육연구소

성공은 매일 부단하게 반복한 작은 노력의 합산이다. _리테

《한 권으로 끝내는 영단어》 개발기

단어를 효과적으로 학습하기 위해 다양한 방법을 시도해보지만, 대부분 중도에 포기하는 경우가 많습니다. 정작 단어 학습의 가장 중요한 부분이 꾸준하게, 끝까지 반복하고 또 반복하는 것임에도 불구하고 말이죠.

이 교재는 단어 학습 방법에 대한 고민을 단번에 해결해주지 않습니다.
다만, 같은 시간 안에 어떤 단어를, 어떤 순서로 학습해야 더욱 효율을 극대화할 수 있는지 연구했습니다.
효율적인 단어 학습을 위한 해피스터디 영어교육연구소의 오랜 노력의 결과를 공개합니다.

단어선정

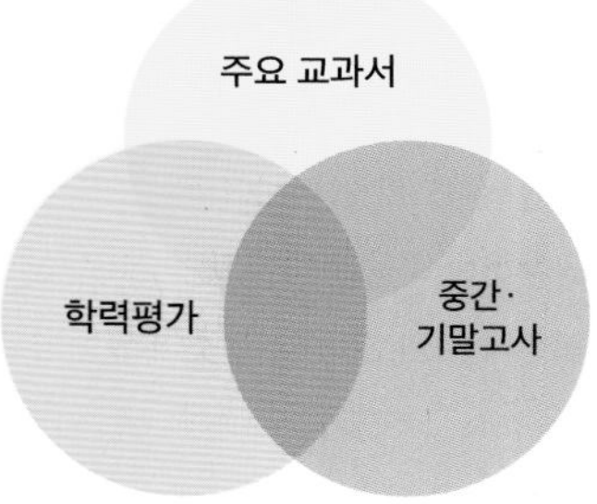

주요 교과서, 학력평가, 중간·기말고사의 단어를 DB화하여 중요도, 빈출도 순으로 선별하고 난이도 순으로 구성하여 효율적인 단어 공부가 가능하도록 구성하였습니다.

최적의 하루 학습 분량

DAY별 40단어로 구성하여 하루 30분 학습으로 자투리 학습의 효율성을 극대화하였습니다.

최적화된 내신 대비 단어장

변별력이 강화되는 영어시험에 대비하기 위해 시험에 자주 출제되는 다의어, 고난도, 혼동어휘를 체계적으로 제공합니다.
효율적인 학습을 위해 DAY마다 한 쌍의 단어를 제공해 DAY별 암기 부담은 줄이고 전체적인 효율성은 높였습니다.

내신 만점 추가 단어 제공

표제어를 중심으로 유의어, 반의어, 파생어, 숙어 등을 제공함으로써 내신 및 학력평가의 다양한 어휘들을 완벽하게 학습할 수 있도록 구성하였습니다.
또한 별도의 단을 만들어 가독성을 높이고 효과적인 학습을 할 수 있도록 하였습니다.

이외 다양하고 효율적인 학습 장치

- **voca+** 빠른 암기를 도와주는 어원 학습 및 뜻은 같지만 뉘앙스가 다른 어휘들에 대한 부연 설명을 담아 효과적인 어휘 확장 가능
- **DAILY TEST** 3가지 유형으로 하루 학습의 빠른 복습 점검 제공
- **미니 암기장** 휴대성을 극대화하여 언제 어디서나 확인하고 암기할 수 있도록 제공
표제어와 뜻만 제공하여 단어 학습에 집중할 수 있도록 구성

이 책에 쓰인 기호

n 명사 v 동사 a 형용사 ad 부사 p 전치사 c 접속사
파 파생어 유 유의어 반 반의어 복 복수형 숙 표제어 관련 숙어 참 표제어 관련 참고 어휘

듣기 파일 이용 방법

DAY별 본문 상단의 QR코드를 찍으면 해당 DAY의 MP3를 바로 들을 수 있습니다.

Structure and Features

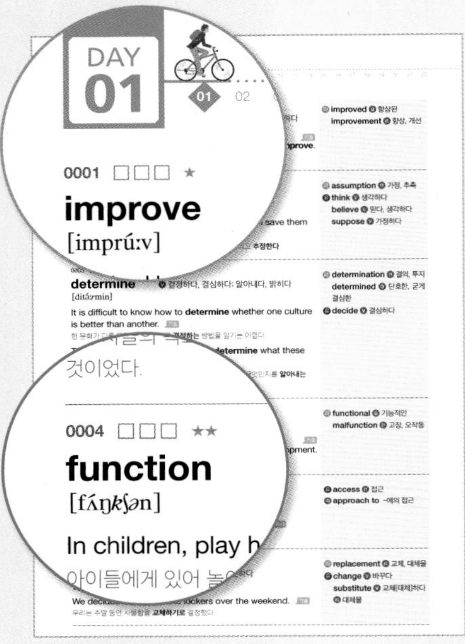

선별된 고교 필수 어휘

중요도, 빈출도, 난이도 순으로 구성된 단어를 통해 체계적인 학습이 가능하도록 구성하였습니다. 하루 40개를 제공하여 45일 동안 총 1,800개를 완성할 수 있습니다.

3회독 학습 장치

1회독은 표제어와 뜻을 중심으로 2회독은 1회독+파생어, 3회독은 1+2회독+예문까지 학습하면 단어 학습을 완벽하게 할 수 있습니다.

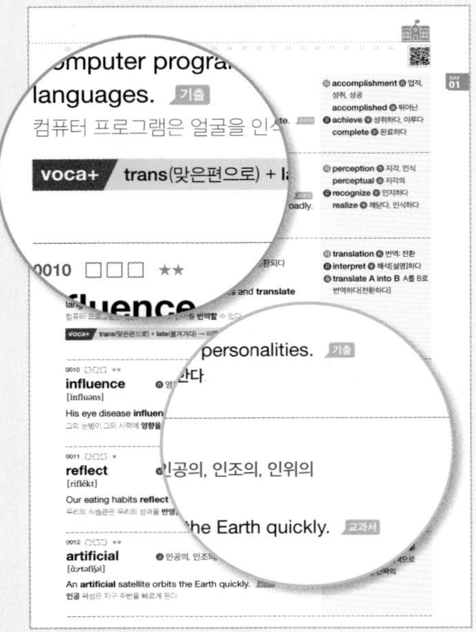

VOCA+

단어의 이해를 통해 쉽게 암기할 수 있도록 하는 어원 학습 및 뜻은 같지만 뉘앙스가 다른 어휘들에 대한 부연 설명을 담아 자연스러운 어휘 확장을 도왔습니다.

교과서 및 학평 기출 예문 제공

어휘의 실제 쓰임을 보여주는 예문을 통해 출제 경향 및 실전 유형을 파악할 수 있습니다. 또한 쉬운 예문을 엄선하여 표제어 학습에 집중할 수 있도록 구성하였습니다.

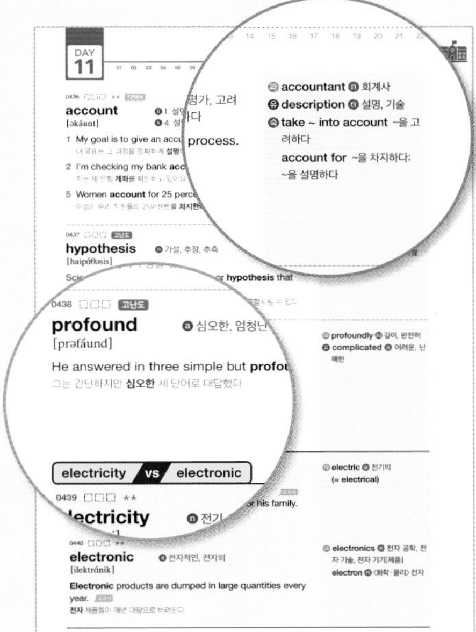

플러스가 되는 단어들

표제어와 연관된 유의어, 반의어, 숙어 및 참고 어휘들을 함께 제공하여 단어의 확장 학습이 가능합니다.

다의어, 고난도, 혼동어휘 제공

중요도에 따라 DAY별로 다의어, 고난도, 혼동어휘를 제공하여 어렵거나 헷갈리는 단어를 체계적으로 학습할 수 있도록 하였습니다. 또한 DAY별 각 두 단어 구성으로 암기 부담을 줄여 효과적인 학습이 될 수 있도록 하였습니다.

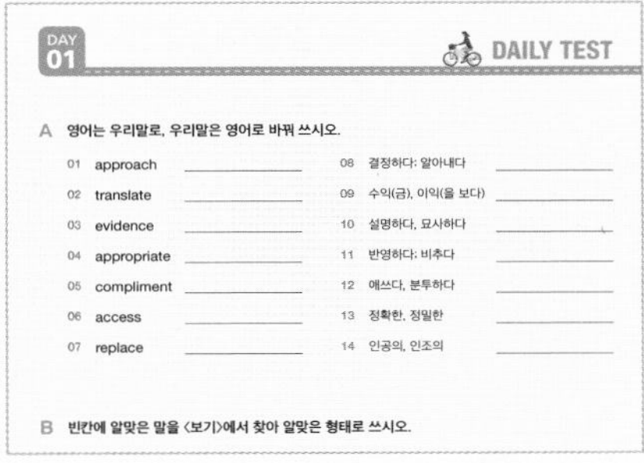

DAILY TEST

쉽고 빠른 복습이 가능하도록 3가지 유형의 Test로 매일의 학습을 확인, 점검할 수 있도록 하였습니다.

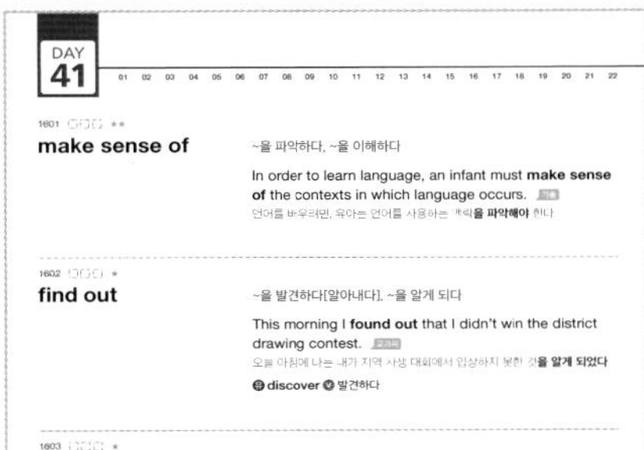

숙어 200

독해에 많은 도움이 되는 숙어도 빼놓을 수 없습니다. 교과서와 학력평가에 자주 등장한 숙어 200개를 중요도 순으로 예문과 함께 제공하였습니다.

나만의 학습 플래너

● 3회독을 목표로 학습한 후 날짜를 적어보자.

DAY	1회	2회	3회	DAY	1회	2회	3회	DAY	1회	2회	3회
DAY 01	12/1	12/2	12/3	DAY 16				DAY 31			
DAY 02	12/2	12/3		DAY 17				DAY 32			
DAY 03	12/3			DAY 18				DAY 33			
DAY 04				DAY 19				DAY 34			
DAY 05				DAY 20				DAY 35			
DAY 06				DAY 21				DAY 36			
DAY 07				DAY 22				DAY 37			
DAY 08				DAY 23				DAY 38			
DAY 09				DAY 24				DAY 39			
DAY 10				DAY 25				DAY 40			
DAY 11				DAY 26				DAY 41			
DAY 12				DAY 27				DAY 42			
DAY 13				DAY 28				DAY 43			
DAY 14				DAY 29				DAY 44			
DAY 15				DAY 30				DAY 45			

Contents

PART 01

주저하지 말고 책장을 넘겨라! 도전하라!

나는 실패는 받아들일 수 있다. 누구나 실패는 하기 때문이다. 하지만 시도하지 않는 것은 받아들일 수 없다.

I can accept failure, everyone fails at something. But I can't accept not trying.

_ 마이클 조던Michael Jordan, NBA 역대 최고의 선수

시작하는 방법은 그만 말하고 행동으로 옮기는 것이야.

The way to get started is to quit talking and begin doing.

_ 월트 디즈니Walt Disney, 월트 디즈니 컴퍼니 창립자

0001 □□□ ★

improve ⓥ 나아지다, 개선되다; 개선하다, 향상하다
[imprúːv]

She had been practicing hard but she did not seem to **improve**. 기출
그녀는 열심히 연습해왔지만 **나아지는** 것 같지 않았다.

㊁ improved ⓐ 향상된
improvement ⓝ 향상, 개선

0002 □□□ ★

assume ⓥ 추정[추측]하다, 가정하다
[əsjúːm]

People **assume** that buying an item on sale will save them money. 교과서
사람들은 할인 판매하는 물건을 사는 것이 돈을 아껴줄 거라고 **추정한다**.

㊁ assumption ⓝ 가정, 추측
㊀ think ⓥ 생각하다
believe ⓥ 믿다, 생각하다
suppose ⓥ 가정하다

0003 □□□ ★★

determine ⓥ 결정하다, 결심하다; 알아내다, 밝히다
[ditə́ːrmin]

It is difficult to know how to **determine** whether one culture is better than another. 기출
한 문화가 다른 문화보다 나은지를 **결정하는** 방법을 알기는 어렵다.

The goal of the researchers was to **determine** what these people had in common. 기출
연구자들의 목표는 이 사람들이 공통적으로 갖고 있는 것이 무엇인지를 **알아내는** 것이었다.

㊁ determination ⓝ 결의, 투지
determined ⓐ 단호한, 굳게 결심한
㊀ decide ⓥ 결심하다

0004 □□□ ★★

function ⓝ 기능 ⓥ 기능하다
[fʌ́ŋkʃən]

In children, play has important **functions** during development. 기출
아이들에게 있어 놀이는 발달하는 동안 중요한 **기능**을 한다.

㊁ functional ⓐ 기능적인
malfunction ⓝ 고장, 오작동

0005 □□□ ★★

approach ⓝ 접근(법) ⓥ 다가오다, 접근하다
[əpróutʃ]

This new **approach** is becoming more popular. 교과서
이 새로운 **접근법**은 점점 더 인기를 얻고 있다.

㊀ access ⓝ 접근
㊃ approach to ~에의 접근

0006 □□□ ★

replace ⓥ 대체[교체]하다, 대신하다
[ripléis]

We decided to **replace** the lockers over the weekend. 기출
우리는 주말 동안 사물함을 **교체하기로** 결정했다.

㊁ replacement ⓝ 교체, 대체물
㊀ change ⓥ 바꾸다
substitute ⓥ 교체[대체]하다 ⓝ 대체물

0007 □□□ ★★

accomplish

[əkámpliʃ]

ⓥ 이루다, 완수하다, 성취하다

We can **accomplish** great things when we collaborate. 교과서

우리는 협력할 때 위대한 것들을 **이룰** 수 있다.

㉲ accomplishment ⓝ 업적, 성취, 성공
accomplished ⓐ 뛰어난
㊌ achieve ⓥ 성취하다, 이루다
complete ⓥ 완료하다

0008 □□□ ★★

perceive

[pərsíːv]

ⓥ 인식하다, 인지[감지]하다

Cultural diversity helps us **perceive** the world more broadly. 교과서

문화적 다양성은 우리가 세계를 더 폭넓게 **인식하도록** 돕는다.

㉲ perception ⓝ 지각, 인식
perceptual ⓐ 지각의
㊌ recognize ⓥ 인지하다
realize ⓥ 깨닫다, 인식하다

0009 □□□ ★★

translate

[trænsléit]

ⓥ 번역[통역]하다, 해석하다; 전환되다

Computer programs can recognize faces and **translate** languages. 기출

컴퓨터 프로그램은 얼굴을 인식하고 언어를 **번역할** 수 있다.

voca+ trans(맞은편으로) + late(옮겨가다) → 이쪽에서 저쪽으로 옮겨가다

㉲ translation ⓝ 번역; 전환
㊌ interpret ⓥ 해석[설명]하다
㊏ translate A into B A를 B로 번역하다[전환하다]

0010 □□□ ★★

influence

[ínfluəns]

ⓝ 영향(력) ⓥ 영향을 미치다

His eye disease **influenced** his vision. 교과서

그의 눈병이 그의 시력에 **영향을 미쳤다**.

㉲ influential ⓐ 영향력 있는
㊌ affect ⓥ 영향을 미치다

0011 □□□ ★

reflect

[riflékt]

ⓥ 반영하다, 나타내다; 반사하다; 비추다

Our eating habits **reflect** our personalities. 기출

우리의 식습관은 우리의 성격을 **반영한다**.

㉲ reflection ⓝ (거울 등에 비친) 상; 반영; 반사; 성찰
㊌ show ⓥ 나타내다, 보여주다
㊏ reflect on ~을 되돌아보다

0012 □□□ ★★

artificial

[àːrtəfíʃəl]

ⓐ 인공의, 인조의, 인위의

An **artificial** satellite orbits the Earth quickly. 교과서

인공 위성은 지구 주변을 빠르게 돈다.

㉲ artifact ⓝ 가공품, 인공물
artificially ad 인위적으로
㊇ genuine ⓐ 진짜의

0013 □□□ ★

access [n] 접근 [v] 접근하다, 접속하다
[ǽksès]

TV was the most popular way to **access** the news. [기출]
TV는 뉴스에 **접근하는** 가장 인기 있는 방법이었다.

[파] accessible [a] 접근하기 쉬운
accessibility [n] 접근성, 이용 가능성
[유] approach [n] 접근 [v] 접근하다
[숙] access to ~로의 접근

0014 □□□ ★★★

appropriate [a] 적절한, 적합한
[əpróupriət]

Fill in the blanks with the **appropriate** words.
빈칸에 **알맞은** 말을 넣으시오.

[유] suitable [a] 적절한, 적당한
[반] inappropriate [a] 부적절한

0015 □□□ ★★

effective [a] 효과적인, 효율적인; 실질적인
[iféktiv]

It is an **effective** way of involving children in the art of creating stories. [기출]
그것은 아이들을 이야기를 창작하는 기술에 참여시키는 **효과적인** 방법이다.

[파] effectively [ad] 효과적으로
[유] efficient [a] 효율적인

0016 □□□ ★

evidence [n] 증거; 흔적 [v] 입증하다
[évidəns]

The police have found no **evidence** of a crime.
경찰은 범죄의 **증거**를 찾지 못했다.

[파] evident [a] 명백한, 분명한
[유] proof [n] 증거; 입증

0017 □□□ ★

opposite [a] (정)반대의, 맞은편의 [n] 반대(되는 사람[것])
[ápəzit]

The two men had **opposite** personalities. [교과서]
그 두 사람은 **정반대의** 성격을 가지고 있었다.

[파] oppose [v] 반대하다
[유] contrary [a] 반대되는 [n] 반대

0018 □□□ ★

perform [v] 수행하다, 실행하다; 공연하다
[pərfɔ́ːrm]

He **performed** a series of experiments with mice.
그는 쥐를 가지고 일련의 실험을 **수행했다**.

[파] performance [n] 성과; 수행; 공연, 연주
performer [n] 가수, 연주자
[유] conduct [v] 수행[실행]하다

0019 □□□ ★★

reveal [riví:l] ⓥ 드러내다, 밝히다, 보이다

She tried hard not to **reveal** her disappointment. 기출
그녀는 실망감을 **드러내지** 않으려고 몹시 애를 썼다.

유 **disclose** ⓥ 드러내다, 폭로하다, 밝히다
show ⓥ 보이다, 나타내다

0020 □□□ ★

prefer [prifə́:r] ⓥ 더 좋아하다, 선호하다

I **prefer** riding a bike to walking. 기출
나는 걷는 것보다 자전거 타는 것을 **더 좋아한다**.

파 **preference** ⓝ 선호(도), 애호
preferential ⓐ 우선되는
숙 **prefer A to B** B보다 A를 선호하다

0021 □□□ ★

motivate [móutəvèit] ⓥ 동기를 부여하다, 자극하다

Fun things **motivate** people to change their habits. 교과서
재미있는 것들은 사람들이 습관을 바꾸도록 **동기를 부여한다**.

파 **motive** ⓝ 동기, 이유
motivation ⓝ 동기 부여, 자극; 열의, 욕구
유 **encourage** ⓥ 격려[장려]하다

0022 □□□ ★

experiment [ikspérəmənt] ⓝ 실험 ⓥ 실험하다

When reading another scientist's findings, think critically about the **experiment**. 기출
다른 과학자의 실험 결과물을 읽을 때, 그 **실험**에 대해 비판적으로 생각하라.

파 **experimental** ⓐ 실험적인, 실험의
experimenter ⓝ 실험자, 연구자

0023 □□□ ★

prove [pru:v] ⓥ 증명하다, 입증하다, 판명되다

The new drug may **prove** to be effective.
그 신약은 효과가 있는 것으로 **입증될** 수도 있다.

(prove-proved-proved[proven])
파 **proof** ⓝ 증거
유 **demonstrate** ⓥ 입증하다

0024 □□□ ★

unique [ju:ní:k] ⓐ 독특한, 특이한, 고유의

The ideas were **unique** and useful. 교과서
그 아이디어는 **독특하고** 유용했다.

파 **uniquely** ad 독특하게, 유례없이, 유일하게
uniqueness ⓝ 독특함
유 **special** ⓐ 특별한, 특수한

0025 □□□ ★

ensure [inʃúər] ⓥ 확실하게 하다, 보증하다, 보장하다

Ensure that your mobile phone is on silent. 기출
당신의 휴대전화를 **반드시** 무음 상태로 **하십시오**.

voca+ en(~하게 하다) + sure(확실한) → 확실하게 하다

유 secure ⓥ 확실하게 하다, 보증하다

0026 □□□ ★★

exhibit [igzíbit] ⓝ 전시(품), 진열품 ⓥ 보이다, 전시하다

Please do not touch or climb on the **exhibits**. 기출
전시품에 손을 대거나 올라가지 마세요.

voca+ ex(바깥으로) + hibit(지니다) → 밖에 지니다

파 exhibition ⓝ 전시(회), 박람회
유 display ⓥ 나타내다, 전시하다 ⓝ 전시

0027 □□□ ★★

ingredient [ingríːdiənt] ⓝ 요소, 성분, 재료, 원료

People use different **ingredients** when making Gimchi. 교과서
사람들은 김치를 만들 때 저마다 다른 **재료들**을 사용한다.

유 component ⓝ 구성 요소, 성분
element ⓝ 요소, 성분

0028 □□□ ★

community [kəmjúːnəti] ⓝ 지역 사회, 공동체; (동식물의) 군집

Drunk drivers pose a risk to the **community**.
음주 운전자들은 **지역 사회**에 위험을 초래한다.

유 public ⓝ 대중, 국민
society ⓝ 사회, 집단

0029 □□□ ★

remind [rimáind] ⓥ 상기시키다, 일깨우다

I would like to **remind** you to sign up for the program.
저는 여러분에게 그 프로그램에 등록할 것을 **상기시켜** 드리고자 합니다.

voca+ re(다시) + mind(마음) → 다시 마음에 가져오다

파 reminder ⓝ 상기시키는 것, 생각나게 하는 것
숙 remind A of B A에게 B를 상기시키다

0030 □□□ ★★

describe [diskráib] ⓥ 설명하다, 묘사하다

He **describes** himself as someone who likes to work late at night. 교과서
그는 자신을 밤늦게 일하는 것을 좋아하는 사람이라고 **묘사한다**.

파 description ⓝ 묘사, 기술, 설명
descriptive ⓐ 묘사적인, 설명하는
유 explain ⓥ 설명하다

0031 □□□ ★★

struggle [strʌ́gl] ⓥ 애쓰다, 분투하다 ⓝ 고투, 분투

You don't have to **struggle** to lose weight on Mars. 교과서
여러분은 화성에서는 살을 빼려고 **애쓸** 필요가 없다.

유 try ⓥ 노력하다, 애쓰다
effort ⓝ 노력, 분투
숙 struggle with ~와 씨름하다, ~로 고심하다

0032 □□□ ★★

profit [prάfit] ⓝ 수익(금), 이익 ⓥ 이익을 보다

The **profits** from reselling the shoes will be used to build schools in Africa. 기출
신발 재판매로 얻은 **수익**은 아프리카에 학교를 짓는 데 사용될 것입니다.

파 nonprofit ⓐ 비영리의
profitability ⓝ 수익성
유 benefit ⓝ 이익, 이득

0033 □□□ ★★

separate ⓥ[sépərèit] ⓐ[sépərət] ⓥ 나누다, 분리하다 ⓐ 분리된, 별도의

The boys were **separated** into two groups. 기출
그 소년들은 두 그룹으로 **나뉘었다**.

파 separately ad 따로따로, 별도로
유 divided ⓐ 분리된
숙 separate A from B A와 B를 구분하다[분리하다]

0034 □□□ ★★

accurate [ǽkjurət] ⓐ 정확한, 정밀한

The information is very **accurate**. 교과서
그 정보는 매우 **정확하다**.

파 accuracy ⓝ 정확성
accurately ad 정확히
유 precise ⓐ 정확한, 명확한

0035 □□□ ★★

ancestor [ǽnsestər] ⓝ 선조, 조상

Her **ancestors** came over from France in the 11th century.
그녀의 **조상들**은 11세기에 프랑스에서 건너왔다.

파 ancestral ⓐ 선조의
반 descendant ⓝ 자손, 후예

0036 □□□ ★

argue [ά:rgju:] ⓥ 주장하다, 언쟁을 하다; 설득하다

Teenagers **argue** that they can study better with the TV or radio playing. 기출
십 대들은 TV나 라디오를 켜 둔 채로 공부를 더 잘 할 수 있다고 **주장한다**.

파 argument ⓝ 논쟁; 논거
arguably ad 주장하건대
유 debate ⓥ 논쟁하다 ⓝ 논쟁

0037 □□□ ★★ 다의어

fair [fɛər]

ⓝ 1. 행사, 박람회
ⓐ 2. 공정한, 공평한 3. 상당한

1 I'm going to a job **fair** this Saturday. 교과서
나는 이번 주 토요일에 취업 **박람회**에 갈 거야.

2 A positive emotional state leads us to make a **fair** judgement. 기출
긍정적인 감정 상태는 우리로 하여금 **공정한** 판단을 내리도록 한다.

3 There were a **fair** number of new participants at the meeting.
그 회의에는 **상당한** 수의 새로운 참가자들이 있었다.

파 **fairness** ⓝ 공정함, 공정성
fairly ad 공평하게; 매우, 꽤
유 **exhibition** ⓝ 전시회, 박람회
반 **unfair** ⓐ 불공평한

0038 □□□ ★★ 다의어

appreciate [əpríːʃièit]

ⓥ 1. (진가를) 인정하다 2. 감상하다
3. 인식하다, 잘 이해하다 4. 고마워하다

1 Serious music lovers will be able to **appreciate** the great sound quality of these speakers. 교과서
음악을 정말 사랑하는 사람들은 이 스피커의 훌륭한 음질의 **진가를 알** 수 있을 것이다.

2 Please take your time to **appreciate** this masterpiece. 교과서
천천히 시간을 갖고 이 걸작을 **감상해** 보세요.

3 I **appreciate** that this is a difficult decision for you.
이것이 당신에게 어려운 결정이라는 것을 **잘 알고 있습니다**.

4 I really **appreciate** your assistance. 기출
당신의 도움에 정말 **감사드립니다**.

파 **appreciation** ⓝ 감사; 감상; 이해
유 **acknowledge** ⓥ 인정하다
realize ⓥ 인지[인식]하다
grasp ⓥ 이해하다, 파악하다
반 **depreciate** ⓥ 가치를 저하시키다

---

complement vs compliment

0039 □□□ ★★★

complement ⓥ 보완하다, 덧붙이다 ⓝ 보완물; 〈문법〉 보어

ⓥ [kάmpləmènt]
ⓝ [kάmpləmənt]

Their personalities **complement** each other. 교과서
그들의 성격은 서로를 **보완해 준다**.

파 **complementary** ⓐ 상호 보완적인

0040 □□□ ★★★

compliment ⓝ 칭찬, 찬사 ⓥ 칭찬하다

ⓝ [kάmpləmənt]
ⓥ [kάmpləmènt]

People like to receive **compliments**. 기출
사람들은 **칭찬**받는 것을 좋아한다.

파 **complimentary** ⓐ 칭찬하는
유 **praise** ⓝ 칭찬 ⓥ 칭찬하다

A 영어는 우리말로, 우리말은 영어로 바꿔 쓰시오.

01 approach ______________
02 translate ______________
03 evidence ______________
04 appropriate ______________
05 compliment ______________
06 access ______________
07 replace ______________
08 결정하다; 알아내다 ______________
09 수익(금), 이익(을 보다) ______________
10 설명하다, 묘사하다 ______________
11 반영하다; 비추다 ______________
12 애쓰다, 분투하다 ______________
13 정확한, 정밀한 ______________
14 인공의, 인조의 ______________

B 빈칸에 알맞은 말을 〈보기〉에서 찾아 알맞은 형태로 쓰시오.

reveal	separate	experiment	appreciate

01 I really ______________ your assistance.

02 The boys were ______________ into two groups.

03 She tried hard not to ______________ her disappointment.

04 When reading another scientist's findings, think critically about the __________.

C 밑줄 친 단어와 유사한 의미를 가진 말을 고르시오.

01 The two men had opposite personalities. 【contrary / fair】

02 We can accomplish great things when we collaborate. 【achieve / perceive】

03 People assume that buying an item on sale will save them money. 【improve / believe】

A 01 접근(법); 다가오다, 접근하다 02 번역[통역]하다, 해석하다; 전환되다 03 증거; 흔적; 입증하다 04 적절한, 적합한 05 칭찬, 찬사; 칭찬하다 06 접근; 접근하다, 접속하다 07 대체[교체]하다, 대신하다 08 determine 09 profit 10 describe 11 reflect 12 struggle 13 accurate 14 artificial
B 01 appreciate 02 separated 03 reveal 04 experiment
C 01 contrary 02 achieve 03 believe

0041 □□□ ★

involve

ⓥ 연관시키다, 참여시키다; 포함하다

[inválv]

I always try to **involve** the whole class.

나는 항상 학급 전체를 **참여시키려고** 노력한다.

파 involvement ⓝ 개입, 관여

숙 involve A in B A를 B에 참여시키다

0042 □□□ ★★

temperature

ⓝ 온도, 기온

[témpərətʃər]

Would you turn up the **temperature** for me? 기출

나를 위해 **온도**를 좀 올려 줄래요?

참 thermometer ⓝ 온도계

0043 □□□ ★

participant

ⓝ 참가자, 참여자

[pɑːrtísəpənt]

All **participants** will get a free T-shirt. 기출

모든 **참가자들**은 무료 티셔츠를 받을 것이다.

파 participate ⓥ 참가하다, 참여하다(숙 participate in ~에 참가[참여]하다)

participation ⓝ 참가, 참여

0044 □□□ ★★

passion

ⓝ 열정, 열광

[pǽʃən]

She developed a **passion** for opera.

그녀는 오페라에 대한 **열정**을 키웠다.

파 passionate ⓐ 열렬한, 열정적인

유 enthusiasm ⓝ 열광, 열의

0045 □□□ ★★

obvious

ⓐ 분명한, 명백한

[ábviəs]

The colors' roles aren't always **obvious.** 기출

색의 역할이 항상 **분명한** 것은 아니다.

파 obviously ad 분명히, 명백하게

유 clear ⓐ 분명한, 뚜렷한

0046 □□□ ★★

perspective

ⓝ 관점, 시각, 견지; 원근법

[pərspéktiv]

Let's look at the problem from various **perspectives.** 교과서

그 문제를 다양한 **관점**에서 바라보자.

voca+ per(완전히) + spect(보다) + ive(명·접) → 완전히 보는 것

유 view ⓝ 관점, 견해, 생각

0047 □□□ ★

trap ⓝ 덫, 올가미, 함정 ⓥ 가두다
[træp]

Many people fall into the **trap** of replaying negative situations from a hard day. 기출
많은 사람들은 힘든 하루로부터 오는 부정적인 장면들을 되풀이하는 **덫**에 빠진다.

유 snare ⓝ 덫, 함정

0048 □□□ ★

form ⓝ 형식, 형태 ⓥ 형성하다, 만들다
[fɔːrm]

Our real feelings continually leak out in the **form** of gestures, tones of voice, facial expressions, and posture. 기출
우리의 진짜 감정은 몸짓, 어조, 표정, 몸의 자세라는 **형태**로 계속 새어 나온다.

파 formation ⓝ 형성, 구성, 구조
유 type ⓝ 유형, 타입, 종류

0049 □□□ ★★

typically ad 보통, 일반적으로, 전형적으로
[típikəli]

A "beeline" **typically** means a straight line between two points. 교과서
'벌길(직선)'은 **일반적으로** 두 점 사이의 직선을 의미한다.

파 typical ⓐ 전형적인, 일반적인
유 generally ad 일반적으로

0050 □□□ ★

force ⓥ 강요하다, 강제하다 ⓝ 힘, 세력
[fɔːrs]

Technological development often **forces** change, and change is uncomfortable. 기출
과학기술의 발전은 흔히 변화를 **강요하는데**, 변화는 불편하다.

파 forcibly ad 강제적으로, 강력하게
유 compel ⓥ 억지로 ~하게 하다

0051 □□□ ★

include ⓥ 포함하다, 포함시키다
[inklúːd]

All meals are **included** in the fee. 기출
요금에 모든 식사가 **포함되어** 있습니다.

voca+ in(안에) + clude(닫히다) → 가두다

파 inclusion ⓝ 포함, 함유(물)
inclusive ⓐ 포함한, 포괄적인
including ⓟ ~을 포함하여
반 exclude ⓥ 제외[배제]하다

0052 □□□ ★★

essential ⓐ 필수적인, 본질적인
[isénʃəl]

Water is **essential** to all life. 기출
물은 모든 생명에게 **필수적**이다.

파 essentially ad 본질적으로
유 vital ⓐ 필수적인

0053 □□□ ★

flight ⓝ 비행(기), 여행, 날기; 항공편; 도주, 도망
[flait]

교과서

An airplane **flight** could be an unfamiliar experience for babies.
비행기 **여행**은 아기들에게 낯선 경험이 될 수 있다.

참 flight attendant 승무원

0054 □□□ ★★

flood ⓝ 홍수; 넘쳐 흐름, 쇄도
ⓥ 침수되다, 넘치다, 쇄도하다
[flʌd]

I want to help the **flood** victims. 교과서
나는 **홍수** 피해자들을 돕고 싶다.

유 overflow ⓥ 넘치다
반 drought ⓝ 가뭄

0055 □□□ ★

recall ⓥ 회상하다, 상기하다, 기억해내다 ⓝ 회상
[rikɔ́:l]

When people are depressed, **recalling** their problems makes things worse. 기출
사람들이 우울할 때, 그들의 문제를 **회상하는 것**은 상황을 더 악화시킨다.

voca+ re(다시) + call(부르다) → 다시 불러내다

유 remind ⓥ 상기시키다
remember ⓥ 기억하다

0056 □□□ ★★

aspect ⓝ 면, 측면, 양상
[ǽspekt]

Touch is an important **aspect** of many products. 기출
촉감은 많은 제품들의 중요한 **측면**이다.

유 part ⓝ 측면, 부분

0057 □□□ ★★★

phenomenon ⓝ 현상; 경이로운 것[사람]
[finάmənὰn]

Science is concerned with natural **phenomena**.
과학은 자연 **현상**과 관련된다.

복 phenomena

0058 □□□ ★★★

complete ⓥ 완료하다, 끝마치다; (서류 등에) 빠짐없이 기입하다 ⓐ 완전한
[kəmplí:t]

기출

Complete the return by pressing the OK button on the bike.
자전거에 있는 OK 버튼을 눌러 반납을 **완료하세요**.

a **complete** scientific explanation **완전한** 과학적 설명

파 completely ad 완전히
유 finish ⓥ 끝내다

0059 □□□ ★★

constant ⓐ 끊임없는, 지속적인, 일정한
[kάnstənt]

the **constant** survival game between plants and animals 기출
식물과 동물 간의 **끊임없는** 생존 게임

파 **constantly** ad 지속적으로, 꾸준히, 끊임없이
유 **continuous** ⓐ 계속적인

0060 □□□ ★★

crucial ⓐ 매우 중요한, 중대한, 결정적인
[krúːʃəl]

기출
Feeling and emotion are **crucial** for everyday decision-making.
느낌과 감정은 매일의 의사 결정에 **매우 중요하다**.

유 **essential** ⓐ 본질적인, 가장 중요한

0061 □□□ ★★

eliminate ⓥ 없애다, 제거하다; 탈락시키다
[ilímənèit]

The company plans to **eliminate** 200 jobs in the coming year.
그 회사는 내년에 200개의 일자리를 **없앨** 계획이다.

파 **elimination** ⓝ 제거, 삭제
유 **remove** ⓥ 제거하다
(= **get rid of**)

0062 □□□ ★★

means ⓝ 수단, 방법
[miːnz]

The hot air balloon was a **means** of transportation in the 1700s. 교과서
열기구는 1700년대에 교통 **수단**이었다.

유 **method** ⓝ 방법, 수단, 방책
manner ⓝ 방법, 방식

0063 □□□ ★

exist ⓥ 존재하다
[igzíst]

Dragons have always been the products of the human imagination and have never **existed**. 기출
용은 항상 인간 상상의 산물이었으며 결코 **존재하지** 않았다.

파 **existing** ⓐ 기존의, 존재하는
existence ⓝ 존재, 생활 (방식)

0064 □□□ ★

encourage ⓥ 고무시키다, 격려[장려]하다, 부추기다
[inkə́ːridʒ]

The advertisements **encouraged** consumers to buy their products.
그 광고는 소비자들이 그들의 물건을 구매하도록 **부추겼다**.

파 **encouragement** ⓝ 격려
유 **inspire** ⓥ 고무시키다
반 **discourage** ⓥ 의욕을 꺾다, 좌절시키다

0065 □□□ ★★

assign ⓥ 배정하다, 부여하다
[əsáin]

The homeroom teacher **assigned** each of us a locker. 교과서
담임선생님은 우리 각자에게 사물함을 **배정해** 주셨다.

파 **assignment** ⓝ 배정; 숙제
유 **allocate** ⓥ 할당하다, 배정하다

0066 □□□ ★

attend ⓥ (학교에) 다니다, 출석하다, 참석하다
[əténd]

I asked the boy to **attend** the performance.
나는 그 소년에게 공연에 **참석해** 달라고 부탁했다.

파 **attendance** ⓝ 출석(자), 참석(자), 출석자[관객] 수
attendee ⓝ 참석자
(= attender)

0067 □□□ ★

connection ⓝ 연결, 결합, 관계
[kənékʃən]

Audience feedback assists the speaker in creating a respectful **connection** with the audience. 기출
청중의 피드백은 연사가 청중과 존중하는 **관계**를 형성하는 데 도움이 된다.

파 **connect** ⓥ 연결하다
connectedness ⓝ 유대(감)
connectivity ⓝ 연결성

0068 □□□ ★★

convince ⓥ 납득시키다, 설득하다, 확신시키다
[kənvíns]

You need to **convince** them that success comes from effort, not from talent. 기출
너는 성공이 재능이 아니라 노력에서 오는 것이라는 것을 그들에게 **납득시켜야** 한다.

파 **convinced** ⓐ 확신하는
convincing ⓐ 설득력 있는
conviction ⓝ (강한) 신념, 확신

0069 □□□ ★★

generate ⓥ 발생시키다, 만들어내다, 초래하다
[dʒénərèit]

The power plants **generate** electricity for the city. 교과서
그 발전소는 그 도시를 위해 전기를 **만들어낸다**.

파 **generation** ⓝ 세대

0070 □□□ ★★

commercial ⓐ 상업적인, 상업의 ⓝ 광고 (방송)
[kəmə́ːrʃəl]

The material you choose to publish must have **commercial** value. 기출
당신이 출판을 하려고 선택하는 자료는 **상업적** 가치를 지니고 있어야 한다.

Consumers can mute, fast-forward, and skip over **commercials** entirely. 기출
소비자들은 **광고**를 완전히 음소거하거나 빨리 감거나 건너뛸 수 있다.

파 **commerce** ⓝ 상업, 교역

0071 □□□ ★★

measure [méʒər]

ⓥ 측정하다, 재다, 평가하다
ⓝ 측정; 척도; 조치, 대책

Microplastics are very difficult to **measure**. 기출
미세플라스틱은 **측정하기가** 매우 어렵다.

Man is the **measure** of all things.
인간은 만물의 **척도**이다.

파 measurable ⓐ 측정 가능한; 주목할 만한, 중요한
measurement ⓝ 측정, 측량

0072 □□□ ★

remove [rimúːv]

ⓥ 제거하다, 치우다

Any items that are not **removed** will be thrown away. 기출
치워지지 않은 모든 물건은 버려질 것입니다.

파 removal ⓝ 없애기, 제거
유 eliminate ⓥ 제거하다
erase ⓥ 지우다

0073 □□□ ★★

shelter [ʃéltər]

ⓝ 보호소, 피난처, 은신처 ⓥ 보호하다

Profits will go to the homeless **shelter**. 교과서
수익금은 노숙자 **보호소**에 보내질 것이다.

유 refuge ⓝ 피난처, 도피처

0074 □□□ ★★★

enhance [inhǽns]

ⓥ 향상하다, 높이다

The program's goal is to **enhance** the creativity of young students.
그 프로그램의 목적은 어린 학생들의 창의력을 **향상하는** 것이다.

파 enhancement ⓝ 증대, 강화
유 improve ⓥ 개선하다
heighten ⓥ 높이다, 강화하다

0075 □□□ ★★

obstacle [ɑ́bstəkl]

ⓝ 장애(물), 방해

This is a major **obstacle** to making a strong plan. 기출
이것은 확고한 계획을 세우는 데 주된 **장애물**이다.

유 barrier ⓝ 장벽, 장애물

0076 □□□ ★★

capacity [kəpǽsəti]

ⓝ 능력, 수용력, 용량

How big is our average memory **capacity**? 기출
우리의 평균 기억**력**은 얼마나 큰가?

유 ability ⓝ 능력
capability ⓝ 능력, 재능

0077 □□□ ★★ 다의어

complex

ⓐ[kəmpléks]
ⓝ[kámpleks]

ⓐ 1. 복잡한, 어려운, 복합의
ⓝ 2. 복합 건물, 단지

1 Assumptions can simplify the **complex** world and make it easier to understand. 기출
가정은 **복잡한** 세계를 단순화하고 이해하기 더 쉽게 만들 수 있다.

2 I am sure it will make our apartment **complex** look much more pleasant. 기출
저는 그것이 우리 아파트 **단지**를 훨씬 더 쾌적해 보이게 할 거라고 확신합니다.

㉺ **complexity** ⓝ 복잡(성)
㉴ **complicated** ⓐ 복잡한
difficult ⓐ 어려운
㉸ **simple** ⓐ 간단한, 단순한

0078 □□□ ★★ 다의어

identify

[aidéntəfài]

ⓥ 1. 확인하다, 구별[식별]하다 2. 동일시하다 3. 찾다, 발견하다

1 **Identify** the problem and gather all the important facts about the problem. 교과서
문제를 **확인하고** 그 문제에 대한 모든 중요한 사실들을 수집하라.

2 Our tendency to **identify** with an in-group may be innate. 기출
내(內)집단과 **동일시하려는** 우리의 경향은 선천적일 수 있다.

3 Scientists have recently **identified** bacteria that eat plastic. 교과서
과학자들은 최근 플라스틱을 먹는 박테리아를 **발견했다**.

㉺ **identification** ⓝ 확인; 신분 증명
identity ⓝ 정체성; 일체성
identical ⓐ 동일한, 똑같은
㉻ **identify with** ~와 동일시하다

---

quality vs quantity

0079 □□□ ★★

quality

[kwáləti]

ⓝ 품질, 질; 재능, 속성, 자질
ⓐ 양질의, 우수한

They use their sense of taste to determine the **quality** of the food. 기출
그들은 음식의 **질**을 알아내기 위해 미각을 사용한다.

You can drink a glass of **quality** Italian wine. 기출
당신은 **양질의** 이탈리아 와인 한 잔을 마셔볼 수 있다.

㉺ **qualitative** ⓐ 질적인

0080 □□□ ★★

quantity

[kwántəti]

ⓝ 양, 수량, 분량

We consumed vast **quantities** of food that night.
우리는 그날 밤 엄청난 **양**의 음식을 먹었다.

㉺ **quantitative** ⓐ 양적인

A 영어는 우리말로, 우리말은 영어로 바꿔 쓰시오.

01 remove ______________
02 constant ______________
03 typically ______________
04 capacity ______________
05 crucial ______________
06 perspective ______________
07 convince ______________
08 온도, 기온 ______________
09 배정하다, 부여하다 ______________
10 장애(물), 방해 ______________
11 보호소, 피난처 ______________
12 분명한, 명백한 ______________
13 면, 측면, 양상 ______________
14 필수적인, 본질적인 ______________

B 빈칸에 알맞은 말을 〈보기〉에서 찾아 쓰시오.

flight	complete	eliminate	passion

01 She developed a(n) ______________ for opera.

02 ______________ the return by pressing the OK button on the bike.

03 The company plans to ______________ 200 jobs in the coming year.

04 An airplane ______________ could be an unfamiliar experience for babies.

C 밑줄 친 단어의 반대의 의미를 가진 말을 고르시오.

01 All meals are included in the fee. 【exclude / enhance】

02 I want to help the flood victims. 【drought / connection】

03 Assumptions can simplify the complex world and make it easier to understand. 【quality / simple】

A 01 제거하다, 치우다 02 끊임없는, 지속적인, 일정한 03 보통, 일반적으로, 전형적으로 04 능력, 수용력, 용량 05 매우 중요한, 중대한, 결정적인 06 관점, 시각, 견지; 원근법 07 납득시키다, 설득하다, 확신시키다 08 temperature 09 assign 10 obstacle 11 shelter 12 obvious 13 aspect 14 essential
B 01 passion 02 Complete 03 eliminate 04 flight
C 01 exclude 02 drought 03 simple

0081 □□□ ★

afford ⓥ ~할 여유[형편]가 되다

[əfɔ́ːrd]

I can't **afford** more than $1,000 a month. 기출

저는 한 달에 1,000달러 이상 **쓸 여유가** 없어요.

㉥ **affordable** ⓐ (가격이) 알맞은, 감당할 수 있는

㉦ **cannot afford to *do*** ~할 여유가 없다

0082 □□□ ★★

intelligence ⓝ 지능, 지성

[intélidʒəns]

Subjects were told that an **intelligence** test gave them a low score. 기출 피험자들은 자신들이 **지능** 검사에서 낮은 점수를 받았다고 들었다.

㉥ **intelligent** ⓐ 똑똑한, 지적인

㉧ **Artificial Intelligence** 인공지능(AI)

0083 □□□ ★★

seemingly ⓐⓓ 겉보기에는, 외견상

[síːmiŋli]

We are attempting to do something that is **seemingly** impossible. 우리는 **겉보기에는** 불가능한 것을 하려고 노력하고 있다.

㉨ **apparently** ⓐⓓ 외관상으로는, 보기에

0084 □□□ ★★★

significant ⓐ 상당한; 중요한, 의미 있는

[signífikənt]

experience **significant** emotional or physical stress 기출

상당한 정서적, 신체적 스트레스를 겪다

the most **significant** changes in the environment 기출

환경의 가장 **중요한** 변화

㉥ **significantly** ⓐⓓ 중대하게; 상당히

significance ⓝ 중요성

㉨ **meaningful** ⓐ 의미 있는

important ⓐ 중요한

0085 □□□ ★

benefit ⓝ 이익, 이점, 혜택 ⓥ 이롭게 하다

[bénəfit]

I have never thought about the **benefits** of having a clean room. 기출

나는 깨끗한 방을 갖는 것의 **이점**에 대해 생각해본 적이 결코 없었다.

㉥ **beneficial** ⓐ 유익한, 이로운

㉨ **advantage** ⓝ 이점, 유리함

0086 □□□ ★★

attention ⓝ 주의(력), 주목, 관심

[əténʃən]

Humor can easily capture people's **attention**. 기출

유머는 사람들의 **관심**을 쉽게 사로잡을 수 있다.

㉥ **attentive** ⓐ 주의 깊은, 주의를 기울이는

attend ⓥ ~에 주의하다; 참석하다

0087 □□□ ★★

destination ⓝ 목적지, 행선지
[dèstənéiʃən]

The transportation industry has done more than carry travelers from one **destination** to another. 기출
운송 산업은 여행자들을 한 **목적지**에서 다른 목적지로 실어 나르는 것 이상의 일을 해 왔다.

0088 □□□ ★★★

enormous ⓐ 거대한, 엄청난, 막대한
[inɔ́ːrməs]

The **enormous** house is really expensive.
그 **거대한** 집은 매우 비싸다.

파 **enormously** ad 엄청나게
유 **huge** ⓐ 거대한, 엄청난

0089 □□□ ★★

trick ⓝ 묘기, 재주; 마술, 속임수 ⓥ 속이다
[trik]

He keeps practicing magic **tricks**, so he can perform them perfectly. 교과서 그는 마술 **묘기**를 계속 연습해서 그것을 완벽하게 할 수 있다.

파 **tricky** ⓐ (하기) 힘든, 까다로운
유 **deception** ⓝ 속임수

0090 □□□ ★★

escape ⓥ 도피하다, 달아나다, 탈출하다 ⓝ 탈출
[iskéip]

He managed to **escape** to America. 기출
그는 가까스로 미국으로 **도피했다**.

유 **run away** 도망치다

0091 □□□ ★★

estimate ⓥ 추정하다, 어림잡다, 추산하다 ⓝ 추정치
ⓥ [éstəmèit]
ⓝ [éstəmət]

I **estimate** that 50 students from our school would like to participate in the program. 기출
저는 우리 학교 학생 50명이 그 프로그램에 참여하고 싶어 한다고 **추정합니다**.

유 **guess** ⓥ 추측하다, 추정하다

0092 □□□ ★

recognize ⓥ 인정하다, 인지하다, 알아보다
[rékəgnàiz]

The value of their intellectual creations was **recognized**. 기출
그들의 지적 창작물의 가치가 **인정되었다**.

파 **recognition** ⓝ 인식, 인정, 승인
유 **acknowledge** ⓥ 인정하다, 승인하다

0093 □□□ ★★

predator ⓝ 포식자, 육식 동물

[prédətər]

The number of **predators** decreased. 교과서

포식자의 수가 감소했다.

참 prey ⓝ 먹이, 사냥감

0094 □□□ ★

ability ⓝ 능력, 재능, 기능

[əbíləti]

He has the **ability** to solve problems creatively. 교과서

그는 문제를 창의적으로 해결할 수 있는 **능력**을 갖고 있다.

파 able ⓐ ~할 수 있는, 능력 있는

반 inability ⓝ 무능, 불능

disability ⓝ 무력, 무능; 장애

0095 □□□ ★

explore ⓥ 탐구하다, 탐험하다, 탐색하다

[iksplɔ́ːr]

Great artists spend countless hours **exploring** their ideas and experiences. 기출

위대한 예술가들은 셀 수 없이 많은 시간을 자신의 아이디어와 경험을 **탐구하며** 보낸다.

파 exploration ⓝ 탐험, 탐사

exploratory ⓐ 탐구적인, 탐사의

explorer ⓝ 탐험가

0096 □□□ ★★

assess ⓥ 평가하다, 가늠하다

[əsés]

It takes only a few seconds for anyone to **assess** another individual. 기출

누군가가 또다른 개인을 **평가하는** 데는 몇 초 밖에 걸리지 않는다.

파 assessment ⓝ 평가 (= appraisal)

유 estimate ⓥ 추정하다, 평가하다

0097 □□□ ★★

average ⓐ 평균의; 보통의, 평범한 ⓝ 평균; 보통

[ǽvəridʒ]

The **average** temperature on Mars is minus 63°C. 교과서

화성의 **평균** 기온은 영하 63도이다.

유 normal ⓐ 보통의 ⓝ 표준

usual ⓐ 보통의

숙 on average 평균적으로

0098 □□□ ★★

circumstance ⓝ 상황, 사정, 환경

[sə́ːrkəmstæ̀ns]

AI robots will adapt to different **circumstances**. 기출

AI 로봇은 여러 다른 **상황**에 적응할 것이다.

유 situation ⓝ 상황, 환경

context ⓝ 상황, 맥락

0099 □□□ ★★

expectation ⓝ 기대, 예상
[èkspektéiʃən]

The exhibition was beyond my **expectations**. 교과서
그 전시회는 내 **기대** 밖이었다.

파 expect ⓥ 기대하다
유 anticipation ⓝ 예상, 기대

0100 □□□ ★★

expose ⓥ 드러내다, 노출하다
[ikspóuz]

He did not want to **expose** his fears to anyone.
그는 자신의 두려움을 누구에게도 **드러내고** 싶지 않았다.

voca+ ex(밖에, 바깥에) + pose(두다) → 밖에 두다

파 exposure ⓝ 노출
유 reveal ⓥ 드러내다, 밝히다

0101 □□□ ★★

illustrate ⓥ (그림·실례 따위로) 설명하다; 삽화를 넣다
[íləstrèit]

His work was making models of buildings to **illustrate** proposals. 기출
그의 일은 계획안을 **설명하기** 위한 건물 모형을 만드는 것이었다.

파 illustration ⓝ 실례; 삽화
유 demonstrate ⓥ 입증하다
explain ⓥ 설명하다

0102 □□□ ★★

particular ⓐ 특정한, 특별한
[pərtíkjulər]

A **particular** flower may have a certain meaning in one country. 교과서 **특정한** 꽃은 한 나라에서 특정한 의미를 가질 수 있다.

파 particularly ad 특히, 특별히
숙 in particular 특히

0103 □□□ ★★

species ⓝ 종(種: 생물 분류의 기초 단위)
[spíːʃiːz]

Within just a few years the last of this **species** was entirely eliminated. 기출
불과 몇 년 만에 이 **종**의 마지막 개체가 완전히 사라지게 되었다.

파 subspecies ⓝ 아종(亞種)

0104 □□□ ★

instruction ⓝ 지시, 명령; 교육, 설명(서)
[instrʌ́kʃən]

She began passing his **instructions** to the engineers. 교과서
그녀는 그의 **지시**를 기술자들에게 전달하기 시작했다.

I should read the **instructions**. 기출 나는 **설명서**를 읽어봐야겠다.

파 instruct ⓥ 명령하다, 지시하다; 가르치다
유 order ⓝ 지시, 명령
education ⓝ 교육

0105 □□□ ★★

audience

[n] 청중, 관객

[ɔ́ːdiəns]

[교과서]

She performed wonderful card tricks in front of the **audience**.

그녀는 **청중** 앞에서 멋진 카드 마술을 공연했다.

voca+ aud(i)(듣다) + ence(명·접) → 듣는 것[사람]

[유] viewer [n] 구경꾼, 시청자

0106 □□□ ★★

intense

[a] 극심한, 강렬한, 고강도의

[inténs]

The doll will remind you of the **intense** sun and amazing beaches. [기출]

그 인형은 너에게 **강렬한** 태양과 멋진 해변이 생각나게 해줄 것이다.

[파] intensity [n] 강도, 강렬함
intensive [a] 집중적인
intensify [v] 증대하다
[유] extreme [a] 극심한

0107 □□□ ★★

meaningful

[a] 의미 있는, 중요한

[míːniŋfəl]

[교과서]

I want to spend my summer vacation in a **meaningful** way.

나는 여름 방학을 **의미 있게** 보내고 싶다.

[유] significant [a] 의미 있는, 중요한
[반] meaningless [a] 의미 없는

0108 □□□ ★★

crash

[n] (비행기의) 추락, 충돌 [v] 추돌[충돌]하다

[kræʃ]

Crashes due to aircraft malfunctions tend to occur during long-haul flights. [기출]

항공기 오작동으로 인한 **추락**은 장거리 비행 중에 발생하는 경향이 있다.

[유] smash [v] 충돌하다, 세게 부딪치다

0109 □□□ ★★

repetition

[n] 반복, 되풀이

[rèpətíʃən]

[교과서]

I couldn't hear him very clearly and asked for a **repetition**.

나는 그의 말을 정확히 듣지 못해서 **반복**해 달라고 요청했다.

[파] repeat [v] 반복하다
repetitive [a] 반복적인
repeatedly [ad] 반복적으로, 되풀이하여

0110 □□□ ★

respond

[v] 대응하다, 반응하다, 답장하다

[rispάnd]

She didn't **respond** to my email. 그녀는 내 이메일에 **답하지** 않았다.

voca+ re(되돌리다) + spond(약속하다) → 답례로 약속하다

[파] response [n] 응답, 대답
respondent [n] 응답자
[유] reply [v] 대답하다, 답장하다

0111 □□□ ★

accept [əksépt] ⓥ 받아들이다, 수용하다

Please **accept** my sincere apology. 기출
제 진심어린 사과를 **받아주세요**.

파 **acceptable** ⓐ 받아들일 수 있는
acceptance ⓝ 수용, 받아들임
반 **reject** ⓥ 거부하다, 거절하다

0112 □□□ ★★

appealing [əpí:liŋ] ⓐ 매력적인, 흥미를 끄는; 호소하는

Caricatures can be more **appealing** than photos. 기출
캐리커처가 사진보다 더 **흥미를 끌** 수 있다.

파 **appeal** ⓥ 관심[흥미]을 끌다; 호소하다
숙 **appealing to** ~에 호소하는

0113 □□□ ★★

desire [dizáiər] ⓝ 욕구, 욕망 ⓥ 바라다

This may seem like an act of denying your **desires**. 기출
이것은 당신의 **욕구**를 부인하는 행동처럼 보일지도 모른다.

파 **desired** ⓐ 바라던; 훌륭한
유 **urge** ⓝ 욕구, 충동
wish ⓝ 소망, 희망

0114 □□□ ★★

abuse ⓥ [əbjú:z] ⓝ [əbjú:s] ⓥ 남용[오용]하다; 학대하다 ⓝ 남용; 학대

Some people argue that scientific research results can be **abused**. 교과서
어떤 사람들은 과학 연구 결과가 **오용될** 수 있다고 주장한다.

voca+ ab(벗어나) + use(사용하다) → 사용 범위를 벗어나다

유 **misuse** ⓝ 남용, 오용
참 **child abuse** 아동 학대

0115 □□□ ★★

charity [tʃǽrəti] ⓝ 자선, 자선 단체; 관용

Join the **charity** event hosted by the community center!
주민 센터가 주최하는 **자선** 행사에 참가하세요!

유 **tolerance** ⓝ 관용

0116 □□□ ★★

independence [indipéndəns] ⓝ 독립(성), 자립

She gave Black women an opportunity for financial **independence**. 기출
그녀는 흑인 여성들에게 재정적 **독립**의 기회를 주었다.

파 **independent** ⓐ 독립적인
independently ⓐⓓ 독립적으로, 혼자서
참 **interdependence** ⓝ 상호 의존

0117 □□□ ★ 다의어

observe [əbzə́ːrv]

ⓥ 1. 보다, 관찰하다 2. (발언, 의견을) 말하다 3. (규칙 등을) 준수하다, 지키다

1 Being **observed** tends to enhance performance. 기출
다른 누군가가 **지켜보고** 있는 것은 수행력을 향상시키는 경향이 있다.

2 She **observed** that it was getting late.
그녀는 시간이 늦어지고 있다고 **말했다**.

3 People must **observe** the law.
사람들은 법을 **준수해야** 한다.

파 observation ⓝ 관찰, 관측
observance ⓝ 준수
유 view ⓥ 보다
comment ⓥ 진술하다

0118 □□□ ★★ 다의어

release [rilíːs]

ⓥ 1. 출시[발매]하다 2. 풀어주다, 석방하다 3. 배출[방출]하다 ⓝ 4. 출시; 석방; 방출, 분비

1 His latest album will be **released** next week.
그의 최신 앨범이 다음 주에 **발매될** 것이다.

2 He was **released** from prison.
그는 감옥에서 **석방되었다**.

3 At night, when the outside temperature goes down, the heat is **released**. 교과서
밤에 바깥 온도가 내려가면 열은 **방출된다**.

4 cause a **release** of chemicals 기출
화학물질의 **분비**를 유발하다

유 issue ⓥ 간행하다, 발행하다
launch ⓥ 출시하다; 착수하다
free ⓥ 석방하다, 풀어주다

---

affect vs effect

0119 □□□ ★

affect [əfékt]

ⓥ 영향을 미치다

Environmental problems **affect** the quality of our lives. 교과서
환경 문제들은 우리 삶의 질에 **영향을 미친다**.

유 influence ⓥ 영향을 미치다 ⓝ 영향, 영향력

0120 □□□ ★

effect [ifékt]

ⓝ 효과, 영향; 결과 ⓥ (어떤 결과를) 가져오다

The introduction of new diseases had a horrible **effect** on Africa. 교과서
그 새로운 질병의 도입은 아프리카에 끔찍한 **영향**을 끼쳤다.

숙 have an effect on ~에 영향을 미치다

DAILY TEST

A 영어는 우리말로, 우리말은 영어로 바꿔 쓰시오.

01 intense ____________
02 enormous ____________
03 appealing ____________
04 average ____________
05 illustrate ____________
06 destination ____________
07 affect ____________
08 청중, 관객 ____________
09 탐구하다, 탐험하다 ____________
10 종(種) ____________
11 겉보기에는, 외견상 ____________
12 출시하다; 방출 ____________
13 지시, 명령; 교육 ____________
14 반복, 되풀이 ____________

B 빈칸에 알맞은 말을 <보기>에서 찾아 알맞은 형태로 쓰시오.

particular	predator	independence	recognize

01 The number of ____________ decreased.

02 The value of their intellectual creations was ____________.

03 She gave Black women an opportunity for financial ____________.

04 A(n) ____________ flower may have a certain meaning in one country.

C 밑줄 친 단어와 유사한 의미를 가진 말을 고르시오.

01 the most significant changes in the environment 【meaningful / accept】

02 This may seem like an act of denying your desires. 【charity / urge】

03 I estimate that 50 students from our school would like to participate in the program. 【guess / escape】

A 01 극심한, 강렬한, 고강도의 02 거대한, 엄청난, 막대한 03 매력적인, 흥미를 끄는; 호소하는 04 평균의; 보통의, 평범한; 평균, 보통 05 설명하다; 삽화를 넣다 06 목적지, 행선지 07 영향을 미치다 08 audience 09 explore 10 species 11 seemingly 12 release 13 instruction 14 repetition
B 01 predators 02 recognized 03 independence 04 particular
C 01 meaningful 02 urge 03 guess

0121 □□□ ★

avoid ⓥ 피하다, 회피하다
[əvɔ́id]

By living true to yourself, you'll **avoid** a lot of headaches. 기출
자신에게 진실하게 삶으로써, 여러분은 많은 골칫거리를 **피할** 것이다.

㉣ avoidance ⓝ 회피
avoidable ⓐ 피할 수 있는
㉤ escape ⓥ 벗어나다, 피하다

0122 □□□ ★★

fossil ⓝ 화석
[fásl]

The **fossil** of this flower is about 5 million years old. 교과서
이 꽃의 **화석**은 약 5백만 년 전의 것이다.

㉣ fossilize ⓥ 화석화되다
㉥ fossil fuel 화석 연료

0123 □□□ ★★

comfort ⓝ 편안함, 안락함 ⓥ 위로하다
[kʌ́mfərt]

This painting gives me a feeling of peace and **comfort**. 교과서
이 그림은 내게 평화로운 느낌과 **편안함**을 준다.

㉣ comfortable ⓐ 편안한
㉦ discomfort ⓝ 불편함

0124 □□□ ★★

concentrate ⓥ 집중하다, 전념하다
[kánsəntrèit]

Now he could **concentrate** on the lesson. 기출
이제 그는 수업에 **집중할** 수 있었다.

㉣ concentration ⓝ 집중
㉤ focus ⓥ 집중하다, 초점을 맞추다
㉧ concentrate on ~에 집중하다

0125 □□□ ★★

amount ⓝ 양, 총액
[əmáunt]

We should reduce the **amount** of trash we produce. 교과서
우리는 우리가 만들어내는 쓰레기의 **양**을 줄여야 한다.

㉤ sum ⓝ 합계; 액수
quantity ⓝ 양

0126 □□□ ★★

recent ⓐ 최근의, 근대의, 새로운
[ríːsənt]

Recent research has proved that there is water on the planet. 교과서
최근의 연구는 그 행성에 물이 있다는 것을 증명했다.

㉣ recently ad 최근에

0127 □□□ ★★★

reputation ⓝ 평판, 명성
[rèpjutéiʃən]

He has the **reputation** of being a good doctor.
그는 좋은 의사라는 **평판**이 나 있다.

유 fame ⓝ 명성, 명예

0128 □□□ ★★

emphasize ⓥ 강조하다, 역설하다
[émfəsàiz]

She **emphasized** the need to recycle properly. 교과서
그녀는 재활용을 올바르게 할 필요성을 **강조했다**.

파 emphasis ⓝ 강조
유 stress ⓥ 강조하다

0129 □□□ ★★

spread ⓥ 펴다, 펼치다; 퍼뜨리다, 퍼지다 ⓝ 확산, 전파
[spred]

Spread your arms out. 팔을 쭉 **펴세요**.

The news **spread** fast on the Internet. 교과서
그 소식은 인터넷에 빠르게 **퍼졌다**.

(spread-spread-spread)
유 expand ⓥ 확대하다, 넓히다

0130 □□□ ★

transport ⓥ 수송[운송]하다, 운반하다, 이동시키다
[trænspɔ́ːrt]

Wheeled carts could **transport** more goods to market. 기출
바퀴가 있는 수레는 더 많은 상품을 시장으로 **운반할** 수 있었다.

voca+ trans(맞은편으로) + port(운반하다) → 이쪽에서 저쪽으로 운반하다

파 transportation ⓝ 교통수단, 운송, 수송
유 carry ⓥ 운반하다
deliver ⓥ 전하다, 배달하다

0131 □□□ ★★

predict ⓥ 예측하다, 예견하다
[pridíkt]

Today, scientists can **predict** changes in the weather more accurately. 기출
오늘날, 과학자들은 기상 변화를 더 정확하게 **예측할** 수 있다.

voca+ pre(미리, 먼저) + dict(말하다) → 앞서 말하다

파 predictable ⓐ 예측 가능한, 새로운 게 없는
prediction ⓝ 예측
유 forecast ⓥ 예보[예상]하다

0132 □□□ ★★

vary ⓥ 다르다, 다양하다
[vέəri]

Ideas about how much disclosure is appropriate **vary** among cultures. 기출
얼마만큼의 정보 공개가 적절한지에 관한 생각은 문화마다 **다르다**.

파 various ⓐ 다양한
variety ⓝ 다양성; 품종

0133 □□□ ★★

virtual [və́ːrtʃuəl] ⓐ 가상의; 사실상의

The system creates a **virtual** news show. 기출
그 시스템은 **가상의** 뉴스 방송을 만들어낸다.

ⓟ virtually ⓐⓓ 사실상, 거의

0134 □□□ ★

achieve [ətʃíːv] ⓥ 성취하다, 이루다, 달성하다

What really works to motivate people to **achieve** their goals? 기출
사람들로 하여금 자신의 목표를 **성취하도록** 동기를 부여하는 데 무엇이 정말 효과가 있는가?

ⓟ achievement ⓝ 성과, 업적
ⓤ accomplish ⓥ 이루다
attain ⓥ 달성하다, 이루다

0135 □□□ ★★

precious [préʃəs] ⓐ 귀중한, 소중한

I spend my few **precious** free hours reading books. 기출
나는 나의 얼마 안 되는 **소중한** 자유 시간을 책을 읽는 데 쓴다.

ⓤ valuable ⓐ 소중한
priceless ⓐ 아주 귀중한
ⓑ worthless ⓐ 가치 없는

0136 □□□ ★

annual [ǽnjuəl] ⓐ 연례의, 매년의, 연간의

Join us at our **annual** event. 기출
저희 **연례** 행사에 참석해 주세요.

ⓟ annually ⓐⓓ 매년, 해마다
ⓤ yearly ⓐ 연간의

0137 □□□ ★★

combine [kəmbáin] ⓥ 합치다, 결합하다

They decided to **combine** the two departments.
그들은 두 부서를 **합치기로** 했다.

ⓟ combination ⓝ 결합, 조합
ⓑ separate ⓥ 분리하다
ⓢ combine A with B A를 B와 결합하다

0138 □□□ ★★★

insight [ínsàit] ⓝ 통찰(력), 이해

She is a writer of great **insight**.
그녀는 대단한 **통찰력**을 지닌 작가이다.

voca+ **in**(안을) + **sight**(보기) → 안을 들여다보는 시야

ⓤ understanding ⓝ 이해

0139 □□□ ★

condition ⓝ 조건, 상태, 상황

[kəndíʃən]

Under stressful **conditions**, the body needs vitamins and minerals more than ever. 교과서

스트레스를 받는 **상황**에서, 몸은 그 어느 때보다 비타민과 미네랄을 더욱 필요로 한다.

유 **state** ⓝ 상태
circumstances ⓝ 상황

0140 □□□ ★★

emotional ⓐ 감정적인, 정서적인

[imóuʃənəl]

He is poor at reading **emotional** cues from other people. 기출

그는 다른 사람들이 보이는 **감정적인** 신호를 읽는 것에 서툴다.

파 **emotion** ⓝ 감정
emotionless ⓐ 감정이 없는

0141 □□□ ★★★

ritual ⓝ 의식, 의례 ⓐ 의식적인, 의례적인

[rítʃuəl]

The way the **ritual** is performed varies from place to place. 교과서

그 **의식**이 수행되는 방식은 장소마다 다르다.

유 **ceremony** ⓝ 의식, 식

0142 □□□ ★

maintain ⓥ 유지하다, 계속하다; 주장하다

[meintéin]

Bees are able to **maintain** a constant temperature in their hives throughout the year. 기출

벌들은 자신들의 벌집에서 일년 내내 일정한 온도를 **유지할** 수 있다.

They **maintain** that the social sciences have no exact laws. 기출

그들은 사회 과학이 정확한 법칙을 가지고 있지 않다고 **주장한다**.

파 **maintenance** ⓝ 유지, 지속; 정비

유 **continue** ⓥ 계속하다
sustain ⓥ 유지하다

0143 □□□ ★

instrument ⓝ 도구, 기구; 악기

[ínstrəmənt]

The microscope is the most widely used scientific **instrument**.

현미경은 가장 널리 사용되는 과학적 **도구**이다.

유 **tool** ⓝ 도구

0144 □□□ ★★

landscape ⓝ 풍경, 경관, 경치

[lǽndskèip]

It is not surprising that many **landscapes** are seen as commodities. 기출 많은 **풍경**이 상품으로 여겨진다는 것은 놀랍지 않다.

유 **scenery** ⓝ 경치

0145 □□□ ★★

strengthen
[stréŋkθən]

ⓥ 강화하다, 튼튼하게 하다

Using appropriate body language **strengthens** your message. 교과서
적절한 신체 언어를 사용하는 것은 당신의 메시지를 **강화시켜 준다**.

㉺ strength ⓝ 힘; 장점, 강점
㊌ reinforce ⓥ 강화하다
㉭ weaken ⓥ 약화시키다

0146 □□□ ★★

preserve
[prizə́ːrv]

ⓥ 저장[보존]하다, 지키다, 보호하다

How can we **preserve** nature? 교과서
우리는 자연을 어떻게 **보존할** 수 있을까?

㉺ preservation ⓝ 보존
㊌ conserve ⓥ 보존하다, 보호하다

0147 □□□ ★★

represent
[rèprizént]

ⓥ 나타내다, 보여주다; 대표하다

We express and **represent** our thoughts in language. 기출
우리는 언어로 우리의 생각을 표현하고 **나타낸다**.

㉺ representation ⓝ 묘사, 표현, 설명
representative ⓝ 대표(자)
㊌ stand for ~을 나타내다

0148 □□□ ★★

atmosphere
[ǽtməsfìər]

ⓝ 대기, 공기; 분위기

The planets have different **atmospheres**.
그 행성들은 서로 다른 **대기**를 갖고 있다.

A few jokes create a relaxed **atmosphere**.
몇 가지 농담은 편안한 **분위기**를 만든다.

voca+ atmo(공기) + sphere(구(球)) → 지구 주변의 공기

㊌ air ⓝ 대기, 공기

0149 □□□ ★★

available
[əvéiləbl]

ⓐ 이용[입수] 가능한, 이용할 수 있는

Use the resources **available** on the Internet. 기출
인터넷에서 **이용 가능한** 자료들을 활용하시오.

㉺ availability ⓝ 이용[접근] 가능성
㊌ accessible ⓐ 접근할 수 있는

0150 □□□ ★

chase
[tʃeis]

ⓥ 쫓다, 추적하다 ⓝ 추격

I didn't have the energy to **chase** him any more.
나는 더 이상 그를 **쫓을** 힘이 없었다.

㊌ pursue ⓥ 추적하다, 추구하다
㊕ chase after ~을 쫓다

0151 □□□ ★★

awareness [n] 의식, 관심, 인지, 인식
[əwέərnis]

The group is trying to raise public **awareness** about cancer.
그 단체는 암에 대한 대중의 **의식**을 높이기 위해 노력하고 있다.

[유] **consciousness** [n] 자각, 의식, 인식

0152 □□□ ★

label [v] 꼬리표를 달다, 라벨을 붙이다, 이름 짓다 [n] 라벨, 상표; 음반사
[léibəl]

We like to **label** ourselves as this or that. [기출]
우리는 우리 자신에게 이러저러한 **꼬리표를 다는** 것을 좋아한다.

The products have a special mark on the **label**. [교과서]
그 제품들은 **라벨**에 특별한 표시가 되어 있다.

[유] **tag** [n] 꼬리표, 번호표

0153 □□□ ★★

academic [a] 학업의, 학문적인 [n] 대학 교수
[æ̀kədémik]

His effort improved the players' **academic** performance. [교과서]
그의 노력은 선수들의 **학업** 성취를 향상시켰다.

[유] **scholarly** [a] 학구적인, 학자의

0154 □□□ ★★

literally [ad] 문자[글자] 그대로, 말 그대로
[lítərəli]

I think the name **literally** represents us. [교과서]
나는 그 이름이 **말 그대로** 우리를 나타낸다고 생각한다.

[파] **literal** [a] 글자 그대로의
[유] **exactly** [ad] 정확하게, 엄밀하게

0155 □□□ ★★

deadline [n] 마감일, 마감 시간
[dédlàin]

The **deadline** is 5 p.m., May 11th. [기출]
마감 시간은 5월 11일 오후 5시입니다.

[참] **due date** 만기일

0156 □□□ ★★

telescope [n] 망원경
[téləskòup]

The students observed the night sky with **telescopes**.
학생들은 **망원경**으로 밤하늘을 관찰했다.

voca+ **tele**(멀리 떨어진) + **scope**(범위, 영역) → 먼 영역까지 보는 것

[참] **microscope** [n] 현미경

0157 □□□ ★ 다의어

company

[kʌ́mpəni]

ⓝ 1. 함께 있음, 교제 2. 친구, 동료 3. 회사 4. 일행

1 He enjoyed the **company** of Jane. 교과서
그는 Jane과 **함께 있는 것**을 즐겼다.

2 She has been keeping bad **company**.
그녀는 안 좋은 **친구들**과 어울려왔다.

3 An Italian **company** has recently released an innovative product. 교과서
이탈리아의 한 **회사**가 최근에 혁신적인 제품을 출시했다.

voca+ com(함께) + pany(빵) → 함께 빵을 먹는 사람

유 **companionship** ⓝ 교제, 사귐, 동료애
companion ⓝ 동료, 동반자
firm ⓝ 회사, 기업
party ⓝ 일행

0158 □□□ ★★ 다의어

matter

[mǽtər]

ⓝ 1. 문제, 일 ⓥ 2. 중요하다, 문제가 되다

1 What's the **matter**?
무슨 **일**이야?

2 Learning from failure is what really **matters**. 교과서
실패로부터 배우는 것이 진정 **중요한** 것이다.

유 **event** ⓝ 사건
problem ⓝ 문제
count ⓥ 중요하다

---

wonder vs **wander**

0159 □□□ ★

wonder

[wʌ́ndər]

ⓥ 궁금하다, 의심하다 ⓝ 불가사의한 것, 경이

I **wonder** what music you listen to when you're stressed. 교과서
너는 스트레스 받을 때 어떤 음악을 듣는지 **궁금해**.

파 **wonderful** ⓐ 경이로운, 아주 멋진

0160 □□□ ★★

wander

[wɑ́ndər]

ⓥ 돌아다니다, 배회하다 ⓝ 방랑

An old man had been found **wandering** aimlessly on the street. 교과서
한 노인이 거리에서 정처없이 **돌아다니는 것**이 발견되었다.

파 **wanderer** ⓝ 방랑자
숙 **wander off** ~을 이탈하다, ~에서 벗어나다

A 영어는 우리말로, 우리말은 영어로 바꿔 쓰시오.

01	strengthen	______	08	화석	______
02	virtual	______	09	편안함; 위로하다	______
03	maintain	______	10	평판, 명성	______
04	spread	______	11	통찰(력), 이해	______
05	ritual	______	12	의식, 관심, 인지	______
06	predict	______	13	문자[글자] 그대로	______
07	chase	______	14	연례의, 매년의	______

B 빈칸에 알맞은 말을 <보기>에서 찾아 알맞은 형태로 쓰시오.

matter telescope vary precious

01 Learning from failure is what really ______.

02 I spend my few ______ free hours reading books.

03 The students observed the night sky with ______.

04 Ideas about how much disclosure is appropriate ______ among cultures.

C 밑줄 친 단어와 유사한 의미를 가진 말을 고르시오.

01 How can we preserve nature? 【conserve / represent】

02 Use the resources available on the Internet. 【emotional / accessible】

03 It is not surprising that many landscapes are seen as commodities. 【scenery / atmosphere】

A 01 강화하다, 튼튼하게 하다 02 가상의; 사실상의 03 유지하다, 계속하다; 주장하다 04 펴다, 펼치다; 퍼뜨리다, 퍼지다; 확산, 전파 05 의식, 의례; 의식적인, 의례적인 06 예측하다, 예견하다 07 쫓다, 추적하다; 추격 08 fossil 09 comfort 10 reputation 11 insight 12 awareness 13 literally 14 annual
B 01 matters 02 precious 03 telescopes 04 vary
C 01 conserve 02 accessible 03 scenery

0161 □□□ ★★

evolve [v] 진화하다, 발전하다, 발달[진전]시키다
[ivɑ́lv]

Some believe that dinosaurs **evolved** into birds.
어떤 이들은 공룡이 새로 **진화했다**고 생각한다.

[파] **evolution** [n] 진화, 발전
evolutionary [a] 진화의
[유] **develop** [v] 발달[발전]하다

0162 □□□ ★

honor [v] 기리다, 경의를 표하다; (약속 등을) 지키다, 이행하다 [n] 명예
[ɑ́nər]

The king wanted to **honor** the death of his father. [교과서]
왕은 자신의 아버지의 죽음을 **기리고** 싶어 했다.

He claims that the company failed to **honor** the contract.
그는 회사가 계약을 **지키지** 않았다고 주장한다.

[파] **honorable** [a] 명예로운
[유] **respect** [v] 존경하다

0163 □□□ ★★

disturb [v] 방해하다, 혼란케 하다
[distə́ːrb]

Some residents have been **disturbed** by noise from dogs barking. [기출] 일부 주민들이 개 짖는 소음으로 인해 **방해를 받았다**.

[파] **disturbance** [n] 방해
[유] **interrupt** [v] 방해하다

0164 □□□ ★★

confuse [v] 혼란스럽게 하다, 혼동하다
[kənfjúːz]

These instructions **confused** everyone.
이 설명서는 모두를 **혼란스럽게 했다**.

[파] **confusion** [n] 혼돈, 혼란
[유] **disturb** [v] 혼란케 하다

0165 □□□ ★★

factor [n] 요소, 요인
[fǽktər]

Independence is a necessary **factor** for success. [기출]
자립은 성공에 있어 필수 **요소**이다.

[유] **element** [n] 요소, 성분

0166 □□□ ★★

consistent [a] 일관된, 일치하는, 조화되는
[kənsístənt]

People want to be **consistent** and will keep saying yes if they have already said it once. [기출]
사람들은 **일관되기**를 원해서 만약 자신이 이미 한번 '예'라고 말했다면 계속 그렇게 말할 것이다.

[파] **consistency** [n] 일관성, 일치
[반] **inconsistent** [a] 일치하지 않는, 일관성이 없는

0167 □□□ ★★

impact ⓝ 영향(력), 충격 ⓥ 영향을 주다
ⓝ [ímpækt]
ⓥ [impǽkt]

I think we can make a meaningful **impact** on society. 교과서
나는 우리가 사회에 의미 있는 **영향**을 미칠 수 있다고 생각해.

유 influence ⓝ 영향 ⓥ 영향을 미치다
effect ⓝ 영향, 효과
숙 have[make] (an) impact on ~에 영향을 주다

0168 □□□ ★★★

declare ⓥ 선언하다, 공표하다
[diklɛ́ər]

People are **declared** dead when their hearts stop beating. 기출
사람들은 심장이 뛰는 것을 멈출 때 사망한 것으로 **선언된다**.

파 declaration ⓝ 선언, 발표
유 announce ⓥ 알리다, 발표[공표]하다

0169 □□□ ★★

explanation ⓝ 설명, 해명, 해설
[èksplənéiʃən]

He asked the teacher to repeat her **explanation**. 교과서
그는 선생님께 **설명**을 다시 해달라고 요청했다.

파 explain ⓥ 설명하다
유 interpretation ⓝ 해석, 설명

0170 □□□ ★

structure ⓝ 구조(물), 건축물 ⓥ 조직[구성]하다
[strʌ́ktʃər]

The **structure** of the building helps keep the building cool. 교과서
그 건물의 **구조**는 건물을 시원하게 유지하는 데 도움을 준다.

파 structural ⓐ 구조적인, 형태의
유 construction ⓝ 건축물, 건설

0171 □□□ ★★

extremely ad 매우, 극단적으로, 지나치게
[ikstríːmli]

It can get **extremely** cold up on the mountain at night. 기출
산 위에서는 밤에 **대단히** 추워질 수 있다.

파 extreme ⓐ 극도의 ⓝ 극단
extremity ⓝ 극단, 극도
유 severely ad 심하게

0172 □□□ ★★★

fundamental ⓐ 근본적인, 기본적인 ⓝ 기본 원칙
[fʌ̀ndəméntəl]

Honesty is a **fundamental** part of every strong relationship. 기출
정직은 모든 굳건한 관계의 **근본적인** 부분이다.

유 basic ⓐ 기본적인, 근본적인
essential ⓐ 본질적인

0173 □□□ ★★

reward [v] 상을 주다, 보상하다, 보답하다 [n] 보상
[riwɔ́ːrd]

The school **rewards** students for good behavior.
학교는 선행을 한 학생들에게 **상을 준다**.

[파] **rewarding** [a] 보람 있는, 가치 있는
[유] **compensate** [v] 보상하다
prize [n] 상, 상품

0174 □□□ ★★

praise [v] 칭찬하다 [n] 칭찬
[preiz]

Many people **praised** her contributions to the project. [교과서]
많은 사람들이 그 프로젝트에 대한 그녀의 공헌을 **칭찬했다**.

[파] **praiseworthy** [a] 칭찬할 만한
[유] **compliment** [v] 칭찬하다 [n] 칭찬, 찬사

0175 □□□ ★★

grateful [a] 고마워하는, 감사하는
[gréitfəl]

They must have been very **grateful** to him. [교과서]
그들은 틀림없이 그에게 매우 **고마워했을** 거야.

[파] **gratefully** [ad] 기꺼이, 감사하여
gratitude [n] 감사
[유] **thankful** [a] 고마워하는

0176 □□□ ★★

indicate [v] 나타내다, 보여주다
[índəkèit]

Your mistakes **indicate** that you lack intelligence. [기출]
당신의 실수는 당신이 지능이 부족하다는 것을 **나타낸다**.

[파] **indication** [n] 지표, 암시, 징후
[유] **represent** [v] 나타내다, 보여주다

0177 □□□ ★★

interrupt [v] 방해하다, 가로막다
[ìntərʌ́pt]

He **interrupted** my studying with repeated phone calls. [기출]
그는 반복되는 전화 통화로 내 공부를 **방해했다**.

voca+ **inter**(사이로) + **rupt**(깨진) → 사이로 들어가서 깨다

[파] **interruption** [n] 방해, 중단
[유] **disturb** [v] 방해하다

0178 □□□ ★

journey [n] 여정, 여행, 항해 [v] 여행하다
[dʒə́ːrni]

She had just completed her long **journey**. [교과서]
그녀는 그녀의 기나긴 **여행**을 막 마쳤다.

[유] **travel** [n] 여행
voyage [n] 항해, 여행

0179 □□□ ★★

limit [líːmit]

[n] 제한, 한계 [v] 제한하다

He has reached the **limit** of his patience.
그는 인내심의 **한계**에 도달했다.

[파] limited [a] 제한된, 한정된
limitation [n] 한계, 제한

0180 □□□ ★★

relevant [réləvənt]

[a] 관련된, 적절한, 타당한

A designer must collect **relevant** data. [기출]
디자이너는 **관련된** 데이터를 수집해야 한다.

[파] relevance [n] 적절, 타당성; 관련(성)
[유] related [a] 관련된, 연관된
appropriate [a] 적절한
[반] irrelevant [a] 관계 없는, 부적절한

0181 □□□ ★★

ultimately [ʌ́ltəmətli]

[ad] 궁극적으로, 근본적으로, 결국

Ultimately, it is your commitment to the process that will determine your progress. [기출]
궁극적으로, 당신의 발전을 결정짓는 것은 그 과정에 당신이 전념하는 것이다.

[파] ultimate [a] 최고의, 최종의

0182 □□□ ★★

tough [tʌf]

[a] 다루기 힘든, 어려운, 가혹한

I believe I can make the **tough** circumstance better. [교과서]
나는 내가 **힘든** 상황을 더 좋아지게 할 수 있다고 생각한다.

[유] rough [a] 힘든, 골치 아픈
difficult [a] 곤란한, 어려운

0183 □□□ ★★

barely [bɛ́ərli]

[ad] 거의 ~하지 않다; 간신히, 겨우

Many of us **barely** notice what browser we're using. [기출]
우리 중 대다수는 우리가 어떤 브라우저를 사용하고 있는지 **거의** 알지 **못한다**.

[유] hardly [ad] 거의 ~ 않다[아니다]
scarcely [ad] 거의 ~ 않다; 겨우, 간신히

0184 □□□ ★

absence [ǽbsəns]

[n] 결석, 부재, 없음

Tina blamed me for Amy's frequent **absences**.
Tina는 Amy의 잦은 **결석**에 대해 나를 탓했다.

[파] absent [a] 없는, 결석한

0185 □□□ ★

face ⓥ 직면하다, 마주하다 ⓝ 얼굴
[feis]

What challenges does he **face**? 교과서
그는 어떤 어려움에 **직면해** 있니?

유 **confront** ⓥ 직면하다, 맞서다
숙 **be faced with** ~에 직면하다

0186 □□□ ★

purpose ⓝ 목적, 용도
[pə́ːrpəs]

The main **purpose** of food labels is to inform you what is inside the food. 기출
식품 라벨의 주된 **목적**은 식품 안에 무엇이 들어 있는지 여러분에게 알려주는 것이다.

파 **purposeful** ⓐ 의도적인
유 **object** ⓝ 목적, 목표
aim ⓝ 목적, 의도

0187 □□□ ★

monitor ⓥ 주시하다, 추적 관찰하다, 점검하다 ⓝ 모니터
[mánitər]

I had to **monitor** the experiment constantly. 교과서
나는 계속 실험을 **주시해야**만 했다.

유 **check** ⓥ 점검하다, 조사하다
keep track of ~을 기록[추적]하다

0188 □□□ ★★

chemical ⓝ 화학물질 ⓐ 화학의, 화학적인
[kémikəl]

Most insect communication is based on **chemicals** known as pheromones. 기출
대부분 곤충의 의사소통은 페로몬이라고 알려진 **화학물질**에 근거한다.

파 **chemist** ⓝ 화학자
chemistry ⓝ 화학 (작용)

0189 □□□ ★★

conflict ⓝ 갈등, 충돌 ⓥ 충돌하다, 상충하다
ⓝ [kánflikt]
ⓥ [kənflíkt]

Conflict is the driving force of a good story. 기출
갈등은 좋은 이야기의 추진력이다.

유 **clash** ⓝ 충돌, 언쟁
dispute ⓝ 논쟁
collide ⓥ 충돌[상충]하다

0190 □□□ ★★★

definite ⓐ 확실한, 분명한
[défənit]

We should have a **definite** destination when we go for a drive. 기출
우리는 드라이브를 갈 때 **분명한** 목적지가 있어야 한다.

파 **definitely** ⓐⓓ 분명히, 확실히; 〈대답〉 물론이야.(= **certainly**)
유 **exact** ⓐ 정확한

DAY 05

0191 □□□ ★★

establish [istǽbliʃ]

ⓥ 설립하다; 확립하다, 규명하다, 입증하다

The company was **established** in 2020.
그 회사는 2020년에 **설립되었다**.

The police are trying to **establish** the cause of the fire.
경찰은 화재 원인을 **규명하려고** 애쓰고 있다.

㉻ **establishment** ⓝ 확립, 설립, 수립; 시설
㊥ **found** ⓥ 설립하다
prove ⓥ 입증하다, 증명하다

0192 □□□ ★★

anxiety [æŋzáiəti]

ⓝ 불안(감), 걱정, 두려움

교과서
Your stress and **anxiety** could be causing your headache.
당신의 스트레스와 **불안감**이 두통을 유발하고 있을 수도 있다.

㉻ **anxious** ⓐ 불안해하는; 열망하는
anxiously ad 애타게
㊥ **concern** ⓝ 우려, 걱정

0193 □□□ ★★★

executive [igzékjətiv]

ⓝ 경영진, 임원, 간부 ⓐ 실행[집행]의

기출
Executives regularly combine business meetings with meals.
경영진들은 주기적으로 업무 회의와 식사를 결합한다.

㉻ **execute** ⓥ 실행하다; 처형하다
execution ⓝ 실행; 처형, 사형(집행)
㊥ **manager** ⓝ 관리자

0194 □□□ ★

finding [fáindiŋ]

ⓝ 발견; 연구 결과, 결론

One **finding** in particular disturbed them. 기출
특히 한 가지 **발견**이 그들을 당황하게 했다.

㊥ **discovery** ⓝ 발견

0195 □□□ ★

goods [gudz]

ⓝ 상품, 물건, 제품

We can get **goods** or services at cheaper prices. 교과서
우리는 더 싼 가격에 **상품**과 서비스를 받을 수 있다.

voca+ 상품의 소재나 용도에 초점을 둘 때는 goods, 상품 자체보다는 그것을 사고 파는 행위에 초점을 둘 때는 merchandise를 쓴다.

㊥ **merchandise** ⓝ 상품
product ⓝ 상품, 제품

0196 □□□ ★

leap [liːp]

ⓥ (껑충) 뛰다, 뛰어오르다; 서둘러 ~하다

The boys **leaped** high like rabbits. 교과서
그 소년들은 토끼처럼 높이 **뛰어올랐다**.

(leap-leaped[leapt]-leaped[leapt])
㊥ **hop** ⓥ 깡충 뛰다
jump ⓥ 뛰어오르다

0197 □□□ ★★ 다의어

subject

[sʌ́bdʒekt]

ⓝ 1. 주제, 문제 2. 과목, 학과 3. 피험자 4. 〈문법〉 주어 ⓐ 5. ~될 수 있는, ~을 받기 쉬운 ⓥ ~에 종속시키다

1 understand a complex **subject** 교과서
복잡한 **주제**를 이해하다

2 What's your favorite **subject**?
네가 가장 좋아하는 **과목**이 뭐니?

3 In one experiment, **subjects** observed a person solve 30 problems. 기출
한 실험에서 **피실험자들**은 한 사람이 30개의 문제를 푸는 것을 관찰했다.

5 Cancellations will be **subject** to a $30 cancellation fee. 기출
(참가) 취소는 30달러의 취소 비용을 **내셔야** 합니다.

파 **subjective** ⓐ 주관적인
유 **topic** ⓝ 주제
issue ⓝ 문제
숙 **be subject to** ~의 지배를 받다; ~을 필요로 하다

0198 □□□ ★★★ 다의어

attribute

ⓥ [ətríbjuːt]
ⓝ [ǽtrəbjùːt]

ⓥ 1. ~의 원인[덕분]으로 생각하다, 귀착시키다
ⓝ 2. 특성, 속성, 자질

1 He **attributes** his success to his parents.
그는 자신의 성공을 부모님 **덕분으로 여긴다**.

2 Humans actively seek out particular people and select particular skills or **attributes** for comparison. 기출
사람들은 비교하기 위하여 적극적으로 특정한 사람들을 찾고 특정한 기술들과 **특성들**을 선택한다.

파 **attribution** ⓝ 귀속, 귀착
숙 **attribute A to B** A를 B의 결과[탓/덕분]로 생각하다
be attributed to ~에 기인한 것으로 여기다

---

principal vs principle

0199 □□□ ★★

principal

[prínsəpəl]

ⓐ 주요한, 주된 ⓝ 교장, 학장

Vegetables are the **principal** ingredients in this soup.
채소가 이 스프의 **주된** 재료이다.

유 **main** ⓐ 주된, 중요한
참 **vice principal** 교감

0200 □□□ ★★

principle

[prínsəpl]

ⓝ 원리, 원칙

교과서
Let's learn about some interesting **principles** of science.
과학의 몇 가지 흥미로운 **원리들**에 대해 배워봅시다.

유 **rule** ⓝ 규칙, 법칙

A 영어는 우리말로, 우리말은 영어로 바꿔 쓰시오.

01 ultimately ______________
02 conflict ______________
03 leap ______________
04 evolve ______________
05 definite ______________
06 principal ______________
07 declare ______________
08 주제; 과목; 피험자 ______________
09 관련된, 적절한 ______________
10 ~의 덕분으로 생각하다 ______________
11 매우, 극단적으로 ______________
12 경영진, 임원; 실행의 ______________
13 결석, 부재, 없음 ______________
14 칭찬하다; 칭찬 ______________

B 빈칸에 알맞은 말을 <보기>에서 찾아 쓰시오.

monitor	grateful	consistent	fundamental

01 They must have been very ______________ to him.

02 I had to ______________ the experiment constantly.

03 Honesty is a ______________ part of every strong relationship.

04 People want to be ______________ and will keep saying yes if they have already said it once.

C 밑줄 친 단어와 유사한 의미를 가진 말을 고르시오.

01 Independence is a necessary factor for success. 【element / explanation】

02 The police are trying to establish the cause of the fire. 【disturb / prove】

03 I think we can make a meaningful impact on society. 【influence / purpose】

A 01 궁극적으로, 근본적으로, 결국 02 갈등, 충돌; 충돌[상충]하다 03 (껑충) 뛰다, 뛰어오르다; 서둘러 ~하다 04 진화하다, 발전하다, 발달[진전]시키다 05 확실한, 분명한 06 주요한, 주된; 교장, 학장 07 선언[공표]하다 08 subject 09 relevant 10 attribute 11 extremely 12 executive 13 absence 14 praise
B 01 grateful 02 monitor 03 fundamental 04 consistent
C 01 element 02 prove 03 influence

0201 □□□ ★★

decrease ⓥ 줄다, 감소하다, 줄이다 ⓝ 감소
ⓥ [dikríːs]
ⓝ [díːkriːs]

Contact with pets can **decrease** stress-hormone levels. 기출
애완동물과의 접촉은 스트레스 호르몬 수치를 **감소시킬** 수 있다.

voca+ de(밑으로) + crease(자라다) → 적어지다

유 **reduce** ⓥ 줄이다, 감소시키다
diminish ⓥ 줄다, 감소하다
반 **increase** ⓥ 증가하다 ⓝ 증가

0202 □□□ ★

actually ad 정말로, 사실, 실제로
[ǽktʃuəli]

This may sound strange, but it is **actually** true. 교과서
이것이 이상하게 들릴지도 모르지만, 그것은 **정말로** 사실이다.

파 **actual** ⓐ 실제의
유 **in fact** 사실은, 실제로

0203 □□□ ★★

contribution ⓝ 기여, 공헌; 기부(금)
[kɑ̀ntrəbjúːʃən]

He made important **contributions** to areas of mathematics. 기출
그는 수학 분야에 중요한 **공헌**을 했다.

파 **contribute** ⓥ 기부하다; 기여[공헌]하다
유 **donation** ⓝ 기부, 기증

0204 □□□ ★★

prevent ⓥ 막다, 방해하다; 방지하다, 예방하다
[privént]

Their parents **prevented** them from being together. 기출
그들의 부모는 그들이 함께 있는 것을 **막았다**.

voca+ pre(앞에) + vent(오다) → 앞에 먼저 오다

파 **prevention** ⓝ 예방
숙 **prevent A from -ing** A가 ~하는 것을 막다

0205 □□□ ★★

modify ⓥ 수정하다, 바꾸다, 변경하다
[mɑ́dəfài]

The way to **modify** people's behavior depends on their perception. 기출
사람들의 행동을 **수정하는** 방식은 그들의 인식에 달려 있다.

파 **modification** ⓝ 수정, 변경
유 **correct** ⓥ 수정하다
alter ⓥ 변경하다, 바꾸다

0206 □□□ ★★

potential ⓐ 잠재적인 ⓝ 잠재력, 가능성
[pəténʃəl]

Let me prove to you that all people are **potential** geniuses. 기출
모든 사람들은 **잠재적** 천재라는 것을 내가 너에게 증명해 볼게.

파 **potentially** ad 잠재적으로
유 **inherent** ⓐ 내재된

0207 □□□ ★★

routine ⓝ (규칙적인) 일과, 판에 박힌 일
[ru:tí:n]

Exercise is part of my daily **routine**.
운동은 내 **일과**의 일부이다.

파 routinely ad 일상적으로

0208 □□□ ★

challenge ⓝ 도전, 난제, 과제
[tʃǽlindʒ] ⓥ 도전하다; 이의를 제기하다

The manager thought about his day-to-day management **challenges**. 기출
그 관리자는 자신의 매일의 경영 **난제**에 대해 생각했다.

Recent research **challenged** the decision.
최근의 조사는 그 결정에 **이의를 제기했다**.

파 challenging ⓐ 도전적인, 힘든, 어려운
유 question ⓥ 이의를 제기하다

0209 □□□ ★★

exhausted ⓐ 지친, 기운이 빠진, 탈진한
[igzɔ́:stid]

I was almost **exhausted**.
나는 거의 **지쳐있었다**.

파 exhaust ⓥ 기진맥진하게 하다; 다 써버리다
exhaustion ⓝ (심한) 피로
유 worn-out ⓐ 지쳐버린

0210 □□□ ★

construction ⓝ 건설, 공사; 건축물
[kənstrʌ́kʃən]

He was unable to visit the **construction** sites. 교과서
그는 **건설** 현장을 방문할 수 없었다.

파 constructive ⓐ 건설적인
유 building ⓝ 건축

0211 □□□ ★★

emergency ⓝ 응급, 비상사태, 위급
[imə́:rdʒənsi]

I called the center to declare an **emergency**. 기출
나는 **비상사태**를 보고하기 위해 센터에 전화를 했다.

파 emergent ⓐ 긴급한
유 urgency ⓝ 긴급

0212 □□□ ★★

contain ⓥ 담다, 포함[함유]하다
[kəntéin]

The book **contains** wisdom about the nature of life. 기출
그 책은 삶의 본질에 대한 지혜를 **담고 있다**.

파 container ⓝ 그릇, 용기
유 include ⓥ 포함하다

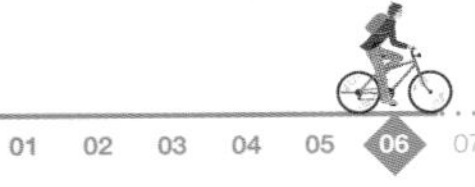

0213 □□□ ★

positive ⓐ 긍정의, 긍정적인; 확신하는; 양성의
[pázitiv]

They had **positive** expectations for success. 기출
그들은 성공에 대한 **긍정적인** 기대감을 갖고 있었다.

파 positivity ⓝ 긍정성; 확실성
반 negative ⓐ 부정적인; 음성의

0214 □□□ ★★

emission ⓝ 배출, 방출, 방사, 발산
[imíʃən]

Governments around the world are trying to reduce carbon **emissions.**
전 세계의 정부들은 탄소 **배출**을 줄이기 위해 노력하고 있다.

파 emit ⓥ 방출하다, 발산하다
유 release ⓝ 방출, 유출

0215 □□□ ★

suggest ⓥ 제안하다; 보여주다, 시사하다
[səgdʒést]

Experts **suggest** that young people stop wasting their money on unnecessary things. 기출
전문가들은 젊은이들이 불필요한 것에 돈을 낭비하는 것을 멈춰야 한다고 **제안한다**.

Research with older children **suggests** similar findings. 기출
나이가 더 많은 아이들을 대상으로 한 연구는 비슷한 결과를 **보여준다**.

파 suggestion ⓝ 제안, 의견
유 recommend ⓥ 추천하다, 권하다
propose ⓥ 제안[제의]하다

0216 □□□ ★★

equipment ⓝ 장비, 설비
[ikwípmənt]

Be sure to wear protective **equipment.** 기출
보호 **장비**를 반드시 착용하시오.

파 equip ⓥ 장비를 갖추다
유 gear ⓝ 장비, 복장

0217 □□□ ★★

tap ⓥ 가볍게[톡톡] 두드리다; 박자를 맞추다
[tæp] ⓝ 가볍게 두드리기; (수도) 꼭지

He **tapped** a few keys on his keyboard. 교과서
그는 키보드의 몇 개의 키를 **두드렸다**.

유 knock ⓥ 치다, 두드리다
참 tap water 수돗물

0218 □□□ ★★

era ⓝ 시대, 시기
[érə]

It was a new **era** in the history of our country.
그것은 우리나라 역사에서 새로운 **시대**였다.

유 period ⓝ 기간, 시기

0219 □□□ ★★

complain ⓥ 불평하다, 항의하다
[kəmpléin]

He constantly **complained** about the noise. 교과서
그는 끊임없이 소음에 대해 **불평했다**.

Ⓟ complaint ⓝ 불평, 항의
Ⓢ grumble ⓥ 투덜거리다

0220 □□□ ★★

demonstrate ⓥ 입증하다, 설명하다
[démənstrèit]

He **demonstrated** that lightning was a form of electricity. 기출
그는 번개가 전기의 한 형태라는 사실을 **입증했다**.

Ⓟ demonstration ⓝ 증명, 직접 보여줌
Ⓢ prove ⓥ 입증하다

0221 □□□ ★★

confident ⓐ 자신감 있는, 확신하는
[kάnfidənt]

They were **confident** that their answers were correct. 기출
그들은 자신들의 대답이 맞다고 **확신했다**.

Ⓟ confidence ⓝ 자신감
Ⓢ positive ⓐ 확신하는

0222 □□□ ★★

convert ⓥ 전환[변환]하다, 개조하다
[kənvə́ːrt]

They help to **convert** natural resources into the power that fuels our lives. 기출
그것들은 천연 자원을 우리의 생활에 연료를 공급하는 동력으로 **전환하는** 데 도움을 준다.

voca+ con(완전히) + vert(방향을 바꾸다) → 전환하다

Ⓟ conversion ⓝ 전환, 변환
Ⓢ transform ⓥ 변화시키다, 변형시키다
Ⓘ convert A into B A를 B로 전환하다

0223 □□□ ★★

attitude ⓝ 태도, 사고방식, 자세
[ǽtitjùːd]

I can't stand his selfish **attitude** toward his friends. 교과서
나는 친구에 대한 그의 이기적인 **태도**를 참을 수 없다.

Ⓢ stance ⓝ 태도, 입장

0224 □□□ ★★

traditional ⓐ 전통적인, 전통의
[trədíʃənəl]

She is wearing a **traditional** Korean Hanbok.
그녀는 **전통적인** 한국 한복을 입고 있다.

Ⓟ tradition ⓝ 전통
Ⓢ conventional ⓐ 관습적인, 전통적인

0225 □□□ ★★

suspect ⓝ 용의자 ⓐ 의심스러운
ⓝⓐ[sʌ́spekt] ⓥ 의심하다, 의구심을 가지다
ⓥ[səspékt]

You will learn how to find traces of **suspects**. 기출
여러분들은 **용의자**의 흔적을 찾는 방법을 배울 것이다.

파 suspicious ⓐ 의심스러운, 의심하는
suspicion ⓝ 의심
유 doubt ⓥ 의심하다

0226 □□□ ★★

feather ⓝ 깃털
[féðər]

She is lighter than a **feather**. 교과서 그녀는 **깃털**보다 더 가볍다.

파 feathery ⓐ 깃털 같은

0227 □□□ ★★★

inevitable ⓐ 피할 수 없는, 불가피한, 필연적인
[inévitəbl]

They are suffering from an **inevitable** mental trauma. 기출
그들은 **피할 수 없는** 정신적 외상으로 고통받고 있다.

voca+ in(~ 아닌) + evit(피하다) + able(~할 수 있는) → 피할 수 없는

파 inevitably ad 불가피하게
유 unavoidable ⓐ 불가피한

0228 □□□ ★★★

complicated ⓐ 복잡한, 까다로운
[kɑ́mpləkèitid]

It might sound **complicated**, but it is much easier once you understand. 교과서
그것은 **복잡하게** 들릴 수도 있지만, 한 번 이해하면 훨씬 쉬워진다.

파 complicate ⓥ 복잡하게 만들다
유 complex ⓐ 복잡한
반 simple ⓐ 단순한, 쉬운

0229 □□□ ★★

nutrient ⓝ 영양소, 영양분
[njúːtriənt]

Fruits and vegetables have important **nutrients**.
과일과 채소는 중요한 **영양소**를 갖고 있다.

파 nutrition ⓝ 영양(학)
nutritious ⓐ 영양이 풍부한

0230 □□□ ★★

occupation ⓝ 직업, 일; 점유, 점령
[àkjupéiʃən]

learn about the **occupation**'s educational requirements 교과서
직업의 교육적 요건에 대해 배우다

He lived through the Japanese **occupation** of Korea. 교과서
그는 한국의 일제 **강점기**를 겪었다.

파 occupy ⓥ 차지하다; 점유[점령]하다
유 profession ⓝ 직업, 전문직
conquest ⓝ 정복, 승리

0231 □□□ ★★

pure ⓐ 순전한, 순수한, 깨끗한

[pjuər]

These shirts are 100% **pure** cotton.

이 셔츠들은 100% **순**면이다.

파 purely ad 순전히
purify ⓥ 정화하다
유 sheer ⓐ 순전한, 순수한
반 impure ⓐ 불순한

0232 □□□ ★

recommend ⓥ 추천하다, 권장[권고]하다

[rèkəménd]

Can you **recommend** some vegetables that are easy to grow?

기르기 쉬운 몇 가지 채소들을 좀 **추천해** 주시겠어요?

파 recommendation ⓝ 충고, 권고, 추천
유 suggest ⓥ 제안[추천]하다

0233 □□□ ★

volunteer ⓥ 자원봉사하다, 자원하다 ⓝ 자원봉사자

[vɑ̀ləntíər]

She is **volunteering** at the community center. 교과서

그녀는 커뮤니티 센터에서 **자원봉사를 하고** 있다.

파 voluntary ⓐ 자발적인

0234 □□□ ★★

oxygen ⓝ 산소

[ɑ́ksidʒən]

Forests are essential in providing **oxygen**. 교과서

숲은 **산소**를 공급하는 데 있어 매우 중요하다.

참 hydrogen ⓝ 수소
nitrogen ⓝ 질소

0235 □□□ ★★

surface ⓝ 표면, 외부, 지면, 수면

[sə́ːrfis]

Whales come up to the **surface** to breathe. 교과서

고래는 숨을 쉬기 위해 **수면** 위로 올라온다.

voca+ sur(~ 위에) + face(얼굴, 표면) → 얼굴의 겉면

유 exterior ⓝ 외부, 외면
face ⓝ 표면

0236 □□□ ★★

instinct ⓝ 본능, 직감

[ínstiŋkt]

She has a strong **instinct** for survival.

그녀는 생존에 대한 강한 **본능**이 있다.

파 instinctive ⓐ 본능적인
유 intuition ⓝ 직관
숙 by instinct 본능적으로 (= instinctively)

0237 □□□ ★★ 다의어

objective [əbdʒéktiv]
ⓝ 1. 목적, 목표 ⓐ 2. 객관적인

1 Let's find the best way to accomplish the **objective**.
그 **목표**를 달성하기 위한 최선의 방법을 찾아보자.

2 I decide based on **objective** facts. 교과서
나는 **객관적인** 사실에 근거해서 결정한다.

파 **objectively** ad 객관적으로
반 **subjective** ⓐ 주관적인

0238 □□□ ★★ 다의어

conduct ⓥ[kəndʌ́kt] ⓝ[kɑ́ndʌkt]
ⓥ 1. 수행하다; 행동[처신]하다 2. 운영하다 3. 지휘하다 ⓝ 행위, 행동

1 An experiment was **conducted** on a group of women. 기출
한 실험이 일단의 여성들을 대상으로 **수행되었다**.

2 These meetings are often **conducted** without a chairperson running the meeting.
이러한 회의들은 흔히 의장이 회의를 주재하지 않고 **운영된다**.

3 The orchestra was **conducted** by Sara.
오케스트라는 Sara가 **지휘했다**.

파 **conductor** ⓝ 지휘자
유 **behave** ⓥ 행동하다, 처신하다
carry out ~을 수행하다
run ⓥ 경영하다, 관리하다

---

aboard vs abroad

0239 □□□ ★

aboard [əbɔ́:rd]
ad ⓟ ~을 타고, 탑승하여

She was already **aboard** the plane.
그녀는 비행기에 이미 **탑승해** 있었다.

유 **on board** 탑승한

0240 □□□ ★

abroad [əbrɔ́:d]
ad 해외에, 해외로

He had never been **abroad** by himself. 교과서
그는 혼자 **해외에** 가본 적이 없었다.

A 영어는 우리말로, 우리말은 영어로 바꿔 쓰시오.

01 traditional ________
02 complicated ________
03 prevent ________
04 emergency ________
05 inevitable ________
06 instinct ________
07 conduct ________
08 기여, 공헌; 기부(금) ________
09 장비, 설비 ________
10 영양소, 영양분 ________
11 지친, 기운이 빠진 ________
12 불평하다, 항의하다 ________
13 담다, 포함[함유]하다 ________
14 도전; 이의를 제기하다 ________

B 빈칸에 알맞은 말을 <보기>에서 찾아 알맞은 형태로 쓰시오.

modify	attitude	demonstrate	pure

01 These shirts are 100% ________ cotton.
02 I can't stand his selfish ________ toward his friends.
03 He ________ that lightning was a form of electricity.
04 The way to ________ people's behavior depends on their perception.

C 밑줄 친 단어와 유사한 의미를 가진 말을 고르시오.

01 It was a new era in the history of our country. 【period / potential】
02 They were confident that their answers were correct. 【positive / convert】
03 Governments around the world are trying to reduce carbon emissions. 【occupation / release】

A 01 전통적인, 전통의 02 복잡한, 까다로운 03 막다, 방해하다; 방지[예방]하다 04 응급, 비상사태, 위급 05 피할 수 없는, 불가피한, 필연적인 06 본능, 직감 07 수행하다; 행동[처신]하다; 운영하다; 지휘하다; 행위, 행동 08 contribution 09 equipment 10 nutrient 11 exhausted 12 complain 13 contain 14 challenge
B 01 pure 02 attitude 03 demonstrated 04 modify
C 01 period 02 positive 03 release

0241 □□□ ★★

overcome ⓥ 극복하다, 이겨내다
[òuvərkʌ́m]

I hope my small contribution helps them **overcome** their difficulties. 교과서
나는 내 작은 기부가 그들이 어려움을 **극복하는** 데 도움이 되길 희망한다.

(overcome-overcame-overcome)
유 get over 극복하다, 이겨내다
beat ⓥ 이기다

0242 □□□ ★★

consequence ⓝ 결과, 결말; 영향
[kánsəkwèns]

It is difficult for children to estimate the **consequences** of their actions. 기출
아이들이 자신의 행동의 **결과**를 추정하기는 어렵다.

파 consequent ⓐ 결과적인
유 outcome ⓝ 결과

0243 □□□ ★

reduce ⓥ 줄이다, 감소시키다
[ridjúːs]

Music **reduces** stress and anxiety. 교과서
음악은 스트레스와 걱정을 **감소시켜준다**.

파 reduction ⓝ 감소, 축소
유 diminish ⓥ 줄이다
lessen ⓥ 줄이다, 적게 하다

0244 □□□ ★★

emerge ⓥ 나타나다, 등장하다
[imə́ːrdʒ]

Problems with this drug are now beginning to **emerge**.
이 약의 문제점들이 이제 **나타나기** 시작하고 있다.

파 emergence ⓝ 출현, 등장
emerging ⓐ 신흥의, 떠오르는
유 appear ⓥ 나타나다

0245 □□□ ★★

curiosity ⓝ 호기심
[kjùəriásəti]

Reality TV programs offer a few benefits to consumers, including satisfying their **curiosity**. 기출
리얼리티 TV 프로그램은 **호기심**을 만족시켜주는 것을 포함하여 소비자들에게 몇 가지 이익을 제공한다.

파 curious ⓐ 호기심을 갖고 있는, 궁금한

0246 □□□ ★

ordinary ⓐ 평범한, 보통의, 일반적인
[ɔ́ːrdənèri]

This **ordinary** nursing home has drawn people's attention. 교과서
이 **평범한** 요양원은 사람들의 관심을 끌었다.

유 normal ⓐ 보통의
common ⓐ 흔한, 일반적인
반 extraordinary ⓐ 비범한, 흔치 않은

0247 □□□ ★★

increase ⓥ 증가하다, 늘다, 늘리다 ⓝ 증가
ⓥ[inkríːs]
ⓝ[ínkriːs]

Exercising too late in the evening **increases** a stress-related substance in blood. 교과서
너무 늦은 저녁에 운동하는 것은 혈액에 스트레스 관련 물질을 **증가시킨다**.

반 **decrease** ⓥ 감소하다, 줄이다 ⓝ 감소
reduce ⓥ 줄이다, 감소시키다

0248 □□□ ★

lack ⓝ 부족, 결핍 ⓥ ~이 없다, ~이 부족하다
[læk]

They need your help because there's a **lack** of food. 교과서
음식이 **부족**하기 때문에 그들은 당신의 도움을 필요로 한다.

유 **shortage** ⓝ 부족, 결핍
반 **abundance** ⓝ 풍부, 과다

0249 □□□ ★★

interpret ⓥ 해석[이해]하다; 설명하다; 통역하다
[intə́ːrprit]

Emoticons may be **interpreted** very differently by different users. 기출
이모티콘은 서로 다른 사용자들에 의해 매우 다르게 **해석될** 수 있다.

voca+ **inter**(사이에서) + **pret**(가격) → 사이에서 가격을 설명, 통역하다

파 **interpretation** ⓝ 해석; 통역
유 **understand** ⓥ 이해하다
translate ⓥ 통역하다

0250 □□□ ★★

hesitate ⓥ 망설이다, 주저하다
[hézitèit]

Why do we **hesitate** to help strangers? 기출
우리는 왜 낯선 사람을 돕기를 **주저하는가**?

파 **hesitation** ⓝ 망설임, 주저
(= hesitancy, hesitance)
hesitant ⓐ 주저하는

0251 □□□ ★★★

genuine ⓐ 진짜의, 진실한, 진정한
[dʒénjuin]

It was a **genuine** diamond. 그것은 **진짜** 다이아몬드였다.

파 **genuinely** ad 진짜로, 정말로
유 **real** ⓐ 진짜의
반 **fake** ⓐ 가짜의, 거짓된

0252 □□□ ★

hardly ad 거의 ~ 않다[아니다]
[hάːrdli]

I **hardly** slept at all last night. 교과서
나는 어젯밤에 잠을 **거의 못** 잤다.

voca+ **hard** ⓐ 단단한; 어려운, 힘든 ad 단단하게; 열심히; 세게, 심하게

유 **barely** ad 거의 ~ 않다
seldom ad 거의 ~ 않다

0253 □□□ ★★

instantly ad 즉각, 즉시
[ínstəntli]

The product became so popular that it **instantly** went out of stock. 교과서 그 제품은 큰 인기를 얻게 되어서 **즉각** 품절되었다.

파 instant a 즉각적인, 즉시의; 인스턴트의 n 순간
유 immediately ad 즉시 (= instantaneously)

0254 □□□ ★

field n 분야; 운동장; 들판
[fi:ld]

Satellites are being used in more and more **fields**. 교과서
인공위성은 점점 더 많은 **분야**에서 사용되고 있다.

We use the soccer **field** in the order we arrive. 교과서
우리는 도착한 순서대로 축구**장**을 사용한다.

유 area n 분야, 부문
참 field trip 현장학습, 견학

0255 □□□ ★★

furthermore ad 더욱이, 게다가
[fə́:rðərmɔ̀:r]

The house is not expensive. **Furthermore**, it's in a great location. 그 집은 비싸지 않다. **게다가** 위치도 좋다.

유 moreover ad 더욱이, 게다가
additionally ad 게다가

0256 □□□ ★★

region n 지역, 지방; 영역, (신체의) 부위
[rí:dʒən]

The taste of Gimchi varies from **region** to **region**. 교과서
김치의 맛은 **지역**마다 다르다.

He felt a pain in the **region** of his heart.
그는 심장 **부위**에 통증을 느꼈다.

파 regional a 지역의, 지방의
유 district n 지역, 구역
area n 지역, 지방

0257 □□□ ★★

bond n 유대(감) v 유대를 형성하다
[bɑnd]

The book is about the special **bond** between mother and child. 그 책은 엄마와 아이와의 특별한 **유대감**에 관한 것이다.

유 tie n 유대(감), 결속
union n 결합, 연합

0258 □□□ ★★

layer n 층, 겹, 막
[léiər]

Mars lacks the protective ozone **layer** we have in Earth's atmosphere. 교과서
화성은 우리가 지구 대기에 가지고 있는 보호 오존**층**이 부족하다.

파 layered a 층을 이룬, 겹겹의

0259 □□□ ★★

resource

[rí:sɔ̀:rs]

ⓝ 자원, 재원; 자금, 재산

Most people understand the importance of natural **resources**. 기출

대부분의 사람들은 천연 **자원**의 중요성을 이해한다.

voca+ re(다시) + source(원천) → 다시 원천이 되는 것

파 **resourceful** ⓐ 자원이 풍부한

유 **source** ⓝ 정보원, 원천

asset ⓝ 자산

0260 □□□ ★★

detect

[ditékt]

ⓥ 알아차리다, 감지[탐지]하다, 발견하다

Some fish can **detect** smells a million times better than humans can. 기출

어떤 물고기들은 인간보다 냄새를 백만 배 더 잘 **감지할** 수 있다.

파 **detective** ⓝ 탐정, 형사

유 **notice** ⓥ 알아차리다

0261 □□□ ★★

donate

[dóuneit]

ⓥ 기부하다, 기증하다

We can **donate** unnecessary clothes to charities. 기출

우리는 필요 없는 옷을 자선 단체에 **기부할** 수 있다.

파 **donation** ⓝ 기부

유 **contribute** ⓥ 기부하다

0262 □□□ ★

realize

[rí:əlàiz]

ⓥ 깨닫다, 알아차리다

I **realized** that colors have different meanings in China and Korea. 교과서

나는 색깔이 중국과 한국에서 다른 의미를 갖는다는 것을 **깨달았다**.

유 **understand** ⓥ 이해하다

be aware of ~을 인지하다, ~을 깨닫다

0263 □□□ ★

medicine

[médisn]

ⓝ 약, 약물; 의학

Could you give me some cough **medicine**? 기출

기침 **약** 좀 주실래요?

voca+ medicine은 질병으로부터의 회복을 위한 치료제라는 의미의 약을 표현할 때 사용하며, drug는 medicine을 포함하여 독약이나 마취제와 같은 부정적인 의미의 약도 포함한다.

파 **medicinal** ⓐ 약효가 있는

medication ⓝ 약물 (치료)

medical ⓐ 의학의

0264 □□□ ★★

ancient ⓐ 고대의, 옛날의
[éinʃənt]

Some early clocks were invented in **ancient** China. 기출
일부 초기 시계들은 **고대** 중국에서 발명되었다.

파 ancestor ⓝ 조상
유 antique ⓐ 옛날의, 고대의
반 modern ⓐ 현대의

0265 □□□ ★★

religious ⓐ 종교의, 종교적인
[rilídʒəs]

They didn't attend because of **religious** reasons.
그들은 **종교적인** 이유로 참석하지 않았다.

파 religion ⓝ 종교

0266 □□□ ★★

attach ⓥ 달다, 부착하다, 붙이다
[ətǽtʃ]

The inventor **attached** an eraser to the top of a pencil. 교과서
그 발명가는 연필 맨 위에 지우개를 **붙였다**.

파 attached ⓐ 애착을 가진
반 detach ⓥ 떼어내다, 분리하다

0267 □□□ ★

host ⓝ 주인; (TV·라디오의) 진행자
ⓥ 진행[주최]하다
[houst]

Lisa is the **host** of a classroom debate.
Lisa는 학급 토론의 **진행자**이다.

I **host** a news program every week.
나는 매주 뉴스 프로그램을 **진행한다**.

반 guest ⓝ 손님
참 hostess ⓝ 여주인

0268 □□□ ★★

attempt ⓥ 시도하다 ⓝ 시도
[ətémpt]

We **attempt** to get our kids to clean up their rooms. 기출
우리는 우리 아이들이 자신의 방을 치우게 하려고 **시도한다**.

유 try ⓥ 시도[노력]하다 ⓝ 시도
숙 attempt to *do* ~하려고 시도하다

0269 □□□ ★★

bother ⓥ 방해하다, 괴롭히다
[bɑ́ðər]

You look worried. What's **bothering** you? 교과서
너 걱정 있어 보인다. 뭐가 너를 **괴롭히고** 있니(무슨 일이니)?

파 bothersome ⓐ 성가신
유 annoy ⓥ 짜증나게 하다

0270 □□□ ★★

prey [prei]

ⓝ 먹이, 사냥감 ⓥ 잡아먹다

Frogs use their long tongue to catch their **prey**.
개구리는 긴 혀를 이용해 **먹이**를 잡는다.

㊤ predator ⓝ 포식자
㊀ prey on ~을 잡아먹다
㊥ pray[prei] ⓥ 기도하다

0271 □□□ ★★

budget [bʌ́dʒit]

ⓝ 예산, 운영비

Eat out but consider your **budget**. 기출
외식하되, **예산**을 고려하라.

0272 □□□ ★★

capture [kǽptʃər]

ⓥ 포착하다, 담아내다, 붙잡다 ⓝ 포획, 생포

The moment was **captured** in a photograph. 교과서
그 순간은 사진에 **포착되었다**.

㊁ captive ⓐ 사로잡힌 ⓝ 포로
㊂ catch ⓥ 붙들다, 잡다

0273 □□□ ★★

assistance [əsístəns]

ⓝ 도움, 원조, 지원

I could do it well with the **assistance** of other people.
나는 다른 사람들의 **도움**으로 그것을 잘 해낼 수 있었다.

㊁ assist ⓥ 돕다
assistant ⓐ 보조의 ⓝ 조수

0274 □□□ ★★

trigger [trígər]

ⓥ 유발하다, 촉발시키다
ⓝ (총의) 방아쇠; 유발제

Smoke **triggered** the fire alarm. 연기가 화재 경보기를 **작동시켰다**.

㊂ cause ⓥ 유발하다

0275 □□□ ★★

primary [práimeri]

ⓐ 주요한, 주된, 첫 번째의

The media is the **primary** source of information. 기출
미디어는 정보의 **주요** 원천이다.

㊁ primarily ad 주로, 첫째로
㊂ prime ⓐ 주요한, 주된
major ⓐ 주요한
㊤ secondary ⓐ 부차적인, 이차적인

0276 □□□ ★

doubt [daut]

ⓥ 의심하다 ⓝ 의심, 의문

There is no reason to **doubt** him. 그를 **의심할** 이유가 하나도 없다.

㊁ doubtful ⓐ 의심스러운
㊂ distrust ⓝ 불신, 의심
suspect ⓥ 의심하다

0277 □□□ ★★ 다의어

plain
[plein]

ⓐ 1. 평범한 2. 분명한, 알기 쉬운 3. 무늬가 없는
ⓝ 4. 평원, 평야

1 Just a **plain** rectangular desk would be great. 기출
그냥 **평범한** 사각형 책상이 좋겠어요.

2 The **plain** fact is that nobody really knows.
분명한 사실은 누구도 진정 알지 못한다는 것이다.

4 Elephants eat small trees on the **plains**. 교과서
코끼리는 **평원**에 있는 작은 나무를 먹는다.

voca+ plain은 이외에도 '꾸미지 않은, 수수한, 솔직한'의 의미도 있다.

파 **plainly** ad 분명히, 명백히
유 **clear** ⓐ 명백한, 분명한 (= obvious)

0278 □□□ ★★ 다의어

term
[təːrm]

ⓝ 1. 기간, 학기 2. 조건 3. 용어, 말 4. 관계
ⓥ ~라 칭하다

1 On the last day of the **term** we went home early.
학기의 마지막 날에 우리는 집에 일찍 갔다.

2 We all meet the **terms** of this contract. 교과서
우리는 모두 이 계약의 **조건**을 충족한다.

3 "Umbrella species" is an ecological **term**. 교과서
'우산종'은 생태학적 **용어**이다.

유 **period** ⓝ 기간, 시기
숙 **in terms of** ~라는 면에서, ~에 관하여

aspire vs inspire

0279 □□□ ★★★

aspire
[əspáiər]

ⓥ 열망하다, 바라다

You **aspire** to be better or to accomplish more. 기출
당신은 더 나은 사람이 되거나 더 많은 것을 성취하기를 **열망한다**.

파 **aspiration** ⓝ 열망
유 **desire** ⓥ 바라다 ⓝ 욕망

0280 □□□ ★★

inspire
[inspáiər]

ⓥ 고무[격려]하다, 영감을 주다

This experience has **inspired** me to continue building houses for others. 교과서
이 경험은 다른 이들을 위해 집 짓는 일을 계속하도록 나를 **고무했다**.

파 **inspiration** ⓝ 영감
inspirational ⓐ 영감[감화/자극]을 주는

DAILY TEST

A 영어는 우리말로, 우리말은 영어로 바꿔 쓰시오.

01 attach ______________

02 curiosity ______________

03 assistance ______________

04 plain ______________

05 aspire ______________

06 ordinary ______________

07 trigger ______________

08 시도하다; 시도 ______________

09 결과, 결말; 영향 ______________

10 예산, 운영비 ______________

11 방해하다, 괴롭히다 ______________

12 망설이다, 주저하다 ______________

13 지역, 지방 ______________

14 기부하다, 기증하다 ______________

B 빈칸에 알맞은 말을 <보기>에서 찾아 알맞은 형태로 쓰시오.

interpret	prey	overcome	hardly

01 I ______________ slept at all last night.

02 Frogs use their long tongue to catch their ______________.

03 Emoticons may be ______________ very differently by different users.

04 I hope my small contribution helps them ______________ their difficulties.

C 밑줄 친 단어의 반대의 의미를 가진 말을 고르시오.

01 It was a <u>genuine</u> diamond. 【fake / primary】

02 Some early clocks were invented in <u>ancient</u> China. 【religious / modern】

03 Exercising too late in the evening <u>increases</u> a stress-related substance in blood. 【reduce / emerge】

A 01 달다, 부착하다, 붙이다 02 호기심 03 도움, 원조, 지원 04 평범한; 분명한, 알기 쉬운; 무늬가 없는; 평원, 평야 05 열망하다, 바라다 06 평범한, 보통의, 일반적인 07 유발하다, 촉발시키다; 방아쇠; 유발제 08 attempt 09 consequence 10 budget 11 bother 12 hesitate 13 region 14 donate

B 01 hardly 02 prey 03 interpreted 04 overcome

C 01 fake 02 modern 03 reduce

0281 □□□ ★★

comment ⓝ 말, 의견, 논평 ⓥ 논평하다
[kάment]

Please don't hesitate to leave your **comments** below. 교과서
주저하지 마시고 아래에 **의견**을 남겨주세요.

유 remark ⓝ 말, 논평 ⓥ 말하다
observe ⓥ (의견을) 말하다

0282 □□□ ★

professor ⓝ 교수
[prəfésər]

He is a well-known biology **professor**.
그는 유명한 생물학 **교수**이다.

유 faculty ⓝ 교수진, 교직원

0283 □□□ ★★

fairly ad 상당히, 꽤; 공평히
[fέərli]

You need to learn how to write **fairly** well. 기출
당신은 글을 **꽤** 잘 쓰는 방법을 배울 필요가 있다.

파 fair ⓐ 공평한
유 quite ad 아주, 꽤

0284 □□□ ★★

alternative ⓐ 대안적인, 대체의, 다른 ⓝ 대안
[ɔːltə́ːrnətiv]

His artwork reminds you there are **alternative** ways of using objects and colors. 기출
그의 예술 작품은 여러분에게 사물과 색을 사용하는 **대안적인** 방식들이 있다는 것을 상기시킨다.

There is no **alternative.** 다른 **대안**이 없다.

파 alternatively ad 그 대신에, 양자택일로
alternate ⓐ 교대의 ⓥ 번갈아 하다
유 substitute ⓝ 대용품, 대체물

0285 □□□ ★★

conscious ⓐ 의식하는, 의식적인, 의식이 있는
[kάnʃəs]

It is important that we make a **conscious** choice to overcome that bias. 기출
우리가 그 편견을 극복할 **의식적인** 결정을 내리는 것은 중요하다.

파 consciously ad 의식적으로
consciousness ⓝ 의식, 자각
반 unconscious ⓐ 무의식적인
숙 be conscious of ~을 알고 있다

0286 □□□ ★

effort ⓝ 시도, 노력
[éfərt]

You need to make every **effort** to achieve your dreams. 교과서
여러분은 꿈을 이루기 위해 모든 **노력**을 해야 한다.

파 effortful ⓐ 노력이 필요한
effortlessly ad 쉽게, 노력하지 않고

0287 □□□ ★

encounter [inkáuntər]

ⓥ 마주치다, 맞닥뜨리다
ⓝ (우연한) 만남, 마주침

He **encountered** a young woman at the coffee shop yesterday.
그는 어제 커피숍에서 한 젊은 여자와 **마주쳤다**.

voca+ en(do: 하다) + counter(대립하여) → 마주 서다

유 face ⓥ 직면하다, 마주하다
confront ⓥ 직면하다, 맞서다
bump into ~와 마주치다

0288 □□□ ★★

decade [dékeid]

ⓝ 십년

Car accidents have increased 30% in the last **decade**.
지난 **10년**간 자동차 사고가 30% 증가했다.

0289 □□□ ★★

drown [draun]

ⓥ 물에 빠지다, 익사하다

교과서

He jumped into the water as soon as he saw the boy **drowning**.
그는 소년이 **물에 빠진 것**을 보자마자 물속으로 뛰어들었다.

파 drowned ⓐ 익사한

0290 □□□ ★★

external [ikstə́ːrnəl]

ⓐ 외부의, 밖의 ⓝ 외부, 외적인 것

기출

The work of the artist involves describing the **external** world.
예술가의 작업은 **외부** 세계를 묘사하는 것을 포함한다.

유 outside ⓝ 외부 ⓐ 밖[외부]의
반 internal ⓐ 내부의

0291 □□□ ★★

facility [fəsíləti]

ⓝ (편의) 시설, 설비; 기능

The building has parking **facilities** for twenty cars.
그 건물은 20대의 차를 세울 수 있는 주차 **시설**을 갖추고 있다.

파 facilitate ⓥ 용이하게 하다, 가능하게 하다

0292 □□□ ★★

international [ìntərnǽʃənəl]

ⓐ 국제적인, 세계적인

The government encourages **international** tourism. 기출
정부는 **국제** 관광산업을 장려한다.

voca+ inter(~ 사이의) + nation(국가) + al(형·접) → 국가 간의

파 internationally ad 국제적으로
유 global ⓐ 세계적인

0293 □□□ ★★

heal

[hi:l]

ⓥ 치유하다, 치료하다

He needs time to **heal**.

그는 **치유할** 시간이 필요하다.

유 cure ⓥ 치료하다
참 heel [hi:l] ⓝ 뒤꿈치

0294 □□□ ★

highlight

[háilàit]

ⓥ 강조하다, 눈에 띄게 표시하다

He read the parts he had **highlighted**.

그는 자신이 **눈에 띄게 표시한** 부분을 읽었다.

유 emphasize ⓥ 강조하다
underline ⓥ 강조하다, 밑줄을 치다

0295 □□□ ★★

astronaut

[ǽstrənɔ̀:t]

ⓝ 우주비행사

기출

Jemison was named the first black woman **astronaut** in 1987.

Jemison은 1987년에 첫 번째 흑인 여성 **우주비행사**로 임명되었다.

voca+ astro(별) + naut(선원) → 별을 항해하는 선원

참 spacecraft ⓝ 우주선
space shuttle 우주 왕복선

0296 □□□ ★★

hire

[haiər]

ⓥ 고용하다, 채용하다

Most people like to **hire** people just like themselves.

대부분의 사람들은 자신과 비슷한 사람을 **고용하고** 싶어 한다.

유 employ ⓥ 고용하다
반 fire ⓥ 해고하다

0297 □□□ ★★

imagination

[imæ̀dʒənéiʃən]

ⓝ 상상(력), 공상

They don't know how to use their **imagination**. 기출

그들은 자신들의 **상상력**을 발휘하는 방법을 모른다.

파 imagine ⓥ 상상하다
imaginative ⓐ 상상력이 풍부한, 창의적인
유 fancy ⓝ 상상, 공상

0298 □□□ ★★

competitive

[kəmpétətiv]

ⓐ 경쟁적인, 경쟁의

Men are encouraged to be successful in **competitive** work environments. 기출

남성들은 **경쟁적인** 업무 환경에서 성공하도록 권장받는다.

파 compete ⓥ 경쟁하다, 겨루다
competition ⓝ 경쟁; 시합
competitor ⓝ 경쟁자

0299 □□□ ★★

athlete

[ǽθliːt]

ⓝ 운동선수

Every **athlete** tries to run faster. 교과서

모든 **선수**가 더 빨리 달리려고 노력한다.

파 athletic ⓐ 운동의; 건강한
유 player ⓝ 선수

0300 □□□ ★★

convey

[kənvéi]

ⓥ 전달하다, 의미하다; 나르다, 운반하다

Could you **convey** a message to Jack for me?

Jack에게 제 메시지 좀 **전해** 주실래요?

유 communicate ⓥ 전달하다
carry ⓥ 나르다, 옮기다

0301 □□□ ★

regret

[rigrét]

ⓥ 후회하다; 유감스럽게 생각하다

She knew she would **regret** it later. 기출

그녀는 나중에 자신이 그것을 **후회하리라는** 것을 알았다.

파 regretful ⓐ 후회하는
regrettably ad 유감스럽게도

0302 □□□ ★★

imitate

[ímitèit]

ⓥ 모방하다, 흉내 내다, 따라 하다

The teens tried to **imitate** what the adults were doing.

그 십 대들은 어른들이 하는 것을 **모방하려고** 했다.

파 imitation ⓝ 모방; 모조품
유 mimic ⓥ 흉내 내다

0303 □□□ ★

consume

[kənsjúːm]

ⓥ 먹다, 섭취하다; 소비[소모]하다, 다 써버리다

People **consume** a variety of foods. 기출

사람들은 다양한 음식들을 **먹는다**.

One day we will have **consumed** all the available resources on Earth.

언젠가 우리는 지구상의 이용 가능한 모든 자원을 **소비하게** 될 것이다.

파 consumer ⓝ 소비자
consumption ⓝ 섭취; 소비
유 eat ⓥ 먹다
use up 다 써버리다

0304 □□□ ★★

overwhelming

[òuvərhwélmiŋ]

ⓐ 압도적인, 엄청난, 대항할 수 없는

Planting a seed does not require **overwhelming** intelligence. 기출

씨를 심는 것이 **엄청난** 지능을 필요로 하는 것은 아니다.

파 overwhelm ⓥ 압도하다
유 irresistible ⓐ 저항할 수 없는
enormous ⓐ 엄청난

0305 □□□ ★★

specific ⓐ 구체적인, 특정한
[spəsífik]

Try to include **specific** and useful information. 교과서
구체적이고 유용한 정보를 포함시키도록 하시오.

파 specify ⓥ 나타내다, (구체적으로) 명시하다
유 particular ⓐ 특정한
반 vague ⓐ 막연한, 모호한

0306 □□□ ★★

load ⓝ 무거운 짐, 부담; 작업량
[loud] ⓥ 싣다, 담다, 태우다; 〈컴퓨터〉 탑재하다

He sent a **load** of books to Paris.
그는 책 한 **짐**을 파리로 보냈다.

They **loaded** all their equipment into their backpacks.
그들은 모든 장비를 배낭에 **담았다**.

유 cargo ⓝ 무거운 짐, 화물
burden ⓝ 짐, 부담
숙 be loaded with ~가 충분히 있다, ~로 가득 차 있다

0307 □□□ ★

modern ⓐ 현대적인, 현대의, 근대의
[mɑ́dərn]

School uniforms have become more **modern**. 교과서
교복이 더욱 **현대적**으로 되었다.

파 modernity ⓝ 현대(성)
유 contemporary ⓐ 현대의, 당대의

0308 □□□ ★★

decisive ⓐ 결정적인, 결단력이 있는, 단호한
[disáisiv]

You must be **decisive** to succeed in this field.
이 분야에서 성공하려면 너는 **결단력이 있어야** 한다.

파 decide ⓥ 결정하다
decision ⓝ 결정, 판단
반 indecisive ⓐ 우유부단한

0309 □□□ ★★

multiple ⓐ 다수의, 다양한, 여러 번의
[mʌ́ltəpl]

He can do **multiple** things at the same time. 교과서
그는 동시에 **여러 가지** 일을 할 수 있다.

파 multiply ⓥ 늘리다, 배가하다
유 various ⓐ 다양한

0310 □□□ ★

possibility ⓝ 가능성, 기회
[pɑ̀səbíləti]

Is there a **possibility** of rain today?
오늘 비가 올 **가능성**이 있나요?

파 possible ⓐ 가능한
유 chance ⓝ 가능성, 기회
probability ⓝ 가망, 확률

0311 □□□ ★★

satisfy

[sǽtisfài]

ⓥ 만족[충족]시키다

It's impossible to **satisfy** everyone around you. 기출

네 주변의 모든 사람을 **만족시키는** 것은 불가능해.

파 satisfaction ⓝ 만족(감)
(반 dissatisfaction ⓝ 불만족)
satisfactory ⓐ 만족스러운
유 content ⓥ 만족시키다

0312 □□□ ★★★

poverty

[pɑ́vərti]

ⓝ 가난, 빈곤

Social science has failed to eliminate social evils such as crime, **poverty**, and war. 기출

사회 과학은 범죄, **가난**, 전쟁과 같은 사회악을 제거하는 데 실패했다.

유 scarcity ⓝ 부족, 결핍
반 abundance ⓝ 풍부, 과다

0313 □□□ ★★

interaction

[ìntərǽkʃən]

ⓝ 상호작용, 교류, 관계

All language is ultimately at the service of human **interaction**. 기출

모든 언어는 궁극적으로 인간의 **상호작용**을 위한 것이다.

voca+ inter(서로 간에) + action(작용, 행동) → 상호작용

파 interact ⓥ 상호작용하다, 교류하다
interactive ⓐ 상호작용식의, 쌍방향의

0314 □□□ ★

receive

[risíːv]

ⓥ 받다, 받아들이다

I've **received** a few complaints. 교과서

저는 몇 가지 불만 사항을 **받았습니다**.

파 reception ⓝ 수령, 수신; 접수처; 축하 연회
receipt ⓝ 영수증
유 accept ⓥ 받아들이다

0315 □□□ ★

suppose

[səpóuz]

ⓥ 가정하다, 전제로 하다

Let's **suppose** this tree represents the tree of life. 기출

이 나무가 인생이라는 나무를 나타낸다고 **가정해** 보자.

유 imagine ⓥ 상상하다
assume ⓥ 추정하다

0316 □□□ ★

range

[reindʒ]

ⓥ (범위가) ~에 이르다 ⓝ 범위

Warm colors can arouse various emotions, **ranging** from comfort to anger. 교과서

따뜻한 색은 편안함에서 분노**에 이르기까지** 다양한 감정을 불러일으킬 수 있다.

숙 range from A to B (범위가) A에서 B에 이르다
a wide range of 광범위한

0317 □□□ ★★ 다의어

object

ⓝ [ábdʒekt]
ⓥ [əbdʒékt]

ⓝ 1. 물체, 물건; 대상 2. 목적, 목표
ⓥ 3. 반대하다

1 He placed an **object** inside the box. 기출
그는 상자 안에 **물건**을 놓았다.

2 The **object** of the game is to score the most points.
그 게임의 **목표**는 가장 많은 점수를 얻는 것이다.

3 A number of people **objected** to the project.
많은 사람들이 그 프로젝트에 **반대했다**.

파 **objective** ⓐ 목표의; 객관적인 ⓝ 목표, 목적
objection ⓝ 이의, 반대
유 **oppose** ⓥ 반대하다
숙 **object to** ~에 반대하다

0318 □□□ ★★ 다의어

address

ⓥ [ədrés]
ⓝ [ǽdres]

ⓥ 1. 해결하다, 처리하다 2. 말을 걸다; 호칭으로 부르다; 연설하다 ⓝ 3. 주소 4. 연설; 인사말

1 He suggested useful ideas for **addressing** air pollution. 교과서
그는 대기 오염을 **해결하기** 위한 유용한 아이디어들을 제안했다.

2 Dr. Einstein **addressed** the young boy. 기출
Einstein 박사는 그 어린 소년에게 **말을 걸었다**.

3 Here's my **address** and cell phone number. 기출
여기 제 **주소**와 전화번호요.

4 She was asked to give an **address** at the ceremony.
그녀는 그 의식에서 **연설**을 해달라는 요청을 받았다.

유 **talk to** ~에게 말을 걸다
speech ⓝ 연설

critical VS criticize

0319 □□□ ★★

critical

[krítikəl]

ⓐ 매우 중요한, 결정적인; 비판적인

Praise is **critical** to a child's sense of self-esteem. 기출
칭찬은 아이의 자존감에 **매우 중요하다**.

파 **critically** ad 비판적으로
유 **crucial** ⓐ 결정적인, 중대한

0320 □□□ ★★

criticize

[krítisàiz]

ⓥ 비난[비판]하다, 비평하다

The painting was severely **criticized** by art critics. 교과서
그 그림은 미술 평론가들로부터 심하게 **비난받았다**.

파 **critic** ⓝ 비평가, 평론가
criticism ⓝ 비판, 비난
반 **praise** ⓥ 칭찬하다 ⓝ 칭찬

A 영어는 우리말로, 우리말은 영어로 바꿔 쓰시오.

01 consume ____________
02 object ____________
03 critical ____________
04 alternative ____________
05 facility ____________
06 competitive ____________
07 convey ____________
08 의식하는, 의식적인 ____________
09 무거운 짐, 부담; 싣다 ____________
10 십년 ____________
11 익사하다 ____________
12 우주비행사 ____________
13 고용하다, 채용하다 ____________
14 치유하다, 치료하다 ____________

B 빈칸에 알맞은 말을 〈보기〉에서 찾아 알맞은 형태로 쓰시오.

range	encounter	specific	poverty

01 Try to include ____________ and useful information.

02 He ____________ a young woman at the coffee shop yesterday.

03 Warm colors can arouse various emotions, ____________ from comfort to anger.

04 Social science has failed to eliminate social evils such as crime, ____________, and war.

C 밑줄 친 단어와 유사한 의미를 가진 말을 고르시오.

01 You need to learn how to write fairly well. 【quite / imitate】

02 It's impossible to satisfy everyone around you. 【content / address】

03 Let's suppose this tree represents the tree of life. 【comment / imagine】

A 01 먹다, 섭취하다; 소비[소모]하다, 다 써버리다 02 물체, 물건; 대상; 목적, 목표; 반대하다 03 매우 중요한, 결정적인; 비판적인 04 대안적인, 대체의, 다른; 대안 05 (편의) 시설, 설비; 기능 06 경쟁적인, 경쟁의 07 전달하다, 의미하다; 나르다, 운반하다 08 conscious 09 load 10 decade 11 drown 12 astronaut 13 hire 14 heal
B 01 specific 02 encountered 03 ranging 04 poverty
C 01 quite 02 content 03 imagine

0321 □□□ ★

provide

ⓥ 제공하다, 주다

[prəváid]

They **provided** different answers to his question. 교과서

그들은 그의 질문에 각기 다른 대답을 **내놓았다**.

㉣ provision ⓝ 공급, 제공
㉮ supply ⓥ 공급하다, 주다
present ⓥ 주다, 내놓다

0322 □□□ ★★★

primitive

ⓐ 원시적인, 원시의

[prímətiv]

They encountered a **primitive** tribe.

그들은 한 **원시** 부족과 마주쳤다.

㉣ primitively ⓐⓓ 원시적으로
㉥ modern ⓐ 근대의, 현대의

0323 □□□ ★★

resist

ⓥ 저항[반항]하다; 참다

[rizíst]

He proposed a new building designed to **resist** heavy winds. 교과서

그는 강한 바람에 **저항하도록** 설계된 새로운 건물을 제안했다.

㉣ resistant ⓐ 저항하는; 내성이 있는
resistance ⓝ 저항, 반항; 내성
㉮ oppose ⓥ 반대하다, 대항하다

0324 □□□ ★★

leak

ⓝ 누출, 새는 곳 ⓥ 새다

[liːk]

Their job was to look into the pipe and fix the **leak**. 기출

그들의 임무는 파이프를 조사하고 **새는 곳**을 고치는 것이었다.

㉣ leakage ⓝ 누출(량/물)

0325 □□□ ★★

pursue

ⓥ 추구하다; 뒤쫓다

[pərsjúː]

Returning to college, I **pursued** medicine with a great passion. 기출

대학에 돌아와서 나는 매우 열정적으로 의학을 **추구했다**.

㉣ pursuit ⓝ 추구
㉮ seek ⓥ 추구하다, 노력하다
chase ⓥ 쫓다

0326 □□□ ★★

cooperate

ⓥ 협력하다, 협동하다

[kouάpərèit]

I should **cooperate** with my classmates to do the task successfully. 교과서

나는 그 과업을 성공적으로 하기 위해 학급친구들과 **협력해야** 한다.

㉣ cooperation ⓝ 협동, 협력
cooperative ⓐ 협력하는
㉮ collaborate ⓥ 협력하다
㉧ corporate ⓐ 기업의

0327 □□□ ★★

formation ⓝ 형성; (특정한) 대형

[fɔːrméiʃən]

Recent studies show some interesting findings about habit **formation**. 기출

최근 연구들은 습관 **형성**에 관한 몇 가지 흥미로운 결과를 보여준다.

voca+ form(형태) + ate(~하게 하다) + ion(명·접) → 형태를 이루게 함

파 **form** ⓝ 형태 ⓥ 형성하다
유 **format** ⓝ 형식, 형태, 포맷

0328 □□□ ★★

carbon ⓝ 탄소

[kάːrbən]

The amount of **carbon** dioxide in the atmosphere has increased. 기출 대기 중 이산화**탄소**의 양이 증가했다.

참 **carbon dioxide** 이산화탄소

0329 □□□ ★★★

utilize ⓥ 이용[활용]하다, 사용하다

[júːtəlàiz]

There exists in us the strongest need to **utilize** our skills. 기출

우리의 역량을 **활용하려는** 매우 강렬한 욕구가 우리 안에 존재한다.

파 **utilizer** ⓝ 이용하는 사람
utility ⓝ 유용(성); 공익사업
유 **make use of** ~을 이용하다

0330 □□□ ★★

dramatic ⓐ 극적인, 인상적인

[drəmǽtik]

I think a landscape photo could bring a **dramatic** change to my room. 교과서

나는 풍경 사진이 내 방에 **극적인** 변화를 가져올 수 있을 거라고 생각해.

파 **dramatically** ad 극적으로

0331 □□□ ★★★

sacrifice ⓥ 희생하다 ⓝ 희생, 제물

[sǽkrəfàis]

The woman had **sacrificed** her whole life for her daughter.

그 여성은 딸을 위해 자신의 모든 삶을 **희생했다**.

유 **offering** ⓝ 제물
victim ⓝ 희생(자), 제물

0332 □□□ ★★

absorb ⓥ 흡수하다, 받아들이다; 열중시키다

[əbsɔ́ːrb]

Hanji **absorbs** water and ink very well. 교과서

한지는 물과 잉크를 매우 잘 **흡수한다**.

파 **absorption** ⓝ 흡수; 몰두

DAY 09

0333 □□□ ★★

settle [sétl]   ⓥ 해결하다; 결정하다; 정착하다

They decided to **settle** the argument with a race. 교과서
그들은 달리기로 논쟁을 **해결하기로** 했다.

파 settlement ⓝ 정착; 해결, 합의
유 resolve ⓥ 풀다, 해결하다

0334 □□□ ★★

defense [diféns]   ⓝ 방어, 수비

I'll practice a lot for **defense**. 기출
수비 연습을 많이 할게요.

파 defend ⓥ 지키다, 방어하다
defensive ⓐ 방어의, 방어적인
반 attack ⓝ 공격

0335 □□□ ★

still [stil]   ⓐ 고요한, 가만히 있는, 정지한
ⓐⓓ 아직, 여전히

Everyone had left, and the house was finally **still**.
모두가 떠났고, 마침내 집은 **고요해졌다**.

The story **still** did not end. 교과서
그 이야기는 **아직** 끝나지 않았다.

파 stillness ⓝ 고요함
유 quiet ⓐ 고요한(= silent)
반 noisy ⓐ 떠들썩한, 시끄러운

0336 □□□ ★★

impulse [ímpʌls]   ⓝ 충동, 자극

She had to resist the **impulse** to shout.
그녀는 소리 지르고 싶은 **충동**을 참아야 했다.

파 impulsive ⓐ 충동적인, 즉흥적인
유 urge ⓝ 욕구, 충동

0337 □□□ ★★★

statistics [stətístiks]   ⓝ 통계, 통계 자료; 통계학

Official **statistics** indicate that educational standards are improving.
공식적인 **통계**는 교육 수준이 향상되고 있다는 것을 보여준다.

파 statistical ⓐ 통계의, 통계(학)상의

0338 □□□ ★★

incredible [inkrédəbl]   ⓐ 놀라운, 굉장한, 훌륭한; 믿을 수 없는

Dogs have **incredible** hearing. 개는 **놀라운** 청력을 갖고 있다.

voca+ in(~ 아닌) + credible(믿을 수 있는) → 믿을 수 없는

파 incredibly ⓐⓓ 믿을 수 없을 정도로, 놀랍게도
유 amazing ⓐ 놀라운, 굉장한

0339 □□□ ★

rule [ruːl]
ⓥ 지배[통치]하다; 판결하다 ⓝ 규칙

Korea was **ruled** by Japan. 교과서
한국은 일본의 **지배를 받았다**.

The court has not yet **ruled** on the case.
법원은 아직 그 사건에 대해 **판결을 내리지** 않았다.

유 **govern** ⓥ 통치하다, 다스리다
control ⓥ 지배하다, 통제하다

0340 □□□ ★★

subtle [sʌ́tl]
ⓐ 미묘한, 감지하기 힘든; 교묘한

Her teacher noticed the **subtle** mistakes.
그녀의 선생님은 **미묘한** 실수를 알아차렸다.

유 **fine** ⓐ 미세한
반 **obvious** ⓐ 명백한, 분명한

0341 □□□ ★★

unexpected [ʌ̀nikspéktid]
ⓐ 예기치 않은, 뜻밖의

You can sometimes get **unexpected** ideas when listening to others. 교과서
당신은 때때로 다른 사람의 말을 들을 때 **예상치 못한** 아이디어를 얻을 수 있다.

파 **unexpectedly** ad 뜻밖에
유 **sudden** ⓐ 갑작스러운

0342 □□□ ★★

vital [váitəl]
ⓐ 매우 중요한, 필수적인

Water is one of the most **vital** ingredients for life. 교과서
물은 생명에 가장 **중요한** 요소들 중 하나이다.

유 **essential** ⓐ 필수적인

0343 □□□ ★

despite [dispáit]
ⓟ ~에도 불구하고

I failed to win a prize **despite** my best effort. 교과서
나는 최선의 노력**에도 불구하고** 상을 타지 못했다.

유 **in spite of** ~에도 불구하고

0344 □□□ ★★

convenient [kənvíːnjənt]
ⓐ 편리한; 형편이 좋은

We will arrange a **convenient** delivery time. 기출
저희는 **편리한** 배송 시간을 정할 것입니다.

파 **convenience** ⓝ 편의, 편리함
conveniently ad 편리하게, 편의대로
반 **inconvenient** ⓐ 불편한

0345 □□□ ★

distant ⓐ 먼, 거리를 둔, 거리감이 있는
[dístənt]

From here, you can look out to the **distant** hills.
당신은 여기서 **멀리 떨어진** 언덕을 내다볼 수 있다.

㉠ **distance** ⓝ 거리(㊕ **at a distance** 멀리서, 거리를 두고)
㊌ **remote** ⓐ 먼, 멀리 떨어진

0346 □□□ ★★

install ⓥ 설치하다, 장착하다
[instɔ́:l]

Press the download button and **install** the app.
다운로드 버튼을 누르고 앱을 **설치하세요**.

㉠ **installation** ⓝ 설치, 장치
㊌ **set up** ~을 설치하다

0347 □□□ ★★

proverb ⓝ 속담, 격언
[prɑ́və:rb]

Proverbs are the wisdom of the ages.
속담은 시대를 통해 내려온 지혜이다.

㊌ **maxim** ⓝ 격언
adage ⓝ 격언, 속담

0348 □□□ ★★

ruin ⓥ 망치다, 파멸[파산]시키다
ⓝ 파멸, 파산; (-s) 잔해, 유적
[rú:in]

Don't let this game **ruin** our friendship. 기출
이 시합이 우리의 우정을 **망치게** 하지 마라.

We saw the ancient Mayan **ruins**.
우리는 고대 마야 **유적**을 보았다.

㊌ **destroy** ⓥ 파괴하다

0349 □□□ ★★

whereas ⓒ 반면에, ~에 반하여
[hwɛəræ̀z]

He has brown eyes **whereas** his children have blue eyes.
그는 갈색 눈을 가진 **반면** 그의 아이들은 파란 눈을 갖고 있다.

㊌ **while** ⓒ ~에 반하여

0350 □□□ ★★

portrait ⓝ 초상화, 인물화
[pɔ́:rtrit]

교과서
The person in the **portrait** was identified as Mary Seacole.
그 **초상화** 속 인물은 Mary Seacole로 확인되었다.

㉠ **portray** ⓥ 그리다, 나타내다
㊟ **self-portrait** ⓝ 자화상

0351 □□□ ★★

random [rǽndəm] ⓐ 임의의, 무작위의

Children's words and actions are fairly **random**.
아이들의 말과 행동은 꽤 **임의적**이다.

㉺ randomly ⓐⓓ 무작위로, 임의로
㊌ casual ⓐ 우연한
arbitrary ⓐ 임의적인

0352 □□□ ★★

launch [lɔːntʃ] ⓥ 시작[착수]하다; 출시하다; 발사하다 ⓝ 개시; 출시, 발표; 발사

It takes time to develop and **launch** products. 기출
제품을 개발하고 **출시하는** 데는 시간이 걸린다.

㊌ initiate ⓥ 시작하다, 개시하다

0353 □□□ ★★

harsh [hɑːrʃ] ⓐ 가혹한, 혹독한, 거친

The reviewer was **harsh**, calling the concert "an awful performance." 기출
그 리뷰를 쓴 사람은 그 콘서트를 '끔찍한 공연'이라며 **혹평했다**.

㊌ severe ⓐ 가혹한, 심한

0354 □□□ ★★

register [rédʒistər] ⓥ 등록하다 ⓝ 기록부, 명부

Register your team on the camp website. 교과서
캠프 웹사이트에 여러분의 팀을 **등록하세요**.

㉺ registration ⓝ 등록, 신고
㊌ sign up 등록하다
list ⓝ 목록, 명부

0355 □□□ ★★

grab [græb] ⓥ 움켜쥐다, 움켜잡다, 잡아채다

She **grabbed** her pencil again. 기출
그녀는 다시 연필을 **움켜쥐었다**.

㊌ snatch ⓥ 잡아채다
grip ⓥ 꽉 잡다
㊟ grab a bite 간단히 먹다

0356 □□□ ★★

rarely [rέərli] ⓐⓓ 거의 ~하지 않는, 드물게

They **rarely** complain about their work environment. 교과서
그들은 근무 환경에 대해서 불평하는 일이 **거의 없다**.

㉺ rare ⓐ 희귀한, 드문
㊌ seldom ⓐⓓ 거의 ~않다, 드물게

0357 □□□ ★★ 다의어

concern

[kənsə́ːrn]

ⓝ 1. 관심, 걱정; 관계 ⓥ 2. 관련이 있다, 관한 것이다 3. 걱정시키다

1 Today, one of the major **concerns** around the world is the lack of clean water. 교과서
오늘날, 전 세계의 주요 **관심사** 중 하나는 깨끗한 물의 부족이다.

2 This tradition has been **concerned** with recognizing individual achievements. 기출
이 전통은 개인의 업적을 인정하는 것과 **관련이 있었다**.

3 It **concerned** them that no doctor was available.
의사가 없는 것이 그들을 **걱정시켰다**.(그들은 의사가 없어서 걱정되었다.)

㉶ **concerned** ⓐ 관심을 두고 있는; 걱정하는
concerning ⓟ ~에 관한
㉷ **anxiety** ⓝ 불안, 걱정거리
relate to ~와 관련이 있다

0358 □□□ ★★ 다의어

drive

[draiv]

ⓝ 1. 욕구, 충동 2. (조직적) 운동, 모금[기부] 운동
ⓥ 3. (~을 하도록) 몰다 4. (못 등을) 박다

1 Emily has a **drive** to succeed and will try anything. 기출
Emily는 성공하고자 하는 **욕구**를 갖고 있으며 어떤 것이든 시도할 것이다.

2 He organized a T-shirt **drive** for his school. 기출
그는 자신의 학교를 위해 티셔츠 **기부 운동**을 조직했다.

3 Human beings are **driven** by many natural desires. 기출
인간은 여러 타고난 욕구들에 의해 **움직인다**.

4 Take a nail, and **drive** it into that old fence. 기출
못을 하나 가져가 저 낡은 울타리에 **박아라**.

㉷ **campaign** ⓝ (조직적) 운동
thrust ⓥ 밀어내다, 내몰다
push ⓥ 밀다, 밀치다

---

process VS progress

0359 □□□ ★

process

[prάses]

ⓝ 과정, 절차 ⓥ 처리하다, 가공하다

교과서
He read about the election **process** for class president.
그는 반장 선거 **과정**에 관해 읽었다.

㉶ **proceed** ⓥ 진행하다, 나아가다
processed ⓐ 가공된
㉷ **procedure** ⓝ 절차, 방법

0360 □□□ ★★

progress

ⓝ[prάgres]
ⓥ[prəgrés]

ⓝ 진전, 진보 ⓥ 진척을 보이다, 나아가다

I believe I've made significant **progress** in science. 교과서
나는 내가 과학에서 상당한 **진전**을 이루었다고 생각한다.

㉶ **progressive** ⓐ 진보적인; 점진적인
㉻ **make progress** 진전을 이루다

A 영어는 우리말로, 우리말은 영어로 바꿔 쓰시오.

01	portrait	______	08	등록하다; 기록부	______
02	leak	______	09	속담, 격언	______
03	utilize	______	10	추구하다; 뒤쫓다	______
04	process	______	11	저항[반항]하다; 참다	______
05	impulse	______	12	욕구; (모금) 운동; 몰다	______
06	absorb	______	13	극적인, 인상적인	______
07	harsh	______	14	지배하다; 규칙	______

B 빈칸에 알맞은 말을 〈보기〉에서 찾아 알맞은 형태로 쓰시오.

unexpected	statistics	launch	sacrifice

01 It takes time to develop and ______ products.

02 The woman had ______ her whole life for her daughter.

03 You can sometimes get ______ ideas when listening to others.

04 Official ______ indicate that educational standards are improving.

C 밑줄 친 단어의 반대의 의미를 가진 말을 고르시오.

01 They encountered a <u>primitive</u> tribe. 【modern / distant】

02 Her teacher noticed the <u>subtle</u> mistakes. 【vital / obvious】

03 Everyone had left, and the house was finally <u>still</u>. 【noisy / incredible】

A 01 초상화, 인물화 02 누출, 새는 곳; 새다 03 이용[활용]하다, 사용하다 04 과정, 절차; 처리하다, 가공하다 05 충동, 자극 06 흡수하다, 받아들이다; 열중시키다 07 가혹한, 혹독한, 거친 08 register 09 proverb 10 pursue 11 resist 12 drive 13 dramatic 14 rule

B 01 launch 02 sacrificed 03 unexpected 04 statistics

C 01 modern 02 obvious 03 noisy

0361 □□□ ★★★

spectator

ⓝ 관중, 관객, 구경꾼

[spékteitər]

기출

Game cues are provided by player and **spectator** interaction.

경기 신호는 선수와 **관객**의 상호작용에 의해 제공된다.

유 viewer ⓝ 구경꾼, 관객

0362 □□□ ★

mess

ⓝ 엉망, 혼돈; 지저분한 것, 범벅이 된 음식

[mes]

My room was always a **mess**. 기출

내 방은 항상 **엉망**이었다.

파 messy ⓐ 지저분한, 엉망인

참 mass ⓝ 질량 ⓐ 대량의

0363 □□□ ★★

illusion

ⓝ 환상, 환영; 착각, 오해

[iljúːʒən]

Some artists used **illusions** to tell a story. 교과서

어떤 예술가들은 이야기를 하기 위해 **환상**을 이용했다.

유 fantasy ⓝ 상상, 공상

trick ⓝ 속임수

0364 □□□ ★★

distribute

ⓥ 분배하다, 나누어 주다

[distríbjuːt]

We will **distribute** the food to our neighbors on Christmas Eve. 기출

저희는 크리스마스 이브에 이웃에게 음식을 **나누어 줄** 것입니다.

파 distribution ⓝ 분배, 배급

유 hand out 나누어 주다

0365 □□□ ★★

countless

ⓐ 무수한, 셀 수 없이 많은

[káuntlis]

You may lose your job for **countless** reasons. 기출

여러분은 **수많은** 이유로 직업을 잃을 수 있다.

파 count ⓥ (수를) 세다

유 numerous ⓐ 무수한, 셀 수 없는

0366 □□□ ★★

absolute

ⓐ 절대적인; 완전한

[ǽbsəlùːt]

The dragon is believed to be a symbol of **absolute** power.

용은 **절대적인** 힘의 상징이라고 여겨진다.

파 absolutely ad 정말로, 틀림없이; 〈대답〉 물론이지.

반 relative ⓐ 상대적인

0367 □□□ ★★

relieve ⓥ 경감시키다, 완화시키다, 없애주다
[rilíːv]

A good night's sleep will **relieve** stress. 교과서
밤에 잠을 잘 자는 것은 스트레스를 **완화시켜줄** 것이다.

파 relief ⓝ 안도, 안심
유 ease ⓥ 완화하다, 덜어주다

0368 □□□ ★★★

heritage ⓝ 유산; 전승, 전통
[héritidʒ]

The park proves that it's possible to preserve the **heritage** of a place. 교과서
그 공원은 어떤 한 장소의 **유산**을 보존하는 것이 가능하다는 것을 증명한다.

voca+ herit(상속인) + age(명·접) → 상속받은 것

유 tradition ⓝ 전통

0369 □□□ ★★

abundant ⓐ 풍부한, 많은
[əbʌ́ndənt]

Many countries have **abundant** natural resources. 기출
많은 나라들은 **풍부한** 천연자원을 가지고 있다.

파 abundance ⓝ 풍부함, 풍요
유 plentiful ⓐ 풍부한, 많은

0370 □□□ ★

protect ⓥ 보호하다, 지키다, 막다
[prətékt]

She has proposed a new law to **protect** the environment.
그녀는 환경을 **보호하는** 새로운 법안을 제안했다.

파 protection ⓝ 보호
유 preserve ⓥ 보존[보호]하다
defend ⓥ 방어하다, 지키다

0371 □□□ ★

succeed ⓥ 성공하다; 뒤를 잇다
[səksíːd]

His business will **succeed**.
그의 사업은 **성공할** 것이다.

He was expected to **succeed** John as CEO.
그는 CEO로서 John의 **뒤를 이을** 것으로 예상되었다.

파 success ⓝ 성공
successful ⓐ 성공적인
successive ⓐ 연속적인, 연이은
반 fail ⓥ 실패하다

0372 □□□ ★

excitement ⓝ 흥분, 들뜸
[iksáitmənt]

Being imaginative adds **excitement** to our lives. 기출
상상력이 풍부하다는 것은 우리 삶에 **흥분**을 더해준다.

파 excite ⓥ 자극하다, 흥분시키다
excitedly ad 흥분하여

DAY 10

0373 □□□ ★

trash ⓝ 쓰레기, 잡동사니

[træʃ]

The concert site was covered with **trash**. 교과서

콘서트 현장은 **쓰레기**로 뒤덮여 있었다.

㊌ rubbish ⓝ 쓸모없는 물건, 쓰레기
garbage ⓝ (부엌) 쓰레기

0374 □□□ ★

education ⓝ 교육, 지도, 훈련

[èdʒukéiʃən]

You can never have too much **education** or knowledge. 기출

교육이나 지식은 아무리 많아도 지나치지 않다.

㊅ educate ⓥ 교육하다
educator ⓝ 교육 전문가
㊌ learning ⓝ 학습, 교육

0375 □□□ ★★

opinion ⓝ 의견, 견해, 생각

[əpínjən]

We used various ways to collect **opinions**. 교과서

우리는 **의견**을 수집하기 위해 다양한 방법들을 사용했다.

㊌ view ⓝ 의견, 생각

0376 □□□ ★★

invest ⓥ 투자하다; (시간·노력 등을) 쏟다

[invést]

The company will **invest** 10 million dollars in a new office building.

그 회사는 새 사옥에 천만 달러를 **투자할** 것이다.

㊅ investment ⓝ 투자
㊌ spend ⓥ 쓰다, 소비하다
venture ⓥ 과감히 ~하다, 모험하다

0377 □□□ ★★

individual ⓝ 사람, 개인 ⓐ 개개의, 단일의

[ìndəvídʒuəl]

They provided help to an unfamiliar and unrelated **individual**. 기출

그들은 낯설고 아무 관계도 없는 **사람**에게 도움을 주었다.

㊅ individually ad 개별적으로, 따로따로
㊌ person ⓝ 사람, 개인

0378 □□□ ★

global ⓐ 전 세계의, 지구의; 전반적인

[glóubəl]

Let's think of ways to solve **global** warming.

지구 온난화를 해결하는 방법들에 대해 생각해 보자.

㊅ globalization ⓝ 세계화
㊌ international ⓐ 국제의, 국제적인

0379 □□□ ★★

odd [ɑd]

ⓐ 이상한, 특이한; 홀수의

Something **odd** began to happen.
이상한 일이 일어나기 시작했다.

유 strange ⓐ 이상한, 낯선
weird ⓐ 이상한, 기묘한
참 odd number 홀수
odds ⓝ 승산, 가능성; 역경

0380 □□□ ★

sight [sait]

ⓝ 시력, 시야, 시각

She lost her **sight** at the age of seventy. 기출
그녀는 70세의 나이에 **시력**을 잃었다.

유 vision ⓝ 시력, 시각
eyesight ⓝ 시력
참 sightsee ⓥ 구경하다

0381 □□□ ★★

craft [kræft]

ⓝ 공예; 기술, 솜씨
ⓥ 손으로 만들다; (문학 등을) 쓰다

You can learn more about your **craft** online.
여러분은 온라인에서 **공예**에 관해 더 배울 수 있다.

유 skill ⓝ 솜씨, 기술

0382 □□□ ★★

asset [ǽset]

ⓝ 자산, 재산, 소중한 것

교과서
All those experiences will be a great **asset** for your future.
그 모든 경험들은 여러분의 미래에 큰 **자산**이 될 것이다.

유 property ⓝ 재산, 자산

0383 □□□ ★★

rescue [réskjuː]

ⓥ 구하다, 구조하다 ⓝ 구조, 구출

The man on the boat heard her voice and finally she was **rescued**. 교과서
배에 있던 남자가 그녀의 목소리를 들었고 마침내 그녀는 **구조되었다**.

유 save ⓥ 구하다, 구조하다

0384 □□□ ★★

evaluate [ivǽljuèit]

ⓥ 평가하다, 감정하다

The test **evaluates** how creative you are. 교과서
그 테스트는 여러분이 얼마나 창의적인지를 **평가한다**.

voca+ e(밖으로) + valu(가치) + ate(동·접) → 밖으로 가치를 드러내 보이다

파 evaluation ⓝ 평가, 감정
유 assess ⓥ 평가하다

0385 □□□ ★★

beg [v] 간청[애원]하다, 간절히 바라다
[beg]

He **begged** to use the bathroom.
그는 화장실을 사용하게 해달라고 **간청했다**.

[파] beggar [n] 걸인
[유] request [v] 청하다, 간청하다

0386 □□□ ★★

entire [a] 전체의, 전부의; 완전한
[intáiər]

It takes an **entire** community to save animals' lives. [기출]
동물의 생명을 구하는 데에는 지역 사회 **전체**가 필요하다.

[파] entirely [ad] 완전히, 전적으로
[유] whole [a] 전체의

0387 □□□ ★★

assignment [n] 과제, 숙제, 임무; (임무 등의) 할당
[əsáinmənt]

School **assignments** have required that students work alone. [기출]
학교 **과제**는 학생들이 혼자 하도록 요구해 왔다.

[파] assign [v] 할당하다, 부여하다
[유] task [n] 직무, 과제
duty [n] 의무

0388 □□□ ★★

expert [n] 전문가, 대가 [a] 전문적인
[ékspəːrt]

It needs an **expert** who has the specialized skills to get the job done right. [교과서]
그 일을 제대로 하기 위해서는 전문 기술을 가진 **전문가**가 필요하다.

[파] expertise [n] 전문적 기술[지식]
[유] specialist [n] 전문가

0389 □□□ ★★

brilliant [a] 훌륭한, 멋진, 눈부신; 총명한
[bríljənt]

She has turned the cups into **brilliant** art exhibits. [교과서]
그녀는 그 컵들을 **훌륭한** 예술 전시품으로 바꾸어 놓았다.

[파] brilliance [n] 광휘; 총명함
[유] outstanding [a] 우수한
excellent [a] 뛰어난, 우수한

0390 □□□ ★★

automatic [a] 자동의, 자동적인; 무의식적인
[ɔ̀ːtəmǽtik]

You can get an **automatic** promotion after two years.
당신은 2년 후 **자동** 승진을 할 수 있습니다.

[파] automate [v] 자동화하다
automatically [ad] 자동적으로, 저절로

0391 □□□ ★★

scenery ⓝ 경치, 풍경
[síːnəri]

The spring **scenery** looks so beautiful. 기출
봄 **경치**가 너무 아름다워 보인다.

유 landscape ⓝ 풍경, 경치
view ⓝ 경관, 전망

0392 □□□ ★★

acknowledge ⓥ 인정하다, 승인하다
[əknálidʒ]

Jackson was **acknowledged** as a painting genius. 기출
Jackson은 천재 화가로 **인정받았다**.

파 acknowledgement ⓝ 인정
유 admit ⓥ 인정하다

0393 □□□ ★★

collaboration ⓝ 협업, 공동 작업, 협력
[kəlæ̀bəréiʃən]

Collaboration is the basis for most of the foundational arts and sciences. 기출
협업은 대부분의 기초 예술과 과학의 기반이다.

파 collaborate ⓥ 협업[협력]하다
유 cooperation ⓝ 협력, 협동

0394 □□□ ★★

adjust ⓥ 조정하다, 조절하다; 적응하다
[ədʒʌ́st]

I **adjusted** the volume on the radio.
나는 라디오의 볼륨을 **조정했다**.

That will help you **adjust** to Korean university life. 기출
그것은 당신이 한국의 대학 생활에 **적응하도록** 도와줄 것이다.

파 adjustment ⓝ 조절; 적응
유 adapt ⓥ 적응시키다
숙 adjust to ~에 적응하다

0395 □□□ ★

ignore ⓥ 무시하다, 간과하다
[ignɔ́ːr]

They **ignore** him and chat with each other. 교과서
그들은 그를 **무시하고** 서로 담소를 나눈다.

파 ignorant ⓐ 무지한, 모르는
ignorance ⓝ 무지, 무식
유 neglect ⓥ 무시하다
disregard ⓥ 무시하다

0396 □□□ ★★

alter ⓥ 변경하다, 바꾸다, 고치다
[ɔ́ːltər]

Attitudes and values are easily **altered** to fit our circumstances and goals. 기출
태도와 가치관은 우리의 상황과 목표에 맞게 쉽게 **바뀐다**.

파 alteration ⓝ 변경, 개조
유 modify ⓥ 변경하다, 수정하다

DAY 10

0397 □□□ ★ 다의어

charge

[tʃɑːrdʒ]

ⓥ 1. 충전하다 2. 비용을 청구하다 3. 기소[고소]하다 ⓝ 충전; 요금; 책임

1 You can **charge** your battery over there. 교과서
저쪽에서 배터리를 **충전할** 수 있습니다.

2 They were **charged** three times more than the usual fare. 기출
그들은 평상시보다 세 배나 더 많은 요금을 **청구받았다**.

3 They have been **charged** with murder.
그들은 살인죄로 **기소되었다**.

파 rechargeable ⓐ 재충전되는
유 fill ⓥ 채우다
숙 be in charge of ~을 맡다, ~을 담당하다

0398 □□□ ★ 다의어

fix

[fiks]

ⓥ 1. 수리하다, 고치다 2. 결정하다, 정하다 3. 고정시키다

1 Who **fixed** the computer for you? 교과서
누가 컴퓨터를 **고쳐줬니**?

2 They had some difficulty in **fixing** a date for the meeting.
그들은 회의 날짜를 **정하는** 데 어려움이 좀 있었다.

3 The clock is **fixed** on the wall.
시계가 벽에 **고정되어** 있다.

유 repair ⓥ 수선하다, 수리하다
determine ⓥ 결정하다

---

acquire VS require

0399 □□□ ★★

acquire

[əkwáiər]

ⓥ 습득하다, 얻다, 익히다

She has **acquired** a good knowledge of Nordic literature. 기출
그녀는 북유럽 문학에 관한 상당한 지식을 **습득했다**.

파 acquisition ⓝ 습득, 획득
유 gain ⓥ 얻다

0400 □□□ ★

require

[rikwáiər]

ⓥ 필요로 하다, 요구하다

Does the work **require** any special skills? 교과서
그 일이 특별한 기술을 **필요로 하나요**?

파 requirement ⓝ 필요, 요구(조건)

A 영어는 우리말로, 우리말은 영어로 바꿔 쓰시오.

01 alter ____________ 08 무시하다, 간과하다 ____________

02 opinion ____________ 09 분배하다, 나누어 주다 ____________

03 heritage ____________ 10 이상한, 특이한; 홀수의 ____________

04 asset ____________ 11 경감[완화]시키다 ____________

05 beg ____________ 12 과제, 임무; 할당 ____________

06 scenery ____________ 13 조절하다; 적응하다 ____________

07 collaboration ____________ 14 전체의, 전부의 ____________

B 빈칸에 알맞은 말을 <보기>에서 찾아 알맞은 형태로 쓰시오.

rescue	absolute	acquire	individual

01 She has ____________ a good knowledge of Nordic literature.

02 The dragon is believed to be a symbol of ____________ power.

03 They provided help to an unfamiliar and unrelated ____________.

04 The man on the boat heard her voice and finally she was ____________.

C 밑줄 친 단어와 유사한 의미를 가진 말을 고르시오.

01 Some artists used illusions to tell a story. 【fantasy / excitement】

02 The test evaluates how creative you are. 【acknowledge / assess】

03 Many countries have abundant natural resources. 【plentiful / brilliant】

A 01 변경하다, 바꾸다, 고치다 02 의견, 견해, 생각 03 유산; 전승, 전통 04 자산, 재산, 소중한 것 05 간청[애원]하다, 간절히 바라다 06 경치, 풍경 07 협업, 공동 작업, 협력 08 ignore 09 distribute 10 odd 11 relieve 12 assignment 13 adjust 14 entire
B 01 acquired 02 absolute 03 individual 04 rescued
C 01 fantasy 02 assess 03 plentiful

PART 02

400단어를 외웠다, 첫 성공을 축하합니다!

작은 성공부터 시작하라.
성공에 익숙해지면 무슨 목표든지 할 수 있다는 자신감이 생긴다.

_ 데일 카네기Dale Carnegie

마음에도 근육이 있어. 처음부터 잘하는 것은 어림도 없지.
하지만 날마다 연습하면 어느 순간 너도 모르게
어려운 역경들을 벌떡 들어 올리는 널 발견하게 될 거야.

_ 공지영, 『아주 가벼운 깃털 하나』 중에서

0401 □□□ ★

ceiling ⓝ 천장
[síːliŋ]

He needed to install a new lighting fixture on his **ceiling**. 교과서
그는 **천장**에 새 조명 기구를 설치해야 했다.

반 floor ⓝ 바닥

0402 □□□ ★★

attract ⓥ 끌다, 끌어당기다; 유인하다, 매혹하다
[ətrǽkt]

Feathers may be used to **attract** mates. 기출
깃털은 짝을 **유인하는** 데 쓰일 수도 있다.

파 attraction ⓝ 매력; 볼거리
attractive ⓐ 매력[매혹]적인
유 tempt ⓥ 유혹하다

0403 □□□ ★★

chore ⓝ 집안일, 가사, 허드렛일
[tʃɔːr]

I listen to audio books while I do my **chores**. 기출
나는 **집안일**을 하면서 오디오북을 듣는다.

0404 □□□ ★★★

immediate ⓐ 즉각적인; 당면한; 직접의
[imíːdiət]

Asking someone for something was the most useful and **immediate** invitation to social interaction. 기출
누군가에게 무언가를 요청하는 것은 사회적 상호작용에 대한 가장 유용하고 **즉각적인** 초대였다.

파 immediately ad 즉시; 직접
유 instant ⓐ 즉각적인

0405 □□□ ★★

cite ⓥ (이유·예를) 들다, 언급하다, 인용하다
[sait]

The first sign **cited** environmental reasons. 기출
첫 번째 표지판은 환경적인 이유에 대해 **언급했다**.

유 quote ⓥ 인용하다
참 site [sait] ⓝ 위치, 장소, 현장

0406 □□□ ★★★

compound ⓝ 화합물, 혼합물 ⓥ 혼합하다; 악화하다
ⓝ [kάmpaund]
ⓥ [kəmpáund]

From plants come chemical **compounds** that delight the senses. 기출 감각을 즐겁게 하는 **화합물들**이 식물들로부터 나온다.

Lack of exercise can actually **compound** negative emotions. 기출
운동 부족은 실제로 부정적인 감정을 **악화할** 수 있다.

유 mixture ⓝ 혼합물
blend ⓥ 혼합하다 ⓝ 혼합

0407 □□□ ★

discourage ⓥ 낙담시키다, 단념시키다, (못하게) 말리다
[diskə́:ridʒ]

It must have **discouraged** him and negatively affected his performance. 기출
그 일은 분명 그를 **낙담시켰고** 그의 공연에 부정적인 영향을 미쳤을 것이다.

파 **discouraged** ⓐ 풀이 죽은, 좌절한
유 **depress** ⓥ 낙담시키다
반 **encourage** ⓥ 장려하다

0408 □□□ ★

remain ⓥ (없어지지 않고) 남다, ~한 상태를 유지하다 ⓝ (-s) 유물, 유적
[riméin]

Big challenges still **remain**. 교과서 커다란 난제가 아직 **남아 있다**.

I discovered the ancient **remains** during my trip to Asia.
나는 아시아 여행 중에 고대 **유물**을 발견했다.

유 **stay** ⓥ ~인 채로 있다

0409 □□□ ★★

distinguish ⓥ 구별하다, 구분하다; 두드러지게 하다
[distíŋgwiʃ]

It's important to **distinguish** between right and wrong.
옳고 그름을 **구분하는** 것은 중요하다.

파 **distinguished** ⓐ 유명한, 성공한
유 **differentiate** ⓥ 구별 짓다, 차별화하다

0410 □□□ ★

entry ⓝ 입장, 참가; (대회 등의) 출품작
[éntri]

Pay your team's $100 **entry** fee as a donation. 기출
팀의 100달러 **참가**비를 기부금으로 내세요.

유 **admission** ⓝ 입장, 입회

0411 □□□ ★★

associate ⓥ 교제하다, 함께하다; 관련시키다, 연관 짓다
[əsóuʃièit]

Humans have evolved the desire to **associate** with similar individuals. 기출 인간은 비슷한 사람들과 **교제하려는** 욕구를 진화시켜 왔다.

파 **association** ⓝ 협회; 연계, 연관
유 **connect** ⓥ 연결하다

0412 □□□ ★★

visible ⓐ 보이는, 가시적인
[vízəbl]

If you want to change the **visible**, you must first change the invisible. 기출
여러분이 **보이는** 것을 바꾸고 싶다면 우선 보이지 않는 것을 바꿔야 한다.

voca+ vis(보다) + ible(~할 수 있는) → 눈에 보이는

유 **evident** ⓐ 명백한, 분명한
반 **invisible** ⓐ (눈에) 보이지 않는

0413 □□□ ★★

lecture ⓝ 강의, 강연 ⓥ 강의하다; 잔소리[훈계]하다
[léktʃər]

Why don't we attend the **lecture** together? 교과서
우리 함께 그 **강의**에 참석하는 게 어때?

유 **lesson** ⓝ 학과, 과업
speech ⓝ 연설

0414 □□□ ★★

self-esteem ⓝ 자존감, 자부심
[selfistíːm]

Praising your child's intelligence or talent boosts his **self-esteem.** 기출
자녀의 지능이나 재능을 칭찬하는 것은 아이의 **자존감**을 올려준다.

유 **self-worth** ⓝ 자부심

0415 □□□ ★★

diverse ⓐ 다양한, 여러 가지의
[daivə́ːrs]

He is involved in **diverse** school activities. 교과서
그는 **다양한** 학교 활동에 참여하고 있다.

파 **diversity** ⓝ 다양성, 변화
diversify ⓥ 다양화하다
유 **various** ⓐ 다양한

0416 □□□ ★★

legend ⓝ 전설
[lédʒənd]

Grandma tells us a lot of stories from **legends.** 기출
할머니는 우리에게 많은 **전설** 이야기들을 들려주신다.

파 **legendary** ⓐ 전설의, 전설적인
유 **myth** ⓝ 신화

0417 □□□ ★★

manufacture ⓥ 제조하다, 생산하다 ⓝ 제조
[mæ̀njufǽktʃər]

Many of the **manufactured** food products made today contain a lot of chemicals. 기출
오늘날 만들어진 **제조** 식품들 중 다수는 많은 화학물질들을 함유하고 있다.

파 **manufacturer** ⓝ 제조업자, 제조사
유 **produce** ⓥ 제조[생산]하다

0418 □□□ ★★

submit ⓥ 제출하다, 출품하다
[səbmít]

The deadline for **submitting** your poster is March 28. 기출
포스터 **제출** 마감일은 3월 28일입니다.

파 **submission** ⓝ 제출
참 **summit** ⓝ 산꼭대기; 정상회담

0419 □□□ ★

memorize [v] 기억하다, 암기하다
[mémərὰiz]

It is easy to **memorize** *Hangeul* letters because they are closely related to their sounds. [교과서]
한글 문자는 소리와 밀접하게 연관되어 있어서 **기억하기**가 쉽다.

[파] **memory** [n] 기억
[유] **remember** [v] 기억하다

0420 □□□ ★★

path [n] 길, 경로, 진로
[pæθ]

Weather forecasters predict the amount of rain and **paths** of storms. [교과서]
기상 예보관들은 비의 양과 태풍의 **경로**를 예측한다.

[유] **route** [n] 경로, 루트
course [n] 진로, 방향

0421 □□□ ★★

reliable [a] 신뢰할 만한, 믿을 수 있는
[riláiəbl]

Our classmates think Greg is very responsible and **reliable**.
우리 학급 친구들은 Greg가 매우 책임감 있고 **신뢰할 만하다**고 생각한다.

[파] **rely** [v] 의지하다, 믿다
reliance [n] 의지, 의존
[유] **trustworthy** [a] 신뢰할 수 있는

0422 □□□ ★★

peer [n] 또래, 동료 [v] 유심히 보다
[piər]

[기출]
The influence of **peers** is much stronger than that of parents.
또래들의 영향이 부모의 영향보다 훨씬 더 강하다.

He **peered** at the map. 그는 지도를 **유심히 보았다**.

[유] **gaze** [v] 뚫어지게 보다

0423 □□□ ★★

via [p] ~을 통하여, ~을 거쳐
[váiə]

A membership card will be sent **via** mail within 3 days. [기출]
회원 카드는 3일 이내에 메일**을 통해** 발송될 것입니다.

0424 □□□ ★★

permission [n] 허락, 허가
[pərmíʃən]

You need your parents' **permission** to join the camp. [기출]
너는 캠프에 참가하려면 부모님의 **허락**이 필요하다.

[파] **permit** [v] 허락하다 [n] 허가(증)
[유] **approval** [n] 동의, 승인

DAY 11

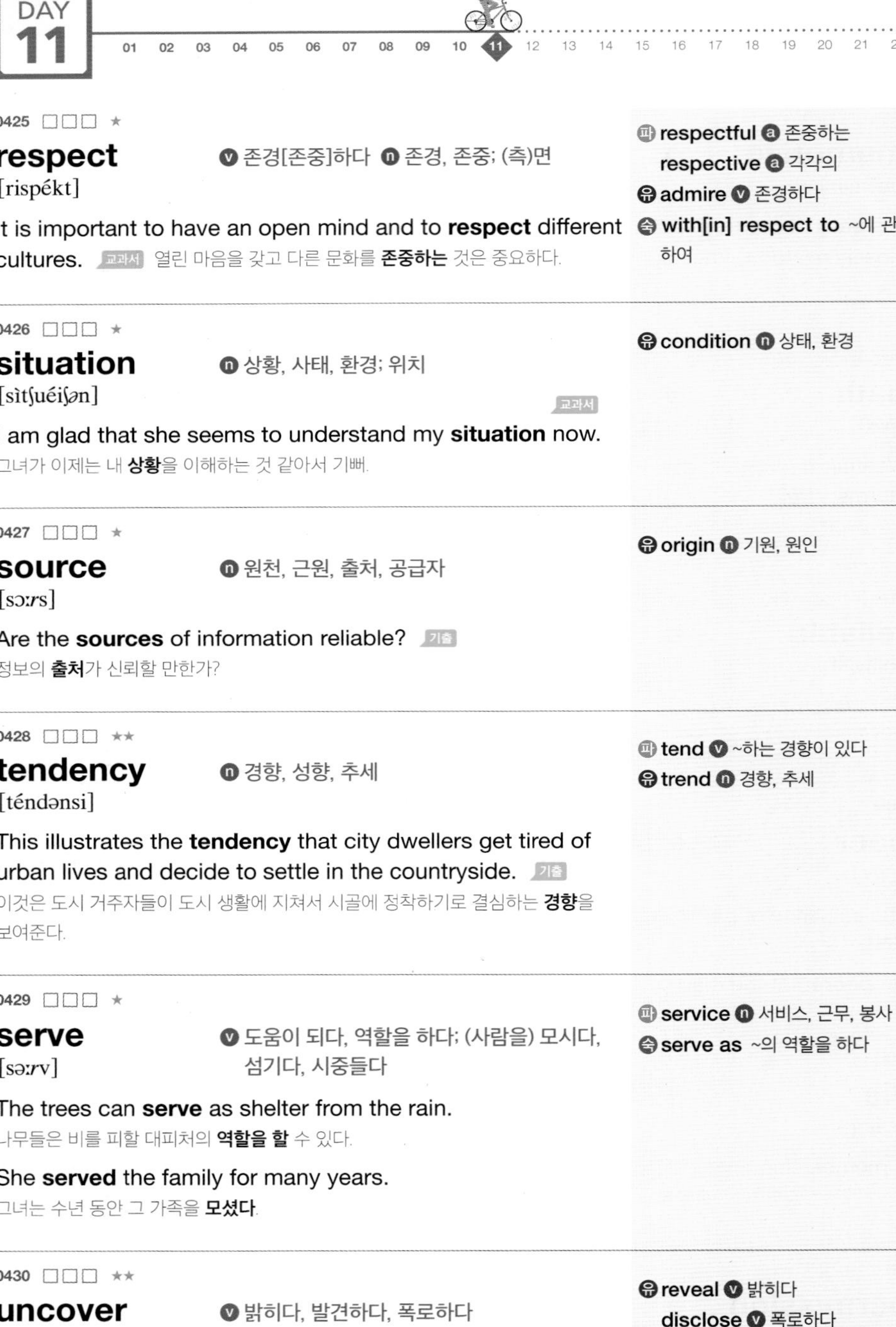

0425 □□□ ★

respect ⓥ 존경[존중]하다 ⓝ 존경, 존중; (측)면
[rispékt]

It is important to have an open mind and to **respect** different cultures. 교과서 열린 마음을 갖고 다른 문화를 **존중하는** 것은 중요하다.

(파) respectful ⓐ 존중하는
respective ⓐ 각각의
(유) admire ⓥ 존경하다
(숙) with[in] respect to ~에 관하여

0426 □□□ ★

situation ⓝ 상황, 사태, 환경; 위치
[sìtʃuéiʃən]

교과서
I am glad that she seems to understand my **situation** now.
그녀가 이제는 내 **상황**을 이해하는 것 같아서 기뻐.

(유) condition ⓝ 상태, 환경

0427 □□□ ★

source ⓝ 원천, 근원, 출처, 공급자
[sɔːrs]

Are the **sources** of information reliable? 기출
정보의 **출처**가 신뢰할 만한가?

(유) origin ⓝ 기원, 원인

0428 □□□ ★★

tendency ⓝ 경향, 성향, 추세
[téndənsi]

This illustrates the **tendency** that city dwellers get tired of urban lives and decide to settle in the countryside. 기출
이것은 도시 거주자들이 도시 생활에 지쳐서 시골에 정착하기로 결심하는 **경향**을 보여준다.

(파) tend ⓥ ~하는 경향이 있다
(유) trend ⓝ 경향, 추세

0429 □□□ ★

serve ⓥ 도움이 되다, 역할을 하다; (사람을) 모시다, 섬기다, 시중들다
[səːrv]

The trees can **serve** as shelter from the rain.
나무들은 비를 피할 대피처의 **역할을 할** 수 있다.

She **served** the family for many years.
그녀는 수년 동안 그 가족을 **모셨다**.

(파) service ⓝ 서비스, 근무, 봉사
(숙) serve as ~의 역할을 하다

0430 □□□ ★★

uncover ⓥ 밝히다, 발견하다, 폭로하다
[ʌnkʌ́vər]

교과서
She conducted a series of experiments to **uncover** the reason.
그녀는 그 이유를 **밝히기** 위해 일련의 실험을 수행했다.

(유) reveal ⓥ 밝히다
disclose ⓥ 폭로하다

0431 □□□ ★★

versus

[vəːrsəs]

ⓟ ~ 대(對), ~에 대한

The next soccer match is Japan **versus** the United States.
다음 축구 경기는 일본 **대** 미국이다.

0432 □□□ ★★

climate

[kláimit]

ⓝ 기후; 분위기, 상황

기출
Last class we learned about the dangers of **climate** change.
지난 수업 때 우리는 **기후** 변화의 위험성에 대해 배웠다.

파 climatic ⓐ 기후의
유 weather ⓝ 날씨, 일기

0433 □□□ ★★

massive

[mǽsiv]

ⓐ 거대한, 엄청나게 큰, 대량의

We convince ourselves that **massive** success requires **massive** action. 기출
우리는 **거대한** 성공에는 **거대한** 행동이 필요하다고 확신한다.

파 mass ⓝ 덩어리; 질량
유 enormous ⓐ 거대한, 막대한
huge ⓐ 거대한

0434 □□□ ★★★

practical

[prǽktikəl]

ⓐ 실질적인, 실제적인, 실용적인

There is no **practical** way to clean up the ocean. 기출
바다를 청소할 **실질적인** 방법이 없다.

파 practically ad 사실상
유 realistic ⓐ 현실적인, 실제적인, 사실적인

0435 □□□ ★★ 다의어

treat

[triːt]

ⓥ 1. 대우하다, 다루다, 취급하다 2. 대접하다 3. 치료하다 ⓝ 한턱, 대접

1 Jewish people were being **treated** very unfairly. 교과서
유대인들은 매우 부당하게 **대우받고** 있었다.

2 He **treated** me to dinner.
그는 내게 저녁을 **샀다**.

3 The growing waves of patients made it difficult for his clinic to **treat** them all. 교과서
밀려드는 환자들이 그의 병원이 그들 모두를 **치료하는** 것을 어렵게 했다.

파 treatment ⓝ 대우, 취급; 치료
mistreat ⓥ 잘못 다루다, 학대하다
유 handle ⓥ 다루다, 대우하다
care for ~을 돌보다

0436 □□□ ★★ [다의어]

account [n] 1. 설명, 기술 2. 계좌, 계정 3. 평가, 고려
[əkáunt] [v] 4. 설명하다 5. (비율을) 차지하다

1 My goal is to give an accurate **account** of the process.
내 목표는 그 과정을 정확하게 **설명**하는 것이다.

2 I'm checking my bank **account**. [기출]
저는 제 은행 **계좌**를 확인하고 있어요.

5 Women **account** for 25 percent of our employees.
여성이 우리 직원들의 25퍼센트를 **차지한다**.

[파] accountant [n] 회계사
[유] description [n] 설명, 기술
[숙] take ~ into account ~을 고려하다
account for ~을 차지하다; ~을 설명하다

0437 □□□ [고난도]

hypothesis [n] 가설, 추정, 추측
[haipάθəsis]

Scientists can include any evidence or **hypothesis** that supports their claim. [기출]
과학자들은 자신의 주장을 뒷받침하는 어떠한 증거나 **가설**도 포함시킬 수 있다.

[복] hypotheses
[유] assumption [n] 가정, 가설

0438 □□□ [고난도]

profound [a] 심오한, 엄청난
[prəfáund]

He answered in three simple but **profound** words. [기출]
그는 간단하지만 **심오한** 세 단어로 대답했다.

[파] profoundly [ad] 깊이, 완전히
[유] complicated [a] 어려운, 난해한

---

electricity VS electronic

0439 □□□ ★★

electricity [n] 전기, 전력
[ilektrísəti]

He built a generator to provide **electricity** for his family. [교과서]
그는 가족에게 **전기**를 공급하기 위해 발전기를 만들었다.

[파] electric [a] 전기의 (= electrical)

0440 □□□ ★★

electronic [a] 전자적인, 전자의
[ilektrάnik]

Electronic products are dumped in large quantities every year. [교과서]
전자 제품들이 매년 대량으로 버려진다.

[파] electronics [n] 전자 공학, 전자 기술, 전자 기기[제품]
electron [n] 〈화학·물리〉 전자

DAILY TEST

A 영어는 우리말로, 우리말은 영어로 바꿔 쓰시오.

01 massive	______	08 설명, 기술; 계좌	______
02 associate	______	09 천장	______
03 source	______	10 경향, 성향, 추세	______
04 cite	______	11 신뢰할 만한	______
05 practical	______	12 즉각적인; 당면한	______
06 remain(s)	______	13 대우하다; 치료하다	______
07 peer	______	14 허락, 허가	______

B 빈칸에 알맞은 말을 〈보기〉에서 찾아 알맞은 형태로 쓰시오.

distinguish	attract	submit	lecture

01 Feathers may be used to ______ mates.

02 Why don't we attend the ______ together?

03 The deadline for ______ your poster is March 28.

04 It's important to ______ between right and wrong.

C 밑줄 친 단어와 유사한 의미를 가진 말을 고르시오.

01 He is involved in diverse school activities. 【visible / various】

02 She conducted a series of experiments to uncover the reason. 【reveal / serve】

03 Weather forecasters predict the amount of rain and paths of storms. 【route / chore】

A 01 거대한, 엄청나게 큰, 대량의 02 교제하다, 함께하다; 관련시키다, 연관 짓다 03 원천, 근원, 출처, 공급자 04 (이유·예를) 들다, 언급하다, 인용하다 05 실질적인, 실제적인, 실용적인 06 남다, ~한 상태를 유지하다; 유물, 유적 07 또래, 동료; 유심히 보다 08 account 09 ceiling 10 tendency 11 reliable 12 immediate 13 treat 14 permission

B 01 attract 02 lecture 03 submitting 04 distinguish

C 01 various 02 reveal 03 route

0441 □□□ ★★★

permanent ⓐ 영구적인, 영원한, 불변의
[pə́ːrmənənt]

She has **permanent** damage to her eyesight.
그녀는 시력에 **영구적인** 손상을 입었다.

파 permanently ad 영구적으로
유 everlasting ⓐ 영원한
eternal ⓐ 영원한
반 temporary ⓐ 일시적인

0442 □□□ ★★

recover ⓥ 회복하다, 되찾다
[rikʌ́vər]

교과서
He had fully **recovered**, but he was not allowed to go home.
그는 완전히 **회복되었지만**, 집에 가는 것이 허락되지 않았다.

voca+ re(다시) + cover(취하다) → 되찾다

파 recovery ⓝ 회복
유 get better 좋아지다, 호전되다

0443 □□□ ★★

outstanding ⓐ 뛰어난, 탁월한, 두드러진
[àutstǽndiŋ]

That was quite an **outstanding** performance!
그건 정말 **뛰어난** 공연이었어!

유 remarkable ⓐ 뛰어난, 괄목할 만한
excellent ⓐ 우수한, 탁월한

0444 □□□ ★★

period ⓝ 기간, 시기
[píːəriəd]

To grow properly, apple trees need a certain **period** of cold weather. 기출
사과나무가 제대로 자라기 위해서는 일정 **기간**의 추운 날씨가 필요하다.

파 periodic ⓐ 정기적인
periodical ⓝ 정기 간행물
유 term ⓝ 기간, 기한

0445 □□□ ★★

nature ⓝ 본질, 본성, 천성; 자연
[néitʃər]

기출
The **nature** of a solution is related to how a problem is defined.
해결책의 **본질**은 문제가 어떻게 정의되는가와 관련이 있다.

유 essence ⓝ 본질
character ⓝ 성격, 개성, 기질

0446 □□□ ★★

interpersonal ⓐ 대인 관계의
[ìntərpə́ːrsənəl]

Human beings have the desire to form **interpersonal** relationships. 기출
인간은 **대인** 관계를 형성하려는 욕구를 가진다.

voca+ inter(~ 사이의) + personal(개인의) → 사람 간의

0447 □□□ ★★

theory ⓝ 이론, 학설
[θíːəri]

We learned about Darwin's **theory** of evolution.
우리는 다윈의 진화**론**에 대해 배웠다.

㉺ **theorist** ⓝ 이론가
theoretical ⓐ 이론적인

0448 □□□ ★★

poisonous ⓐ 독이 있는
[pɔ́izənəs]

It looked like the fruit of a certain **poisonous** plant. 교과서
그것은 어떤 **독성이 있는** 식물의 열매처럼 보였다.

㉺ **poison** ⓝ 독(약) ⓥ 독살하다
poisoning ⓝ 중독, 음독
㊤ **toxic** ⓐ 유독성의

0449 □□□ ★★

ecosystem ⓝ 생태계
[íːkousìstəm]

기출
Hydropower dams have an impact on aquatic **ecosystems**.
수력 발전 댐은 수생 **생태계**에 영향을 미친다.

㊟ **ecology** ⓝ 생태학, 생태 환경

0450 □□□ ★★

protein ⓝ 단백질
[próutiːn]

Oatmeal is an excellent source of **protein**.
오트밀은 훌륭한 **단백질** 공급원이다.

㊟ **carbohydrate** ⓝ 탄수화물

0451 □□□ ★★★

masterpiece ⓝ 걸작, 명작, 대작
[mǽstərpìːs]

The painting on the wall is one of Michelangelo's **masterpieces**.
벽에 걸려있는 그 그림은 미켈란젤로의 **걸작** 중의 하나이다.

㉺ **master** ⓝ 거장, 명장
㊤ **masterwork** ⓝ 걸작

0452 □□□ ★

destroy ⓥ 파괴하다, 말살하다
[distrɔ́i]

A bomb fell on the church and **destroyed** it.
폭탄이 교회에 떨어져서 그것을 **파괴했다**.

㉺ **destructive** ⓐ 파괴적인
destruction ⓝ 파괴, 말살
㊤ **ruin** ⓥ 파멸시키다

DAY 12

0453 □□□ ★

clue
ⓝ 단서, 실마리

[klu:]

Very old trees can offer **clues** about the climate in a region.
아주 오래된 나무들은 지역의 기후에 대한 **단서**를 제공해 줄 수 있다.

유 hint ⓝ 힌트, 암시

0454 □□□ ★★

defeat
ⓥ 패배시키다, 좌절시키다 ⓝ 패배

[difíːt]

John was **defeated** by his rival.
John은 자신의 경쟁자에게 **패배했다**.

유 frustrate ⓥ 좌절시키다
beat ⓥ 이기다

0455 □□□ ★★

pollutant
ⓝ 오염 물질, 오염원

[pəlúːtənt]

Some types of plants can reduce air **pollutants**. 기출
어떤 종류의 식물들은 대기 **오염 물질**을 줄일 수 있다.

파 pollute ⓥ 오염시키다
pollution ⓝ 오염

0456 □□□ ★★

distract
ⓥ (~의) 주의를 산만하게 하다, 방해하다

[distrǽkt]

Too many ads on a web page **distract** us. 교과서
웹페이지의 너무 많은 광고는 우리의 **주의를 산만하게 한다**.

파 distraction ⓝ 주의를 산만하게 하는 것
반 attract ⓥ (주의 등을) 끌다

0457 □□□ ★★★

domestic
ⓐ 가정(용)의, 집안의; 길든; 국내의

[dəméstik]

His **domestic** life wasn't very happy.
그의 **가정** 생활은 그리 행복하지 않았다.

Domestic cats adjust to our routines. 기출
길든 고양이들은 우리의 일상에 적응한다.

gross **domestic** product **국내** 총생산(GDP)

유 tame ⓐ 길든
반 wild ⓐ 야생의

0458 □□□ ★★

material
ⓝ 재료, 물질, 재질

[mətíəriəl]

They combined both **materials** to improve their invention. 기출
그들은 자신들의 발명품을 개선하기 위해 두 **재료**를 결합했다.

유 substance ⓝ 물질, 재료

0459 □□□ ★★

drag [dræg]

ⓥ 질질 끌다, 끌어당기다 ⓝ (저)항력

유 **pull** ⓥ 끌어당기다

She **dragged** the canoe down to the water.
그녀는 카누를 **끌고** 물가로 내려갔다.

0460 □□□ ★★

courage [kə́:ridʒ]

ⓝ 용기, 담력

파 **courageous** ⓐ 용감한
encourage ⓥ 격려하다
유 **bravery** ⓝ 용감, 용기

He didn't have the **courage** to apologize for his actions.
그는 자신의 행동에 대해 사과할 **용기**가 없었다.

0461 □□□ ★

freshman [fréʃmən]

ⓝ 신입생, 1학년생

참 **sophomore** ⓝ (대학·고교의) 2학년생

He taught her Spanish during her **freshman** year of high school.
그는 그녀가 고등학교 **1학년** 때 그녀에게 스페인어를 가르쳤다.

0462 □□□ ★★★

integrate [íntəgrèit]

ⓥ 통합되다, 융합하다, 하나가 되다

유 **unite** ⓥ 결합하다

We're looking for people who can **integrate** with a team.
우리는 팀과 **융합할** 수 있는 사람들을 찾고 있습니다.

0463 □□□ ★★

keen [ki:n]

ⓐ 예리한, 날카로운; 열심인, 의욕적인

유 **sharp** ⓐ 날카로운
eager ⓐ 열망하는
참 **kin** [kin] ⓝ 친족

He had **keen** insights into Korean art. 교과서
그는 한국 예술에 대한 **예리한** 통찰력을 갖고 있었다.

0464 □□□ ★★

landfill [lǽndfìl]

ⓝ 쓰레기 매립지

참 **recycle** ⓥ 재활용하다

Part of the city was built on a **landfill**.
그 도시의 일부는 **쓰레기 매립지** 위에 건설되었다.

DAY 12

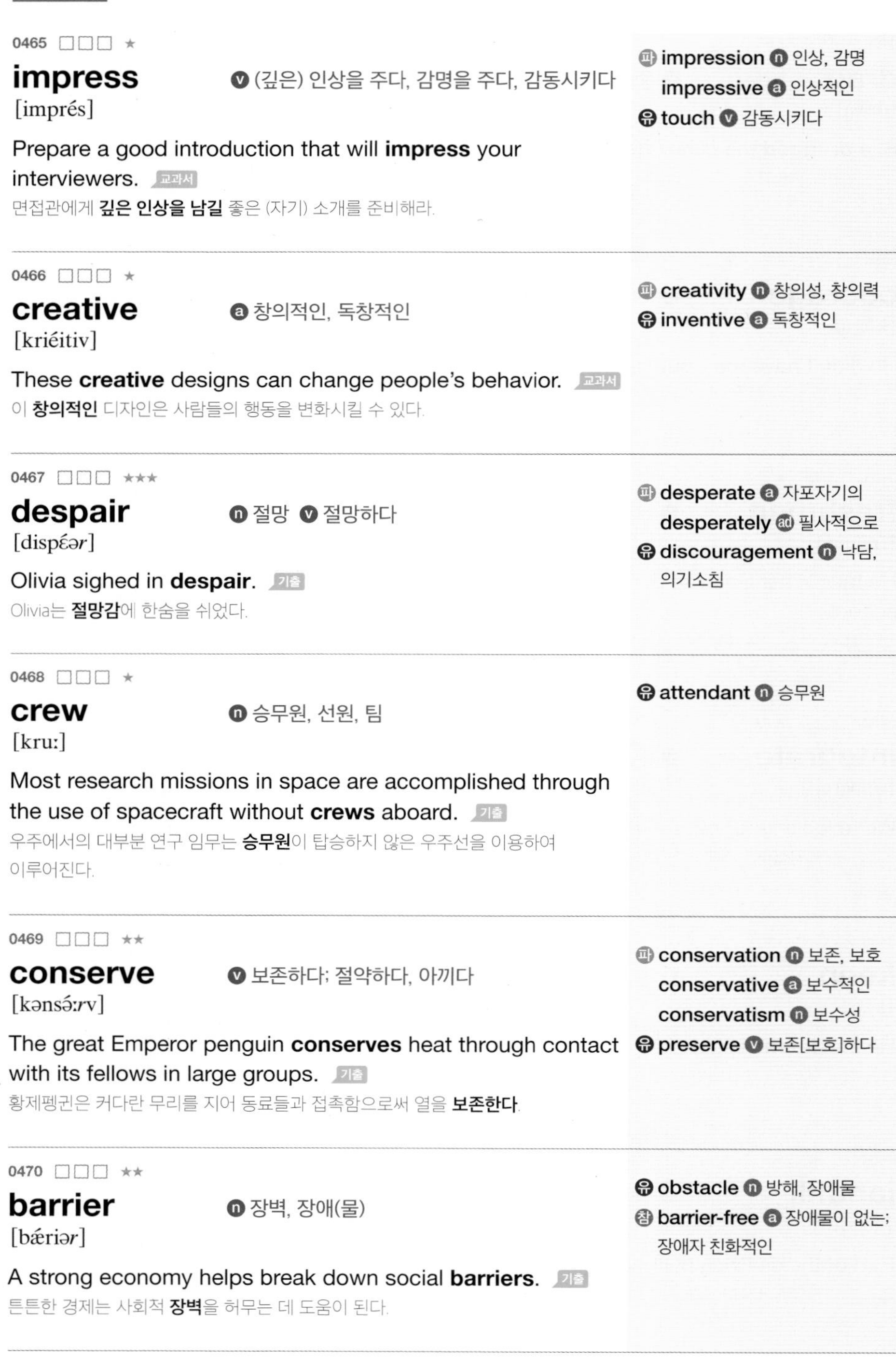

0465 □□□ ★

impress [imprés]

ⓥ (깊은) 인상을 주다, 감명을 주다, 감동시키다

Prepare a good introduction that will **impress** your interviewers. 교과서

면접관에게 **깊은 인상을 남길** 좋은 (자기) 소개를 준비해라.

- 파 **impression** ⓝ 인상, 감명
- **impressive** ⓐ 인상적인
- 유 **touch** ⓥ 감동시키다

0466 □□□ ★

creative [kriéitiv]

ⓐ 창의적인, 독창적인

These **creative** designs can change people's behavior. 교과서

이 **창의적인** 디자인은 사람들의 행동을 변화시킬 수 있다.

- 파 **creativity** ⓝ 창의성, 창의력
- 유 **inventive** ⓐ 독창적인

0467 □□□ ★★★

despair [dispɛ́ər]

ⓝ 절망 ⓥ 절망하다

Olivia sighed in **despair**. 기출

Olivia는 **절망감**에 한숨을 쉬었다.

- 파 **desperate** ⓐ 자포자기의
- **desperately** ⓐⓓ 필사적으로
- 유 **discouragement** ⓝ 낙담, 의기소침

0468 □□□ ★

crew [kruː]

ⓝ 승무원, 선원, 팀

Most research missions in space are accomplished through the use of spacecraft without **crews** aboard. 기출

우주에서의 대부분 연구 임무는 **승무원**이 탑승하지 않은 우주선을 이용하여 이루어진다.

- 유 **attendant** ⓝ 승무원

0469 □□□ ★★

conserve [kənsə́ːrv]

ⓥ 보존하다; 절약하다, 아끼다

The great Emperor penguin **conserves** heat through contact with its fellows in large groups. 기출

황제펭귄은 커다란 무리를 지어 동료들과 접촉함으로써 열을 **보존한다**.

- 파 **conservation** ⓝ 보존, 보호
- **conservative** ⓐ 보수적인
- **conservatism** ⓝ 보수성
- 유 **preserve** ⓥ 보존[보호]하다

0470 □□□ ★★

barrier [bǽriər]

ⓝ 장벽, 장애(물)

A strong economy helps break down social **barriers**. 기출

튼튼한 경제는 사회적 **장벽**을 허무는 데 도움이 된다.

- 유 **obstacle** ⓝ 방해, 장애물
- 참 **barrier-free** ⓐ 장애물이 없는; 장애자 친화적인

0471 □□□ ★★★

edible

[édəbl]

ⓐ 먹을 수 있는 ⓝ 먹을 수 있는 것, 음식

The vegetables were old but still looked **edible**.
그 채소들은 오래됐지만 아직 **먹을 수 있어** 보였다.

반 **inedible** ⓐ 먹을 수 없는

0472 □□□ ★★

exchange

[ikstʃéindʒ]

ⓝ 교환 ⓥ 교환하다

He is an **exchange** student from China. 교과서
그는 중국에서 온 **교환** 학생이다.

voca+ ex(밖으로) + change(바꾸다) → 서로 바꾸다

유 **trade** ⓥ 교환하다
숙 **exchange A for B** A를 B와 교환하다

0473 □□□ ★★

collapse

[kəlǽps]

ⓥ 무너지다, 붕괴하다 ⓝ 붕괴

The structure is about to **collapse**. 교과서
그 구조물은 **무너지기** 일보 직전이다.

유 **break down** 무너지다

0474 □□□ ★★

agricultural

[æ̀grikʌ́ltʃərəl]

ⓐ 농업의, 농사의

More than two thirds of all **agricultural** land is used to raise grains and vegetables for livestock. 교과서
전체 **농경**지의 3분의 2 이상이 가축을 위한 곡물과 채소를 기르는 데 쓰인다.

파 **agriculture** ⓝ 농경, 농업
유 **farming** ⓝ 농업, 농사 ⓐ 농업의, 농업용의

0475 □□□ ★★ 다의어

deliver

[dilívər]

ⓥ 1. 전달하다, 배달[배송]하다
2. (연설·강연 등을) 하다 3. 출산하다

1 The food was **delivered** so quickly. 교과서
음식이 매우 빨리 **배달되었다**.

2 The president will **deliver** a speech about education.
대통령은 교육에 대한 **연설을 할** 것이다.

3 His wife **delivered** a baby late Monday night.
그의 아내는 월요일 늦은 밤에 아기를 **출산했다**.

파 **delivery** ⓝ 배달, 배송; 출산
유 **carry** ⓥ 나르다, 운반하다
convey ⓥ 전달하다, 전하다

DAY 12

0476 □□□ ★★ 다의어

share
[ʃɛər]

ⓥ 1. 공유하다; 나누다
ⓝ 2. 할당, 몫 3. (시장) 점유율 4. 주식

기출

1 The stories were **shared** multiple times by multiple parties.
그 이야기는 여러 당사자들에 의해 여러 번 **공유되었다**.

2 Everyone gets an equal **share** of the food.
모든 이들이 같은 **몫**의 음식을 받는다.

3 The profit **share** from TV commercials is constantly decreasing. 교과서
TV 광고의 이익 **점유율**이 계속 감소하고 있다.

유 divide ⓥ 할당하다, 나누어 갖다, 분배하다
portion ⓝ 부분, 일부, 양

0477 □□□ 고난도

stereotype
[stériətàip]

ⓝ 고정관념, 정형화된 생각
ⓥ 고정관념을 가지다

There are many **stereotypes** related to blood type. 교과서
혈액형과 관련된 많은 **고정관념**이 있다.

0478 □□□ 고난도

intangible
[intǽndʒəbl]

ⓐ 무형의, 만질 수 없는

Our **intangible** cultural heritage is a bridge linking our past and our future. 교과서
우리의 **무형** 문화 유산은 우리의 과거와 미래를 연결하는 다리이다.

voca+ in(~ 아닌) + tangible(만질 수 있는) → 만질 수 없는

반 tangible ⓐ 유형의, 만질 수 있는, 실재하는

initial vs initiate

0479 □□□ ★★

initial
[iníʃəl]

ⓐ 초기의, 처음의 ⓝ 이름의 첫 글자

The **initial** problem is often unnoticed. 기출
초기의 문제는 종종 눈에 띄지 않는다.

파 initially ad 처음에

0480 □□□ ★★★

initiate
[iníʃièit]

ⓥ 시작하다, 발생시키다

We need to **initiate** small changes to fix this problem. 교과서
우리는 이 문제를 해결하기 위해 작은 변화들을 **시작해야** 한다.

파 initiative ⓝ 진취성, 주도권

A 영어는 우리말로, 우리말은 영어로 바꿔 쓰시오.

01 despair ____________
02 domestic ____________
03 initial ____________
04 masterpiece ____________
05 collapse ____________
06 defeat ____________
07 edible ____________
08 단백질 ____________
09 공유하다; 점유율 ____________
10 창의적인, 독창적인 ____________
11 오염 물질, 오염원 ____________
12 용기, 담력 ____________
13 농업의, 농사의 ____________
14 통합되다, 융합하다 ____________

B 빈칸에 알맞은 말을 <보기>에서 찾아 알맞은 형태로 쓰시오.

recover	period	theory	interpersonal

01 We learned about Darwin's ____________ of evolution.
02 He had fully ____________, but he was not allowed to go home.
03 Human beings have the desire to form ____________ relationships.
04 To grow properly, apple trees need a certain ____________ of cold weather.

C 밑줄 친 단어와 유사한 의미를 가진 말을 고르시오.

01 A bomb fell on the church and destroyed it. 【ruin / distract】
02 That was quite an outstanding performance! 【excellent / permanent】
03 A strong economy helps break down social barriers. 【crew / obstacle】

A 01 절망; 절망하다 02 가정(용)의, 집안의; 길든; 국내의 03 초기의, 처음의; 이름의 첫 글자 04 걸작, 명작, 대작 05 무너지다, 붕괴하다; 붕괴 06 패배시키다, 좌절시키다; 패배 07 먹을 수 있는; 먹을 수 있는 것, 음식 08 protein 09 share 10 creative 11 pollutant 12 courage 13 agricultural 14 integrate
B 01 theory 02 recovered 03 interpersonal 04 period
C 01 ruin 02 excellent 03 obstacle

0481 □□□ ★★

claim [kleim]

ⓝ 주장 ⓥ 주장하다; 요구[청구]하다

An argument is made to convince others that one's **claims** are true. 기출

논증은 자신의 **주장**이 사실이라는 것을 다른 사람들에게 납득시키기 위하여 만들어진다.

유 assertion ⓝ 주장
insist ⓥ 우기다, 주장하다

0482 □□□ ★

sweep [swiːp]

ⓥ (빗자루로) 청소하다, 쓸다, 휩쓸다

We can **sweep** up the snow in about half an hour. 기출

우리는 약 30분 안에 눈을 다 **쓸어버릴** 수 있다.

(sweep-swept-swept)
유 brush ⓥ 솔질하다, 털다
숙 sweep up 다 쓸어버리다

0483 □□□ ★★★

depict [dipíkt]

ⓥ (그림으로) 그리다, 묘사하다

The painting **depicts** people relaxing in the park. 교과서

그 그림은 공원에서 쉬고 있는 사람들을 **묘사하고 있다**.

파 depiction ⓝ 묘사
유 portray ⓥ 그리다, 표현하다
describe ⓥ 묘사하다, 기술하다

0484 □□□ ★★★

absurd [əbsə́ːrd]

ⓐ 터무니없는, 불합리한, 부조리한

It seems an **absurd** idea.

그건 **터무니없는** 생각 같아.

파 absurdity ⓝ 불합리
유 ridiculous ⓐ 터무니없는, 말도 안 되는

0485 □□□ ★★★

stroke [strouk]

ⓥ 쓰다듬다; 선[획]을 긋다
ⓝ 타격; 〈수영〉 (팔) 젓기, 수영법; (그림의) 획

She **stroked** the dog.

그녀는 그 개를 **쓰다듬었다**.

He **stroked** the canvas with his brush. 교과서

그는 붓으로 캔버스에 **선을 그었다**.

She swam with strong steady **strokes**.

그녀는 강하고 꾸준한 **팔젓기**로 수영을 했다.

유 blow ⓝ 강타, 구타
pat ⓥ 쓰다듬다

0486 □□□ ★★

tag [tæg]

ⓝ 꼬리표 ⓥ 꼬리표를 달다, 표를 붙이다

Use **tags** to label each bag. 교과서

꼬리표를 사용해서 각 가방에 이름표를 다세요.

유 label ⓝ 라벨 ⓥ 라벨을 붙이다
mark ⓥ 표시하다

0487 □□□ ★

width [widθ]

ⓝ 폭, 너비

It is twelve miles in length and six miles in **width**. 기출

그것은 길이가 12마일이며 **폭**이 6마일이다.

유 breadth ⓝ 폭, 너비

0488 □□□ ★★

admire [ədmáiər]

ⓥ 감탄하다, 칭송하다

She **admired** the work of Edgar Degas.

그녀는 Edgar Degas의 작품에 **감탄했다**.

파 admiration ⓝ 감탄, 칭송
유 respect ⓥ 존경하다

0489 □□□ ★

fear [fiər]

ⓝ 두려움, 불안 ⓥ 두려워하다

The absence of **fear** in expressing a disagreement is a source of genuine freedom. 기출

이견을 표현하는 데 있어 **두려움**이 없는 것이 진정한 자유의 원천이다.

파 fearful ⓐ 두려워하는
유 anxiety ⓝ 불안(감)
fright ⓝ 두려움, 공포

0490 □□□ ★

touch [tʌtʃ]

ⓥ 감동시키다, 마음을 움직이다; 만지다
ⓝ 촉각

I was deeply **touched** by your kind words. 기출

저는 당신의 친절한 말에 깊이 **감동을 받았어요**.

유 impress ⓥ 깊은 인상을 주다 (= move)
feel ⓥ 만져보다

0491 □□□ ★

advance [ədvǽns]

ⓝ 진보, 발전 ⓥ 발전시키다; 승진하다

The **advance** of technology is a double-edged sword.

과학기술의 **발전**은 양날의 검이다.

파 advancement ⓝ 발전, 진보; 승진
유 progress ⓝ 진전 ⓥ 진전을 보이다
숙 in advance 미리

0492 □□□ ★

feed [fiːd]

ⓥ 먹이를 주다; (기계에) 넣다, 입력하다; (욕구 등을) 충족시키다 ⓝ 먹이

Some African countries find it difficult to **feed** their own people.
일부 아프리카 국가들은 자국민들을 **먹여 살리는** 데 어려움을 겪는다.

She **fed** the data into the computer.
그녀는 컴퓨터에 데이터를 **입력했다**.

(feed-fed-fed)
㉺ **feeding** ⓝ 먹이 주기

0493 □□□ ★★

ban [bæn]

ⓥ 금지하다 ⓝ 금지(법)

Toy manufacturers have been **banned** from using the chemicals.
장난감 제조사들은 화학물질 사용이 **금지되었다**.

㊌ **prohibit** ⓥ 금하다, 금지하다
forbid ⓥ 금하다

0494 □□□ ★★

cultivate [kʌ́ltivèit]

ⓥ 재배[경작]하다; 기르다, 양성하다

He **cultivated** rice on most of the land.
그는 대부분의 땅에서 쌀을 **재배했다**.

㉺ **cultivation** ⓝ 재배, 경작; 양성
㊌ **farm** ⓥ 경작하다

0495 □□□ ★★

shift [ʃift]

ⓥ 옮기다, 이동하다 ⓝ 이동, 변화; 교대 (근무)

She **shifted** her position slightly.
그녀는 자신의 위치를 약간 **옮겼다**.

기출
Earthquakes happen because of **shifts** in the earth's plates.
지진은 지구의 판 **이동** 때문에 일어난다.

㊌ **move** ⓥ 움직이다
change ⓝ 변화 ⓥ 바꾸다
㊟ **night shift** 야간 근무

0496 □□□ ★★

beneficial [bènəfíʃəl]

ⓐ 이로운, 유익한, 이득이 되는

Walking is **beneficial** to your health. 교과서
걷는 것은 당신의 건강에 **이롭다**.

㉺ **benefit** ⓝ 이익, 혜택 ⓥ 도움이 되다
㊌ **advantageous** ⓐ 이로운
㊉ **harmful** ⓐ 유해한, 해로운

0497 □□□ ★★

mental [méntəl]

ⓐ 정신적인, 마음의

Yoga has helped her to maintain her **mental** health. 교과서
요가는 그녀가 **정신** 건강을 유지하는 데 도움을 주었다.

㉺ **mentality** ⓝ 사고방식
㊉ **physical** ⓐ 육체적인, 신체의

0498 □□□ ★★

appointment ⓝ 약속, 예약; 임명
[əpɔ́intmənt]

Linda often forgets her **appointments** with her friends. 기출
Linda는 종종 친구들과의 **약속**을 잊는다.

파 appoint ⓥ 약속하다; 임명하다
유 meeting ⓝ 모임

0499 □□□ ★★

migrate ⓥ 이주하다, 이동하다
[máigreit]

In September these birds **migrate** south.
9월에 이 새들은 남쪽으로 **이동한다**.

파 migration ⓝ 이주, 이동
migratory ⓐ 이주하는
migrant ⓝ 이주자; 철새

0500 □□□ ★★

native ⓐ 원주민의, 지방 고유의, 토착의 ⓝ 원주민
[néitiv]

Native speakers of English call something easy "a piece of cake." 교과서
영어 **원어민**들은 쉬운 일을 'a piece of cake(식은 죽 먹기)'라고 한다.

유 indigenous ⓐ 고유의, 토착의
aborigine ⓝ 원주민, 토착민

0501 □□□ ★★

occupy ⓥ (공간·시간을) 차지하다, 점령하다; (방을) 쓰다
[ɑ́kjupài]

The size of the territory a group **occupies** is marked by scent. 기출
한 집단이 **차지하는** 영역의 규모는 냄새를 통해 표시된다.

파 occupation ⓝ 점유, 점령
유 conquer ⓥ 정복하다
seize ⓥ 장악[점령]하다
take over 탈취[장악]하다

0502 □□□ ★★

pause ⓥ 잠시 멈추다, 중단하다 ⓝ 일시정지, 중지
[pɔːz]

He **paused** for a moment to listen. 교과서
그는 들으려고 잠시 동안 **멈췄다**.

유 stop ⓥ 멈추다
halt ⓥ 멈추다 ⓝ 중단

0503 □□□ ★★

resident ⓝ 거주자 ⓐ 거주하는
[rézidənt]

There are many **residents** who use the facility. 기출
그 시설을 이용하는 많은 **거주자들**이 있다.

파 reside ⓥ 거주하다, 살다
residence ⓝ 주거, 거처; 거주
유 inhabitant ⓝ 거주자, 주민

DAY 13

0504 □□□ ★★★

abandon

ⓥ 버리다, 유기하다; 떠나다

[əbǽndən]

Cell phone users **abandon** their current phone for a new phone every 18 months. 기출

휴대전화 사용자들은 새 휴대전화를 위해 18개월마다 그들의 현재 휴대전화를 **버린다**.

유 desert ⓥ 버리다, 유기하다
discard ⓥ 버리다, 폐기하다

0505 □□□ ★★

blame

ⓥ 비난하다; 탓하다 ⓝ 비난; 책임

[bleim]

He has no one to **blame** but himself. 기출

그는 자기 자신 외에 어느 누구도 **탓할** 수 없다.

유 accuse ⓥ 비난하다
반 praise ⓥ 칭찬하다
숙 blame A for B(= blame B on A) B에 대해 A를 탓하다

0506 □□□ ★

root

ⓝ 기원, 뿌리, 근원 ⓥ 뿌리를 두다[박다]

[ruːt]

Be curious about interesting English expressions and research their **roots**. 교과서

흥미로운 영어 표현들에 대해 호기심을 갖고 그 **기원**에 대해 조사해 보아라.

유 origin ⓝ 기원, 근원
숙 be rooted in ~에 뿌리를 두다

0507 □□□ ★★

extra

ⓐ 추가의, 여분의, 임시의 ⓝ 여분 ad 특별히

[ékstrə]

We offer a special T-shirt for children for an **extra** $10. 기출

추가로 10달러를 내시면 어린이용 특별 티셔츠를 드립니다.

유 additional ⓐ 추가의
spare ⓐ 여분의

0508 □□□ ★★

transform

ⓥ 바꾸다, 변형시키다

[trænsfɔ́ːrm]

People build machines that **transform** the way we live. 기출

사람들은 우리가 사는 방식을 **변화시키는** 기계들을 만든다.

voca+ trans(다른쪽으로) + form(형성하다) → 형태를 이쪽에서 저쪽으로 바꾸다

파 transformation ⓝ 변화, 전환, 변형
유 convert ⓥ 전환하다, 바꾸다

0509 □□□ ★★

souvenir

ⓝ 기념품, 선물

[sùːvəníər]

While traveling, shopping for **souvenirs** is one of the greatest pleasures. 기출

여행하는 동안, **기념품**을 사는 것은 가장 큰 즐거움 중 하나이다.

유 gift ⓝ 선물
reminder ⓝ 기념품

0510 □□□ ★★

compare [kəmpέər] ⓥ 비교하다, 비유하다

Life is often **compared** to a journey. 교과서
인생은 종종 여행에 **비유된다**.

파 **comparative** ⓐ 비교를 통한, 비교의
comparison ⓝ 비교

0511 □□□ ★

research [risə́ːrtʃ] ⓝ 연구 ⓥ 조사하다, 연구하다

Research indicates that emoticons are useful tools. 기출
연구는 이모티콘이 유용한 도구라는 것을 보여준다.

유 **survey** ⓝ 조사 ⓥ 조사하다
investigate ⓥ 조사[연구]하다

0512 □□□ ★★

isolate [áisəlèit] ⓥ 격리하다, 고립시키다

He was **isolated** from all the other prisoners.
그는 모든 다른 수감자들로부터 **격리되었다**.

파 **isolation** ⓝ 소외; 격리, 고립

0513 □□□ ★★

occasional [əkéiʒənəl] ⓐ 가끔의, 이따금의

When everyone got exhausted, he cheered them up with **occasional** funny stories. 교과서
모두가 지쳐있을 때, 그는 **이따금의** 웃긴 이야기로 그들을 격려했다.

파 **occasion** ⓝ (적절한) 때
occasionally ad 가끔, 때때로

0514 □□□ ★

blind [blaind] ⓐ 눈이 먼; 맹목적인; 막다른
ⓥ (눈이) 멀게 하다

Without treatment, she will go **blind**.
치료가 없으면, 그녀는 **시력을 잃게** 될 것이다.

파 **blindly** ad 맹목적으로
유 **sightless** ⓐ 보이지 않는

0515 □□□ ★ 다의어

present ⓐⓝ[préznt] ⓥ[prizént]
ⓐ 1. 있는, 참석[출석]한 2. 현재의, 현존하는
ⓥ 3. 공개[발표]하다 4. 제공[제시]하다 ⓝ 선물

1 He was not **present** at the meeting. 그는 회의에 **참석하지** 않았다.

2 You are wasting your precious **present** time! 교과서
너는 소중한 **현재의** 시간을 낭비하고 있는 거야!

3 You'll **present** your projects in front of visitors. 기출
당신은 방문객들 앞에서 프로젝트를 **발표할** 것이다.

4 The winners were **presented** with medals.
승자들은 메달을 **받았다**.

파 **presence** ⓝ 존재, 실재; 출석
유 **current** ⓐ 현재의
반 **absent** ⓐ 부재의, 결석한

0516 □□□ ★★ 다의어

apply [əplái]

ⓥ 1. 적용하다 2. 신청[지원]하다 3. (크림 등을) 바르다

1 The policy will **apply** equally to everyone.
그 정책은 모든 사람에게 똑같이 **적용될** 것이다.

2 Can you tell me how to **apply** for my passport? 교과서
여권을 **신청하는** 방법 좀 알려주시겠어요?

3 Don't forget to **apply** sunscreen. 교과서
선크림 **바르는** 것 잊지 마.

㉺ **application** ⓝ 지원, 신청; 응용 프로그램(앱(**app**))
applicant ⓝ 지원자, 신청자
㊍ **apply for** ~을 신청하다, ~에 지원하다

0517 □□□ 고난도

amenity [əménəti]

ⓝ 편의 시설, 편의 서비스

The government provided the isolated town with basic **amenities**.
정부는 그 고립된 마을에 기본적인 **편의 시설**을 제공했다.

㊌ **facility** ⓝ 시설, 설비

0518 □□□ 고난도

authentic [ɔːθéntik]

ⓐ 진짜인, 진정한

Historians accept that the documents are **authentic**.
역사가들은 그 문서가 **진짜임**을 인정한다.

㊌ **genuine** ⓐ 진짜의, 진품의
㊇ **inauthentic** ⓐ 진짜가 아닌
fake ⓐ 가짜의

---

device VS devise

0519 □□□ ★★

device [diváis]

ⓝ 기기, 장치

LEDs can be used in various small **devices**. 기출
LED는 다양한 소형 **기기**에 사용될 수 있다.

㊌ **appliance** ⓝ 기구, 장치, 전기 제품

0520 □□□ ★★

devise [diváiz]

ⓥ 궁리하다, 고안하다, 마련하다

We **devised** a scheme to help him.
우리는 그를 도울 방도를 **궁리했다**.

㊌ **plan** ⓥ 계획하다, 구상하다

A 영어는 우리말로, 우리말은 영어로 바꿔 쓰시오.

01 extra ____________
02 isolate ____________
03 depict ____________
04 cultivate ____________
05 migrate ____________
06 devise ____________
07 fear ____________
08 기원, 뿌리 ____________
09 비교하다, 비유하다 ____________
10 버리다; 떠나다 ____________
11 폭, 너비 ____________
12 차지하다, 점령하다 ____________
13 가끔의, 이따금의 ____________
14 잠시 멈추다 ____________

B 빈칸에 알맞은 말을 〈보기〉에서 찾아 알맞은 형태로 쓰시오.

apply	ban	beneficial	advance

01 Walking is ____________ to your health.
02 Don't forget to ____________ sunscreen.
03 The ____________ of technology is a double-edged sword.
04 Toy manufacturers have been ____________ from using the chemicals.

C 밑줄 친 단어의 반대의 의미를 가진 말을 고르시오.

01 He was not present at the meeting. 【absurd / absent】
02 He has no one to blame but himself. 【praise / tag】
03 Historians accept that the documents are authentic. 【native / fake】

A 01 추가의, 여분의, 임시의; 여분; 특별히 02 격리하다, 고립시키다 03 그리다, 묘사하다 04 재배[경작]하다; 기르다, 양성하다 05 이주하다, 이동하다 06 궁리하다, 고안하다, 마련하다 07 두려움, 불안; 두려워하다 08 root 09 compare 10 abandon 11 width 12 occupy 13 occasional 14 pause
B 01 beneficial 02 apply 03 advance 04 banned
C 01 absent 02 praise 03 fake

0521 □□□ ★★

cause [kɔːz]
ⓥ 원인이 되다, 유발하다, 야기하다
ⓝ 원인; 대의명분

The treatment **caused** all his hair to fall out. 교과서
그 치료는 그의 머리카락이 모두 빠지는 **원인이 되었다**.

파 causal ⓐ 인과관계의, 원인의
반 result ⓝ 결과

0522 □□□ ★★

announce [ənáuns]
ⓥ 발표[공표]하다, 알리다

The winners will be **announced** on March 29. 기출
수상자는 3월 29일에 **발표될** 것입니다.

파 announcement ⓝ 공고, 발표
유 notify ⓥ 통보하다, 알리다
report ⓥ 알리다, 보고하다

0523 □□□ ★★

literature [lítərətʃər]
ⓝ 문학, 문헌

He is an important poet in Korean **literature**. 교과서
그는 한국 **문학**에서 중요한 시인이다.

파 literary ⓐ 문학의, 문학적인

0524 □□□ ★

delay [diléi]
ⓝ 지연, 연착 ⓥ 연기하다

We regret the inconvenience this **delay** has caused you. 기출
우리는 이 **지연**이 귀하에게 끼친 불편에 대해 유감으로 생각합니다.

유 postpone ⓥ 연기하다
put off ~을 연기하다[미루다]

0525 □□□ ★

survive [sərváiv]
ⓥ 살아남다, 생존하다

We can't **survive** without oxygen. 교과서
우리는 산소 없이 **생존할** 수가 없다.

파 survival ⓝ 생존
유 breathe ⓥ 호흡하다, 살아 있다
remain ⓥ 남다, 살아남다

0526 □□□ ★★

spirit [spírit]
ⓝ 정신; 기운, 용기

Her positive attitude lifted everyone's **spirits**. 교과서
그녀의 긍정적 태도는 모든 이들의 **기운**을 북돋아 주었다.

파 spiritual ⓐ 영적인, 정신적인
유 soul ⓝ 정신, 영혼

0527 □□□ ★★

exactly [igzǽktli]
ad 정확하게, 정확히

What **exactly** are these medicines and how do they fight with bacteria? 기출 이 약은 **정확히** 무엇이며, 박테리아와 어떻게 싸울까?

파 exact ⓐ 정확한, 꼭 맞는
유 accurately ad 정확히

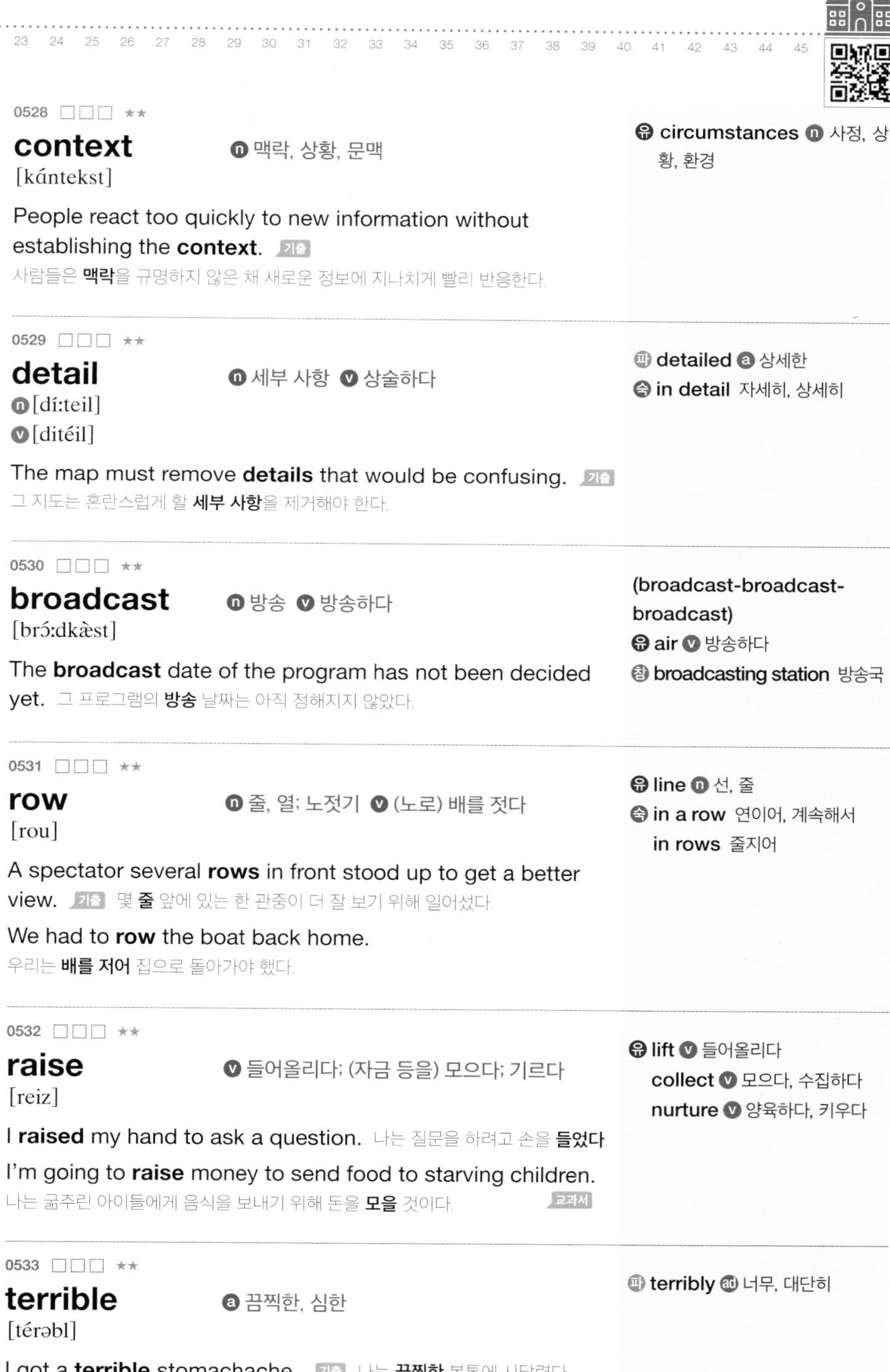

0528 □□□ ★★

context ⓝ 맥락, 상황, 문맥
[kάntekst]

People react too quickly to new information without establishing the **context**. 기출
사람들은 **맥락**을 규명하지 않은 채 새로운 정보에 지나치게 빨리 반응한다.

유 circumstances ⓝ 사정, 상황, 환경

0529 □□□ ★★

detail ⓝ 세부 사항 ⓥ 상술하다
ⓝ [dí:teil]
ⓥ [ditéil]

The map must remove **details** that would be confusing. 기출
그 지도는 혼란스럽게 할 **세부 사항**을 제거해야 한다.

파 detailed ⓐ 상세한
숙 in detail 자세히, 상세히

0530 □□□ ★★

broadcast ⓝ 방송 ⓥ 방송하다
[brɔ́:dkæ̀st]

The **broadcast** date of the program has not been decided yet. 그 프로그램의 **방송** 날짜는 아직 정해지지 않았다.

(broadcast-broadcast-broadcast)
유 air ⓥ 방송하다
참 broadcasting station 방송국

0531 □□□ ★★

row ⓝ 줄, 열; 노젓기 ⓥ (노로) 배를 젓다
[rou]

A spectator several **rows** in front stood up to get a better view. 기출 몇 **줄** 앞에 있는 한 관중이 더 잘 보기 위해 일어섰다.

We had to **row** the boat back home.
우리는 **배를 저어** 집으로 돌아가야 했다.

유 line ⓝ 선, 줄
숙 in a row 연이어, 계속해서
in rows 줄지어

0532 □□□ ★★

raise ⓥ 들어올리다; (자금 등을) 모으다; 기르다
[reiz]

I **raised** my hand to ask a question. 나는 질문을 하려고 손을 **들었다**.

I'm going to **raise** money to send food to starving children.
나는 굶주린 아이들에게 음식을 보내기 위해 돈을 **모을** 것이다. 교과서

유 lift ⓥ 들어올리다
collect ⓥ 모으다, 수집하다
nurture ⓥ 양육하다, 키우다

0533 □□□ ★★

terrible ⓐ 끔찍한, 심한
[térəbl]

I got a **terrible** stomachache. 기출 나는 **끔찍한** 복통에 시달렸다.

파 terribly ad 너무, 대단히

0534 □□□ ★★★

commitment ⓝ 전념, 헌신; 약속
[kəmítmənt]

It is your **commitment** to the process that will determine your progress. 기출
당신의 발전을 결정 짓는 것은 바로 그 과정에 당신이 **전념하는 것**이다.

파 commit ⓥ 전념하다; 약속하다; (범죄 등을) 저지르다
유 dedication ⓝ 헌신

0535 □□□ ★

artwork ⓝ 예술작품, 예술품
[á:rtwə̀:rk]

What do you think of this **artwork**? 교과서
이 **예술작품**에 대해 어떻게 생각해?

0536 □□□ ★★

float ⓥ 뜨다, 떠다니다, 표류하다
[flout]

Plastic will **float** on the surface of the water.
플라스틱은 수면 위를 **떠다닐** 것이다.

파 afloat ⓐ (물에) 뜬 ad 떠서
유 drift ⓥ 표류하다
반 sink ⓥ 가라앉다

0537 □□□ ★★

depression ⓝ 우울, 우울증
[dipréʃən]

They experience negative emotions such as anxiety and **depression**. 기출
그들은 불안과 **우울증** 같은 부정적 감정들을 경험한다.

파 depress ⓥ 우울하게 만들다
유 despair ⓝ 절망, 자포자기

0538 □□□ ★★

author ⓝ 작가, 저자
[ɔ́:θər]

Kate is known as the **author** of the book. 기출
Kate가 그 책의 **저자**로 알려져 있다.

유 writer ⓝ 작가, 저자

0539 □□□ ★★★

disappear ⓥ 사라지다, 없어지다
[dìsəpíər]

The last of the world's wild tigers will **disappear** within the next 10 years. 교과서
전 세계의 마지막 야생 호랑이가 향후 10년 안에 **사라질** 것이다.

voca+ dis(반대) + appear(나타나다) → 사라지다

파 disappearance ⓝ 사라짐, 소실
반 appear ⓥ 나타나다, 등장하다

0540 □□□ ★

technology
ⓝ 과학기술, 기계

[teknάlədʒi]

The world gets smaller and smaller and collaboration **technology** gets better and better. 기출

세계는 점점 작아지고 협력 **기술**은 점점 나아진다.

파 technological ⓐ 과학의, 기술의

0541 □□□ ★★

enthusiasm
ⓝ 열정, 열광

[inθjú:ziæ̀zəm]

She is remembered as a wonderful woman of **enthusiasm** and strength. 기출

그녀는 **열정**과 강인함을 가진 훌륭한 여성으로서 기억되고 있다.

파 enthusiastic ⓐ 열성적인
유 passion ⓝ 열정

0542 □□□ ★★

transfer
ⓥ 옮기다; 전학[전근] 가다 ⓝ 이동, 환승

ⓥ [trænsfə́:r]
ⓝ [trǽnsfər]

The object was **transferred** to the second box.

그 물체는 두 번째 상자로 **옮겨졌다**.

She **transferred** to a school in the city. 기출

그녀는 도시에 있는 학교로 **전학을 갔다**.

voca+ trans(이쪽에서 저쪽으로) + fer(가져가다) → 옮기다

유 move ⓥ 이동시키다
carry ⓥ 옮기다

0543 □□□ ★★★

administration
ⓝ 경영, 관리, 행정

[ədmìnistréiʃən]

Government leaders must be honest and fair, not experts in **administration**. 기출

정부의 지도자들은 **행정** 전문가이기보다는 정직하고 공정해야 한다.

파 administer ⓥ 관리하다, 집행하다
유 management ⓝ 경영, 관리

0544 □□□ ★★

exception
ⓝ 예외, 제외

[iksépʃən]

Education is the **exception** to the rule that too much of anything is not good for you. 기출

교육은 어떤 것이든 과도하면 이롭지 않다는 규칙의 **예외**이다.

파 except ⓟ ~을 제외하고는
exceptional ⓐ 예외적인, 특출한

0545 □□□ ★★

household [n] 가정, 가구, 세대
[háushòuld]

The average Korean **household** has at least one computer.
평균적인 한국의 **가정**은 적어도 하나의 컴퓨터를 갖고 있다.

[유] family [n] 가족, 가구

0546 □□□ ★★

experienced [a] 경험이 많은, 노련한, 숙련된
[ikspíəriənst]

Tina is very **experienced** in marketing.
Tina는 마케팅에 매우 **노련하다**.

[유] trained [a] 숙련된
skilled [a] 숙련된, 능숙한
[반] inexperienced [a] 미숙한

0547 □□□ ★★★

fluent [a] 유창한, 능통한
[flúːənt]

She was **fluent** in five languages. [기출]
그녀는 다섯 개의 언어에 **유창했다**.

[파] fluently [ad] 유창하게
fluency [n] 유창, 능변

0548 □□□ ★★

passenger [n] 승객, 탑승객
[pǽsəndʒər]

Flight attendants help **passengers** board the flight.
기내 승무원들은 **승객들**이 비행기에 탑승하는 것을 돕는다.

voca+ pass(eng)(통과, 통행) + er(사람) → 통행하는 사람

[유] rider [n] 승객
traveler [n] 여행자

0549 □□□ ★★★

furious [a] 격노한, 사나운, 맹렬한
[fjúəriəs]

She was **furious** with him for leaving the baby alone.
그녀는 그가 아기를 혼자 둔 것에 대해 **몹시 화가 났다**.

[파] fury [n] 격분, 분노
furiously [ad] 맹렬히
[유] angry [a] 화난, 성난

0550 □□□ ★★★

prohibit [v] 금지하다, 막다
[prouhíbit]

Check which items are allowed or **prohibited** in your bag. [교과서]
가방에서 어떤 물품이 허용되거나 **금지되는지** 확인하세요.

[파] prohibition [n] 금지
[유] ban [v] 금지하다
forbid [v] 금지하다
[반] permit [v] 허용하다

0551 □□□ ★★

imbalance

ⓝ 불균형

[imbǽləns]

This problem causes another subtle **imbalance**. 기출

이 문제는 또 다른 미묘한 **불균형**을 유발한다.

반 balance ⓝ 균형
참 unbalance ⓥ 균형을 깨뜨리다

0552 □□□ ★★

debate

ⓝ 토론, 논쟁 ⓥ 토론[논쟁]하다

[dibéit]

Traditional ways of building communities have emphasized **debate** and argument. 기출

공동체를 만드는 전통적인 방식은 **토론**과 논쟁을 강조해 왔다.

유 dispute ⓝ 논쟁 ⓥ 논쟁하다
숙 debate on ~에 대한 토론

0553 □□□ ★

suffer

ⓥ (고통 등을) 겪다, 괴로워하다

[sʌ́fər]

Many teens **suffer** from a high level of stress. 교과서

많은 십 대들이 높은 수준의 스트레스로 **고통을 겪는다**.

유 undergo ⓥ 경험하다, 겪다
숙 suffer from ~로 고통받다

0554 □□□ ★★

treasure

ⓝ 보물 ⓥ 소중히 여기다

[tréʒər]

One man's trash is another man's **treasure**. 기출

어떤 사람의 쓰레기는 다른 사람의 **보물**이다.

I will always **treasure** our friendship.

나는 우리의 우정을 항상 **소중히 여길** 것이다.

유 cherish ⓥ 소중히 여기다

0555 □□□ ★★ 다의어

degree

ⓝ 1. 〈온도/각도〉 도 2. 정도, 단계 3. 학위

[digríː]

1 The temperatures will be around 20 **degrees** during the day. 낮 동안 기온은 20**도** 정도가 될 것이다.

2 I agree with you to a certain **degree**.
당신 의견에 어느 **정도** 동의해요.

3 She has a **degree** in English Literature.
그녀는 영문학 **학위**를 가지고 있다.

유 grade ⓝ 등급, 정도
참 master's degree 석사 학위

DAY 14

0556 □□□ ★★ 다의어

patient [péiʃənt] ⓝ 1. 환자 ⓐ 2. 인내심 있는, 참을성 있는

1 He had treated more than 20,000 **patients** for free. 교과서
그는 2만명 이상의 **환자들**을 무료로 치료해 주었다.

2 He is very **patient** with his students.
그는 학생들에게 매우 **인내심이 있다**.

파 **patience** ⓝ 인내력, 참을성
반 **impatient** ⓐ 성급한, 조급한

0557 □□□ 고난도

accumulate [əkjúːmjulèit] ⓥ 축적하다, 모으다

The police have been **accumulating** evidence of his guilt.
경찰은 그가 유죄라는 증거를 **축적해** 왔다.

파 **accumulation** ⓝ 축적, 누적
유 **collect** ⓥ 모으다, 수집하다

0558 □□□ 고난도

peculiar [pikjúːljər] ⓐ 특이한, 특유의; 이상한

It is one of the most **peculiar** plants found in the desert. 기출
그것은 사막에서 발견되는 가장 **특이한** 식물 중 하나이다.

파 **peculiarity** ⓝ 특이점
유 **odd** ⓐ 이상한, 기묘한
unique ⓐ 특유의, 독특한

---

adapt vs adopt

0559 □□□ ★★

adapt [ədǽpt] ⓥ 적응하다, 적응시키다

You must try to **adapt** yourself to the new environment.
너는 새로운 환경에 **적응하도록** 노력해야 한다.

파 **adaptability** ⓝ 적응성, 순응성
숙 **adapt to** ~에 적응하다

0560 □□□ ★★

adopt [ədάpt] ⓥ 받아들이다, 채택하다; 입양하다

FIFA decided to **adopt** goal-line technology for the 2014 World Cup. 교과서
FIFA(국제축구연맹)는 2014년 월드컵에 골라인 (판독) 기술을 **채택하기로** 결정했다.

I **adopted** the dog from an animal rescue center. 기출
나는 그 개를 동물 구조 센터에서 **입양했다**.

파 **adoption** ⓝ 채택; 입양
반 **abandon** ⓥ 버리다

DAILY TEST

A 영어는 우리말로, 우리말은 영어로 바꿔 쓰시오.

01 passenger ______________
02 spirit ______________
03 depression ______________
04 prohibit ______________
05 adopt ______________
06 experienced ______________
07 accumulate ______________
08 환자; 인내심 있는 ______________
09 사라지다, 없어지다 ______________
10 유창한, 능통한 ______________
11 전념, 헌신; 약속 ______________
12 토론, 논쟁 ______________
13 경영, 관리, 행정 ______________
14 문학, 문헌 ______________

B 빈칸에 알맞은 말을 <보기>에서 찾아 쓰시오.

delay	context	furious	float

01 Plastic will ____________ on the surface of the water.
02 She was ____________ with him for leaving the baby alone.
03 We regret the inconvenience this ____________ has caused you.
04 People react too quickly to new information without establishing the ________.

C 밑줄 친 단어와 유사한 의미를 가진 말을 고르시오.

01 The object was transferred to the second box. 【move / announce】
02 The average Korean household has at least one computer. 【author / family】
03 She is remembered as a wonderful woman of enthusiasm and strength. 【passion / exception】

A **01** 승객, 탑승객 **02** 정신; 기운, 용기 **03** 우울, 우울증 **04** 금지하다, 막다 **05** 받아들이다, 채택하다; 입양하다 **06** 경험이 많은, 노련한, 숙련된 **07** 축적하다, 모으다 **08** patient **09** disappear **10** fluent **11** commitment **12** debate **13** administration **14** literature
B **01** float **02** furious **03** delay **04** context
C **01** move **02** family **03** passion

0561 □□□ ★★

display ⓥ 전시하다; 보여주다, 발휘하다
[displéi] ⓝ 전시, 진열; 표시, 표현; 과시

She has **displayed** a very strong commitment.
그녀는 매우 강한 헌신적인 태도를 **보여 왔다**.

유 exhibit ⓥ 전시하다, 보이다
숙 on display 전시 중인

0562 □□□ ★★

worthwhile ⓐ 가치[보람] 있는
[wə̀ːrθwáil]

기출 The results of this experiment made all my efforts **worthwhile**.
이 실험의 결과는 내 모든 노력을 **가치 있게** 만들었다.

유 worthy ⓐ 가치 있는
반 worthless ⓐ 가치 없는

0563 □□□ ★★★

civilization ⓝ 문명 (사회), 문화
[sìvəlizéiʃən]

I was amazed by the outstanding building skills of the Inca **civilization**. 교과서
나는 잉카 **문명**의 뛰어난 건축 기술에 놀랐다.

파 civilize ⓥ 문명화하다
civilized ⓐ 문명화한; 교양 있는

0564 □□□ ★

location ⓝ 위치, 장소
[loukéiʃən]

The differing size and **location** of each ear helps the owl distinguish between sounds. 기출
올빼미는 양쪽 귀의 크기와 **위치**가 달라 소리를 구별하는 데 도움이 된다.

파 locate ⓥ 위치시키다, 위치를 찾아내다
유 place ⓝ 장소
position ⓝ 위치, 장소

0565 □□□ ★★

maximum ⓐ 최대의, 최고의 ⓝ 최대한, 최대(량)
[mǽksəməm]

The **maximum** height for the fence is 2 meters.
그 울타리의 **최대** 높이는 2미터이다.

반 minimal ⓐ 최소의
minimum ⓐ 최저[최소]의
ⓝ 최저, 최소한

0566 □□□ ★★

infant ⓝ 유아, 아기
[ínfənt]

Parents can hire a nanny to care for their **infant**. 교과서
부모들은 자신들의 **아기**를 돌보도록 보모를 고용할 수 있다.

파 infancy ⓝ 유아기
유 toddler ⓝ 아장아장 걷는 아기, 유아

0567 □□□ ★★

lessen [lésən]

ⓥ 줄다, 줄이다

Her fears **lessened** and eventually went away. 기출

그녀의 두려움은 **줄어들었고** 결국 사라졌다.

유 reduce ⓥ 줄이다
decrease ⓥ 줄다, 감소하다
반 increase ⓥ 늘다, 늘리다

0568 □□□ ★★★

friction [fríkʃən]

ⓝ 마찰; 불화

기출 Air applies **friction** to the falling object and slows it down.

공기는 떨어지는 물체에 **마찰**을 가해 속도를 떨어뜨린다.

유 resistance ⓝ 저항
discord ⓝ 불화, 불일치
conflict ⓝ 갈등, 분쟁

0569 □□□ ★★

attack [ətǽk]

ⓝ 공격 ⓥ 공격하다

Animals have evolved more efficient methods of **attack**.

동물들은 더 효율적인 **공격** 방법들을 진화시켜 왔다.

유 assault ⓝ 공격 ⓥ 공격하다
반 defense ⓝ 방어, 수비
defend ⓥ 방어하다

0570 □□□ ★★★

portable [pɔ́ːrtəbl]

ⓐ 휴대용의, 들고 다닐 수 있는, 이동식의

기출 I'm trying to buy a **portable** speaker and microphone set.

휴대용 스피커와 마이크 세트를 사려고 해요.

voca+ port(나르다) + able(~할 수 있는) → 들고 다닐 수 있는

유 movable ⓐ 이동시킬 수 있는

0571 □□□ ★★

solution [səlúːʃən]

ⓝ 해결책, 해법; 용액

교과서 The goal is to provide a new **solution** for energy problems.

목표는 에너지 문제에 대한 새로운 **해결책**을 제시하는 것이다.

파 solve ⓥ 해결하다, 풀다
soluble ⓐ 용해될 수 있는
유 answer ⓝ 해답
key ⓝ 비결, 실마리

0572 □□□ ★★

candidate [kǽndidèit]

ⓝ 후보(자), 지원자

While other **candidates** were delivering their speeches, I could not pay attention to them. 교과서

다른 **후보자들**이 연설을 하는 동안, 나는 그들에게 주의를 기울일 수 없었다.

유 applicant ⓝ 신청자, 지원자, 후보자

0573 □□□ ★★

indifferent

ⓐ 무관심한; 그저 그런

[indífərənt]

People have become **indifferent** to the suffering of others.

사람들은 다른 이들의 고통에 **무관심해졌다**.

(파) indifference ⓝ 무관심

(유) unconcerned ⓐ 관심을 가지지 않는

0574 □□□ ★★★

ethnic

ⓐ 민족의, 인종의

[éθnik]

The students come from a variety of **ethnic** backgrounds.

그 학생들은 다양한 **민족적** 배경 출신이다.

(파) ethnicity ⓝ 민족성

(유) racial ⓐ 인종의, 민족의

0575 □□□ ★

design

ⓥ 고안[설계]하다, 꾀하다 ⓝ 디자인, 설계도

[dizáin]

It is important to **design** spaces where unwanted noise can be eliminated. 기출

원치 않는 소음이 제거될 수 있는 공간을 **고안하는** 것은 중요하다.

(유) plan ⓥ 설계하다, 계획하다

create ⓥ 창조하다, 고안하다

0576 □□□ ★★

refuse

ⓥ 거절하다, 거부하다

[rifjúːz]

I offered him some money, but he **refused**. 기출

나는 그에게 약간의 돈을 주려 했지만, 그는 **거절했다**.

(파) refusal ⓝ 거부

(유) reject ⓥ 거절하다

decline ⓥ 거절하다

0577 □□□ ★

award

ⓥ 수여하다 ⓝ 상

[əwɔ́ːrd]

A $1 million prize will be **awarded** for solving these problems. 기출

이 문제들을 해결하는 것에 100만 달러의 상금이 **주어질** 것이다.

(유) grant ⓥ 주다, 수여하다

prize ⓝ 상, 포상

reward ⓝ 보상(금) ⓥ 상을 주다

0578 □□□ ★

request

ⓝ 요구, 요청 ⓥ 요구하다, 청하다

[rikwést]

I'm afraid I can't accept your **request**. 기출

저는 당신의 **요청**을 받아들일 수 없을 것 같습니다.

(유) demand ⓝ 요구 ⓥ 요구하다

ask for ~을 부탁하다

0579 □□□ ★★

standard

[stǽndərd]

ⓝ 수준; 기준, 표준 ⓐ 기준의, 표준의

Productivity improvements generally raise the **standard** of living for everyone. 기출

일반적으로 생산성 향상은 모두를 위한 생활 **수준**을 올려준다.

유 level ⓝ 수준
normal ⓐ 보통의, 평범한

0580 □□□ ★★★

infection

[infékʃən]

ⓝ 감염, 전염

Scratching your skin increases the risk of **infection**.

피부를 긁는 것은 **감염**의 위험을 증가시킨다.

파 infect ⓥ 감염시키다
infectious ⓐ 전염성의

0581 □□□ ★★

discover

[diskʌ́vər]

ⓥ 발견하다, 알아내다

The tests have **discovered** problems with the building.

테스트는 그 건물의 문제점들을 **발견했다**.

파 discovery ⓝ 발견
유 find out 알아내다
detect ⓥ 발견하다, 탐지하다

0582 □□□ ★★

steadily

[stédili]

ad 꾸준히, 지속적으로; 착실하게

The number of elementary school students has **steadily** decreased.

초등학생의 수가 **꾸준히** 줄고 있다.

파 steady ⓐ 한결같은, 꾸준한
유 increasingly ad 점점

0583 □□□ ★★

extraordinary

[ikstrɔ́ːrdənèri]

ⓐ 특별한, 비상한, 기이한, 놀라운

When we compare human and animal desire we find many **extraordinary** differences. 기출

인간과 동물의 욕망을 비교할 때 우리는 많은 **특별한** 차이점을 발견한다.

voca+ extra(초과하는) + ordinary(일반적인, 보통의) → 보통을 넘어서는

유 incredible ⓐ 놀라운
반 ordinary ⓐ 보통의, 평범한

0584 □□□ ★★

surround

[səráund]

ⓥ 둘러싸다, 에워싸다

She was **surrounded** by cheering friends. 기출

그녀는 환호하는 친구들에게 **둘러싸여** 있었다.

파 surrounding ⓝ 주위; (-s) 주변 환경 ⓐ 주위의, 둘러싸고 있는
유 enclose ⓥ 에워싸다, 둘러싸다

0585 □□□ ★

sweat [n] 땀 [v] 땀을 흘리다
[swet]

Drops of cold **sweat** rolled down her back. [기출]
차가운 **땀**방울이 그녀의 등을 타고 흘러내렸다.

[파] sweaty [a] 땀투성이의
[유] perspire [v] 땀을 흘리다

0586 □□□ ★

direction [n] 방향; (-s) 길 안내; 지시
[dirékʃən]

You can easily adjust the **direction** of the light. [기출]
당신은 빛의 **방향**을 쉽게 조정할 수 있다.

[파] direct [v] 지시하다; ~로 향하다, 겨냥하다 [a] 직접적인
directly [ad] 직접, 곧장
[유] instructions [n] 지시

0587 □□□ ★★

arise [v] 생기다, 발생하다, 일어나다
[əráiz]

After a certain age, anxieties **arise** when sudden cultural changes are coming. [기출]
특정한 나이 이후에는 갑작스러운 문화적 변화가 다가오고 있을 때 불안감이 **생긴다**.

(arise-arose-arisen)
[유] occur [v] 생기다, 발생하다

0588 □□□ ★★

wound [n] 상처, 부상 [v] 상처를 입히다
[wuːnd]

This medicine will help to heal the **wounds**. [교과서]
이 약이 그 **상처**를 치유하는 데 도움이 될 것이다.

voca+ '구불구불하다; (실 등을) 감다'라는 의미의 동사 **wind**[waind]의 과거, 과거분사형 **wound**와 구별하여 알아둔다.

(wound-wounded-wounded)
[파] wounded [a] 부상당한
[유] injury [n] 상해, 손상

0589 □□□ ★★★

gravity [n] 중력, 인력
[grǽvəti]

Due to the reduced **gravity** on Mars, our muscles would quickly shrink. [교과서]
화성의 줄어든 **중력** 때문에, 우리의 근육이 빠르게 줄어들 것이다.

0590 □□□ ★

smooth [a] 매끄러운, 부드러운, 원활한
[v] 매끄럽게 하다, 원활하게 하다
[smuːð]

Mirrors and other **smooth**, shiny surfaces reflect light. [기출]
거울이나 다른 **매끄럽고** 광이 나는 표면은 빛을 반사한다.

[파] smoothly [ad] 부드럽게
[반] rough [a] 거친, 고르지 않은

0591 □□□ ★

local

[lóukəl]

ⓐ 지역의 ⓝ 현지인

I'm planning to go to a lot of **local** festivals. 교과서

나는 많은 **지역** 축제에 가볼 생각이야.

파 locality ⓝ 지역, 지방
유 regional ⓐ 지방의, 지방적인

0592 □□□ ★★

intention

[inténʃən]

ⓝ 의도, 목적

Lies with good **intentions** hurt people much more than telling the truth. 기출

선**의**의 거짓말은 진실을 말하는 것보다 사람들에게 훨씬 더 많이 상처를 준다.

파 intend ⓥ 의도하다
intentional ⓐ 의도적인
intentionally ⓐⓓ 의도적으로
유 intent ⓝ 의도, 의향

0593 □□□ ★★

heroic

[hiróuik]

ⓐ 영웅적인 ⓝ (-s) 영웅적 행위

The mayor thanked him for his **heroic** act. 교과서

시장은 그의 **영웅적** 행동에 고마워했다.

파 hero ⓝ 영웅
유 courageous ⓐ 용기 있는

0594 □□□ ★★

phase

[feiz]

ⓝ 단계, 상태, 국면, 측면

This is the critical **phase** of the design process. 기출

이것이 그 설계 과정의 매우 중요한 **단계**이다.

유 stage ⓝ 단계(= step)

0595 □□□ ★ 다의어

match

[mætʃ]

ⓝ 1. 시합, 경기 2. 잘 어울리는 것[사람] 3. 성냥
ⓥ 4. 어울리다, 맞다 5. 일치[연결]시키다

1 a soccer **match** between Korea and Japan
한국과 일본 간의 축구 **시합**

4 This hat **matches** the dress perfectly.
이 모자가 그 드레스에 아주 잘 **어울린다**.

5 **Match** the words with their correct meanings. 교과서
단어를 알맞은 뜻과 **연결해 보세요**.

유 competition ⓝ 경기, 시합 (= game)
pair ⓥ 짝을 짓다 ⓝ 쌍
mate ⓝ 짝
go with ~와 잘 어울리다

DAY 15

0596 □□□ ★★ 다의어

relative ⓝ 1. 친척, 인척 ⓐ 2. 상대적인; 관계 있는

[rélətiv]

1 Many of them have lost their parents and **relatives** and have therefore been left alone. 교과서

그들 중 많은 이들이 부모와 **친척**을 잃어 홀로 남겨졌다.

2 It will be determined by their **relative** importance. 기출

그것은 그것들의 **상대적** 중요성에 의해 결정될 것이다.

파 **relatively** ad 비교적, 상대적으로

relation ⓝ 관계, 관련(성)

반 **absolute** ⓐ 절대적인

0597 □□□ 고난도

provoke ⓥ 유발하다, 일으키다; 화나게 하다

[prəvóuk]

The report **provoked** a furious reaction from staff.

그 보도는 직원들로부터 격한 반응을 **유발했다**.

유 **cause** ⓥ 일으키다, 초래하다

0598 □□□ 고난도

anonymous ⓐ 익명의, 익명으로 된

[ənánəməs]

An **anonymous** woman donated one million dollars to the charity.

한 **익명의** 여성이 그 자선단체에 백만 달러를 기부했다.

파 **anonymously** ad 익명으로

유 **nameless** ⓐ 무명의, 익명의

---

confirm vs conform

0599 □□□ ★★★

confirm ⓥ 확인하다, 확정하다

[kənfə́ːrm]

The gallery **confirmed** that the painting was genuine. 교과서

미술관은 그 그림이 진품임을 **확인했다**.

파 **confirmation** ⓝ 확인

0600 □□□ ★★★

conform ⓥ 따르다, 순응하다; 부합하다

[kənfɔ́ːrm]

The pressure to **conform** to expectations of friends and other social groups is intense. 기출

친구와 다른 사회 집단의 기대에 **부합해야** 한다는 압박감이 거세다.

파 **conformity** ⓝ 순응

유 **follow** ⓥ 따르다

comply ⓥ 응하다

DAILY TEST

A 영어는 우리말로, 우리말은 영어로 바꿔 쓰시오.

01 phase ____________

02 lessen ____________

03 friction ____________

04 sweat ____________

05 steadily ____________

06 ethnic ____________

07 confirm ____________

08 전시하다; 전시, 진열 ____________

09 수준; 기준, 표준 ____________

10 중력, 인력 ____________

11 특별한, 비상한 ____________

12 후보(자), 지원자 ____________

13 유아, 아기 ____________

14 감염, 전염 ____________

B 빈칸에 알맞은 말을 <보기>에서 찾아 알맞은 형태로 쓰시오.

civilization	relative	indifferent	surround

01 She was ____________ by cheering friends.

02 It will be determined by their ____________ importance.

03 People have become ____________ to the suffering of others.

04 I was amazed by the outstanding building skills of the Inca ____________.

C 밑줄 친 단어의 반대의 의미를 가진 말을 고르시오.

01 Mirrors and other smooth, shiny surfaces reflect light. 【rough / portable】

02 Animals have evolved more efficient methods of attack. 【defense / solution】

03 The results of this experiment made all my efforts worthwhile. 【worthless / worthy】

A 01 단계, 상태, 국면, 측면 02 줄다, 줄이다 03 마찰; 불화 04 땀; 땀을 흘리다 05 꾸준히, 지속적으로; 착실하게 06 민족의, 인종의 07 확인하다, 확정하다 08 display 09 standard 10 gravity 11 extraordinary 12 candidate 13 infant 14 infection
B 01 surrounded 02 relative 03 indifferent 04 civilization
C 01 rough 02 defense 03 worthless

0601 □□□ ★★

sphere ⓝ 구(球), 구체; 범위, 영역
[sfiər]

There are people who believe the Earth is flat and not a **sphere.** 기출
지구는 평평하고 **구**가 아니라고 믿는 사람들이 있다.

The matter is outside my **sphere** of responsibility.
그 문제는 나의 책임 **범위**를 벗어난다.

유 **domain** ⓝ 영역, 범위
globe ⓝ 구, 공

0602 □□□ ★

uncomfortable ⓐ 불편한, 거북한
[ʌnkʌ́mfərtəbl]

This approach can help you escape **uncomfortable** social situations. 기출
이 접근법은 당신이 **불편한** 사회적 상황에서 벗어나도록 도와줄 수 있다.

voca+ un(~ 아닌) + comfortable(편안한) → 편안하지 않은

유 **awkward** ⓐ 어색한, 불편한
반 **comfortable** ⓐ 편안한

0603 □□□ ★★

minimum ⓝ 최소한도 ⓐ 최소한의
[mínəməm]

Each class requires a **minimum** of 4 participants and a maximum of 10. 기출
각 수업은 **최소** 4명에서 최대 10명의 참가자를 요합니다.

유 **least** ⓐ 가장 적은, 최소의
반 **maximum** ⓝ 최고, 최대 ⓐ 최대한의

0604 □□□ ★★★

flexible ⓐ 유연한, 융통성 있는
[fléksəbl]

These robots are designed to have a **flexible** tail. 기출
이 로봇들은 **유연한** 꼬리를 갖도록 설계되어 있다.

파 **flexibility** ⓝ 유연성
유 **elastic** ⓐ 탄력 있는, 융통성 있는

0605 □□□ ★★

element ⓝ 요소, 성분; 〈화학〉 원소
[éləmənt]

Commercials tend to contain humorous **elements**, such as funny faces and gestures. 기출
광고는 우스꽝스러운 얼굴과 몸짓 같은, 유머러스한 **요소들**을 포함하는 경향이 있다.

유 **factor** ⓝ 요소, 요인
component ⓝ 구성 요소, 성분

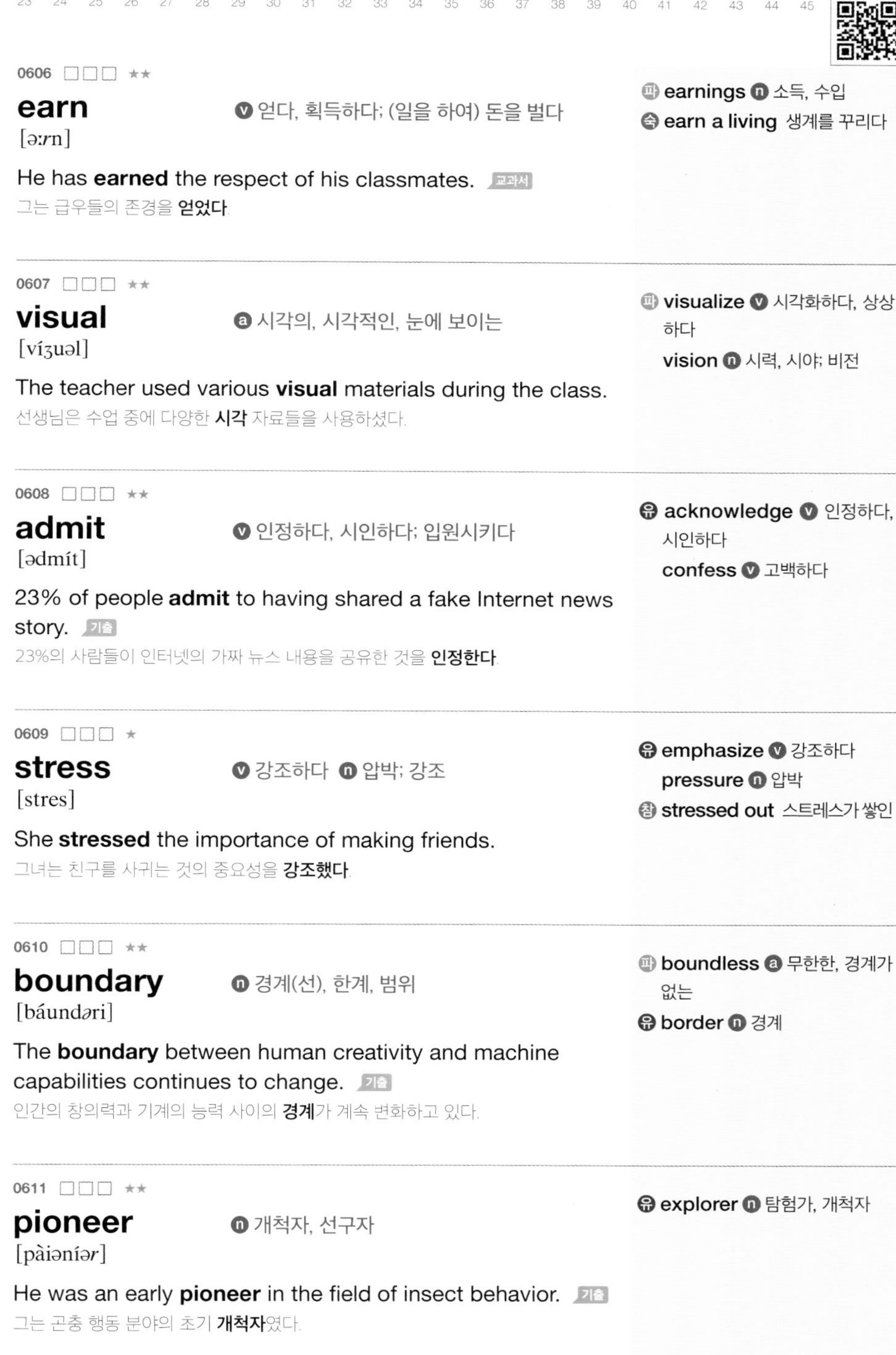

0606 □□□ ★★

earn [əːrn]

ⓥ 얻다, 획득하다; (일을 하여) 돈을 벌다

He has **earned** the respect of his classmates. 교과서

그는 급우들의 존경을 **얻었다**.

파 earnings ⓝ 소득, 수입
숙 earn a living 생계를 꾸리다

0607 □□□ ★★

visual [víʒuəl]

ⓐ 시각의, 시각적인, 눈에 보이는

The teacher used various **visual** materials during the class.

선생님은 수업 중에 다양한 **시각** 자료들을 사용하셨다.

파 visualize ⓥ 시각화하다, 상상하다
vision ⓝ 시력, 시야; 비전

0608 □□□ ★★

admit [ədmít]

ⓥ 인정하다, 시인하다; 입원시키다

23% of people **admit** to having shared a fake Internet news story. 기출

23%의 사람들이 인터넷의 가짜 뉴스 내용을 공유한 것을 **인정한다**.

유 acknowledge ⓥ 인정하다, 시인하다
confess ⓥ 고백하다

0609 □□□ ★

stress [stres]

ⓥ 강조하다 ⓝ 압박; 강조

She **stressed** the importance of making friends.

그녀는 친구를 사귀는 것의 중요성을 **강조했다**.

유 emphasize ⓥ 강조하다
pressure ⓝ 압박
참 stressed out 스트레스가 쌓인

0610 □□□ ★★

boundary [báundəri]

ⓝ 경계(선), 한계, 범위

The **boundary** between human creativity and machine capabilities continues to change. 기출

인간의 창의력과 기계의 능력 사이의 **경계**가 계속 변화하고 있다.

파 boundless ⓐ 무한한, 경계가 없는
유 border ⓝ 경계

0611 □□□ ★★

pioneer [pàiəníər]

ⓝ 개척자, 선구자

He was an early **pioneer** in the field of insect behavior. 기출

그는 곤충 행동 분야의 초기 **개척자**였다.

유 explorer ⓝ 탐험가, 개척자

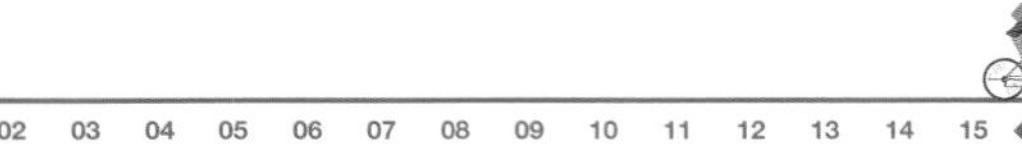

0612 □□□ ★★

brief

[bri:f]

ⓐ 간결한, 간단한; 짧은, 잠시의

The punishment must be **brief** and linked directly to a behavior. 기출 처벌은 **간결하고** 행동과 직접적으로 관련 있어야 한다.

파 briefly ad 잠시; 간단하게
유 short ⓐ 짧은

0613 □□□ ★★

career

[kəríər]

ⓝ 직업, 일, 경력, 진로

She suggested taking a **career** exploration test. 교과서
그녀는 **직업** 탐색 검사를 받아볼 것을 제안했다.

유 occupation ⓝ 직업

0614 □□□ ★★★

alert

[əlɔ́:rt]

ⓐ 기민한, 경계하는 ⓥ 알리다 ⓝ 경보

Their brains are continuously **alert** and attentive. 기출
그들의 뇌는 끊임없이 **경계하고** 주의를 기울이는 상태가 된다.

The school immediately **alerted** the police.
학교는 즉시 경찰에 **알렸다**.

파 alertness ⓝ 기민, 각성
유 warn ⓥ 경보를 울리다, 경고하다

0615 □□□ ★★

command

[kəmǽnd]

ⓝ 명령(어), 지휘 ⓥ 명령[지휘]하다

She shouted out **commands** to the crew.
그녀는 팀원들에게 **명령**을 외쳤다.

유 order ⓝ 명령 ⓥ 명령하다

0616 □□□ ★★

impatient

[impéiʃənt]

ⓐ 성급한, 조급한, 참을성 없는

I became **impatient** and decided to visit him myself. 교과서
나는 **조급해졌고** 그를 직접 방문하기로 결심했다.

voca+ im(~ 아닌) + patient(참을성 있는) → 참을성 없는

파 impatiently ad 성급하게
반 patient ⓐ 참을성 있는

0617 □□□ ★

population

[pὰpjuléiʃən]

ⓝ 인구; 개체 수, 개체군

The environment is changing and offering new challenges to evolving **populations**. 기출
환경은 변하고 있으며 진화하는 **개체군**에게 새로운 도전을 제시하고 있다.

유 community ⓝ 공동체, 군집

0618 □□□ ★

economic ⓐ 경제적인, 경제의
[èkənámik]

Consumption patterns reflect local **economic** trends. 기출
소비 패턴은 지역의 **경제** 동향을 반영한다.

파 economy ⓝ 경제
economics ⓝ 경제학
economist ⓝ 경제학자

0619 □□□ ★★

companion ⓝ 친구, 동반자
[kəmpǽnjən]

We'll talk about what our animal **companions** love. 기출
우리는 우리의 동물 **친구**가 좋아하는 것에 대해 이야기할 것이다.

파 company ⓝ 동반, 합석
유 colleague ⓝ 동료

0620 □□□ ★★

worn ⓐ 낡은, 닳아서 해진; 지친
[wɔːrn]

After his death, a **worn** out letter was found in his pocket. 교과서
그가 죽은 후, **낡아빠진** 편지가 그의 주머니에서 발견되었다.

His face looked tired and **worn**. 교과서
그의 얼굴은 피곤하고 **지쳐** 보였다.

유 exhausted ⓐ 기진맥진한
참 worn out 낡아빠진, 헌

0621 □□□ ★★

sound ⓐ 건전한, 괜찮은, 건강한 ⓥ ~처럼 들리다 ⓝ 소리, 음
[saund]

The company offers **sound** financial advice to individuals.
그 회사는 사람들에게 **건전한** 재정적 조언을 제공한다.

유 proper ⓐ 알맞은
reasonable ⓐ 분별이 있는; 적당한

0622 □□□ ★★

component ⓝ 구성 요소, 성분
[kəmpóunənt]

Two **components** of a car significantly influence a consumer's purchase decision. 기출
자동차의 두 가지 **구성 요소**가 소비자의 구매 결정에 크게 영향을 미친다.

유 element ⓝ 성분, 요소
part ⓝ 부분, 일부

0623 □□□ ★★

method ⓝ 방법, 방식
[méθəd]

One effective **method** is to focus on what you're good at. 교과서
한 가지 효과적인 **방법**은 당신이 잘하는 것에 집중하는 것이다.

파 methodology ⓝ 방법론
유 manner ⓝ 방법, 방식(= way)

0624 □□□ ★★

guarantee

[gæ̀rəntíː]

ⓥ 보장하다 ⓝ 보증, 담보

We can **guarantee** the safety of experimenters in labs. 기출

우리는 실험실에서 실험자들의 안전을 **보장할** 수 있다.

유 ensure ⓥ 지키다, 보증하다

0625 □□□ ★★

formal

[fɔ́ːrməl]

ⓐ 형식적인, 격식을 차린, 공식적인

Written language is more **formal** and distant. 기출

문어체는 좀 더 **형식적**이고 거리감이 들게 한다.

파 formalize ⓥ 공식화하다

반 informal ⓐ 격식에 얽매이지 않는, 비공식적인

0626 □□□ ★★★

substitute

[sʌ́bstitjùːt]

ⓝ 대체물, 대신하는 것[사람] ⓥ 대체하다

Non-verbal communication is not a **substitute** for verbal communication. 기출

비언어적 의사소통은 언어적 의사소통의 **대체물**이 아니다.

유 alternative ⓝ 대안
replace ⓥ 대신[대체]하다

0627 □□□ ★★

conclude

[kənklúːd]

ⓥ 결론짓다, 종결하다

They **concluded** that Picasso was influenced by ancient art. 교과서

그들은 피카소가 고대 미술에 영향을 받았다고 **결론지었다**.

voca+ con(완전히) + clude(close: 닫다) → 종결하다

파 conclusion ⓝ 결론

유 decide ⓥ 결정하다

0628 □□□ ★★

intend

[inténd]

ⓥ 의도하다, 계획하다

We are mostly doing what we **intend** to do, even though it's happening automatically. 기출

비록 자동적으로 일어나기는 하지만, 우리는 대체로 우리가 하고자 **의도하는** 것을 하고 있다.

파 intention ⓝ 의도, 목적 (= intent)

유 plan ⓥ 계획하다
mean ⓥ 의도하다

0629 □□□ ★

technique

[tekníːk]

ⓝ 기법, 기술

He slowly and steadily improved his **technique**. 교과서

그는 천천히 꾸준하게 자신의 **기법**을 향상시켰다.

파 technical ⓐ 기술적인, 전문적인

유 skill ⓝ 기술, 솜씨

0630 □□□ ★★

efficient

[ifíʃənt]

[a] 효율적인, 능률적인

An LED bulb is energy-**efficient** and lasts for a long time. [기출]
LED 전구는 에너지 **효율적**이고 오래 지속된다.

[파] **efficiency** [n] 효율(성), 능률
[유] **effective** [a] 효과적인
[반] **inefficient** [a] 비효율적인

0631 □□□ ★★

due

[djuː]

[a] (제출) 기한인; ~하기로 되어 있는; 정당한

My history report is **due** the day after tomorrow. [기출]
내 역사 보고서는 내일모레가 **기한이다**.

[숙] **due to** ~ 때문에

0632 □□□ ★★

familiarity

[fəmìliǽrəti]

[n] 친밀함, 친숙함

He spoke to everyone with the easy **familiarity** of an old friend. 그는 오랜 친구의 편한 **친숙함**으로 모든 이들에게 말했다.

[파] **familiar** [a] 익숙한, 친숙한
([숙] **be familiar with** ~에 익숙[친숙]하다)

0633 □□□ ★

given

[gívən]

[a] 주어진, 정해진 [p] ~을 고려할 때

Many think that creativity is a gift **given** to few people. [교과서]
많은 사람들은 창의력이 소수의 사람들에게 **주어진** 재능이라고 생각한다.

Given the circumstances, you've done really well.
상황**을 고려할 때**, 너는 정말 잘 했다.

[유] **specific** [a] 특정한
considering [p] [c] ~을 고려하면

0634 □□□ ★

honesty

[ɑ́nisti]

[n] 정직, 솔직함

Honesty is the best policy. **정직**이 최선의 방책이다.

[파] **honest** [a] 솔직한
[반] **dishonesty** [n] 부정직

0635 □□□ ★★ [다의어]

practice

[prǽktis]

[n] 1. 관행, 습관 2. 실행, 실천 3. 연습, 실습
[v] 4. 실행하다 5. 연습하다

1 Always question old **practices**. [기출]
오래된 **관행**에 항상 의문을 가지세요.

3 She takes her son to basketball **practice** every day.
그녀는 매일 아들을 농구 **연습**에 데려간다.

4 She has **practiced** yoga for several years. [교과서]
그녀는 여러 해 동안 요가를 **하고 있다**.

[유] **custom** [n] 풍습, 관습
exercise [n] 연습, 실습

DAY 16

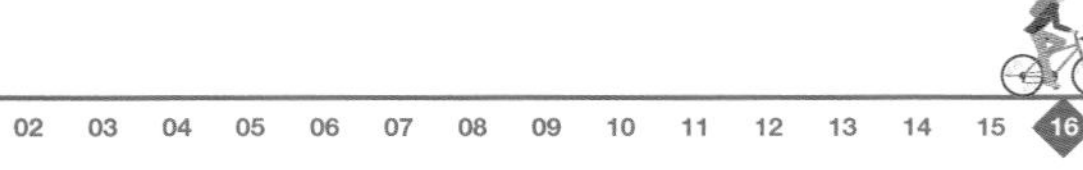

0636 □□□ ★★ 다의어

develop

[divéləp]

ⓥ 1. 발달하다, 개발하다, 성장시키다
2. (필름을) 현상하다

1 How can we **develop** our children's curiosity? 기출
어떻게 우리가 아이들의 호기심을 **발달시킬** 수 있을까?

2 I **developed** some photographs.
나는 몇 장의 사진들을 **현상했다**.

㉺ **development** ⓝ 발전, 발달
㊌ **advance** ⓥ 진보시키다
progress ⓥ 진보하다, 발전하다

0637 □□□ 고난도

abstract

[æbstrǽkt]

ⓐ 추상적인; 이론적인 ⓝ 추상화; 개요

Some people don't like **abstract** art.
어떤 사람들은 **추상** 예술을 좋아하지 않는다.

㉺ **abstraction** ⓝ 추상, 관념
㉤ **concrete** ⓐ 구상의, 구체적인

0638 □□□ 고난도

compromise

[kámprəmàiz]

ⓝ 타협, 절충 ⓥ 타협하다

It was a fair **compromise** between the two sides.
그것은 양측 간의 공평한 **타협**이었다.

㊌ **negotiation** ⓝ 절충, 협상
agreement ⓝ 동의, 합의

---

expand vs expend

0639 □□□ ★★

expand

[ikspǽnd]

ⓥ 확장하다, 팽창시키다, 확대하다

You can **expand** your network by making as many new friends as possible.
너는 가능한 한 많은 새 친구를 사귐으로써 네트워크를 **확장할** 수 있다.

㉺ **expansion** ⓝ 팽창, 확대
㊌ **widen** ⓥ 넓히다
extend ⓥ 확장[확대]하다

0640 □□□ ★★

expend

[ikspénd]

ⓥ (돈·시간·에너지를) 쓴다[들이다],
다 써버리다

He **expended** all his energy fixing up his house.
그는 자신의 집을 수리하는 데 모든 에너지를 **쏟았다**.

㉺ **expenditure** ⓝ 지출, 경비
expense ⓝ 비용
㊌ **use up** 다 쓰다, 고갈시키다

DAILY TEST

A 영어는 우리말로, 우리말은 영어로 바꿔 쓰시오.

01 pioneer ____________

02 earn ____________

03 flexible ____________

04 guarantee ____________

05 boundary ____________

06 impatient ____________

07 component ____________

08 기민한, 경계하는 ____________

09 강조하다; 압박 ____________

10 인정하다, 시인하다 ____________

11 관행; 실행; 연습 ____________

12 명령(어); 명령[지휘]하다 ____________

13 인구; 개체 수, 개체군 ____________

14 친밀함, 친숙함 ____________

B 빈칸에 알맞은 말을 <보기>에서 찾아 쓰시오.

intend	sphere	efficient	due

01 The matter is outside my ____________ of responsibility.

02 My history report is ____________ the day after tomorrow.

03 An LED bulb is energy-____________ and lasts for a long time.

04 We are mostly doing what we ____________ to do, even though it's happening automatically.

C 밑줄 친 단어와 유사한 의미를 가진 말을 고르시오.

01 His face looked tired and worn. 【exhausted / sound】

02 It was a fair compromise between the two sides. 【substitute / negotiation】

03 Given the circumstances, you've done really well. 【due to / considering】

A 01 개척자, 선구자 02 얻다, 획득하다; 돈을 벌다 03 유연한, 융통성 있는 04 보장하다; 보증, 담보 05 경계(선), 한계, 범위 06 성급한, 조급한, 참을성 없는 07 구성 요소, 성분 08 alert 09 stress 10 admit 11 practice 12 command 13 population 14 familiarity
B 01 sphere 02 due 03 efficient 04 intend
C 01 exhausted 02 negotiation 03 considering

0641 □□□ ★★★

identical ⓐ 동일한, 똑같은
[aidéntikəl]

Equal rights do not mean **identical** rights. 기출
평등한 권리가 **똑같은** 권리를 의미하진 않는다.

파 identity ⓝ 동일함; 정체성
유 same ⓐ 동일한, 같은
참 identical twins 일란성 쌍둥이

0642 □□□ ★★

income ⓝ 소득, 수입
[ínkʌm]

Our employees are working hard to increase their **income**.
우리 직원들은 자신들의 **소득**을 올리기 위해 열심히 일하고 있다.

유 earnings ⓝ 소득, 수입
반 expenditure ⓝ 지출, 경비

0643 □□□ ★★★

rectangular ⓐ 직사각형의
[rektǽŋgjulər]

This **rectangular** kite is made from five bamboo sticks. 교과서
이 **직사각형 모양의** 연은 5개의 대나무 막대기로 만들어졌다.

파 rectangle ⓝ 직사각형
참 square ⓐ 정사각형의 ⓝ 정사각형

0644 □□□ ★★

informal ⓐ 격식을 차리지 않는, 비공식적인
[infɔ́ːrməl]

The two representatives had an **informal** meeting.
그 두 대표는 **비공식적인** 만남을 가졌다.

voca+ in(~ 아닌) + formal(공식적인) → 비공식적인

유 casual ⓐ 격식을 차리지 않는
반 formal ⓐ 형식적인, 공식적인

0645 □□□ ★★

consideration ⓝ 고려, 숙고; 배려
[kənsìdəréiʃən]

We appreciate your **consideration** for us in this difficult time.
이 어려운 시기에 저희를 **배려**해 주셔서 감사드립니다.

파 consider ⓥ 고려하다
유 thought ⓝ 사고, 고려

0646 □□□ ★★★

diminish ⓥ 줄어들다, 줄이다, 축소하다
[dimíniʃ]

Her popularity as a singer has **diminished** since the 1990s.
가수로서의 그녀의 인기는 1990년대 이후로 **줄어들었다**.

유 decrease ⓥ 줄다, 감소하다
reduce ⓥ 줄어들다
반 increase ⓥ 증가하다, 늘다

0647 □□□ ★

judge [dʒʌdʒ]

ⓝ 심판, 심사위원; 판사 ⓥ 판단[판정]하다

교과서

Her singing impressed the **judges**, and she won the show.
그녀의 노래는 **심사위원들**을 감동시켰고 그녀는 쇼에서 우승했다.

㉡ **judgement** ⓝ 판단
㉧ **estimate** ⓥ 평가[판단]하다

0648 □□□ ★★

regularly [régjulərli]

ad 주기적으로, 규칙적으로, 정기적으로

They're doing the most important thing **regularly**. 기출
그들은 가장 중요한 일을 **주기적으로** 하고 있다.

㉡ **regularity** ⓝ 규칙성
㉧ **steadily** ad 꾸준히

0649 □□□ ★★

empty [émpti]

ⓐ 비어 있는, 공허한 ⓥ 비우다

He handed each student an **empty** bottle.
그는 각 학생에게 **빈** 병을 건네주었다.

㉧ **vacant** ⓐ 빈, 공허한

0650 □□□ ★★

lower [lóuər]

ⓥ 내리다, 낮추다 ⓐ 아래쪽의; 더 낮은

Please **lower** your voice.
목소리를 **낮춰주세요**.

㉡ **low** ⓐ 낮은
㉧ **reduce** ⓥ 줄이다, 낮추다
㉯ **raise** ⓥ 올리다

0651 □□□ ★★

discount [dískaunt]

ⓥ 무시하다, (무가치한 것으로) 치부하다; 할인하다 ⓝ 할인

You shouldn't **discount** the possibility of him coming back.
너는 그가 돌아올 가능성을 **무시해서는** 안 된다.

㉧ **dismiss** ⓥ 묵살하다

0652 □□□ ★

inner [ínər]

ⓐ 내부의, 내적인, 내면의

The habit of asking questions forces you to have a different **inner** life experience. 기출
질문을 하는 습관은 당신이 다른 **내적** 삶의 경험을 갖도록 한다.

㉧ **internal** ⓐ 내부의
㉯ **outer** ⓐ 밖의, 바깥의

0653 □□□ ★★★

discard

ⓥ 버리다, 폐기하다

[diskɑ́ːrd]

Millions of tons of **discarded** clothing piles up in landfills each year. 기출 **버려진** 옷 수백만 톤이 매년 쓰레기 매립지에 쌓인다.

유 abandon ⓥ 버리다

0654 □□□ ★

balance

ⓝ 균형; 잔고, 잔액 ⓥ 균형을 맞추다

[bǽləns]

She didn't wish to disturb the natural **balance** of the environment. 기출
그녀는 자연환경의 자연스러운 **균형**을 방해하고 싶지 않았다.

My bank **balance** isn't good. 내 은행 **잔고**가 충분치 않다.

유 stability ⓝ 안정(성)
반 imbalance ⓝ 불균형

0655 □□□ ★★★

habitat

ⓝ 서식지, 생태; 거주지

[hǽbitæ̀t]

We should not ruin natural **habitats**. 기출
우리는 자연 **서식지**를 파괴해서는 안 된다.

voca+ habit(살다) + at(명·접) → 사는 곳

유 environment ⓝ 환경

0656 □□□ ★

rub

ⓥ 문지르다, 비비다

[rʌb]

She lightly **rubbed** the baby's wrist and fingers. 기출
그녀는 아기의 손목과 손가락을 가볍게 **문질렀다**.

유 stroke ⓥ 어루만지다

0657 □□□ ★★

opponent

ⓝ 상대, 반대자

[əpóunənt]

In the game, you command your army and capture your **opponent**'s king. 교과서
게임에서, 당신은 군대를 지휘하고 **상대편**의 왕을 포획한다.

파 oppose ⓥ 반대하다, 겨루다
유 competitor ⓝ 경쟁자
enemy ⓝ 적

0658 □□□ ★★

survey

ⓝ 조사, 연구 ⓥ 조사하다

ⓝ [sə́ːrvei]
ⓥ [səːrvéi]

Many advertisements cite statistical **surveys**. 기출
수많은 광고는 통계 **조사**를 인용한다.

유 research ⓝ 연구, 조사
investigation ⓝ 조사, 수사

0659 □□□ ★★★

accidentally ad 우연히, 잘못하여, 뜻하지 않게
[æksidéntəli]

Four teenagers **accidentally** discovered the caves. 교과서
네 명의 십 대들이 **우연히** 그 동굴들을 발견했다.

파 accident n 우연; 사고
accidental a 우연한
유 by accident 우연히
(= by chance)

0660 □□□ ★★

logical a 논리적인, 타당한
[ládʒikəl]

The language in mind lacks a **logical** structure. 기출
마음속의 언어에는 **논리적** 구조가 결여되어 있다.

파 logic n 논리
logically ad 논리적으로
유 valid a 타당한

0661 □□□ ★★

signature n 서명; 특징 a 특징적인
[sígnətʃər]

It was found that the **signature** was not genuine.
그 **서명**은 진짜가 아닌 것으로 밝혀졌다.

참 autograph n (유명인의) 사인, 서명

DAY 17

0662 □□□ ★★

majority n 대다수, 과반수, 대부분
[mədʒɔ́ːrəti]

기출
the reason why the **majority** of scientists are not creative
대다수의 과학자들이 창의적이지 않은 이유

파 major a 주요한
반 minority n 소수

0663 □□□ ★★

drought n 가뭄
[draut]

The **drought** caused serious damage to crops.
가뭄이 작물에 심각한 피해를 입혔다.

참 flood n 홍수

0664 □□□ ★★

mammal n 포유류, 포유동물
[mǽməl]

Which **mammal** has the most colorful skin? 기출
어떤 **포유동물**이 가장 화려한 가죽을 갖고 있을까?

참 reptile n 파충류

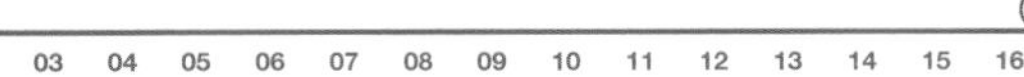

0665 □□□ ★

drop

[drɑp]

ⓝ 하락; (액체) 방울 ⓥ 하락하다, 떨어지다

Take some extra clothes in case of a sudden **drop** in temperature. 기출

갑작스런 기온 **강하**에 대비해서 여벌옷을 좀 챙기세요.

유 fall ⓥ 떨어지다, 하락하다

숙 drop off 내려주다

drop by 잠깐 들르다

0666 □□□ ★★

tension

[ténʃən]

ⓝ 긴장, 불안, 팽팽함

There was an uncomfortable air of **tension** between the two friends. 기출 두 친구 사이에는 불편한 **긴장**의 기색이 있었다.

voca+ tense(긴장한, 팽팽히 당겨진) + ion(명·접) → 긴장, 팽팽함

유 anxiety ⓝ 걱정, 불안

0667 □□□ ★★

silence

[sáiləns]

ⓝ 침묵, 고요, 정적 ⓥ 침묵시키다

The noise had ended, and now there was only **silence**. 교과서

소음은 끝났고, 이제 **침묵**만이 흘렀다.

파 silent ⓐ 조용한

유 quiet ⓝ 고요, 정적

0668 □□□ ★★★

fatal

[féitəl]

ⓐ 치명적인; 중대한, 운명의

The mistake was a **fatal** one. 기출

그 실수는 **치명적인** 것이었다.

파 fate ⓝ 운명, 숙명; 죽음

fatality ⓝ 사망자(수), 치사율; 숙명(론)

유 deadly ⓐ 치명적인

0669 □□□ ★★

newborn

[njúːbɔːrn]

ⓐ 갓 태어난 ⓝ 신생아

It is not always easy to eat well when you have a **newborn** baby. 기출 **신생아**가 생기면 잘 먹는 것이 항상 쉬운 것은 아니다.

참 newborn baby 신생아, 갓난아기

0670 □□□ ★

otherwise

[ʌ́ðərwàiz]

ad 그렇지 않으면, 다른 상황에서는

She must have missed the train; **otherwise** she would be here by now.

그녀는 기차를 놓친 것이 틀림없는데, **그렇지 않으면** 그녀는 지금쯤 여기 있을 것이다.

0671 □□□ ★★

admission [ədmíʃən]

ⓝ 입장, 입장료, 입학; 시인, 인정

기출

Remember, last **admission** is one hour before closing time.
마지막 **입장**은 마감 시간 1시간 전이라는 것을 기억하세요.

파 admit ⓥ (입장을) 허가하다; 인정하다
유 entry ⓝ 들어감, 입장
entrance ⓝ 입장

0672 □□□ ★★

outcome [áutkʌ̀m]

ⓝ 결과, 성과

Members of minority groups have poorer health **outcomes** than the majority group. 기출
소수 집단의 구성원들이 다수 집단보다 더 좋지 않은 건강 **결과**를 보인다.

유 result ⓝ 결과

0673 □□□ ★★

credit [krédit]

ⓝ 신용; 공로, 공적, 인정 ⓥ ~을 믿다

Payment can be made only by **credit** card. 기출
요금 지불은 **신용** 카드로만 가능합니다.

기출

Individuals receive no **credit** for their creative achievements.
개인들은 자신들의 창의적인 업적에 대한 **공로**를 인정받지 못한다.

숙 be credited with ~의 공로를 인정받다
get credit for ~에 대해 공로를 인정받다

DAY 17

0674 □□□ ★

fool [fuːl]

ⓥ 속이다, 기만하다 ⓝ 바보

기출

Though we are all experienced shoppers, we are still **fooled**.
우리는 모두 경험이 많은 소비자인데도, 여전히 **속는다**.

유 deceive ⓥ 속이다, 기만하다
숙 make a fool of ~를 웃음거리로 만들다, ~를 놀리다

0675 □□□ ★ 다의어

board [bɔːrd]

ⓥ 1. 타다, 승선하다 2. 하숙하다
ⓝ 3. 판자; ~판, 게시판 4. 위원회

1 Flight 674 to New York is now **boarding** at gate 9.
뉴욕행 674편은 지금 9번 탑승구에서 **탑승합니다**.

3 Our class has decided to change the bulletin **board** in our classroom. 교과서
우리 학급은 교실의 게시**판**을 바꾸기로 결정했다.

4 The school **board** conducted a survey. 교과서
학교 **위원회**는 설문조사를 실시했다.

파 aboard ad 탑승하여 ⓟ ~을 타고
숙 on board 탑승[승선]하여, 기내에
참 boarding school 기숙학교

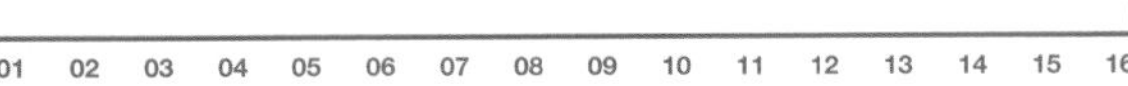

0676 □□□ ★★ 다의어

feature

[fíːtʃər]

ⓝ 1. 특징, 특성; 특집 2. 이목구비
ⓥ 3. 특집으로 다루다, 특색을 이루다; 주연하다

1 Music and literature began taking on the specific **features** of Impressionism. 교과서
음악과 문학은 인상주의의 구체적 **특징들**을 보이기 시작했다. 기출

2 observe closely the play of the **features** of other people
다른 사람들의 **이목구비**의 움직임을 자세히 관찰하다

3 The exhibit **features** paintings by Monet.
그 전시회는 모네의 작품들을 **특집으로 다룬다**.

유 characteristic ⓝ 특색, 특성
highlight ⓥ 강조하다
appear ⓥ 나오다, 출현하다

0677 □□□ 고난도

synthetic

[sinθétik]

ⓐ 합성의, 인조의

These toys are made of a **synthetic** compound.
이 장난감들은 **합성** 화합물로 만들어졌다.

파 synthesis ⓝ 합성
유 artificial ⓐ 인조의, 인공적인
fake ⓐ 가짜의

0678 □□□ 고난도

mount

[maunt]

ⓥ 쌓이다, 증가하다; 올라타다

The evidence is **mounting** that he is not qualified. 기출
그가 자격이 안 된다는 증거가 **쌓이고** 있다.

He **mounted** the bike. 그는 자전거에 **올라탔다**.

유 accumulate ⓥ 축적하다
increase ⓥ 늘다, 증가하다

---

appliance vs applicant

0679 □□□ ★★★

appliance

[əpláiəns]

ⓝ 전기제품, (가정용) 기구, 기기

It's important to turn off the electronic **appliances** when they are not in use. 교과서
사용하지 않을 때 전자 **제품들**을 끄는 것은 중요하다.

파 apply ⓥ 적용하다; 지원하다
참 home appliance 가전제품

0680 □□□ ★★★

applicant

[ǽplikənt]

ⓝ 지원자, 신청자

All **applicants** should sing two songs. 기출
모든 **지원자들**은 두 곡을 불러야 합니다.

유 candidate ⓝ 지원자, 응시자

DAILY TEST

A 영어는 우리말로, 우리말은 영어로 바꿔 쓰시오.

01 rub ____________

02 tension ____________

03 fatal ____________

04 diminish ____________

05 identical ____________

06 mount ____________

07 signature ____________

08 비어 있는, 공허한 ____________

09 비공식적인 ____________

10 우연히, 잘못하여 ____________

11 침묵, 고요, 정적 ____________

12 무시하다; 할인하다 ____________

13 특징, 특성; 이목구비 ____________

14 타다; 판자; 위원회 ____________

B 빈칸에 알맞은 말을 <보기>에서 찾아 알맞은 형태로 쓰시오.

appliance	discard	drought	consideration

01 The ____________ caused serious damage to crops.

02 We appreciate your ____________ for us in this difficult time.

03 Millions of tons of ____________ clothing piles up in landfills each year.

04 It's important to turn off the electronic ____________ when they are not in use.

C 밑줄 친 단어와 유사한 의미를 가진 말을 고르시오.

01 Many advertisements cite statistical surveys. 【majority / research】

02 In the game, you command your army and capture your opponent's king. 【enemy / habitat】

03 Members of minority groups have poorer health outcomes than the majority group. 【result / rectangular】

A 01 문지르다, 비비다 02 긴장, 불안, 팽팽함 03 치명적인; 중대한, 운명의 04 줄어들다, 줄이다, 축소하다 05 동일한, 똑같은 06 쌓이다, 증가하다; 올라타다 07 서명; 특징; 특징적인 08 empty 09 informal 10 accidentally 11 silence 12 discount 13 feature 14 board
B 01 drought 02 consideration 03 discarded 04 appliances
C 01 research 02 enemy 03 result

0681 □□□ ★★

overestimate ⓥ 과대평가하다
[òuvəréstəmèit]

People consistently **overestimate** their ability to control themselves. 기출
사람들은 자기 자신을 통제할 수 있는 능력을 일관되게 **과대평가한다**.

voca+ over(지나치게) + estimate(평가하다) → 너무 높게 평가하다

반 underestimate ⓥ 과소평가하다

0682 □□□ ★★

debt ⓝ 빚, 부채
[det]

He was out of **debt** and making money once again. 기출
그는 **빚**에서 벗어났고 다시 돈을 벌게 되었다.

파 debtor ⓝ 채무자

0683 □□□ ★★

philosophy ⓝ 철학
[filάsəfi]

Arguments are the building blocks of **philosophy**. 기출
논증은 **철학**을 구성하는 기본 요소이다.

파 philosophical ⓐ 철학적인
philosopher ⓝ 철학자

0684 □□□ ★★

enroll ⓥ 등록하다, 입학하다
[inróul]

We currently have over 200 students **enrolled**. 기출
현재 200명이 넘는 학생들이 **등록되어** 있습니다.

파 enrollment ⓝ 등록, 입학
유 register ⓥ 등록하다

0685 □□□ ★

similar ⓐ 비슷한, 유사한
[símələr]

The average temperature on Mars is **similar** to that of winters in Antarctica. 교과서
화성의 평균 기온은 남극대륙의 겨울 평균 기온과 **비슷하다**.

파 similarly ad 마찬가지로
similarity ⓝ 유사성
유 alike ⓐ 비슷한
숙 similar to ~와 비슷한

0686 □□□ ★

disease ⓝ 질병
[dizí:z]

You need to understand that stress is not a **disease**. 교과서
당신은 스트레스가 **질병**이 아니라는 것을 이해할 필요가 있다.

유 illness ⓝ 병(= sickness)

0687 □□□ ★★

beast [biːst]

ⓝ 짐승, 동물, 야수

He asked her why the **beast** didn't try to escape. 기출

그는 그녀에게 왜 그 **짐승**이 탈출하려고 애쓰지 않는지 물었다.

유 creature ⓝ 동물, 짐승

0688 □□□ ★

reject [ridʒékt]

ⓥ 거절하다, 거부하다; 불합격시키다

She has repeatedly **rejected** Bob's offers.

그녀는 Bob의 제안을 계속 **거절해왔다**.

파 rejection ⓝ 거절, 거부
유 refuse ⓥ 거절하다
반 accept ⓥ 받아들이다

0689 □□□ ★

advertise [ǽdvərtàiz]

ⓥ 광고하다, 알리다

Do you think that's an effective way to **advertise**? 교과서

그것이 **광고하기에** 효과적인 방법이라고 생각하니?

파 advertisement ⓝ 광고
유 promote ⓥ 홍보하다

0690 □□□ ★★

beat [biːt]

ⓥ 이기다, 물리치다; 두드리다; (심장이) 고동치다
ⓝ 때리기; 박자, 비트

In the complex board game Go, even the most advanced computers can't **beat** beginners. 기출

복잡한 보드게임 Go에서는, 최첨단 컴퓨터조차도 초보자를 **이길** 수 없다.

My heart started **beating** fast. 기출 내 심장이 빨리 **뛰기** 시작했다.

(beat-beat-beaten)
유 defeat ⓥ 패배시키다, 이기다
hit ⓥ 때리다, 치다

0691 □□□ ★★

sensitive [sénsətiv]

ⓐ 민감한, 예민한

Trees are **sensitive** to local climate conditions, such as rain and temperature. 기출

나무는 비나 온도 같은 현지의 기후 조건에 **민감하다**.

파 sensitivity ⓝ 민감성, 예민함
유 delicate ⓐ 민감한, 예민한

0692 □□□ ★★

so-called [sóukɔ̀ːld]

ⓐ 소위, 이른바

Contact with pets can increase **so-called** happiness hormones. 기출

애완동물과 접촉하는 것은 **이른바** 행복 호르몬을 증가시킬 수 있다.

DAY 18

0693 □□□ ★

value [vǽljuː] ⓝ 가치, 진가 ⓥ 소중히 여기다

교과서

He places **value** on the experience of enjoying artworks.
그는 예술 작품을 즐기는 경험에 **가치**를 둔다.

파 valuable ⓐ 가치 있는, 귀중한, 소중한
valueless ⓐ 가치 없는

0694 □□□ ★★

analyze [ǽnəlàiz] ⓥ 분석하다, 조사하다

She began to gather and **analyze** information.
그녀는 정보를 모아서 **분석하기** 시작했다.

파 analysis ⓝ 분석

0695 □□□ ★★

specialist [spéʃəlist] ⓝ 전문가, 전공자

She boarded the space shuttle as a science mission **specialist**. 기출
그녀는 과학 임무 **전문가**로서 우주 왕복선에 탑승했다.

파 specialized ⓐ 전문적인, 전문화된
유 expert ⓝ 전문가

0696 □□□ ★★

foundation [faundéiʃən] ⓝ 기초, 기반, 토대; 재단, 협회

The earthquake shook the **foundations** of the house.
지진으로 집의 **기반**이 흔들렸다.

He set up a nonprofit **foundation**.
그는 비영리 **재단**을 설립했다.

파 found ⓥ 설립하다; ~의 기반을 두다(-founded-founded)

0697 □□□ ★★

suddenly [sʌ́dnli] ad 갑자기, 순식간에

My father died **suddenly** six months ago.
우리 아버지는 6개월 전에 **갑자기** 돌아가셨다.

파 sudden ⓐ 갑작스러운
유 all of a sudden 갑자기
unexpectedly ad 뜻밖에, 갑자기

0698 □□□ ★★

traffic [trǽfik] ⓝ 운행, 교통(량), 통행

I had a **traffic** accident a few days ago.
나는 며칠 전에 **교통**사고가 났다.

유 transport ⓝ 수송, 운송

0699 □□□ ★★

handle [hǽndl]

ⓥ 다루다, 처리하다, 취급하다 ⓝ 손잡이

The customer services department **handles** any customer complaints.

고객 서비스 부서에서 모든 고객들의 불만사항을 **처리한다**.

유 deal with ~을 다루다

0700 □□□ ★

negative [négətiv]

ⓐ 부정의, 부정적인; 음성의

교과서

Tourism often has a **negative** effect on the environment.

관광은 종종 환경에 **부정적인** 영향을 미친다.

파 negatively ad 부정적으로

반 positive ⓐ 긍정적인; 양성의

0701 □□□ ★★

harmful [há:rmfəl]

ⓐ 유해한, 해로운

Doctors have warned against the **harmful** effects of smoking.

의사들은 흡연의 **해로운** 영향에 대해 경고해 왔다.

파 harm ⓥ 해치다 ⓝ 손해

유 damaging ⓐ 해로운

반 harmless ⓐ 무해한

DAY 18

0702 □□□ ★★

vacuum [vǽkju:m]

ⓝ 진공 (청소기); 공백

ⓥ 진공청소기로 청소하다

Sound does not travel in a **vacuum**.

진공 상태에서는 소리가 전달되지 않는다.

기출

Many companies advertise their new products in a **vacuum**.

많은 회사들은 (비교 대상이 없는) **공백**의 상황에서 자사의 신제품을 광고한다.

참 vacuum cleaner 진공청소기

0703 □□□ ★★★

attain [ətéin]

ⓥ 얻다, 달성하다, 이루다

He **attained** worldwide fame as a conductor. 교과서

그는 지휘자로서 세계적인 명성을 **얻었다**.

파 attainment ⓝ 달성, 획득

attainable ⓐ 달성할 수 있는

유 obtain ⓥ 얻다(= gain)

0704 □□□ ★★★

dedicate [dédəkèit]

ⓥ (시간, 생애 등을) 바치다, 헌신하다

기출

You can **dedicate** time to move forward with your own goals.

여러분은 자신만의 목표를 향해 나아가기 위해 시간을 **바칠** 수 있다.

파 dedication ⓝ 헌신, 전념

유 devote ⓥ 바치다, 쏟다

숙 dedicate A to B A를 B에 바치다

0705 □□□ ★★

endangered ⓐ (동식물이) 멸종될 위기에 처한
[indéindʒərd]

You can do many things to protect **endangered** species.
멸종 위기의 종들을 보호하기 위해 당신은 많은 것들을 할 수 있다.

파 endanger ⓥ 위험에 빠뜨리다
danger ⓝ 위험

0706 □□□ ★

support ⓝ 지지, 지원, 뒷받침 ⓥ 부양하다, 지지하다
[səpɔ́ːrt]

I appreciate your help and **support** in looking after our animals. 기출
우리 동물들을 돌보는 데 있어 여러분의 도움과 **지원**에 감사드립니다.

voca+ sup(sub: 아래에서) + port(나르다, 옮기다) → 아래에서 받치다

유 aid ⓝ 원조, 지원
maintain ⓥ 부양하다
반 oppose ⓥ ~에 반대하다

0707 □□□ ★★

evenly ad 고르게, 균등하게, 균일하게
[íːvənli]

Make sure the surface is **evenly** covered with paint.
표면에 페인트가 **고르게** 칠해지도록 하세요.

파 even ⓐ 평평한; 고른; 균등한
유 uniformly ad 균일하게

0708 □□□ ★★

afterwards ad 나중에, 그 후에
[ǽftərwərdz]

It makes the material easier and quicker to handle **afterwards**. 기출
그것은 **나중에** 자료를 더 쉽고 빠르게 처리하게 한다.

유 later ad 나중에

0709 □□□ ★★★

temporary ⓐ 일시적인, 임시의
[témpərəri]

His idea was a **temporary** solution to the problem.
그의 생각은 그 문제에 대한 **일시적인** 해결책이었다.

파 temporarily ad 일시적으로
반 permanent ⓐ 영구적인
참 contemporary ⓐ 동시대의; 현대의

0710 □□□ ★★

highly ad 매우, 대단히
[háili]

James is a **highly** intelligent student. 교과서
James는 **매우** 똑똑한 학생이다.

유 greatly ad 몹시, 매우(= very)
참 high ad 높이 ⓐ 높은

0711 □□□ ★★★

awkward [ɔ́:kwərd]
ⓐ 어색한, 불편한, 서투른; 힘든

When I'm with Ally, I always feel **awkward**.
Ally와 함께 있을 때 나는 항상 **어색함**을 느낀다.

유 **uncomfortable** ⓐ 마음이 불편한
difficult ⓐ 힘든, 어려운

0712 □□□ ★★

annoy [ənɔ́i]
ⓥ 짜증나게 하다, 화나게 하다

Jay, why do you look so **annoyed**? 기출
Jay, 왜 그렇게 **화가 나** 보이니?

파 **annoyance** ⓝ 짜증, 성가심
annoying ⓐ 성가신, 짜증나는
유 **irritate** ⓥ 짜증나게 하다

0713 □□□ ★★

glow [glou]
ⓥ 빛나다, 타다 ⓝ 불빛, 백열(광)

The stove was **glowing** red. 기출
난로가 빨갛게 **타고** 있었다.

유 **flame** ⓥ 타오르다 ⓝ 불꽃
shine ⓥ 빛나다

DAY 18

0714 □□□ ★★★

inherit [inhérit]
ⓥ 상속하다, 물려받다

When my brother left for college, I **inherited** his old computer.
형이 대학으로 떠나고 나서, 나는 그의 오래된 컴퓨터를 **물려받았다**.

파 **inheritance** ⓝ 상속, 유산
유 **receive** ⓥ 받다
take over 인수하다, 인계받다

0715 □□□ ★★ 다의어

arrange [əréindʒ]
ⓥ 1. (미리) 정하다, 준비하다 2. 배열하다 3. 편곡하다, 각색하다

1 She **arranged** a special visit from Santa Claus for one family. 기출
그녀는 한 가족을 위해 산타클로스의 특별 방문을 **준비했다**.

2 Researchers asked students to **arrange** ten posters in order of beauty. 기출
연구자들은 학생들에게 열 개의 포스터를 아름다운 순서대로 **배열하도록** 요청했다.

3 He **arranged** the music pieces for the performance.
그는 공연을 위해 그 음악을 **편곡했다**.

파 **arrangement** ⓝ 진열, 배열, 정리, (생활) 방식; 편곡
유 **prepare** ⓥ 준비하다
organize ⓥ 준비[조직]하다

0716 □□□ ★★ 다의어

content

ⓝ [kántent]
ⓐⓥ [kəntént]

ⓝ 1. (-s) 내용(물) 2. 함유량 3. 목차
ⓐ 4. 만족하는 ⓥ 만족시키다

교과서

1 The cover of a book gives you clues about its **contents.**
책의 표지는 그것의 **내용**에 관한 단서를 준다.

2 the fat **content** of cheese 치즈의 지방 **함유량**

3 a table of **contents** **목차**(표)

4 My grandpa was **content** with what he had. 기출
할아버지는 자신이 가진 것에 **만족해하셨다**.

유 satisfied ⓐ 만족한
숙 be content with ~에 만족하다

0717 □□□ 고난도

controversy

[kántrəvə̀ːrsi]

ⓝ 논란, 논쟁

기출

In India, debate was used to settle religious **controversies.**
인도에서 토론은 종교적인 **논란**을 해결하는 데 사용되었다.

파 controversial ⓐ 논쟁의 여지가 있는
유 debate ⓝ 토론, 논쟁

0718 □□□ 고난도

vulnerable

[vʌ́lnərəbl]

ⓐ 상처받기 쉬운, 취약한

Babies are **vulnerable** to infections.
아기들은 감염에 **취약하다**.

파 vulnerability ⓝ 취약성
유 fragile ⓐ 취약한, 깨지기 쉬운
반 invincible ⓐ 무적의, 불패의

---

define VS refine

0719 □□□ ★★

define

[difáin]

ⓥ 정의하다, 규정하다

It is very difficult to **define** the concept of physics.
물리학의 개념을 **정의하기**는 매우 어렵다.

파 definition ⓝ 정의
redefine ⓥ 재정의하다

0720 □□□ ★★★

refine

[rifáin]

ⓥ 정제하다, 다듬다

Sugar and oil are **refined** before use.
설탕과 기름은 사용하기 전에 **정제된다**.

파 refinement ⓝ 정제; 개선
유 purify ⓥ 정화하다, 정제하다

A 영어는 우리말로, 우리말은 영어로 바꿔 쓰시오.

01 controversy ____________

02 dedicate ____________

03 philosophy ____________

04 beat ____________

05 attain ____________

06 foundation ____________

07 inherit ____________

08 짐승, 동물, 야수 ____________

09 등록하다, 입학하다 ____________

10 정의하다, 규정하다 ____________

11 전문가, 전공자 ____________

12 다루다, 처리하다 ____________

13 빚, 부채 ____________

14 진공 (청소기); 공백 ____________

B 빈칸에 알맞은 말을 <보기>에서 찾아 쓰시오.

endangered	similar	content	analyze

01 My grandpa was ____________ with what he had.

02 She began to gather and ____________ information.

03 You can do many things to protect ____________ species.

04 The average temperature on Mars is ____________ to that of winters in Antarctica.

C 밑줄 친 단어의 반대의 의미를 가진 말을 고르시오.

01 She has repeatedly rejected Bob's offers. 【accept / arrange】

02 His idea was a temporary solution to the problem. 【permanent / awkward】

03 Tourism often has a negative effect on the environment. 【positive / sensitive】

A 01 논란, 논쟁 02 바치다, 헌신하다 03 철학 04 이기다, 물리치다; 두드리다; (심장이) 고동치다; 때리기; 박자, 비트 05 얻다, 달성하다, 이루다 06 기초, 기반, 토대; 재단, 협회 07 상속하다, 물려받다 08 beast 09 enroll 10 define 11 specialist 12 handle 13 debt 14 vacuum

B 01 content 02 analyze 03 endangered 04 similar

C 01 accept 02 permanent 03 positive

0721 □□□ ★★

seek ⓥ 찾다, 추구하다, 노력하다
[siːk]

People **seek** relationships with others to fill a fundamental need. 기출
사람들은 근본적인 욕구를 충족시키기 위해 다른 사람들과의 관계를 **추구한다**.

(seek-sought-sought)
유 look for ~을 찾다
pursue ⓥ 뒤쫓다, 추구하다

0722 □□□ ★★

reach ⓥ 닿다, 이르다, 도달하다 ⓝ 범위
[riːtʃ]

She has **reached** an acceptable standard of English.
그녀는 받아들일 만한 영어 수준에 **도달했다**.

유 get to ~에 닿다, ~에 도달하다
숙 reach for ~로 손을 뻗다

0723 □□□ ★★

destiny ⓝ 운명, 숙명, 필연
[déstəni]

It is my **destiny** one day to be king.
언젠가 왕이 되는 것이 내 **운명**이다.

유 fate ⓝ 운명
참 destined (to) (~할) 운명인

0724 □□□ ★

target ⓥ 목표로 삼다, 겨냥하다 ⓝ 목표, 대상
[tɑ́ːrgit]

To specifically **target** readers is harmful to fiction writers. 기출
독자를 특정하게 **정하는** 것은 소설작가들에게 해롭다.

유 aim ⓥ 목표로 하다, 겨냥하다
ⓝ 목표

0725 □□□ ★★★

adequate ⓐ 적절한, 적당한, 충분한
[ǽdəkwit]

Having an **adequate** farming system helps farmers overcome droughts. 기출
적절한 농경 체계를 갖는 것은 농부들이 가뭄을 극복하는 데 도움을 준다.

파 adequately ⓐⓓ 적절히, 충분히
유 proper ⓐ 적절한
반 inadequate ⓐ 부적절한, 충분하지 않은

0726 □□□ ★★

failure ⓝ 실패, 패배
[féiljər]

The experience of **failure** discourages students. 기출
실패의 경험은 학생들을 낙담시킨다.

파 fail ⓥ 실패하다
반 success ⓝ 성공

0727 □□□ ★★

negotiation

ⓝ 협상, 교섭

[nigòuʃiéiʃən]

기출

The study suggests a way to make **negotiations** go smoother.

그 연구는 **협상**을 더 원활하게 만드는 한 가지 방법을 시사한다.

㉺ negotiate ⓥ 협상하다
㊌ conference ⓝ 회담, 협의

0728 □□□ ★★

financial

ⓐ 재정적인, 금전적인

[fainǽnʃəl]

Social isolation leads people to make risky **financial** decisions. 기출

사회적 고립은 사람들로 하여금 위험한 **재정적** 결정을 하도록 이끈다.

㉺ finance ⓝ 재정, 재무, 금융
financially ⓐⓓ 재정적으로
㊌ economic ⓐ 경제의

0729 □□□ ★

chance

ⓝ 기회, 가능성; 우연 ⓥ 우연히 ~하다

[tʃæns]

I had the **chance** to make new friends. 교과서

나는 새로운 친구들을 사귈 **기회**를 가지게 되었다.

㊌ opportunity ⓝ 기회
possibility ⓝ 가능성
㊎ by chance 우연히

0730 □□□ ★★

compete

ⓥ 경쟁하다, (시합 등에) 참가하다

[kəmpíːt]

The team will **compete** in the basketball tournament. 교과서

그 팀은 농구 시합에 **참가할** 것이다.

㉺ competition ⓝ 대회, 경기; 경쟁
competitive ⓐ 경쟁의, 경쟁적인

0731 □□□ ★★

inexpensive

ⓐ 비싸지 않은, 저렴한

[ìnikspénsiv]

기출

I took great shots with an **inexpensive** underwater camera.

나는 **저렴한** 수중 카메라로 멋진 사진들을 찍었다.

voca+ in(~ 아닌) + expensive(비싼) → 비싸지 않은

㊌ cheap ⓐ 값이 싼
reasonable ⓐ 비싸지 않은

0732 □□□ ★★★

pros and cons

ⓝ 찬반양론, 장단점

pros and cons regarding increasing medical budgets 기출

의료 예산을 늘리려는 것에 대한 **찬반양론**

0733 □□□ ★★★

fatigue ⓝ 피로, 피곤
[fətíːg]

Cheese prevents eye **fatigue** due to its high levels of iron. 기출
치즈에는 높은 함량의 철분이 있어서 눈의 **피로**를 막아준다.

유 tiredness ⓝ 피로

0734 □□□ ★★

bloom ⓥ 번성하다, 꽃이 피다 ⓝ 꽃
[bluːm]

The apple trees had already finished **blooming**.
사과나무에는 벌써 **꽃이 피었다**.

유 blossom ⓝ 꽃 ⓥ 꽃을 피우다
참 broom ⓝ 빗자루

0735 □□□ ★★

strategy ⓝ 전략, 계획
[strǽtidʒi]

impacts of survival **strategies** on species evolution 기출
생존 **전략**이 종의 진화에 미치는 영향

파 strategic ⓐ 전략적인, 전략의
유 plan ⓝ 계획

0736 □□□ ★★★

distort ⓥ 왜곡하다, 비틀다
[distɔ́ːrt]

He **distorted** the shape of the object to make it harder to recognize. 교과서
그는 알아보기 어렵게 하기 위해 그 물건의 모양을 **왜곡했다**.

파 distortion ⓝ 왜곡
유 deform ⓥ 변형시키다

0737 □□□ ★

recycle ⓥ 재활용하다
[riːsáikl]

New techniques for **recycling** plastics are being introduced.
플라스틱을 **재활용하기** 위한 새로운 기술이 소개되고 있다.

voca+ re(다시) + cycle(순환하다) → 다시 순환시키다

유 reuse ⓥ 재사용하다

0738 □□□ ★

uniform ⓐ 획일적인, 똑같은 ⓝ 교복, 제복
[júːnəfɔ̀ːrm]

For road safety, signs need to be **uniform**. 교과서
도로 안전을 위해 표지판은 **똑같아야** 한다.

voca+ uni(하나의) + form(형태) → 같은 형태의

유 identical ⓐ 동일한
참 school uniform 교복

0739 □□□ ★★

bravery [bréivəri]

ⓝ 용감함, 용기

He praised her **bravery** and hugged her. 교과서

그는 그녀의 **용감함**을 칭찬하며 그녀를 안아주었다.

㊇ brave ⓥ 용감하게 맞서다 ⓐ 용감한
㊎ courage ⓝ 용기, 용감

0740 □□□ ★★

employ [implɔ́i]

ⓥ 고용하다; 사용[이용]하다, (기술, 방법 등을) 쓰다

The company **employs** over 2,000 people.

그 회사는 2,000명 이상의 직원을 **고용하고** 있다.

the vocabulary that she **employs**

그녀가 **사용하는** 어휘

㊇ employee ⓝ 사원, 직원
employment ⓝ 고용, 취업
㊎ hire ⓥ 고용하다
use ⓥ 쓰다, 사용하다

0741 □□□ ★★

crisis [kráisis]

ⓝ 위기, 고비

necessity of being cooperative in a **crisis** situation 기출

위기 상황에서 협력해야 할 필요성

㊋ crises
㊎ emergency ⓝ 응급 상황, 비상 사태, 위기
danger ⓝ 위험, 위기

0742 □□□ ★★

urge [əːrdʒ]

ⓥ 강력히 권고하다 ⓝ 충동, 강한 욕구

Farmers are being **urged** to reduce their use of chemicals.

농부들은 화학 물질의 사용을 줄이라고 **강력히 권고받는다**.

㊎ advise ⓥ 충고하다
desire ⓝ 욕구, 욕망

0743 □□□ ★

mission [míʃən]

ⓝ 임무, 사명

Your **mission** is to create a quiz. 교과서

너의 **임무**는 퀴즈를 만들어내는 것이다.

㊎ task ⓝ 과제, 과업
duty ⓝ 의무

0744 □□□ ★★

carve [kaːrv]

ⓥ 조각하다, 새기다, 파다

He picked up a piece of wood and started **carving**.

그는 나무 조각을 집어 들고 **조각을 하기** 시작했다.

㊎ sculpt ⓥ 조각하다
㊌ carve out ~을 개척하다

0745 □□□ ★★

enrich ⓥ 풍부하게 하다, 풍요롭게 하다
[inrítʃ]

They report a sense of satisfaction at **enriching** their social network. 기출
그들은 자신들의 사회적 관계망을 **풍부하게 하는** 데서 만족감을 (얻는다고) 말한다.

voca+ en(~하게 하다) + rich(풍부한) → 풍부하게 하다

유 enhance ⓥ 높이다, 향상시키다
develop ⓥ 발달시키다

0746 □□□ ★★

lyric ⓝ (-s) 가사, 노랫말 ⓐ 서정시의, 노래의
[lírik]

Do you know how to write song **lyrics**? 교과서
노래 **가사** 쓰는 법을 아세요?

파 lyricist ⓝ 작사가

0747 □□□ ★★

injure ⓥ 부상을 입히다, 해치다
[índʒər]

Three people were **injured** in the accident.
그 사고로 세 명이 **부상을 당했다**.

파 injury ⓝ 부상
유 wound ⓥ 부상을 입히다
ⓝ 상처, 부상

0748 □□□ ★

dig ⓥ (구멍 등을) 파다, 파내다
[dig]

They **dig** holes in the ground and plant trees.
그들은 땅에 구멍을 **파고** 나무를 심는다.

(dig-dug-dug)
유 mine ⓥ 채굴하다

0749 □□□ ★★

trustworthy ⓐ 믿을 만한, 신뢰할 수 있는
[trʌ́stwə̀ːrði]

Not all information on the Web is **trustworthy**. 기출
웹에 있는 모든 정보가 **믿을 만한** 것은 아니다.

유 dependable ⓐ 믿을 만한
(= reliable)

0750 □□□ ★★

mature ⓐ 성숙한, 다 자란; 숙성된
[mətjúər] ⓥ 성숙하다; 발달하다; 숙성하다

She is much more **mature** than her brother.
그녀는 오빠보다 훨씬 더 **성숙하다**.

Prepare dough and let it **mature** for a few days. 교과서
반죽을 준비해서 그것을 며칠 동안 **숙성시켜라**.

파 maturity ⓝ 성숙함
유 grown-up ⓐ 성숙한, 다 큰, 어른이 된
반 immature ⓐ 미숙한
참 premature ⓐ 조산의; 시기상조의

0751 □□□ ★

favor

[féivər]

ⓝ 부탁, 호의 ⓥ 선호하다

I'd like to ask a little **favor** of you as your director. 교과서

책임자로서 여러분께 작은 **부탁** 하나만 하고 싶어요.

파 **favorable** ⓐ 호의적인; 유리한
숙 **be in favor of** ~에 우호적이다

0752 □□□ ★★

edit

[édit]

ⓥ 편집하다, 수정하다, 교정하다

Can you give me advice on how to **edit** my essay? 기출

제 글을 어떻게 **편집해야** 할지 조언해 주실 수 있나요?

파 **editor** ⓝ 편집자
유 **revise** ⓥ 교정[교열]하다

0753 □□□ ★★★

gorgeous

[gɔ́ːrdʒəs]

ⓐ 아주 멋진, 아름다운

She is wearing a **gorgeous** dress.

그녀는 **아주 멋진** 드레스를 입고 있다.

유 **beautiful** ⓐ 아름다운, 예쁜 (= lovely)

0754 □□□ ★★

fare

[fɛər]

ⓝ (교통) 요금, 운임, 통행료

The bus **fares** are too expensive. 기출

버스 **요금**이 너무 비싸다.

voca+ fare는 버스나 택시 등의 교통수단을 이용할 때 내는 '요금'을 뜻하고, fee는 서비스에 대한 '수수료나 가입비, 회비' 등을 나타낼 때 사용한다.

유 **charge** ⓝ 요금
fee ⓝ 수수료, 요금, 납부금
참 **fair** [fɛər] ⓐ 공정한, 공평한 ⓝ 박람회

0755 □□□ ★★ 다의어

firm

[fəːrm]

ⓝ 1. 회사, 기업 ⓐ 2. 단단한, 딱딱한 ⓥ 단단하게 하다

1 I visited the chief investment officer of a large financial **firm**. 기출

나는 한 큰 금융**회사**의 최고 투자 책임자를 방문했다.

2 The inside of the eggs became **firm**. 교과서

달걀의 안쪽이 **단단해졌다**.

파 **firmly** ad 단단히, 확고하게
유 **company** ⓝ 회사
corporation ⓝ 기업, 회사
hard ⓐ 굳은, 단단한

DAY 19

0756 □□□ ★★ 다의어

produce ⓥ 1. 만들어내다, 생산하다 ⓝ 2. 농산물, 생산물
ⓥ [prədjúːs]
ⓝ [próudjuːs]

1 You use your time and resources to **produce** many things. 기출
당신은 많은 것들을 **생산하기** 위해 시간과 자원을 사용한다.

2 When storing fresh **produce**, controlling the atmosphere is important.
신선한 **농산물**을 저장할 때, 공기를 조절하는 것은 중요하다.

파 **production** ⓝ 생산(량), 제작, 작품
productivity ⓝ 생산성
유 **crop** ⓝ 농작물

0757 □□□ 고난도

conventional ⓐ 전형적인, 전통적인, 관습적인
[kənvénʃənəl]

Conventional wisdom in the West credits individuals and especially geniuses with creativity and originality. 기출
서구의 **전형적인** 통념은 개인과 특히 천재들에게 창의력과 독창성이 있다고 믿는다.

파 **convention** ⓝ 관습
유 **ordinary** ⓐ 보통의
traditional ⓐ 전통적인

0758 □□□ 고난도

altitude ⓝ 고도
[ǽltitjùːd]

Airways have fixed widths and defined **altitudes**. 기출
항로에는 고정된 폭과 규정된 **고도**가 있다.

유 **height** ⓝ 높이, 고도
참 **attitude** ⓝ 태도
aptitude ⓝ 적성, 소질

---

memorable vs memorial

0759 □□□ ★★

memorable ⓐ 기억할 만한, 인상적인
[mémərəbl]

What is your most **memorable** volunteer experience? 교과서
가장 **기억에 남는** 자원봉사 경험은 무엇입니까?

유 **impressive** ⓐ 인상적인
remarkable ⓐ 주목할 만한

0760 □□□ ★★

memorial ⓐ 기념하기 위한, 추도의, 추모의
[məmɔ́ːriəl]

I visited a **memorial** exhibition of his works. 교과서
나는 그의 작품들의 **추모** 전시회를 방문했다.

참 **memorial service** 장례식
immemorial ⓐ 태고의, 먼 옛날의

DAILY TEST

A 영어는 우리말로, 우리말은 영어로 바꿔 쓰시오.

01	bloom	________	08	협상, 교섭	________
02	urge	________	09	전형적인, 전통적인	________
03	enrich	________	10	고용하다; 이용하다	________
04	distort	________	11	편집하다, 수정하다	________
05	trustworthy	________	12	실패, 패배	________
06	seek	________	13	닿다, 도달하다	________
07	memorial	________	14	위기, 고비	________

B 빈칸에 알맞은 말을 <보기>에서 찾아 쓰시오.

firm	produce	mature	compete

01 Prepare dough and let it ________ for a few days.

02 The team will ________ in the basketball tournament.

03 I visited the chief investment officer of a large financial ________.

04 When storing fresh ________, controlling the atmosphere is important.

C 밑줄 친 단어와 유사한 의미를 가진 말을 고르시오.

01 It is my destiny one day to be king. 【target / fate】

02 Cheese prevents eye fatigue due to its high levels of iron. 【strategy / tiredness】

03 Having an adequate farming system helps farmers overcome droughts. 【proper / financial】

A 01 번성하다, 꽃이 피다; 꽃 02 강력히 권고하다; 충동, 강한 욕구 03 풍부하게 하다, 풍요롭게 하다 04 왜곡하다, 비틀다 05 믿을 만한, 신뢰할 수 있는 06 찾다, 추구하다, 노력하다 07 기념하기 위한, 추도의, 추모의 08 negotiation 09 conventional 10 employ 11 edit 12 failure 13 reach 14 crisis
B 01 mature 02 compete 03 firm 04 produce
C 01 fate 02 tiredness 03 proper

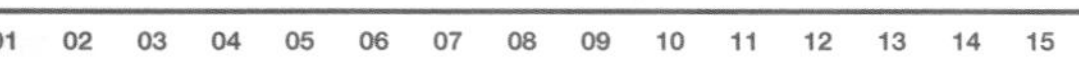

0761 □□□ ★

vote ⓥ 투표하다 ⓝ 투표(권)
[vout]

Have you decided who you'll **vote** for? 교과서
너는 누구에게 **투표할지** 결정했니?

파 voter ⓝ 유권자
유 poll ⓝ 여론조사, 선거

0762 □□□ ★★

tell ⓥ 구분[구별]하다, 알다, 판단하다; 말하다
[tel]

I had difficulty **telling** the difference between dinosaurs and dragons. 기출
나는 공룡과 용의 차이를 **구별하는** 데 어려움이 있었다.

유 distinguish ⓥ 구별하다, 식별하다
숙 tell A from B A와 B를 구별하다

0763 □□□ ★★

review ⓝ 검토, 비평
[rivjúː] ⓥ 재검토하다, 복습하다; 관찰하다

The painting received poor **reviews** from the critics. 교과서
그 그림은 평론가들로부터 형편없는 **비평**을 받았다.

voca+ re(다시) + view(보다) → 재검토하다

유 evaluation ⓝ 평가
reconsider ⓥ 재고하다

0764 □□□ ★

supply ⓝ 공급(량) ⓥ 공급하다
[səplái]

The **supply** of food is essential for space travel.
식량 **공급**은 우주여행에 필수적이다.

파 supplies ⓝ 필수품
반 demand ⓝ 수요 ⓥ 요구하다

0765 □□□ ★

stretch ⓥ 늘이다; 뻗어 있다, 펼쳐지다
[stretʃ] ⓝ (도로 등의) 구간, 길이

He **stretched** out his arm and was about to grab the bar. 기출
그는 팔을 **뻗어서** 그 막대를 잡으려던 참이었다.

유 reach ⓥ 내밀다, 뻗다
spread ⓥ 펴다, 펼치다

0766 □□□ ★★

skull ⓝ 두개골
[skʌl]

The biggest of the bones looked like a piece of **skull**.
가장 큰 뼈는 **두개골**의 조각처럼 보였다.

참 skeleton ⓝ 해골, 골격

0767 □□□ ★★

retain [ritéin]
ⓥ 유지[보유]하다, 간직하다

We manufacture memory chips that **retain** data.
우리는 데이터를 **간직하는** 메모리 칩을 생산한다.

유 keep ⓥ 보유하다
reserve ⓥ 남겨두다, 보존하다

0768 □□□ ★★

promote [prəmóut]
ⓥ 홍보하다, 촉진하다; 승진시키다

They made a simple website to **promote** their products. 교과서
그들은 제품을 **홍보하기** 위해 간단한 웹사이트를 만들었다.

I should be **promoted** within the next two years.
나는 향후 2년 안에 **승진해야** 한다.

파 promotion ⓝ 판매 촉진, 홍보; 승진, 진급
promotional ⓐ 홍보[판촉]의
유 boost ⓥ 북돋우다

0769 □□□ ★★

council [káunsəl]
ⓝ 의회, 위원회, 협의회

Her friends are enthusiastic about making her student **council** president. 기출
그녀의 친구들은 그녀를 학생**회**장으로 만드는 데 열정적이다.

유 committee ⓝ 위원회

0770 □□□ ★

discuss [diskʌ́s]
ⓥ 논의하다, 토론하다, 상의하다

Discuss what should be done to solve the problems. 교과서
문제를 해결하기 위해 무엇이 이루어져야 하는지 **논의하라**.

파 discussion ⓝ 토론, 논의
유 debate ⓥ 토론[논의]하다

0771 □□□ ★★

accordingly [əkɔ́ːrdiŋli]
ad 그에 따라, 부응해서

She was impressed by their efforts and she wanted to give them presents **accordingly**. 기출
그녀는 그들의 노력에 감동해서 **그에 따라** 그들에게 선물을 주고 싶었다.

유 consequently ad 따라서, 그 결과
therefore ad 그러므로

0772 □□□ ★

symbol [símbəl]
ⓝ 상징, 기호, 부호

The natural world provides a rich source of **symbols** used in art and literature. 기출
자연계는 예술과 문학에서 사용되는 **상징**의 풍부한 원천을 제공한다.

파 symbolic ⓐ 상징적인
symbolize ⓥ 상징하다
유 metaphor ⓝ 은유, 상징

DAY 20

DAY 20

0773 □□□ ★★

technical ⓐ 기술적인, 전문적인
[téknikəl]

He has the **technical** knowledge to fix the machine.
그는 그 기계를 고칠 수 있는 **전문적인** 지식을 갖고 있다.

파 technician ⓝ 기술자
유 scientific ⓐ 과학적인

0774 □□□ ★★

vibration ⓝ 진동, 흔들림
[vaibréiʃən]

교과서
Miners digging for gold started to feel **vibrations** in the earth.
금을 캐던 광부들은 땅에서 **진동**을 느끼기 시작했다.

파 vibrate ⓥ 떨다, 진동하다

0775 □□□ ★

novel ⓐ 참신한, 새로운 ⓝ 소설
[nάvəl]

Alex proposed a **novel** idea.
Alex는 **참신한** 생각을 제안했다.

파 novelty ⓝ 참신성
유 original ⓐ 참신한, 독창적인

0776 □□□ ★

regulate ⓥ 규제하다; 조절하다
[régjulèit]

It is necessary to **regulate** what is going on online.
온라인에서 일어나고 있는 일을 **규제하는** 것이 필요하다.

기출
The machine automatically **regulates** the water temperature.
그 기계는 자동적으로 물의 온도를 **조절한다**.

파 regulation ⓝ 규정, 규제, 조절
유 control ⓥ 관리[감독]하다

0777 □□□ ★★

bold ⓐ 과감한, 용감한; 뚜렷한, 두드러진
[bould]

교과서
Once you begin making **bold** choices, courage will follow.
네가 일단 **과감한** 선택을 하기 시작하면, 용기는 따라올 것이다.

She wore a dress with **bold** stripes.
그녀는 **두꺼운** 줄무늬가 있는 드레스를 입었다.

유 brave ⓐ 용감한
daring ⓐ 대담한, 용감한

0778 □□□ ★★

vividly ad 생생하게, 선명하게
[vívidli]

교과서
The woman in the picture is standing in a **vividly** red room.
그림 속의 여인은 **선명하게** 빨간색인 방 안에 서 있다.

파 vivid ⓐ 생생한, 선명한
vividness ⓝ 생생함

0779 □□□ ★★

aim [eim]

ⓥ 겨누다, 목표로 하다 ⓝ 목표, 목적

His stories were **aimed** at helping us use our brains. 기출

그의 이야기는 우리가 머리를 쓰도록 돕는 데 **목표를 두었다**.

파 aimlessly ad 목표 없이
숙 be aimed at ~에 목표를 두다

0780 □□□ ★★

universal [jùːnəvə́ːrsəl]

ⓐ 보편적인, 일반적인

We should be aware that there is a **universal** guideline. 기출

우리는 **보편적인** 지침이 있다는 것을 알아야 한다.

voca+ uni(하나) + vers(회전하다) + al(형·접) → 회전하여 하나가 되는

파 universe ⓝ 우주
universality ⓝ 보편성
유 general ⓐ 일반적인

0781 □□□ ★★

fulfill [fulfíl]

ⓥ 실행하다, 실현[성취]하다, 완수하다; 채우다

I tried my best to **fulfill** my dream but I couldn't do it. 기출

나는 내 꿈을 **실현하기** 위해 최선을 다했지만 해낼 수 없었다.

파 fulfilling ⓐ 성취감을 주는
유 achieve ⓥ 이루다, 성취하다

DAY 20

0782 □□□ ★★

continuous [kəntínjuəs]

ⓐ 지속적인, 계속적인, 끊임없는

This work is part of our **continuous** efforts. 기출

이 작업은 우리의 **지속적인** 노력의 일부이다.

파 continuously ad 계속해서, 끊임없이
유 constant ⓐ 지속적인, 끊임없이 계속하는

0783 □□□ ★

price [prais]

ⓝ 대가, 보상, 희생; 가치; 값

This is the **price** we must pay for achieving a greater reward. 기출

이것은 더 큰 보상을 성취하기 위해 우리가 지불해야 하는 **대가**이다.

파 priceless ⓐ 매우 귀중한

0784 □□□ ★

several [sévərəl]

ⓐ 여러, 몇몇의

Thousands of people have participated in **several** big projects. 교과서

수천 명의 사람들이 **여러** 대형 프로젝트에 참여했다.

유 various ⓐ 다양한

0785 □□□ ★★

origin ⓝ 기원, 근원; 출신, 태생
[ɔ́:ridʒin]

The topic is the **origin** of the ancient Olympic Games. 기출
주제는 고대 올림픽 게임의 **기원**이다.

㉺ original ⓝ 원작, 원문 ⓐ 원래의
originate ⓥ 비롯되다, 유래하다
㊎ root ⓝ 뿌리, 근원
source ⓝ 출처, 원천

0786 □□□ ★★

celebrate ⓥ 기념하다, 축하하다
[séləbrèit]

People **celebrate** the New Year in various ways. 기출
사람들은 다양한 방법으로 새해를 **기념한다**.

㉺ celebration ⓝ 축하, 기념 행사
celebrity ⓝ 유명인

0787 □□□ ★★

consult ⓥ 조언을 구하다, 상담[상의]하다
[kənsʌ́lt]

He went to the nearest city to **consult** a judge. 기출
그는 재판관에게 **조언을 구하기** 위해 가장 가까운 도시로 갔다.

㉺ consultant ⓝ 컨설턴트, 자문가

0788 □□□ ★★

costume ⓝ 복장, 의상
[kástju:m]

I tried on beautiful traditional African **costumes**. 교과서
나는 아름다운 아프리카 전통 **의상**을 입어 보았다.

㊎ dress ⓝ 복장, 의상
uniform ⓝ 제복

0789 □□□ ★★

strict ⓐ 엄한, 엄격한
[strikt]

We live in a society where gender roles are not as **strict** as in prior generations. 기출
우리는 성 역할이 이전 세대만큼 **엄격하지** 않은 사회에 살고 있다.

㉺ strictly ad 엄격히, 철저히
㊎ stern ⓐ 엄격한, 단호한

0790 □□□ ★★

restore ⓥ 복구하다, 반환하다, 되돌리다
[ristɔ́:r]

Once it is removed, the file cannot be **restored**. 교과서
파일은 일단 제거되면 **복구될** 수 없다.

voca+ re(다시) + store(수리하다) → 복구시키다

㉺ restoration ⓝ 복원, 복구
㊎ recover ⓥ 복구[회복]하다

0791 □□□ ★★

maximize ⓥ 극대화[최대화]하다

[mǽksəmàiz]

Our constant goal is to **maximize** rewards and minimize costs. 기출

우리의 지속적인 목표는 보상을 **극대화하고** 비용을 최소화하는 것이다.

반 minimize ⓥ 최소화하다

0792 □□□ ★★

skip ⓥ 거르다, 건너뛰다, 빼먹다

[skip]

You **skipped** breakfast again? 교과서

너 또 아침을 **거른 거야**?

유 omit ⓥ 누락[생략]하다

0793 □□□ ★★

spark ⓥ 촉발시키다, 야기하다 ⓝ 불꽃

[spɑːrk]

The discovery **sparked** joyful celebrations nationwide. 교과서

그 발견은 전국적으로 즐거운 축하 행사를 **촉발시켰다**.

유 start ⓥ 시작되게 하다

DAY 20

0794 □□□ ★★

interconnected ⓐ 상호 연결된

[ìntərkənéktid]

The major oceans are all **interconnected**. 기출

주요 대양은 모두 **서로 연결되어** 있다.

voca+ inter(서로 서로) + connected(연결된) → 서로 연결된

반 disconnected ⓐ 끊긴

0795 □□□ ★ 다의어

right ⓝ 1. 권리 ⓐ 2. 맞는, 옳은, 정당한 ㉿ 3. 정확하게, 적절하게

[rait]

기출

1 a historic achievement for the animal **rights** movement

동물 **권리** 운동에 있어서의 역사적 성과

2 I'm not sure that this is the **right** address.

이것이 **맞는** 주소인지 확실치 않아요.

3 Did you spell your name **right**?

당신 이름의 철자를 **정확하게** 썼나요?

유 correct ⓐ 옳은
correctly ㉿ 정확하게
반 wrong ⓐ 틀린, 잘못된

0796 □□□ ★★ 다의어

stick

[stik]

ⓥ 1. 찌르다 2. 달라붙다; 고집하다
ⓝ 3. 막대기, 나뭇가지

1 She **stuck** the needle into my arm.
그녀는 내 팔에 바늘을 **찔러넣었다**.

2 Try to **stick** to one type of media at a time. 기출
한 번에 한 가지 종류의 매체에 **집중하라**.

3 The old man was carrying a load of **sticks**.
노인은 **나뭇가지** 한 짐을 나르고 있었다.

(stick-stuck-stuck)
파 **stuck** ⓐ ~을 떨쳐버리지 못하는, 꼼짝 못하는
유 **twig** ⓝ 잔가지

0797 □□□ 고난도

tame

[teim]

ⓥ 길들이다 ⓐ 길든

Humans learned to cultivate plants and **tame** animals. 기출
인간은 식물을 경작하고 동물을 **길들이는** 법을 배웠다.

유 **train** ⓥ 훈련하다
반 **wild** ⓐ 야생의

0798 □□□ 고난도

replicate

[réplikèit]

ⓥ 복제하다, 모사하다

She uses everyday materials to **replicate** classic artwork. 기출
그녀는 고전 예술품을 **복제하기** 위해 일상의 재료들을 사용한다.

유 **copy** ⓥ 베끼다, 복사하다

clarify vs classify

0799 □□□ ★★

clarify

[klǽrəfài]

ⓥ 명확[명료]하게 하다, 분명하게 하다

You should **clarify** the issues you are trying to solve. 기출
너는 네가 해결하려는 문제를 **명확히 해야** 한다.

파 **clarification** ⓝ 설명; 맑게 함

0800 □□□ ★★

classify

[klǽsəfài]

ⓥ 분류하다, 구분하다

Classifying things means putting them in specific categories. 교과서
사물을 **분류하는 것**은 그것들을 특정한 범주에 넣는 것을 의미한다.

파 **classification** ⓝ 분류; 범주
유 **categorize** ⓥ 분류하다

A 영어는 우리말로, 우리말은 영어로 바꿔 쓰시오.

01 council ____________

02 classify ____________

03 fulfill ____________

04 promote ____________

05 technical ____________

06 vibration ____________

07 restore ____________

08 기원, 근원 ____________

09 기념하다, 축하하다 ____________

10 여러, 몇몇의 ____________

11 두개골 ____________

12 지속적인, 계속적인 ____________

13 복장, 의상 ____________

14 투표하다; 투표(권) ____________

B 빈칸에 알맞은 말을 〈보기〉에서 찾아 쓰시오.

discuss	strict	novel	supply

01 Alex proposed a ____________ idea.

02 The ____________ of food is essential for space travel.

03 ____________ what should be done to solve the problems.

04 We live in a society where gender roles are not as ____________ as in prior generations.

C 밑줄 친 단어와 유사한 의미를 가진 말을 고르시오.

01 Did you spell your name right? 【correctly / accordingly】

02 We manufacture memory chips that retain data. 【spark / reserve】

03 I had difficulty telling the difference between dinosaurs and dragons. 【distinguish / maximize】

A 01 의회, 위원회, 협의회 02 분류하다, 구분하다 03 실행하다, 실현[성취]하다, 완수하다; 채우다 04 홍보하다, 촉진하다; 승진시키다 05 기술적인, 전문적인 06 진동, 흔들림 07 복구하다, 반환하다, 되돌리다 08 origin 09 celebrate 10 several 11 skull 12 continuous 13 costume 14 vote
B 01 novel 02 supply 03 Discuss 04 strict
C 01 correctly 02 reserve 03 distinguish

PART 03

벌써 800단어를 외웠다.

포기하지 말고

계속 정진하세요!

단단해지는 법칙 | 무거운 물건을 번쩍 들어 올린 팔에 욱신거리는 통증이 그치고 나면 단단한 근육이 돋아나는 것처럼, 망치로 힘껏 두드릴 때마다 점점 더 단단하게 굳어지는 무쇠처럼 나 또한 공부를 하면 할수록 '에너지'와 '능력'이 부쩍부쩍 늘어나다가 결국에는 나 자신이 아주 강하고 단단해진다는 법칙.

공부에는 '단단해지는 법칙'이 적용됩니다. 나의 '에너지'와 '능력'의 한계는 정해져 있는 게 아니에요. 닳아지기는커녕, 오히려 쓰면 쓸수록 '에너지'가 늘어나고 '능력'이 불어납니다.

_ 박성혁, 『이토록 공부가 재미있어지는 순간』 중에서

한 번 포기하면 습관이 된다. 절대 포기하지 말아라.

If you quit once it becomes a habit. Never quit.

_ 마이클 조던Michael Jordan, NBA 역대 최고의 선수

0801 □□□ ★

likely [láikli]
ⓐ ~할 것 같은 ⓐⓓ 아마도

Teens are **likely** to make choices based on their feelings. 교과서
십 대들은 감정에 기반한 선택들을 **할 가능성이** 있다.

유 probably ⓐⓓ 아마도
숙 be likely to *do* ~할 가능성이 있다, ~인 것 같다

0802 □□□ ★★

refund ⓝ[rí:fʌnd] ⓥ[rifʌ́nd]
ⓝ 환불 ⓥ 환불[반환]하다

You can get a **refund** if you have your receipt. 교과서
여러분은 영수증을 갖고 있으면 **환불**을 받을 수 있다.

voca+ re(다시) + fund(붓다) → (산 것을) 다시 붓다

참 exchange ⓝ 교환 ⓥ 교환하다

0803 □□□ ★

flow [flou]
ⓥ 흐르다, 흘러가다 ⓝ 흐름

Hanji allows air to **flow** through it easily. 교과서
한지는 공기가 쉽게 **통과하게** 한다.

참 overflow ⓥ 넘쳐흐르다

0804 □□□ ★★

imaginary [imǽdʒənèri]
ⓐ 상상의, 공상의

Children may develop **imaginary** friends around three or four years of age. 기출
어린이는 서너 살 즈음에 **상상의** 친구를 만들어낼 수도 있다.

파 imagine ⓥ 상상하다
imaginable ⓐ 상상할 수 있는
유 fictional ⓐ 허구의, 지어낸

0805 □□□ ★

eventually [ivéntʃuəli]
ⓐⓓ 결국, 마침내

Many missteps **eventually** lead to a problem. 기출
많은 실수는 **결국** 문제로 이어진다.

파 eventual ⓐ 결과적인
유 ultimately ⓐⓓ 결국, 궁극적으로

0806 □□□ ★★

common [kɑ́mən]
ⓐ 흔한, 공통적인, 일반적인 ⓝ 공유지, 공원

Space travel will be a **common** thing in 100 years. 교과서
우주 여행은 100년 내에 **흔한** 일이 될 것이다.

유 general ⓐ 일반적인, 보통의 (= normal)
숙 have in common 공통점이 있다

0807 □□□ ★

nervous ⓐ 초조한, 긴장한, 신경과민의

[nə́ːrvəs]

I made a big mistake at the show because I was so **nervous**.

나는 너무 **긴장해서** 공연에서 큰 실수를 했다.

㊥ nerve ⓝ 신경 (조직)
㊞ anxious ⓐ 걱정하는, 불안해하는

0808 □□□ ★★

categorize ⓥ 범주화하다, 분류하다

[kǽtəgəràiz]

There have been many attempts to **categorize** people's personalities. 교과서

사람들의 성격을 **범주화하려는** 여러 시도들이 있었다.

㊥ categorization ⓝ 범주화
category ⓝ 범주, 부문

0809 □□□ ★★

phrase ⓝ 구, 구절, 문구

[freiz]

Most people, hearing these **phrases** for the first time, cannot guess their meanings. 교과서

이 **문구**를 처음 듣는 대부분의 사람들은 그 의미를 추측하지 못한다.

㊞ expression ⓝ 표현
words ⓝ 말

0810 □□□ ★★

severe ⓐ 심각한, 혹독한, 심한

[sivíər]

A **severe** drought has caused most of the corn crop to fail.

극심한 가뭄으로 옥수수 수확의 대부분이 실패했다.

㊥ severely ad 혹독하게
severity ⓝ 심함, 격렬함
㊞ harsh ⓐ 혹독한

0811 □□□ ★★

spin ⓥ 회전하다, 돌다; (정보를) 제시하다 ⓝ 회전

[spin]

Adding a short tail will make the kite **spin** a lot. 교과서

짧은 꼬리를 붙이면 연이 많이 **회전할** 것이다.

(spin-spun-spun)
㊞ revolve ⓥ 회전하다

0812 □□□ ★★

devote ⓥ (시간·노력·돈을) 바치다, 전념하다

[divóut]

He **devoted** some time to his own research. 기출

그는 얼마간의 시간을 자신의 연구에 **바쳤다**.

㊥ devotion ⓝ 전념, 헌신
㊞ dedicate ⓥ 바치다, 헌신하다
㊗ devote A to B A를 B에 바치다
be devoted to ~에 전념하다

0813 □□□ ★★★

inhabitant [n] 거주자, 주민; 서식 동물

[inhǽbitənt]

Before a trip, research how the native **inhabitants** dress, work, and eat. [기출]

여행을 떠나기 전에, 토착 **주민들**이 어떻게 옷을 입고 일하고 먹는지를 조사하라.

[파] inhabit [v] 서식[거주]하다
[유] resident [n] 주민, 거주민
settler [n] 정착자, 이주자

0814 □□□ ★★

voluntary [a] 자발적인, 자원 봉사의

[vάləntèri]

Participation in club activities is **voluntary**.

동아리 활동에 참여하는 것은 **자발적인** 것이다.

[파] voluntarily [ad] 자발적으로
volunteer [n] 자원 봉사자
[v] 자진[자원]하여 하다
[반] involuntary [a] 무의식적인, 본의 아닌

0815 □□□ ★

advantage [n] 유리(함), 장점, 이점, 이득

[ədvǽntidʒ]

The English army gained a strong **advantage**. [기출]

영국군은 큰 **이득**을 얻었다.

[파] advantageous [a] 유리한
[유] benefit [n] 이익, 이점
[반] disadvantage [n] 불이익, 손해
[숙] take advantage of ~을 이용하다

0816 □□□ ★★

corresponding [a] 해당하는, 상응[대응]하는

[kɔ̀:rəspάndiŋ]

When you say a number, show the **corresponding** number with your fingers. [교과서]

숫자를 말할 때, 손가락으로 그에 **해당하는** 숫자를 보여주세요.

[파] correspond [v] 일치[부합]하다; 해당하다; 소식을 주고받다
[유] equivalent [a] 대응하는

0817 □□□ ★

task [n] 일, 과업, 과제

[tæsk]

Exercise, a form of physical stress, makes that **task** harder. [기출]

신체적 스트레스의 한 형태인 운동은 그 **과업**을 더 어렵게 만든다.

[유] mission [n] 임무
[참] multi-task [v] 동시에 여러 가지 일을 처리하다

0818 □□□ ★

recreate [v] 재현하다, 되살리다

[rí:krièit]

Your mind **recreates** what it just "saw" based on what it's been told. [기출]

당신의 마음은 들은 것을 바탕으로 방금 '본' 것을 **재현한다**.

[유] reproduce [v] 다시 만들어내다

voca+ re(다시) + create(만들어내다) → 다시 만들다

0819 □□□ ★★

cure [kjuər]

ⓝ 치유(법), 치료(제) ⓥ 치료하다

Prevention is far better than any **cure**.
예방이 그 어떤 **치료**보다 훨씬 낫다.

유 **treatment** ⓝ 치료
treat ⓥ 치료하다
heal ⓥ 치료하다, 고치다

0820 □□□ ★★

normal [nɔ́ːrməl]

ⓐ 정상적인, 일반적인, 평범한

교과서

Stress is a **normal** reaction that almost everyone experiences.
스트레스는 거의 모든 사람이 경험하는 **정상적인** 반응이다.

파 **normally** ad 보통, 평소에
유 **usual**, **ordinary**, **common**, **regular** ⓐ 보통의, 일반적인
반 **abnormal** ⓐ 비정상적인

0821 □□□ ★★

ecological [ìkəlɑ́dʒikəl]

ⓐ 생태학의, 생태학적인

In recent years, a new movement has come to light, adding a more **ecological** philosophy. 기출
최근 몇 년 동안 새로운 움직임이 나타나 좀 더 **생태학적인** 철학을 더했다.

파 **ecology** ⓝ 생태 환경, 생태학
ecologist ⓝ 생태학자

DAY 21

0822 □□□ ★★

risky [ríski]

ⓐ 위험한, 무모한

It's not as **risky** as people think.
그건 사람들이 생각하는 것만큼 **위험하진** 않아요.

파 **risk** ⓝ 위험 ⓥ 위태롭게 하다
유 **dangerous** ⓐ 위험한

0823 □□□ ★

export ⓥ [ikspɔ́ːrt] ⓝⓐ [ékspɔːrt]

ⓥ 수출하다 ⓝ 수출(품) ⓐ 수출(용)의

Farmers are actively encouraged to grow **export** crops such as tea and coffee. 기출
농부들은 차와 커피 같은 **수출** 작물을 재배하도록 적극 권장된다.

파 **exportation** ⓝ 수출
반 **import** ⓥ 수입하다 ⓝ 수입(품)

0824 □□□ ★★

frustrated [frʌ́strèitid]

ⓐ 낙담한, 답답한, 좌절한

I went home and almost cried because I was so **frustrated** and embarrassed. 기출
나는 너무나도 **낙담하고** 당혹스러워서 집에 와서 거의 울뻔했다.

파 **frustrate** ⓥ 좌절시키다
frustration ⓝ 불만, 좌절감

0825 □□□ ★

altogether

ad 전적으로, 완전히; 모두

[ɔ̀ːltəgéðər]

He rubs and rubs until he gets tired and then he stops **altogether**. 기출

그는 지칠 때까지 문지르고 또 문지른 다음에 **완전히** 멈춘다.

voca+ al(전적으로) + together(함께) → 모두 함께

유 completely ad 완전히

0826 □□□ ★★

apology

n 사과, 사죄

[əpáləʤi]

If an **apology** is not accepted, thank the individual for hearing you out. 기출

사과가 받아들여지지 않으면 그 사람이 네 말을 끝까지 들어줬다는 것에 감사해라.

파 apologize v 사과하다
참 excuse n 변명, 해명

0827 □□□ ★★

secure

v 보장하다, 안전하게 하다 a 안전한, 확실한

[sikjúər]

기출

It is the role of rulers to **secure** the happiness of their people.

사람들의 행복을 **보장해 주는** 것이 통치자의 역할이다.

파 security n 보안, 안전
유 protect v 보호하다, 지키다

0828 □□□ ★★

border

n 국경, 경계

[bɔ́ːrdər]

교과서

It takes only 30 minutes to walk from one **border** to the other.

한 **국경**에서 다른 국경까지는 걸어서 30분밖에 걸리지 않는다.

유 frontier n 국경
boundary n 경계

0829 □□□ ★★★

incorporate

v 통합하다, 포함하다

[inkɔ́ːrpərèit]

More recently, agriculture has become **incorporated** into the global economy. 기출 더 최근에 농업은 세계 경제에 **통합되었다**.

파 incorporation n 결합, 합병
유 integrate v 통합하다
include v 포함하다

0830 □□□ ★★★

sufficient

a 충분한, 넉넉한

[səfíʃənt]

Africa will struggle to produce **sufficient** food for domestic consumption. 기출

아프리카는 국내 소비를 위한 **충분한** 식량을 생산하고자 안간힘을 쓸 것이다.

파 sufficiently ad 충분히
유 enough a 충분한
adequate a 충분한, 부족하지 않은
반 insufficient a 불충분한

0831 □□□ ★★★

durable ⓐ 내구성 있는, 튼튼한, 오래 견디는
[djúərəbl]

This office desk is **durable** and light.
이 사무용 책상은 **내구성이 있고** 가볍다.

㊌ strong ⓐ 튼튼한
long-lasting ⓐ 오래 가는
㊉ fragile ⓐ 부서지기 쉬운, 무른

0832 □□□ ★★

pour ⓥ 붓다, 퍼붓다, 쏟아지다
[pɔːr]

Pour the sauce over the pasta.
파스타 위에 소스를 **부어라**.

㊌ spill ⓥ 엎지르다

0833 □□□ ★

closet ⓝ 벽장, 찬장
[klázit]

You mean the dress in the **closet** with the big star on it? 기출
옷장에 있는 큰 별이 그려진 그 드레스 말인가요?

voca+ clos(닫힌) + et(명·접) → 닫혀 있는 곳

㊌ cupboard ⓝ 찬장, 벽장

0834 □□□ ★★

deserve ⓥ (~을 받을) 자격이 있다, ~할 만하다
[dizə́ːrv]

You worked hard to enter that college, and you **deserve** your success. 기출
그 대학에 들어가기 위해 열심히 공부했으니 너는 성공**할 만하다**.

㊋ deserving ⓐ 자격이 있는
㊍ deserve to *do* ~받을 만하다

0835 □□□ ★★ 다의어

cover ⓥ 1. 덮다 2. 가리다, 감추다 3. 다루다, 보도하다, 포함하다 ⓝ 4. 덮개, 표지
[kʌ́vər]

교과서

1 Giant red dust storms frequently **cover** the entire planet.
거대한 붉은 먼지 폭풍이 종종 그 행성 전체를 **뒤덮는다**.

2 **Cover** your mouth when you cough. 교과서
기침할 때는 입을 **가려라**.

교과서

3 The media **covers** many problems in our communities.
미디어는 우리 사회의 여러 문제들을 **다룬다**.

4 Don't judge a book by its **cover**.
표지를 보고 책을 판단하지 말아라.(겉모습만 보고 평가하지 말아라.)

㊋ covering ⓝ 외피, ~을 덮는 막
coverage ⓝ (적용) 범위; 보도

0836 □□□ ★★ 다의어

folk ⓝ 1. 사람들 ⓐ 2. 민간의; 민속의, 전통적인

[fouk]

1 For the northern **folk**, it was the ordinary practice of preserving food. 기출
북부 **사람들**에게, 그것은 음식을 저장하는 일반적인 관행이었다.

2 **Folk** medicine really works. 기출
민간 요법은 정말 효과가 있다.

유 people ⓝ 사람들
참 fork ⓝ 포크
folk tale 민간 설화

0837 □□□ 고난도

autonomy ⓝ 자율성, 자주성

[ɔːtánəmi]

Too many limits may spoil the normal development of **autonomy**. 기출
지나친 제한은 **자율성**의 정상적 발달을 저해할지도 모른다.

파 autonomic ⓐ 자율 신경의; 자발적인
유 independence ⓝ 독립(심)

0838 □□□ 고난도

resign ⓥ 사직[사임]하다, 물러나다, 포기하다

[rizáin]

She **resigned** from her position last month.
그녀는 지난달에 자신의 직위에서 **사직했다**.

유 quit ⓥ 그만두다
give up 포기하다

---

invaluable vs valuable

0839 □□□ ★★

invaluable ⓐ 매우 귀중한

[invǽljuəbl]

교과서

The map is considered an **invaluable** part of Korean history.
그 지도는 한국 역사의 **매우 귀중한** 부분으로 여겨진다.

파 value ⓝ 가치, 값어치
유 precious ⓐ 귀중한
valuable ⓐ 귀중한
반 worthless ⓐ 쓸모없는, 무가치한

0840 □□□ ★★

valuable ⓐ 가치 있는, 귀중한

[vǽljuəbl]

교과서

His inventions are especially **valuable** in his home country.
그의 발명품은 그의 고국에서 특히 **가치가 있다**.

유 invaluable ⓐ 매우 귀중한
반 valueless ⓐ 가치가 없는, 하찮은

DAILY TEST

A 영어는 우리말로, 우리말은 영어로 바꿔 쓰시오.

01	durable	______	08	사과, 사죄	______
02	frustrated	______	09	거주자, 서식 동물	______
03	export	______	10	바치다, 전념하다	______
04	corresponding	______	11	일, 과업, 과제	______
05	invaluable	______	12	위험한, 무모한	______
06	flow	______	13	상상의, 공상의	______
07	phrase	______	14	덮다; 다루다, 보도하다	______

B 빈칸에 알맞은 말을 〈보기〉에서 찾아 쓰시오.

severe	refund	ecological	voluntary

01 Participation in club activities is ______.

02 You can get a(n) ______ if you have your receipt.

03 A(n) ______ drought has caused most of the corn crop to fail.

04 In recent years, a new movement has come to light, adding a more ______ philosophy.

C 밑줄 친 단어와 유사한 의미를 가진 말을 고르시오.

01 Stress is a normal reaction that almost everyone experiences. 【ordinary / valuable】

02 For the northern folk, it was the ordinary practice of preserving food. 【people / closet】

03 Africa will struggle to produce sufficient food for domestic consumption. 【secure / enough】

A 01 내구성 있는, 튼튼한, 오래 견디는 02 낙담한, 답답한, 좌절한 03 수출하다; 수출(품); 수출(용)의 04 해당하는, 상응[대응]하는 05 매우 귀중한 06 흐르다, 흘러가다; 흐름 07 구, 구절, 문구 08 apology 09 inhabitant 10 devote 11 task 12 risky 13 imaginary 14 cover

B 01 voluntary 02 refund 03 severe 04 ecological

C 01 ordinary 02 people 03 enough

0841 □□□ ★★

intake ⓝ 섭취(량); 빨아들임, 흡입
[íntèik]

What should we do to reduce sugar **intake**? 기출
설탕 **섭취**를 줄이기 위해 우리는 무엇을 해야 하는가?

voca+ in(안으로) + take(취함) → 섭취

유 consumption ⓝ 섭취, 소비

0842 □□□ ★★★

dominant ⓐ 지배적인, 우월한, 우세한
[dɑ́mənənt]

Despite being the **dominant** predators of their habitats, they move silently. 교과서
서식지의 **지배적인** 포식자임에도 불구하고 그들은 조용히 움직인다.

파 dominance ⓝ 우세함
dominate ⓥ 지배하다, 우세하다
유 main ⓐ 주된, 주요한

0843 □□□ ★★

entertaining ⓐ 재미있는, 즐거움을 주는
[èntərtéiniŋ]

They make their advertisements more **entertaining** to discourage viewers from skipping their ads. 기출
그들은 시청자들이 그들의 광고를 건너뛰지 못하게 하려고 광고를 더 **재미있게** 만든다.

파 entertain ⓥ 즐겁게[재미있게] 하다, 대접하다
entertainment ⓝ 오락, 여흥, 연예
유 interest ⓥ 흥미를 끌다

0844 □□□ ★★★

extinct ⓐ 멸종된, 사라진
[ikstíŋkt]

Dodo birds became **extinct** during the late 19th century. 기출
도도새는 19세기 후반기에 **멸종되었다**.

파 extinction ⓝ 멸종

0845 □□□ ★★

fabric ⓝ 직물, 천, 섬유
[fǽbrik]

As for **fabric**, cotton is easier to wash. 기출
직물로서, 면은 세탁하기 더 쉽다.

유 textile ⓝ 직물, 옷감

0846 □□□ ★★

insert ⓥ 삽입하다, 집어넣다
[insə́ːrt]

I had some difficulties **inserting** the background music. 기출
나는 배경음악을 **삽입하는** 데 어려움이 좀 있었다.

파 insertion ⓝ 삽입(물)
유 include ⓥ 포함하다

0847 □□□ ★★

polish

[pάliʃ]

ⓥ 광택을 내다, 윤이 나게 하다, 다듬다

He **polishes** his shoes every day.
그는 매일 그의 신발에 **광을 낸다**.

유 rub ⓥ 문질러 닦다

0848 □□□ ★★

suppress

[səprés]

ⓥ 억누르다, 억제하다, 참다

I **suppressed** an urge to laugh.
나는 웃고 싶은 충동을 **억눌렀다**.

voca+ sup(sub: 아래로) + press(누르다) → 억압하다

유 restrain ⓥ 억누르다, 억제하다
oppress ⓥ 억압하다, 압박하다

0849 □□□ ★

examine

[igzǽmin]

ⓥ 조사[검토]하다, 검사하다

If you **examine** the context carefully, you may be able to find useful clues. 교과서
상황을 주의깊게 **검토한다면**, 너는 유용한 단서를 찾을 수도 있다.

파 examination ⓝ 검사, 검토
유 check ⓥ 조사[점검]하다

0850 □□□ ★

moreover

[mɔːróuvər]

ad 게다가, 더욱이

It was a good car and, **moreover**, the price was reasonable.
그건 좋은 차였는데, **게다가** 가격도 적당했다.

유 furthermore ad 게다가, 더욱이
additionally ad 게다가

0851 □□□ ★★

symptom

[símptəm]

ⓝ 증상, 징후

Coughing is one of the most common **symptoms** of a cold. 기출
기침은 감기의 가장 흔한 **증상** 중 하나이다.

유 sign ⓝ 징후, 징조

0852 □□□ ★★

possession

[pəzéʃən]

ⓝ 소유(물), 보유, 점유

Little children defend their **possessions** with screams. 기출
어린 아이들은 소리를 지르며 자신의 **소유물**을 지킨다.

파 possess ⓥ (자격·능력을) 지니다, 가지다
유 belongings ⓝ 소유물

DAY 22

0853 □□□ ★★★

eruption

[n] 분출, 폭발, 분화

[irʌ́pʃən]

The city was destroyed and buried during a long **eruption** of the volcano. [기출]

그 도시는 오랜 기간에 걸친 화산 **분출**로 인해 파괴되고 매몰되었다.

[파] erupt [v] 분출[분화]하다
[유] explosion [n] 폭발

0854 □□□ ★★

remark

[n] 말, 언급; 주목 [v] 말하다, 논평하다

[rimɑ́ːrk]

His **remarks** provoked both tears and laughter.

그의 **말**은 눈물과 웃음을 모두 유발했다.

Critics **remarked** that the play was not original.

평론가들은 그 연극이 독창적이지 않다고 **논평했다**.

[파] remarkable [a] 주목할 만한, 놀라운
remarkably [ad] 대단히, 현저하게
[유] comment [n] 발언, 말

0855 □□□ ★★★

forbid

[v] 금지하다, 금하다

[fərbíd]

At that time, schools were **forbidden** to teach lessons in Korean. [교과서] 그 당시에 학교들은 한국어로 수업하는 것을 **금지당했다**.

(forbid-forbade-forbidden)
[파] forbidden [a] 금지된, 금단의
[유] prohibit [v] 금지하다, 막다
[반] permit [v] 허용[허가]하다

0856 □□□ ★★

gear

[n] 장비, 복장; 기어

[giər]

I bought the tent at a camping **gear** store nearby. [기출]

나는 그 텐트를 근처에 있는 캠핑 **장비** 가게에서 샀어.

[유] equipment [n] 장비, 용품
[참] rain gear 우비

0857 □□□ ★

store

[v] 저장하다, 보관하다 [n] 가게; 저장량

[stɔːr]

Many saw how inhabitants of the northern regions **stored** their food in the winter. [기출]

많은 사람들은 북쪽 지역 거주민들이 겨울에 그들의 식량을 어떻게 **저장하는지**를 보았다.

[파] storage [n] 저장, 보관
[유] stock [v] 저장하다, 비축하다

0858 □□□ ★★

confront

[v] 맞서다, 직면하다

[kənfrʌ́nt]

Some efforts are now being made to **confront** these problems.

이 문제에 **맞서기** 위해 지금 몇 가지 노력이 이루어지고 있다.

voca+ con(함께) + front(정면) → 서로 마주 보다

[파] confrontation [n] 직면, 대면
[유] face [v] 직면하다, 마주하다

0859 □□□ ★★

ash [æʃ]

ⓝ 재, (*pl.*) 잿더미, 화산재

The cloud of volcanic **ash** is spreading across wide areas.
그 **화산재** 구름은 넓은 지역에 걸쳐 퍼지고 있다.

파 ashy ⓐ 재의; 회색의, 창백한
참 volcanic ash 화산재

0860 □□□ ★★

core [kɔːr]

ⓝ 핵심, 중심(부) ⓐ 중요한, 핵심의

기출 Biking can decrease back pain by building your **core** muscles.
자전거 타기는 당신의 **핵심** 근육을 형성함으로써 허리 통증을 줄여줄 수 있다.

유 center ⓝ 중심 ⓐ 중심의
key ⓐ 중요한
반 periphery ⓝ 주변(부)

0861 □□□ ★★

endure [indjúər]

ⓥ 견디다, 참다; 지속되다, 오래가다

교과서 He **endured** those hard times and wrote this masterpiece.
그는 그 힘든 시기를 **견디고** 이 걸작을 썼다.

파 endurance ⓝ 인내(력), 지구력
유 bear ⓥ 참다, 견디다
last ⓥ 지속되다

0862 □□□ ★★

guilty [gílti]

ⓐ 유죄의, 죄를 느끼는

They were found **guilty** of murder. 그들은 살인죄로 **유죄판결을** 받았다.

파 guilt ⓝ 죄책감, 유죄
반 innocent ⓐ 무죄인, 결백한

0863 □□□ ★★

rotate [róuteit]

ⓥ 회전하다, 돌다; 교대하다

They proposed that Earth might **rotate** on an axis. 기출
그들은 지구가 축을 중심으로 **회전할**지도 모른다고 제안했다.

파 rotation ⓝ 회전, 자전; 교대
유 revolve ⓥ 회전하다

0864 □□□ ★★★

astonishing [əstániʃiŋ]

ⓐ 놀라운, 믿기 힘든

The boy told us an **astonishing** story.
그 소년은 우리에게 **놀라운** 이야기를 들려주었다.

파 astonish ⓥ 놀라게 하다
유 amazing ⓐ 놀라운
incredible ⓐ 놀라운, 믿을 수 없는

0865 □□□ ★★

entrance [éntrəns]

ⓝ 입구; 입장, 입학

The **entrance** fee is 10 dollars and free for those aged 13 and under. 기출 **입장**료는 10달러이고 13세 이하는 무료입니다.

파 enter ⓥ 들어가다
유 entry ⓝ 들어감, 입장; 참가(자); 출품작

DAY 22

0866 □□□ ★★

relaxation ⓝ 휴식, 기분 전환; 완화
[rìːlækséiʃən]

They take part in recreational activities as a form of **relaxation** from work pressures. 기출
그들은 업무 압박으로부터의 **휴식**의 한 형태로 오락 활동에 참여한다.

파 **relax** ⓥ (긴장 등을) 늦추다, 편안하게 하다
유 **leisure** ⓝ 자유 시간
rest ⓝ 휴식

0867 □□□ ★★

frighten ⓥ 겁나게 하다, 놀라게 하다
[fráitən]

He was a shy boy who seemed to be **frightened** of his own shadow. 교과서
그는 자신의 그림자에도 몹시 **겁을 내는** 듯한 수줍음을 타는 아이였다.

voca+ • frighten : 갑작스럽고 일시적으로 강렬한 공포를 느끼다
• terrify : 자제심을 잃고 기겁할 정도로 무서움을 느끼다

파 **fright** ⓝ 공포
유 **scare** ⓥ 겁먹게[놀라게] 하다
terrify ⓥ 겁나게 하다

0868 □□□ ★

cancel ⓥ 취소하다, 철회하다
[kǽnsəl]

교과서
The coach **cancelled** the baseball game because of the rain.
코치는 비 때문에 야구 경기를 **취소했다**.

파 **cancellation** ⓝ 취소
유 **call off** ~을 취소하다

0869 □□□ ★★

compose ⓥ 구성하다; 작곡하다
[kəmpóuz]

교과서
The youth choir was **composed** of singers from 80 countries.
청소년 합창단은 80개국의 가수들로 **이루어졌다**.

I can not only write lyrics but also **compose** music. 교과서
나는 가사를 쓸 수 있을 뿐만 아니라 음악도 **작곡할** 수 있다.

voca+ com(함께) + pose(두다) → 여러 개를 함께 두어 어떤 하나를 만들어내다

파 **composer** ⓝ 작곡가
composition ⓝ 창작, 작곡; 구성
숙 **be composed of** ~로 구성되다[이루어지다]

0870 □□□ ★★

agreement ⓝ 합의, 동의, 승낙, 계약
[əgríːmənt]

We frequently overestimate the ease of achieving **agreement** with others. 기출
우리는 종종 다른 사람들과 **합의**를 이루기가 쉽다는 것을 과대평가한다.

유 **accord** ⓝ 합의, 일치
반 **disagreement** ⓝ 불일치, 의견 차이, 논쟁

0871 □□□ ★★★

designate ⓥ 지정하다, 지명하다, 선정하다
[dézignèit]

The vase has been **designated** as a National Treasure of Korea. 교과서
그 화병은 한국의 국보로 **지정되었다**.

유 select ⓥ 선택[선발]하다

0872 □□□ ★★★

compensate ⓥ 보상하다, 배상하다; 보충[보완]하다
[kámpənsèit]

Efforts should be made to **compensate** for the losses caused by the increase in supply. 기출
공급 증가에 의해 유발된 손실을 **보상하기** 위한 노력이 이루어져야 한다.

파 compensation ⓝ 보상(금)
유 pay ⓥ 보상하다
숙 compensate for ~을 보상하다

0873 □□□ ★★

appearance ⓝ 외모, 겉모습; 등장, 출현
[əpíərəns]

Don't be fooled by his **appearance**.
그의 **겉모습**에 속지 마세요.

파 appear ⓥ ~처럼 보이다; 나타나다; (신문 등에) 나다
유 image ⓝ 모습, 인상

DAY 22

0874 □□□ ★★

injustice ⓝ 부당함, 부정, 불공평
[indʒʌ́stis]

She had the courage to resist **injustice**. 교과서
그녀는 **부당함**에 저항할 용기가 있었다.

voca+ in(~이 아닌) + justice(정의, 정당함) → 부당함

유 unfairness ⓝ 불공평
반 justice ⓝ 정의, 공정

0875 □□□ ★★ 다의어

interest ⓝ 1. 이익, 이득 2. 이자 3. 관심, 흥미
ⓥ 흥미를 끌다
[íntərəst]

기출

1 All wildlife species act in ways that harm human **interests**.
모든 야생생물 종은 인간의 **이익**에 해로운 방식으로 행동한다.

2 How much **interest** are you paying on the loan?
그 대출에 **이자**를 얼마나 내고 있니?

3 The campaign provoked great **interest**.
그 캠페인은 큰 **관심**을 불러 일으켰다.

유 advantage ⓝ 이익, 득
profit ⓝ 수익, 이윤
curiosity ⓝ 호기심
attract ⓥ 끌다, 유인하다

0876 □□□ ★★ 다의어

current

[kə́:rənt]

ⓐ 1. 현재의, 지금의 ⓝ 2. 해류, 기류; 전류

1 The new model will succeed the **current** one next summer.
새로운 모델이 내년 여름에 **현재의** 모델을 이어나갈 것이다. 기출

2 Benjamin Franklin studied ocean **currents** on the side.
Benjamin Franklin은 바다 가장자리의 **해류**를 연구했다.

파 currently ad 현재, 지금
currency ⓝ 통화, 화폐
유 present ⓐ 현재의
flow ⓝ 흐름, 유수

0877 □□□ 고난도

torment

ⓝ [tɔ́:rment]
ⓥ [tɔ:rmént]

ⓝ 고통, 골칫거리 ⓥ 괴롭히다

교과서
She missed several days of school to avoid such **torment**.
그녀는 그러한 **고통**을 피하기 위해 며칠간 학교를 결석했다.

유 suffering ⓝ 고통, 괴로움
trouble ⓝ 곤란, 어려움

0878 □□□ 고난도

restless

[réstlis]

ⓐ 가만히 못 있는, 불안한

You feel **restless** in your legs and have difficulty going to sleep. 교과서
당신은 다리를 **가만히 있지 못하고** 잠을 잘 잘 수 없다.

파 restlessly ad 침착하지 못하게
유 uneasy ⓐ 불안한, 불편한

---

lay vs lie

0879 □□□ ★

lay

[lei]

ⓥ 놓다, 두다; (알을) 낳다

The family now has a safe place where they can **lay** their heads. 교과서
그 가족은 이제 그들의 머리를 **누일** 수 있는 안전한 곳을 갖게 되었다.

Thousands of turtles **lay** their eggs in the sand.
수천 마리의 거북이들이 모래에 **알을 낳는다**.

(lay-laid-laid)
유 put ⓥ 놓다, 두다
참 lay eggs 알을 낳다

0880 □□□ ★

lie

[lai]

ⓥ 거짓말하다, 속이다; 눕다, 누워 있다; (물건이) 놓여 있다

I would never **lie** to you. 나는 네게 절대 **거짓말을 하지** 않을 거야.

The king **lay** down and slept. 교과서 왕은 **누워서** 잠이 들었다.

거짓말하다(lie-lied-lied)
눕다, 놓여 있다(lie-lay-lain)
유 deceive ⓥ 속이다

A 영어는 우리말로, 우리말은 영어로 바꿔 쓰시오.

01 endure ________
02 appearance ________
03 suppress ________
04 rotate ________
05 compensate ________
06 designate ________
07 eruption ________
08 광택을 내다 ________
09 이익; 이자; 관심 ________
10 취소하다, 철회하다 ________
11 유죄의, 죄를 느끼는 ________
12 합의, 동의, 승낙 ________
13 휴식; 완화 ________
14 고통, 골칫거리 ________

B 빈칸에 알맞은 말을 <보기>에서 찾아 알맞은 형태로 쓰시오.

dominant	remark	fabric	extinct

01 As for ________, cotton is easier to wash.
02 Critics ________ that the play was not original.
03 Dodo birds became ________ during the late 19th century.
04 Despite being the ________ predators of their habitats, they move silently.

C 밑줄 친 단어와 유사한 의미를 가진 말을 고르시오.

01 The boy told us an astonishing story. 【current / amazing】
02 What should we do to reduce sugar intake? 【consumption / symptom】
03 Some efforts are now being made to confront these problems. 【face / store】

A 01 견디다, 참다; 지속되다, 오래가다 02 외모, 겉모습; 등장, 출현 03 억누르다, 억제하다, 참다 04 회전하다, 돌다; 교대하다 05 보상하다, 배상하다; 보충[보완]하다 06 지정하다, 지명하다, 선정하다 07 분출, 폭발, 분화 08 polish 09 interest 10 cancel 11 guilty 12 agreement 13 relaxation 14 torment
B 01 fabric 02 remarked 03 extinct 04 dominant
C 01 amazing 02 consumption 03 face

0881 □□□ ★★

frequent ⓐ 빈번한, 잦은, 자주 일어나는

[fríːkwənt]

I have **frequent** trouble updating programs. 기출

나는 프로그램을 업데이트 하는 데 **잦은** 문제가 생긴다.

파 frequently ad 자주, 흔히
frequency ⓝ 빈도

0882 □□□ ★★

internal ⓐ 내적인, 내부의

[intə́ːrnəl]

The **internal** pressure you place on yourself to achieve is normal and useful. 기출

성취하기 위해 스스로에게 가하는 **내적인** 압박은 정상적이고 유용하다.

유 inner ⓐ 내부의, 내면의
반 external ⓐ 외부의, 밖의

0883 □□□ ★★★

neglect ⓥ 간과하다, 무시하다; 방치하다 ⓝ 무시; 태만

[niglékt]

He argued that this is a much **neglected** area in the study of recent history. 기출

그는 이것이 최근 역사 연구에서 대단히 **간과된** 영역이라고 주장했다.

유 overlook ⓥ 간과하다
ignore ⓥ 무시하다

0884 □□□ ★★★

promising ⓐ 유망한, 촉망되는

[prámisiŋ]

Virtual reality is one of the most **promising** technologies in this area. 교과서

가상 현실은 이 분야에서 가장 **유망한** 기술 중 하나이다.

유 prospective ⓐ 기대되는, 장래의
potential ⓐ 가능성이 있는, 잠재적인

0885 □□□ ★

junk ⓝ 잡동사니, 쓸모없는 물건, 쓰레기

[dʒʌŋk]

The garage is filled with **junk**.

차고가 **잡동사니**로 가득 차 있다.

유 garbage ⓝ 쓰레기
참 junk food 패스트 푸드, 정크푸드(인스턴트 식품)

0886 □□□ ★★★

linguistic ⓐ 언어적인, 언어의

[liŋgwístik]

His lecture is about the **linguistic** development of young children.

그의 강연은 어린 아이들의 **언어적** 발달에 관한 것이다.

파 linguistics ⓝ 언어학

0887 □□□ ★★★

manipulate ⓥ 조작하다, 조종하다
[mənípjulèit]

I don't know how to **manipulate** the machine.
나는 그 기계를 어떻게 **조작해야** 할지 모른다.

㉫ manipulation ⓝ 조작, 속임수
㉳ control ⓥ 통제[제어]하다
handle ⓥ 다루다

0888 □□□ ★

active ⓐ 활동적인, 적극적인, 활발한
[ǽktiv]

Cats in the wild are most **active** in the early morning and evenings. 기출
야생에 사는 고양이는 이른 아침과 저녁에 가장 **활동적**이다.

㉫ action ⓝ 행동, 동작; 조치
activity ⓝ 활동
㉯ inactive ⓐ 활동하지 않는

0889 □□□ ★★

exceed ⓥ 넘어서다, 초과하다
[iksíːd]

Membership in car sharing **exceeds** one in five adults in many urban areas. 기출
차량 공유 회원 수가 많은 도시 지역에서 성인 5명 중 1명을 **넘어선다**.

voca+ ex(바깥으로) + ceed(가다) → (어떤 선) 바깥으로 넘어가다

㉫ excess ⓝ 초과, 과잉
excessive ⓐ 과도한, 지나친
㉳ surpass ⓥ 넘어서다, 초과하다

0890 □□□ ★★

contestant ⓝ 참가자, 경쟁자
[kəntéstənt]

Each **contestant** must bring their own materials. 기출
각 **참가자**는 자신의 재료들을 가지고 와야 합니다.

㉫ contest ⓝ 경쟁, 시합 ⓥ 다투다
㉳ participant ⓝ 참가자, 참여자
competitor ⓝ 경쟁자

0891 □□□ ★★★

approximately ⓐⓓ 대략, 거의
[əprɑ́ksəmətli]

There were **approximately** 200 people at the meeting.
그 모임에는 **대략** 200명의 사람들이 있었다.

㉫ approximate ⓥ ~에 가깝다, ~와 비슷하다 ⓐ 대략의
㉳ roughly ⓐⓓ 대략, 거의

0892 □□□ ★★

marine ⓐ 해양의, 바다의
[məríːn]

Pollution harms **marine** life.
오염은 **해양** 생물들에게 해를 끼친다.

㉵ submarine ⓝ 잠수함

0893 □□□ ★★

innocent

[ínəsənt]

ⓐ 순결한, 순수한; 무죄의, 죄가 없는

White expresses the **innocent** spirit of Korean people. 교과서

흰색은 한국 사람들의 **순결한** 영혼을 표현한다.

유 pure ⓐ 순수한, 깨끗한
naive ⓐ 순진한
반 guilty ⓐ 유죄의

0894 □□□ ★★★

mere

[miər]

ⓐ 그저 ~에 불과한, 단순한

Most of the soldiers were **mere** boys.

대부분의 군인들은 **그저** 소년들에 **불과했다**.

파 merely ad 단순히, 그저, 단지

0895 □□□ ★★

proposal

[prəpóuzəl]

ⓝ 제안, 제의, 계획

Have you thought about my **proposal**? 기출

제 **제안**에 대해 생각해 보셨어요?

파 propose ⓥ 제안[제의]하다
유 suggestion ⓝ 제안, 제의

0896 □□□ ★★

aircraft

[έərkræ̀ft]

ⓝ 항공기, 비행기

Stay below 400 feet in order to keep away from manned **aircraft**. 기출

유인 **항공기**로부터 떨어져 있기 위해 400피트 이하로 유지하세요.

복 aircraft

0897 □□□ ★★

unity

[júːnəti]

ⓝ 통일, 통합, 일치

China's frequent times of **unity** and Europe's constant disunity both have a long history. 기출

중국의 빈번한 **통합**의 시기와 유럽의 지속적인 분열의 시기는 모두 오랜 역사를 지니고 있다.

파 unite ⓥ 결합하다, 단결하다
유 unification ⓝ 통일, 통합
반 disunity ⓝ 분열

0898 □□□ ★★

psychology

[saikάlədʒi]

ⓝ 심리(학)

She studied child **psychology** at university.

그녀는 대학에서 아동 **심리학**을 공부했다.

파 psychologist ⓝ 심리학자
psychological ⓐ 심리적인

0899 □□□ ★★

mimic

[mímik]

ⓥ 따라하다, 흉내내다

교과서

When we see our friends laughing, we **mimic** their laughter.

우리는 친구들이 웃는 것을 볼 때 그들의 웃음을 **따라한다**.

유 imitate ⓥ 모방하다, 흉내내다

0900 □□□ ★★★

moderate

[mádərət]

ⓐ 적당한, 보통의, 절제하는

Moderate aerobic exercise is good for your health.

적당한 에어로빅 운동은 건강에 좋다.

유 modest ⓐ 적당한, 보통의
반 extreme ⓐ 극단적인

0901 □□□ ★★

illegal

[ilí:gəl]

ⓐ 불법의, 불법적인

Hunting on this mountain is **illegal**.

이 산에서 사냥하는 것은 **불법**이다.

voca+ il(~ 아닌) + legal(합법적인) → 합법적이지 않은

유 unlawful ⓐ 불법의, 불법적인
반 legal ⓐ 법률의, 합법의

0902 □□□ ★★

gene

[dʒi:n]

ⓝ 유전자

Identical twins have the same **genes**.

일란성 쌍둥이는 같은 **유전자**를 갖고 있다.

파 genetic ⓐ 유전(학)의
genetics ⓝ 유전학

0903 □□□ ★

invention

[invénʃən]

ⓝ 발명(품), 창작

There are countless examples of scientific **inventions** that have been generated by accident. 기출

우연히 만들어진 과학 **발명품**의 예는 셀 수 없이 많다.

파 invent ⓥ 발명하다
inventive ⓐ 창의적인
inventor ⓝ 발명가
유 creation ⓝ 창조, 창작

0904 □□□ ★★

largely

[lá:rdʒli]

ad 대체로, 주로

We are **largely** governed by our emotions. 기출

우리는 **대체로** 우리의 감정에 의해 지배당한다.

유 mostly ad 대개, 주로

DAY 23

0905 □□□ ★★★

grief [gri:f]
ⓝ 큰 슬픔, 비탄, 비통

Meeting new people helped her recover from her **grief.** 교과서
새로운 사람들을 만나는 것은 그녀가 **큰 슬픔**에서 회복하는 데 도움이 되었다.

파 grieve ⓥ 비통해하다
유 sadness ⓝ 슬픔
sorrow ⓝ 슬픔, 비애

0906 □□□ ★★

irregular [irégjulər]
ⓐ 불규칙한, 고르지 못한

She has a very **irregular** schedule.
그녀는 스케줄이 매우 **불규칙하다**.

voca+ ir(~ 아닌) + regular(규칙적인) → 규칙적이지 않은

유 unstable ⓐ 불안정한, 변하기 쉬운
반 regular ⓐ 규칙적인, 정기적인; 보통의

0907 □□□ ★★★

fluid [flú:id]
ⓝ 유동체, 액체 ⓐ 유동성의

What is this sticky **fluid**?
이 끈적한 **액체**는 뭐죠?

파 fluidity ⓝ 유동성
유 liquid ⓝ 액체 ⓐ 액체의
반 solid ⓝ 고체 ⓐ 고체의

0908 □□□ ★★★

nourish [nə́:riʃ]
ⓥ 자양분을 공급하다; (감정 등을) 키우다

Rain and soil **nourish** the plants.
비와 토양은 식물에 **자양분을 공급한다**.

파 nourishment ⓝ 음식물, 자양분
유 feed ⓥ 먹이를 주다; 양육하다

0909 □□□ ★★

optimal [ɑ́ptəməl]
ⓐ 최적의, 최선의

They are now in **optimal** condition to run the marathon. 기출
그들은 이제 그 마라톤을 달릴 수 있는 **최적의** 상태에 있다.

유 optimum ⓐ 최적의

0910 □□□ ★★★

property [prɑ́pərti]
ⓝ 재산(권); 소유물, 소유권

Traditionally, intellectual **property** has played little role in promoting basic science. 기출
전통적으로 지적 **재산권**은 기초 과학을 증진시키는 데 있어 별다른 역할을 하지 못했다.

유 possessions ⓝ 소지품

0911 □□□ ★★

race ⓝ 인종, 민족; 경주
[reis]

People of all **races** and religions gathered in the main square.
모든 **인종**과 종교의 사람들이 주 광장에 모였다.

Slow and steady wins the **race**.
〈속담〉 더디고 꾸준하면 **경주**에서 이긴다.(일을 서두르면 망친다.)

파 **racial** ⓐ 인종의, 인종적인
racism ⓝ 인종 차별(주의)
유 **nation** ⓝ 국민, 민족

0912 □□□ ★★

sculpture ⓝ 조각품, 조각
[skʌ́lptʃər]

I was overwhelmed by the **sculptures** and paintings in the Vatican Museums. 교과서
나는 바티칸 박물관의 **조각품들**과 그림들에 압도당했다.

파 **sculpt** ⓥ 조각하다
유 **statue** ⓝ 상, 조각상

0913 □□□ ★★★

privilege ⓝ 특권, 특전, 영광 ⓥ 특권을 주다
[prívəlidʒ]

Limitless dreaming is a **privilege** of the young. 교과서
무한한 꿈을 꾸는 것은 젊은이들의 **특권**이다.

voca+ privi(개인의) + lege(법률) → 특정 개인에게 적용되는 법

파 **privileged** ⓐ 특권의
유 **right** ⓝ 권리
benefit ⓝ 이익, 혜택

DAY 23

0914 □□□ ★★

advocate ⓝ 옹호자, 지지자 ⓥ 옹호[지지]하다
ⓝ [ǽdvəkət]
ⓥ [ǽdvəkèit]

Advocates for each side of the issue present arguments for their positions. 기출
쟁점의 각 입장에 있는 **옹호자들**이 자신의 입장에 대한 논거를 제시한다.

파 **advocative** ⓐ 옹호하는
유 **supporter** ⓝ 지지자
반 **oppose** ⓥ 반대하다

0915 □□□ ★★ 다의어

edge ⓝ 1. 끝, 가장자리, 모서리 2. 우위, 강점 3. 위기 ⓥ 테두리를 두르다
[edʒ]

1 She stood so close to the **edge** of the cliff.
그녀는 절벽의 **끝**에 아주 가까이 서 있었다.

2 This capacity gave early human beings a major evolutionary **edge**. 기출 이 능력은 초기 인간에게 중요한 진화적 **우위**를 주었다.

3 The animal is a species on the **edge** of extinction.
그 동물은 멸종 **위기**에 있는 종이다.

유 **verge** ⓝ 가장자리, 끝
side ⓝ 측면, 면
advantage ⓝ 이점, 유리함

0916 □□□ ★★ 다의어

fine [fain]
ⓐ 1. 세밀한, 미세한 2. 괜찮은, 좋은
ⓝ 3. 벌금 ⓥ 벌금을 물리다

1 Breathing in **fine** dust can cause serious diseases. 교과서
미세먼지를 들이마시는 것은 심각한 질병을 야기할 수 있다.

3 He paid a heavy **fine** for speeding.
그는 과속으로 무거운 **벌금**을 냈다.

유 minute ⓐ 상세한, 정밀한
good ⓐ 좋은, 괜찮은
penalty ⓝ 형벌

0917 □□□ 고난도

rear [riər]
ⓐ 뒤쪽의, 뒤에 있는 ⓝ 뒤쪽 ⓥ 기르다

They walked to the **rear** entrance used for blacks. 기출
그들은 흑인들이 이용하는 **뒤쪽** 출입구로 걸어갔다.

She has **reared** four children very successfully.
그녀는 네 명의 아이들을 아주 성공적으로 **길러냈다**.

유 back ⓐ 뒤의, 배후의 ⓝ 뒤
nurture ⓥ 양육하다, 키우다
반 front ⓐ 정면의, 앞의 ⓝ 정면, 앞부분

0918 □□□ 고난도

verify [vérəfài]
ⓥ 검증하다, 확인하다

Additional investigation was conducted to **verify** the findings.
연구 결과를 **검증하기** 위해 추가 조사가 실시되었다.

파 verification ⓝ 확인, 검증
유 confirm ⓥ 확인하다, 분명히 하다

---

considerable vs considerate

0919 □□□ ★★

considerable [kənsídərəbl]
ⓐ 상당한, 많은; 중요한

The sharing economy brings **considerable** benefits to the environment. 교과서
공유경제는 환경에 **상당한** 이익을 가져다준다.

파 considerably ad 많이, 상당히
유 substantial ⓐ 상당한
significant ⓐ 커다란; 중요한

0920 □□□ ★★

considerate [kənsídərət]
ⓐ 사려 깊은, 배려하는

교과서
What are your own rules for being a **considerate** SNS user?
사려 깊은 SNS 사용자가 되기 위한 여러분만의 규칙은 무엇인가요?

유 thoughtful ⓐ 사려 깊은
반 inconsiderate ⓐ 사려깊지 못한, 경솔한

A 영어는 우리말로, 우리말은 영어로 바꿔 쓰시오.

01	privilege	______	08	미세한; 벌금	______
02	moderate	______	09	순수한; 무죄의	______
03	frequent	______	10	옹호자; 옹호하다	______
04	verify	______	11	최적의, 최선의	______
05	linguistic	______	12	유전자	______
06	approximately	______	13	인종, 민족; 경주	______
07	property	______	14	모서리; 우위; 위기	______

B 빈칸에 알맞은 말을 <보기>에서 찾아 알맞은 형태로 쓰시오.

manipulate	neglect	internal	mere

01 Most of the soldiers were ______ boys.

02 I don't know how to ______ the machine.

03 He argued that this is a much ______ area in the study of recent history.

04 The ______ pressure you place on yourself to achieve is normal and useful.

C 밑줄 친 단어와 유사한 의미를 가진 말을 고르시오.

01 Meeting new people helped her recover from her grief. 【sorrow / fluid】

02 When we see our friends laughing, we mimic their laughter. 【imitate / exceed】

03 What are your own rules for being a considerate SNS user? 【considerable / thoughtful】

A 01 특권, 특전, 영광; 특권을 주다 02 적당한, 보통의, 절제하는 03 빈번한, 잦은, 자주 일어나는 04 검증하다, 확인하다 05 언어적인, 언어의 06 대략, 거의 07 재산(권); 소유물, 소유권 08 fine 09 innocent 10 advocate 11 optimal 12 gene 13 race 14 edge

B 01 mere 02 manipulate 03 neglected 04 internal

C 01 sorrow 02 imitate 03 thoughtful

0921 □□□ ★★

unfortunately ad 유감스럽게도, 불행하게도
[ʌnfɔ́ːrtʃənətli]

Unfortunately, the economy soon grew worse quickly. 기출
유감스럽게도, 경기는 곧 빠르게 나빠졌다.

유 **regretfully** ad 유감스럽게도
반 **fortunately** ad 다행히도

0922 □□□ ★★★

addiction n 중독
[ədíkʃən]

He is an expert on exercise **addiction**. 기출
그는 운동 **중독**에 관한 전문가이다.

파 **addict** v 중독시키다 n 중독자
addicted a 중독된
유 **dependence** n 의존

0923 □□□ ★★★

disposable a 일회용의
[dispóuzəbl]

You may prefer **disposable** plates because they are convenient to use. 교과서
당신은 **일회용** 접시가 쓰기 편하기 때문에 그것을 선호할지도 모른다.

파 **dispose** v 배치하다; 처분하다
disposal n 처리, 처분
유 **throwaway** a 일회용의, 사용 후 버리는
참 **disposables** n 일회용품

0924 □□□ ★★

vet n 수의사(= veterinarian)
[vet]

I took my dog to the **vet** this morning. 기출
나는 오늘 아침에 내 개를 **수의사**에게 데려갔었어.

참 **bet** v 내기를 하다 n 내기

0925 □□□ ★★

concept n 개념, 생각, 발상
[kánsept]

The teacher explained the **concept** clearly. 교과서
선생님은 그 **개념**을 명확하게 설명하셨다.

파 **conception** n 개념
conceptual a 개념의
conceptualize v 개념화하다
유 **notion** n 개념, 관념

0926 □□□ ★

weakness n 약점, 단점, 결점
[wíːknis]

Get to really know yourself and learn what your **weaknesses** are. 기출
자신에 대해 제대로 알고 자신의 **약점**이 무엇인지 파악하라.

파 **weaken** v 약화시키다
유 **flaw** n 결점, 결함
반 **strength** n 강점, 장점

0927 □□□ ★

historical

ⓐ 역사적인, 역사(상)의

[histɔ́rikəl]

There are some great **historical** places in our town. 교과서

우리 마을에는 몇몇 위대한 **역사적** 장소가 있다.

㉥ history ⓝ 역사
historian ⓝ 역사가, 사학자
historic ⓐ 역사적으로 중요한

0928 □□□ ★★★

sustain

ⓥ 지탱하다, 부양하다; 지속하다

[səstéin]

Agricultural societies require more people to grow the crops that **sustain** the people. 기출

농업 사회는 사람들을 **지탱해 주는** 농작물을 재배할 더 많은 사람들을 필요로 한다.

㉥ sustainable ⓐ (환경 파괴 없이) 지속 가능한
㉤ support ⓥ 지지[지원]하다
maintain ⓥ 지속하다

0929 □□□ ★

cheer

ⓥ 환호성을 지르다 ⓝ 쾌활함, 생기

[tʃiər]

The crowd **cheered** loudly for the boy. 교과서

관중은 그 소년을 위해 큰 소리로 **환호성을 질렀다**.

㉥ cheerful ⓐ 쾌활한, 즐거운
㉤ encourage ⓥ 격려하다
㉦ cheer up ~을 격려하다

0930 □□□ ★

mobile

ⓐ 이동하는, 이동식의 ⓝ 휴대전화

[móubəl]

Ensure that your **mobile** phone is on silent. 기출

휴대전화를 무음으로 하는 것을 잊지마세요.

㉤ portable ⓐ 휴대용의
㉧ immobile ⓐ 움직이지 않는

0931 □□□ ★★

necessarily

ⓐⓓ 필연적으로, 반드시, 물론

[nèsəsérəli]

Money and power do not **necessarily** lead you to success. 기출

돈과 권력이 당신을 **반드시** 성공으로 이끄는 것은 아니다.

㉥ necessary ⓐ 필요한, 필수적인, 불가피한
㉤ inevitably ⓐⓓ 필연적으로, 반드시

0932 □□□ ★★

thrilled

ⓐ 아주 흥분한, 신이 난

[θrild]

She was **thrilled** to be able to choose someone to work with. 기출

그녀는 함께 일할 사람을 선택할 수 있게 되어 **신이 났다**.

㉥ thrill ⓝ 흥분, 설렘, 전율 ⓥ 흥분시키다, 오싹하게 하다
㉤ delighted ⓐ 기뻐하는

0933 ☐☐☐ ★★★

grind [v] 갈다, 분쇄하다
[graind]

They **grind** the grain into flour.
그들은 곡물을 **갈아서** 밀가루를 만든다.

(grind-ground-ground)
[파] grinder [n] 분쇄기
[유] mill [v] 빻다, 분쇄하다

0934 ☐☐☐ ★★

clap [v] 박수 치다, 손뼉을 치다 [n] 박수
[klæp]

The couple danced and the others **clapped**.
부부는 춤을 추고 다른 사람들은 **박수를 쳤다**.

[유] applaud [v] 박수 치다

0935 ☐☐☐ ★★★

architecture [n] 건축(술), 건축학, 건축 양식; 구조
[ɑ́:rkitèktʃər]

People continue to use *ondol* to this day in modern **architecture**. [교과서]
사람들은 오늘날까지 현대 **건축 양식**에 계속 온돌을 사용한다.

[파] architectural [a] 건축학의, 건축술의
architect [n] 건축가

0936 ☐☐☐ ★

behave [v] 행동하다, 처신하다; 예의 바르게 행동하다
[bihéiv]

The robot **behaves** in the same way that humans do. [기출]
로봇은 인간이 하는 것과 똑같은 방식으로 **행동한다**.

[파] behavior [n] 행동
[유] act [v] 행동하다, 처신하다
[반] misbehave [v] 버릇없이 굴다

0937 ☐☐☐ ★★

fancy [a] 멋진, 근사한, 화려한 [n] 공상, 환상 [v] 상상하다
[fǽnsi]

Have you ever been to a really **fancy** restaurant? [교과서]
정말로 **근사한** 식당에 가본 적 있니?

[유] fantasy [n] 공상, 상상

0938 ☐☐☐ ★★

horrified [a] 겁이 난, 겁먹은
[hɔ́:rəfàid]

She was **horrified** to hear the news.
그녀는 그 소식을 듣고 **겁을 먹었다**.

[파] horrify [v] 무서워하게 하다
horror [n] 공포
horrible [a] 무서운, 끔찍한, 소름끼치는

0939 □□□ ★★★

tug [tʌg]

ⓥ 잡아당기다, 끌다

유 pull ⓥ 끌다, 당기다
참 tug of war 줄다리기

He **tugged** at her arm to get her attention.
그는 그녀의 주의를 끌기 위해 그녀의 팔을 **잡아당겼다**.

0940 □□□ ★★

previous [príːviəs]

ⓐ 이전의, 앞의, 먼저의

파 previously ad 이전에, 미리
유 prior ⓐ 먼저의
former ⓐ 과거의, 전의; 전자의
반 subsequent ⓐ 다음의, 그 뒤의, 뒤이은

Can you find any differences from the **previous** version? 기출
이전의 버전과 다른 점을 찾을 수 있겠니?

voca+ pre(앞에) + vi(길) + ous(형·접) → 길을 앞서간

0941 □□□ ★★

enemy [énəmi]

ⓝ 적

유 rival ⓝ 경쟁자, 적수
opponent ⓝ 상대, 반대자

Know your **enemy**, and you will fight better! 교과서
적을 알면 더 잘 싸울 수 있을 것이다!

0942 □□□ ★★★

numerous [njúːmərəs]

ⓐ 다수의, 수많은, 엄청난

유 countless ⓐ 많은, 셀 수 없는

He met **numerous** individuals who had read and been inspired by his books. 기출
그는 자신의 책을 읽고 영감을 받은 **수많은** 사람들을 만났다.

0943 □□□ ★★

biologist [baiɑ́lədʒist]

ⓝ 생물학자

파 biology ⓝ 생물학, 생태학
biological ⓐ 생물학적인
biologically ad 생물학적으로

Mr. Smith, a **biologist**, spent more than a decade studying fish. 기출
생물학자인 Smith 씨는 물고기를 연구하면서 십년 이상을 보냈다.

0944 □□□ ★★

ironically [airɑ́nikəli]

ad 얄궂게도, 역설적으로

파 ironic ⓐ 반어적인, 역설적인

Ironically, the stuff that gives us life eventually kills it. 기출
얄궂게도, 우리에게 생명을 주는 그것이 결국 생명을 죽인다.

0945 □□□ ★★

digest ⓥ (음식을) 소화하다, 소화시키다
[daidʒést]

Humans can consume and **digest** a wide selection of plants and animals found in their surroundings. 기출
인간은 주변 환경에서 발견된 다양한 부류의 식물과 동물을 먹고 **소화시킬** 수 있다.

파 digestive ⓐ 소화의 ⓝ 소화제
digestion ⓝ 소화(력)

0946 □□□ ★★

gifted ⓐ 재능 있는, 타고난
[gíftid]

He is known as a **gifted** player.
그는 **재능 있는** 선수로 알려져 있다.

파 gift ⓝ 타고난 재능; 선물
유 talented ⓐ 재능이 있는

0947 □□□ ★★

branch ⓝ 가지; 지사, 지점; 분야 ⓥ 갈라지다
[bræntʃ]

Birds are singing on the **branches** of a tree.
새들이 나뭇**가지** 위에서 노래하고 있다.

the **branch** of physics 물리학의 한 **분야**

유 twig ⓝ 잔가지
참 branch office 지점, 지사

0948 □□□ ★★

caution ⓝ 주의 사항, 경고 ⓥ 경고를 주다
[kɔ́:ʃən]

These drugs should be used with **caution**.
이 약들은 **주의**해서 사용해야 한다.

파 cautious ⓐ 조심스러운, 신중한
cautiously ad 조심스럽게
유 care ⓝ 조심, 주의
숙 with caution 조심하여, 신중하게

0949 □□□ ★

government ⓝ 정부, 정권, 행정
[gʌ́vərnmənt]

English is widely spoken as it is used for **government** and business purposes. 기출
영어가 **행정** 및 상업적인 목적으로 사용되기 때문에 널리 쓰인다.

파 govern ⓥ 통치하다, 지배하다
유 administration ⓝ 통치, 행정

0950 □□□ ★

central ⓐ 중심적인, 가장 중요한, 중심의
[séntrəl]

Repetition is **central** to the process of rewiring our brains. 기출
반복은 우리 뇌를 재연결하는 과정에서 **가장 중요하다**.

파 center ⓝ 중심, 중앙 ⓥ 집중시키다, 중앙에 있다
유 necessary ⓐ 필수적인, 필요한
middle ⓐ 중앙의

0951 □□□ ★★

boost [bu:st] ⓥ 북돋우다, 밀어올리다, 늘리다 ⓝ 증가, 증대

Cooking for yourself can **boost** your confidence. 교과서
혼자 힘으로 요리를 하는 것은 자신감을 **북돋울** 수 있다.

유 improve ⓥ 향상시키다
increase ⓥ 증가시키다

0952 □□□ ★★

corporate [kɔ́:rpərət] ⓐ 기업의, 회사의; 공동의

We had to adapt quickly to new **corporate** policies.
우리는 **회사의** 새로운 방침에 빠르게 적응해야 했다.

파 corporation ⓝ 기업, 법인

0953 □□□ ★★

leather [léðər] ⓝ 가죽, 가죽 제품

He tied her hands with a small piece of **leather**. 기출
그는 그녀의 손을 작은 **가죽끈**으로 묶었다.

유 hide ⓝ (짐승의) 가죽

0954 □□□ ★★

chill [tʃil] ⓝ 냉기, 한기 ⓥ 차가워지다; 소름끼치게 하다; 진정하다

I could feel the **chill** as soon as I went outside.
나는 밖에 나가자마자 **한기**가 느껴졌다.

파 chilly ⓐ 차가운, 추운
참 chill one's blood 간담을 서늘하게 하다

0955 □□□ ★★ 다의어

reason [rí:zən] ⓝ 1. 이유, 근거 2. 이성 ⓥ 3. 추론하다

1 I have no **reason** to forgive you. 교과서
나는 널 용서할 **이유**가 없다.

2 He said that God's existence could be proved using knowledge and **reason**.
그는 신의 존재가 지식과 **이성**을 통해 증명될 수 있다고 말했다. 기출

3 Kids have a greater ability to **reason** as they get older.
아이들은 나이가 들어감에 따라 **추론할** 수 있는 더 나은 능력을 갖게 된다.

파 reasonable ⓐ 합리적인, 비싸지 않은
reasonably ⓐⓓ 이성적으로, 합리적으로; 상당히
유 logic ⓝ 논리
sense ⓝ 판단력, 지각
infer ⓥ 추론하다

0956 □□□ ★★ 다의어

state
[steit]

ⓝ 1. 상태 2. 국가, 주(州)
ⓥ 3. 진술하다, 말하다 4. 명시하다

1 His drive for perfectionism was putting him into a **state** of constant stress. 기출
완벽을 추구하는 그의 욕구가 그를 지속적인 스트레스 **상태**로 몰아넣고 있었다.

2 the biggest city in the **state** of Washington
워싱턴 **주(州)**에서 가장 큰 도시

3 Clearly **state** your address and telephone number.
주소와 전화번호를 분명하게 **말하세요**.

4 **state** a problem in a document 서류에 문제점을 **명시하다**

㊄ statement ⓝ 말, 진술
㊗ condition ⓝ 상태
nation ⓝ 나라, 국가
say ⓥ 말하다, 발언하다
indicate ⓥ 나타내다, 시사하다

0957 □□□ 고난도

molecule
[mάləkjùːl]

ⓝ 분자

About four billion years ago, **molecules** joined together to form cells. 기출
약 40억 년 전에 **분자**가 서로 결합하여 세포를 형성했다.

㊄ molecular ⓐ 분자의
㊟ atom ⓝ 원자

0958 □□□ 고난도

reciprocity
[rèsəprάsəti]

ⓝ 호혜, 상호 이익; 상호 관계[작용], 교환

Before this research was conducted, generalized **reciprocity** was thought to be unique to humans. 기출
이 연구가 수행되기 전에는 일반적인 **호혜성**이 인간에게 고유한 것으로 여겨졌다.

㊄ reciprocal ⓐ 상호간의

---

explode vs exploit

0959 □□□ ★★

explode
[iksplóud]

ⓥ 폭발하다, 터지다

The bomb will **explode** in ten minutes.
폭탄이 십분 안에 **폭발할** 것이다.

㊄ explosion ⓝ 폭발
explosive ⓐ 폭발성의
㊗ blow up 폭파하다, 터뜨리다

0960 □□□ ★★

exploit
[iksplɔ́it]

ⓥ 이용하다, 착취하다

The immediate pleasure of eating must be **exploited** to the full, even though it does violence to our digestion. 기출
먹는 것의 즉각적인 즐거움은 소화에 무리가 되더라도 충분히 **이용되어야** 한다.

㊄ exploitation ⓝ 개발, 착취
㊗ take advantage of ~을 이용하다

A 영어는 우리말로, 우리말은 영어로 바꿔 쓰시오.

01	addiction	______	08	개념, 생각, 발상	______
02	sustain	______	09	이성; 추론하다	______
03	horrified	______	10	필연적으로, 반드시	______
04	fancy	______	11	가지; 지점; 분야	______
05	architecture	______	12	생물학자	______
06	central	______	13	역설적으로	______
07	disposable	______	14	적	______

B 빈칸에 알맞은 말을 〈보기〉에서 찾아 쓰시오.

corporate　　caution　　numerous　　previous

01 These drugs should be used with ______.

02 We had to adapt quickly to new ______ policies.

03 Can you find any differences from the ______ version?

04 He met ______ individuals who had read and been inspired by his books.

C 밑줄 친 단어와 유사한 의미를 가진 말을 고르시오.

01 The couple danced and the others clapped. 【tug / applaud】

02 The robot behaves in the same way that humans do. 【digest / act】

03 She was thrilled to be able to choose someone to work with. 【gifted / delighted】

A 01 중독 02 지탱하다, 부양하다; 지속하다 03 겁이 난, 겁먹은 04 멋진, 근사한, 화려한; 공상, 환상; 상상하다 05 건축(술), 건축학, 건축 양식; 구조 06 중심적인, 가장 중요한, 중심의 07 일회용의 08 concept 09 reason 10 necessarily 11 branch 12 biologist 13 ironically 14 enemy
B 01 caution 02 corporate 03 previous 04 numerous
C 01 applaud 02 act 03 delighted

0961 □□□ ★

deepen ⓥ 깊어지다, 심화시키다
[dí:pən]

Teachers take an active role in developing and **deepening** students' comprehension. 기출
교사는 학생의 이해를 진전시키고 **심화시키는** 데 있어 적극적인 역할을 한다.

voca+ deep(깊은) + en(~하게 하다) → 깊게 하다

유 reinforce ⓥ 강화하다
strengthen ⓥ 증강하다

0962 □□□ ★★★

collision ⓝ 충돌, 부딪침, 상충
[kəlíʒən]

Collisions between aircraft usually occur in the surrounding area of airports. 기출
항공기 간의 **충돌**은 대개 공항 주변 지역에서 발생한다.

파 collide ⓥ 충돌하다, 부딪치다
유 crash ⓝ 충돌, 추락

0963 □□□ ★★

vegetation ⓝ 초목, 식물
[vèdʒitéiʃən]

Once the **vegetation** has started to recover, birds and other animals will travel into the newly regenerated area. 기출
일단 **식물**이 회복하기 시작하면, 새와 다른 동물들이 그 새롭게 재생된 영역 속으로 이동하게 될 것이다.

유 plant ⓝ 식물, 초목

0964 □□□ ★★

tackle ⓥ (문제 등을) 다루다, 대처하다, (힘든 문제와) 씨름하다
[tǽkl]

The government has tried to **tackle** the problem.
정부는 그 문제를 **다루려고** 노력해 왔다.

유 deal with ~을 다루다

0965 □□□ ★★

dense ⓐ 밀집한, 자욱한, 짙은
[dens]

Seoul is a city with a **dense** population.
서울은 인구가 **밀집한** 도시이다.

파 densely ad 빽빽하게, 짙게
density ⓝ 밀도
반 sparse ⓐ 부족한, 희박한

0966 □□□ ★★★

compel ⓥ 강요하다, 억지로 ~시키다
[kəmpél]

At school, we were **compelled** to wear uniforms.
학교에서 우리는 교복을 입도록 **강요받았다**.

유 force ⓥ 억지로 ~시키다, 강요하다
oblige ⓥ ~에게 강요하다

0967 □□□ ★

organ

[ɔ́ːrgən]

ⓝ 내장, 장기, 기관

Doctors use ultrasound to visualize the structure of internal **organs**. 기출 의사는 내부 **장기**의 구조를 시각화하기 위해 초음파를 사용한다.

파 organic ⓐ 장기의, 기관의; 유기적인
organize ⓥ 준비[계획]하다, 조직하다

0968 □□□ ★★

inquiry

[inkwáiəri]

ⓝ 문의; 조사, 연구

The government has not yet answered our **inquiry**.
정부는 아직 우리의 **문의**에 답변하지 않았다.

파 inquire ⓥ 문의하다; 조사하다
inquisitive ⓐ 호기심 많은, 탐구적인

0969 □□□ ★

insist

[insíst]

ⓥ 주장하다, 고집하다, 우기다

She **insisted** that he stop playing computer games. 교과서
그녀는 그가 컴퓨터 게임을 그만해야 한다고 **주장했다**.

유 demand ⓥ 요구하다
persist ⓥ 고집하다, 우기다
argue ⓥ 주장하다

0970 □□□ ★★

enlighten

[inláitən]

ⓥ 계몽하다, 가르치다, 이해시키다

Education **enlightens** the ignorant.
교육은 무지한 사람들을 **계몽한다**.

voca+ en(~되게 하다) + light(빛) + en(동·접) → ~에 빛을 주다

파 enlightened ⓐ 계몽된, 깨어 있는

0971 □□□ ★★

scarce

[skεərs]

ⓐ 부족한, 불충분한, 드문

There have been numerous times in history when food has been rather **scarce**. 기출
역사적으로 음식이 꽤 **부족했던** 수많은 시기가 있었다.

파 scarcity ⓝ 부족, 결핍
유 deficient ⓐ 부족한, 불충분한
반 plentiful ⓐ 풍부한, 많은

0972 □□□ ★

equal

[íːkwəl]

ⓐ 평등한, 같은 ⓥ 같다, 맞먹다

We would have a better life in a more **equal** and cooperative society. 기출
우리는 더 **평등하고** 협력하는 사회에서 더 나은 삶을 살게 될 것이다.

파 equally ad 똑같이
equality ⓝ 평등
inequality ⓝ 불평등, 불균형

DAY 25

0973 □□□ ★

tie
[tai]

ⓥ 연결하다, 묶다, 매다 ⓝ 유대; 넥타이

교과서

For Kandinsky, music and color were closely **tied** together.
칸딘스키에게 있어 음악과 색깔은 서로 밀접하게 **연관되어** 있었다.

유 link ⓥ 연결하다, 이어지다
connect ⓥ 연결하다
bond ⓝ 유대, 끈 ⓥ 결합시키다

0974 □□□ ★★

finite
[fáinait]

ⓐ 한정적인, 한정된, 유한의

기출

There is a **finite** range of jobs we can perform effectively.
우리가 효과적으로 수행할 수 있는 **한정된** 범위의 직업이 있다.

유 limited ⓐ 제한된
restricted ⓐ 제한된
반 infinite ⓐ 무한한

0975 □□□ ★★

serial
[síriəl]

ⓐ 연속되는, 일련의, 순차적인

Scientists made **serial** observations over a period of two weeks. 과학자들은 2주의 기간에 걸친 **연속적인** 관찰을 했다.

유 continuous ⓐ 연속적인, 지속적인
consecutive ⓐ 연속적인
참 serial number 일련 번호

0976 □□□ ★★

sociology
[sòusiάlədʒi]

ⓝ 사회학

She majored in **sociology**. 그녀는 **사회학**을 전공했다.

voca+ socio(사회의) + logy(학문을 나타내는 접미사) → 사회학

파 sociologist ⓝ 사회학자

0977 □□□ ★★★

deceive
[disí:v]

ⓥ 속이다, 기만하다, 사기치다

The company **deceived** customers by selling old computers as new ones.
그 회사는 오래된 컴퓨터를 새것으로 팔아 고객들을 **속였다**.

파 deceptive ⓐ 기만적인, 속이는
deception ⓝ 속임(수), 기만 (= deceitfulness)
유 cheat ⓥ 속이다

0978 □□□ ★★

soothing
[sú:ðiŋ]

ⓐ 진정시키는, 통증을 완화하는

Some consumers buy skin creams for their **soothing** effect on the skin. 기출
일부 소비자들은 피부 **진정** 효과 때문에 피부용 크림을 구입한다.

파 soothe ⓥ 달래다, 진정시키다, 완화하다

0979 □□□ ★

gather [gǽðər] ⓥ 모으다, 수집하다; 모이다, 집결하다

Use your five senses to **gather** information. 교과서
정보를 **수집하기** 위해 여러분의 오감을 사용하세요.

㉺ gathering ⓝ 모임
㊤ collect ⓥ 모으다, 수집하다

0980 □□□ ★★★

triumph [tráiəmf] ⓝ 승리, 대성공 ⓥ 승리를 거두다, 이기다

In the moment of **triumph** I felt uneasy.
승리의 순간에 나는 불안했다.

㉺ triumphant ⓐ 성공한, 의기양양한
㊤ success ⓝ 성공
victory ⓝ 승리

0981 □□□ ★

fur [fəːr] ⓝ 털, 털가죽; 모피

Some bears have thick white **fur**.
어떤 곰들은 두껍고 하얀 **털**을 갖고 있다.

㉺ furry ⓐ 털로 덮인
㊤ hair ⓝ 털, 머리(털)

0982 □□□ ★★

flock [flɑk] ⓝ 떼, 무리 ⓥ 모이다, 떼짓다

The seagull tries his best to rejoin the **flock**. 교과서
그 갈매기는 **무리**에 다시 끼려고 최선을 다한다.

Birds of a feather **flock** together.
〈속담〉 같은 성향의 사람들은 함께 **모인다**(유유상종).

voca+ flock은 조류 등의 새 떼를 나타낼 때, herd는 사슴과 같은 육상 동물의 떼나 무리를 나타낼 때 쓰인다.

㊤ gather ⓥ 모이다
assemble ⓥ 모이다, 모으다

0983 □□□ ★★★

conceive [kənsíːv] ⓥ 상상하다, 마음에 품다, 생각해내다; 임신하다

I wonder how he **conceived** of the idea for it. 교과서
나는 그가 그것에 대한 아이디어를 어떻게 **생각해냈는지** 궁금하다.

㉺ conception ⓝ 개념, 생각 (= concept)
㊤ imagine ⓥ 상상하다
㊅ conceive of ~을 상상하다, ~을 생각하다

0984 □□□ ★

text [tekst] ⓝ 문자, 본문, 글 ⓥ 문자를 보내다

Study participants viewed **text** chat as more polite than voice chat. 기출
연구 참여자들은 **문자** 채팅을 음성 채팅보다 더 예의 바른 것으로 여겼다.

㉺ textual ⓐ 원문의, 본문의

DAY 25

0985 □□□ ★★

generous

[a] 관대한, 너그러운, 아량 있는

[dʒénərəs]

He is always **generous** to everyone.

그는 항상 모든 이에게 **너그럽다**.

[파] generosity [n] 관대함
[유] tolerant [a] 관대한, 아량 있는
[반] mean [a] 인색한, 비열한

0986 □□□ ★★

belly

[n] 배, 복부

[béli]

There is a famous Spanish proverb that says, "The **belly** rules the mind." [기출]

'**배**가 마음을 다스린다.'라고 하는 유명한 스페인 속담이 있다.

[유] stomach [n] 위, 복부
abdomen [n] 배, 복부

0987 □□□ ★★

hands-on

[a] 직접 해 보는, 실제 체험하는

[hæ̀ndzɑ́:n]

This course is a **hands-on** class. [기출]

이 과정은 **직접 실습하는** 수업입니다.

0988 □□□ ★★★

flourish

[v] 번창하다, 번영하다, 꽃피우다

[flə́:riʃ]

Rivers and forests are not simply property but maintain their own right to **flourish**. [기출]

강과 숲은 단순히 재산이 아니라 그것 스스로가 **번창할** 권리를 가진다.

voca+ flour(꽃) + ish(~으로 되다) → 꽃이 피다

[유] prosper [v] 번영하다, 발전하다
thrive [v] 번창하다

0989 □□□ ★★

humid

[a] 습기 있는, 축축한

[hjú:mid]

Try wearing a couple of extra jackets on a hot **humid** day. [기출]

덥고 **습한** 날에 여분의 재킷 두 개를 입는 것을 시도해 보라.

[파] humidity [n] 습기
[유] wet [a] 젖은

0990 □□□ ★

department

[n] 부(서), 과; (상품별) 매장, 코너

[dipɑ́:rtmənt]

From next week, you will be working in the Marketing **Department**. [기출]

다음 주부터 당신은 마케팅 **부서**에서 일하게 될 것입니다.

[유] section [n] 부문, 구획

0991 □□□ ★★★

blur
[bləːr]

ⓥ 흐릿하게 하다, 흐릿해지다
ⓝ 흐릿한 형체; 더러움, 얼룩

I saw the **blur** of faces mirrored in the window.
나는 창문에 비친 **흐릿한** 얼굴 **형체**들을 보았다.

㉺ blurry ⓐ 흐릿한, 모호한

0992 □□□ ★★

joint
[dʒɔint]

ⓐ 공동의, 합동의 ⓝ 관절; 이음매

a **joint** project supported by NASA 교과서
NASA가 후원하는 **공동** 프로젝트

She has been having pain in her shoulder **joint**.
그녀는 어깨 **관절**이 계속 아팠다.

㊇ mutual ⓐ 서로의, 상호의

0993 □□□ ★★★

contemporary
[kəntémpərèri]

ⓐ 현대의, 현대적인; 동시대의

Most **contemporary** high art began as some sort of craft. 기출
대부분의 **현대의** 고급 예술은 일종의 공예로써 시작했다.

㊇ modern ⓐ 근대의, 현대의
recent ⓐ 최근의, 근대의
㊟ temporary ⓐ 일시적인

0994 □□□ ★★★

mound
[maund]

ⓝ 흙더미, 언덕; 〈야구〉 마운드

These insects are able to maintain a constant temperature in their hives or **mounds** throughout the year. 기출
이 곤충들은 일 년 내내 자신들의 벌집 또는 **흙더미**(개미탑) 안에서 일정한 온도를 유지할 수 있다.

㊇ pile ⓝ 더미

0995 □□□ ★★ 다의어

rate
[reit]

ⓝ 1. 속도 2. 비율 ⓥ 3. 여기다, 평가하다

1 The world's livestock industries are growing at a speedy **rate**. 교과서
세계의 축산업은 빠른 **속도**로 성장하고 있다.

2 Little by little, the crime **rate** dropped. 기출
조금씩 범죄**율**이 감소했다.

3 His work is highly **rated** by literary critics.
그의 작품은 문학 평론가들로부터 높이 **평가된다**.

㉺ rating ⓝ 평점; 등급
㊇ speed ⓝ 속력, 속도
proportion ⓝ 비율, 비
evaluate ⓥ 평가하다

0996 □□□ ★★ 다의어

stable

[stéibl]

ⓐ 1. 안정적인, 안정된 ⓝ 2. 축사, 마구간

1 People want to continue **stable** social relationships. 기출
사람들은 **안정적인** 사회적 관계를 지속하길 원한다.

2 The lions entered the **stable** and attacked the cows. 교과서
사자들이 **축사**에 들어가서 소들을 공격했다.

파 **stability** ⓝ 안정성
유 **balanced** ⓐ 균형 잡힌, 안정된
반 **unstable** ⓐ 불안정한

0997 □□□ 고난도

endeavor

[endévər]

ⓝ 노력, 시도 ⓥ 노력하다

His philanthropic **endeavors** have provided health care and disaster relief. 기출
그의 박애주의적인 **노력**은 의료 서비스와 재난 구호를 제공해 왔다.

유 **effort** ⓝ 노력
strive ⓥ 노력하다, 애쓰다

0998 □□□ 고난도

fertile

[fə́ːrtəl]

ⓐ 비옥한, 기름진

These plants need a moist **fertile** soil.
이 식물들은 습기가 많고 **비옥한** 토양을 필요로 한다.

파 **fertilize** ⓥ 비옥하게 하다
fertilizer ⓝ 비료

moral vs morale

0999 □□□ ★

moral

[mɔ́ːrəl]

ⓐ 도덕적인, 도덕의, 윤리의

The company emphasized **moral** duties more than profits. 기출
그 회사는 이익보다는 **도덕적** 의무를 강조했다.

파 **morally** ad 도덕적으로
morality ⓝ 도덕(성), 윤리성
반 **immoral** ⓐ 비도덕적인

1000 □□□ ★★

morale

[mərǽl]

ⓝ 사기, 의욕

The wins have boosted team **morale**.
그 승리가 팀의 **사기**를 올려주었다.

유 **spirit** ⓝ 원기, 활기

A 영어는 우리말로, 우리말은 영어로 바꿔 쓰시오.

01 compel ______________
02 deceive ______________
03 conceive ______________
04 flock ______________
05 enlighten ______________
06 fertile ______________
07 hands-on ______________
08 평등한, 같은; 같다 ______________
09 문의; 조사, 연구 ______________
10 충돌, 부딪침, 상충 ______________
11 사기, 의욕 ______________
12 공동의; 관절 ______________
13 흐릿한 형체; 더러움 ______________
14 습기 있는, 축축한 ______________

B 빈칸에 알맞은 말을 〈보기〉에서 찾아 쓰시오.

flourish	triumph	stable	rate

01 In the moment of ______________ I felt uneasy.

02 Little by little, the crime ______________ dropped.

03 People want to continue ______________ social relationships.

04 Rivers and forests are not simply property but maintain their own right to ______________.

C 밑줄 친 단어의 반대의 의미를 가진 말을 고르시오.

01 He is always generous to everyone. 【contemporary / mean】

02 Seoul is a city with a dense population. 【finite / sparse】

03 There have been numerous times in history when food has been rather scarce. 【plentiful / serial】

A 01 강요하다, 억지로 ~시키다 02 속이다, 기만하다, 사기치다 03 상상하다, 마음에 품다, 생각해내다; 임신하다 04 떼, 무리; 모이다, 떼짓다 05 계몽하다, 가르치다, 이해시키다 06 비옥한, 기름진 07 직접 해 보는, 실제 체험하는 08 equal 09 inquiry 10 collision 11 morale 12 joint 13 blur 14 humid
B 01 triumph 02 rate 03 stable 04 flourish
C 01 mean 02 sparse 03 plentiful

1001 □□□ ★★★

sacred ⓐ 신성한, 성스러운
[séikrid]

The artist's job is not to imitate nature but rather to reveal the **sacred** qualities of nature. 기출
예술가의 일은 자연을 모방하는 것이라기보다는 오히려 자연의 **신성한** 특성을 드러내는 것이다.

유 holy ⓐ 신성한

1002 □□□ ★★

portion ⓝ 부분; (음식의) 1인분
[pɔ́:rʃən]

Please return the bottom **portion** of this letter. 기출
이 편지의 아랫**부분**을 다시 보내주세요.

If you have to lose weight, you must eat smaller **portions** and exercise. 기출
몸무게를 줄여야 한다면, 당신은 더 적은 **1인분의 양**을 먹으며 운동을 해야 한다.

유 part ⓝ 부분
share ⓝ 몫, 일부분

1003 □□□ ★★

faith ⓝ 신념, 믿음
[feiθ]

We have lost **faith** in the justice system.
우리는 사법제도에 대한 **믿음**을 잃었다.

voca+
- faith : 객관적인 근거가 없음에도 불구하고 맹목적으로 신뢰하는 행위로, 특히 이성적으로 믿을 수 없는 것을 맹목적으로 받아들임
- belief : 의심없이 진실이라고 받아들임
- confidence : 자신의 경험이나 증거, 이유에 의거한 신념
- trust : 사람·사물이 지닌 능력이나 신뢰성 등에 대한 직관적인 신용

파 faithful ⓐ 충실한
유 belief ⓝ 믿음, 신념

1004 □□□ ★★

sophomore ⓝ (대학, 고등학교의) 2학년생
[sɑ́fəmɔ̀:r]

He joined the football team when he was a **sophomore**.
그는 **2학년** 때 축구팀에 합류했다.

참 freshman ⓝ 신입생

1005 □□□ ★★★

intrinsic ⓐ 본질적인, 고유한, 내재적인
[intrínsik]

Precious metals have **intrinsic** beauty and exist in fixed quantities. 기출
귀금속은 **내재적인** 아름다움을 지니고 있으며, 고정된 양으로 존재한다.

유 inherent ⓐ 고유의, 타고난
반 extrinsic ⓐ 외재적인, 고유의 것이 아닌

1006 □□□ ★★

swiftly ⓐⓓ 신속히, 빨리
[swíftli]

He turned **swiftly** before touching the sides of the pool. 교과서
그는 수영장의 끝에 닿기 전에 **재빨리** 몸을 돌렸다.

파 swift ⓐ 신속한, 빠른
유 rapidly ⓐⓓ 신속히, 빨리
quickly ⓐⓓ 빨리, 곧
promptly ⓐⓓ 신속히, 즉시

1007 □□□ ★

drip ⓥ (액체가) 똑똑 떨어지다
[drip]

There were jars everywhere to catch all the rainwater **dripping** from the roof. 교과서
지붕에서 **떨어지는** 모든 빗물을 받아내기 위해 여기저기 항아리가 놓여 있었다.

유 drop ⓥ (액체가) 똑똑 떨어지다 ⓝ 방울
참 droplet ⓝ 작은 물방울

1008 □□□ ★★

dependent ⓐ 의존적인, 의지하는
[dipéndənt]

Two species are so **dependent** upon each other that if one becomes extinct, the other will as well. 기출
두 개의 종이 서로 매우 **의존적이어서** 한 종이 멸종하면 다른 한 종 또한 멸종하게 된다.

파 depend ⓥ 의지[의존]하다
dependence ⓝ 의존
반 independent ⓐ 독립적인

1009 □□□ ★

glory ⓝ 영광, 명예
[glɔ́:ri]

All of his hard work and dedication was rewarded with **glory**. 교과서
그의 모든 노고와 헌신이 **영광**으로 보상받았다.

파 glorious ⓐ 영광스러운
glorify ⓥ 찬양하다
유 honor ⓝ 명예, 영광; 존경

1010 □□□ ★

expressive ⓐ (감정을) 나타내는, 표현[표정]이 풍부한
[iksprésiv]

Singers express all kinds of feelings and situations through **expressive** words. 교과서
가수들은 **표현력이 풍부한** 가사를 통해 모든 종류의 감정과 상황을 표현한다.

파 express ⓥ 표현하다
expression ⓝ 표현, 표정

1011 □□□ ★

duty ⓝ 의무, 임무, 업무
[djú:ti]

She was carrying out many of the chief engineer's **duties**. 교과서
그녀는 수석 엔지니어의 많은 **업무**를 수행하고 있었다.

파 dutifully ⓐⓓ 충실하게
유 job ⓝ 직무, 역할

1012 □□□ ★★

recipe ⓝ 조리법, 요리법; 방안, 비결
[résəpiː]

My mom took out this cookbook to look for a **recipe**.
엄마는 **조리법**을 찾으려고 이 요리책을 꺼내왔다.

참 cuisine ⓝ (특유한) 요리(법)

1013 □□□ ★★

cognitive ⓐ 인지적인, 인식의
[kάgnitiv]

기출
The frontal lobe is devoted to advanced **cognitive** functioning.
(대뇌의) 전두엽은 고도의 **인지** 기능을 전담한다.

파 cognitively ad 인지적으로
cognition ⓝ 인식, 인지

1014 □□□ ★

nevertheless ad 그럼에도 불구하고
[nèvərðəlés]

He was very tired; **nevertheless** he went on walking.
그는 매우 지쳤음**에도 불구하고** 계속 걸었다.

유 nonetheless ad 그럼에도 불구하고

1015 □□□ ★

operate ⓥ (기계를) 조작하다, 운영하다; 수술하다
[άpərèit]

교과서
He ended up with a film sensor **operating** with a small battery.
그는 작은 배터리로 **작동하는** 필름 센서를 사용하기로 결정했다.

voca+ oper(일) + ate(동·접) → 일을 하다

파 operation ⓝ 운영; 수술
operational ⓐ 가동할 준비가 갖춰진

1016 □□□ ★

private ⓐ 사적인, 개인적인; 사립의
[práivit]

The Art Museum was Korea's first **private** museum. 교과서
그 미술관은 한국 최초의 **사립** 미술관이었다.

파 privacy ⓝ 사생활

1017 □□□ ★★

punish ⓥ 벌을 주다, 처벌하다, 혼내다
[pʌ́niʃ]

I **punished** the hunter and instructed him to keep his dogs chained. 기출
나는 사냥꾼을 **벌하고** 그에게 그의 개들을 사슬에 묶어두라고 지시했다.

파 punishment ⓝ 벌, 처벌
반 forgive ⓥ 용서하다

1018 □□□ ★★

nod
[nɑd]

ⓥ (고개를) 끄덕이다; 졸다 ⓝ 끄덕임

Mary's parents **nodded** in agreement. 기출
Mary의 부모님은 동의하며 **고개를 끄덕였다**.

참 **shake one's head** 고개를 흔들다

1019 □□□ ★

blow
[blou]

ⓥ (바람이) 불다, (입김, 공기 등을) 내뿜다[불다]
ⓝ 일격, 강타

The wind **blew** her brown hair across her pale skin. 기출
바람이 그녀의 창백한 피부에 갈색 머리카락을 **흩날렸다**.

Garnet **blew** out the candles and lay down. 기출
Garnet은 촛불을 **불어** 끄고 (잠자리에) 누웠다.

(blow-blew-blown)
숙 **blow out** ~을 불어 끄다

1020 □□□ ★★

sprint
[sprint]

ⓝ 단거리 경주 ⓥ 전력 질주하다

교과서
He broke the world record for the 100-meter **sprint** in 2009.
그는 2009년에 100미터 **단거리 달리기 경주**의 세계 기록을 깼다.

파 **sprinter** ⓝ 단거리 주자

1021 □□□ ★★

proceed
[prəsíːd]

ⓥ 진행하다, 계속하다; 나아가다

Proceeding with his study, Turner earned a doctorate degree in zoology. 기출
자신의 연구를 **계속하여** Turner는 동물학 박사 학위를 받았다.

voca+ pro(앞으로) + ceed(가다) → 앞으로 나아가다

파 **procedure** ⓝ 절차; 조치
process ⓝ 과정 ⓥ 처리하다
유 **continue** ⓥ 계속하다
progress ⓥ 전진[진보]하다

DAY 26

1022 □□□ ★★

reserve
[rizə́ːrv]

ⓥ 보류하다, 유보하다; 예약하다 ⓝ 비축

You might want to **reserve** judgement for later. 기출
여러분은 판단을 나중으로 **유보하기**를 원할 수도 있다.

파 **reserved** ⓐ 보류한, 예비의; 내성적인
reservation ⓝ 예약
유 **keep** ⓥ 보존하다
book ⓥ 예약하다

1023 □□□ ★★

rotten
[rɑ́tən]

ⓐ 썩은, 부패한

The banana was starting to go **rotten**. 바나나가 **썩기** 시작했다.

유 **decayed** ⓐ 썩은, 부패한

1024 □□□ ★★

bias [báiəs]

ⓝ 편견, 편향

We know we can't completely eliminate our **biases**. 기출
우리는 우리의 **편견**을 완전히 없앨 수는 없다는 사실을 알고 있다.

㉺ biased ⓐ 편향된, 선입견이 있는
㊞ prejudice ⓝ 편견, 선입관

1025 □□□ ★★

worship [wə́ːrʃip]

ⓥ 우러러보다, 숭배하다, 예배하다
ⓝ 예배, 숭배

We **worship** at this church. 우리는 이 교회에서 **예배를 드린다**.

㊞ praise ⓥ 찬양[찬미]하다 ⓝ 찬양, 찬송

1026 □□□ ★★

crack [krǽk]

ⓝ 갈라진 금, 균열 ⓥ 갈라지다

There's a **crack** in his old helmet. 기출 그의 낡은 헬멧은 **금**이 가 있다.

㊞ break ⓝ 깨짐, 깨진 틈

1027 □□□ ★★

haste [heist]

ⓝ 서두름, 성급함

Haste makes waste. 〈속담〉 **서두르면** 일을 그르친다.(급할수록 돌아가라.)

㉺ hasty ⓐ 성급한, 경솔한
hastily ⓐⓓ 서둘러, 급히
hasten ⓥ 서두르다

1028 □□□ ★★

activate [ǽktəvèit]

ⓥ 활성화하다, 작동시키다

Once the system was **activated** by opening the valve, water would flow out everywhere. 기출
밸브의 개방으로 일단 시스템이 **작동되면**, 물이 사방에서 쏟아져 나오곤 했다.

㉺ activity ⓝ 활동, 활성
activation ⓝ 활성화

1029 □□□ ★★

cue [kjuː]

ⓝ 단서, 힌트, 신호

Emoticons are much more ambiguous relative to face-to-face **cues**. 기출 이모티콘들은 대면 **단서**에 비해 훨씬 더 모호하다.

㊞ signal ⓝ 신호, 암호
hint ⓝ 힌트, 암시

1030 □□□ ★★

additional [ədíʃənəl]

ⓐ 추가의, 추가적인, 부가적인

Think of **additional** advice on how to swim well.
수영을 잘 하는 방법에 대한 **추가적인** 조언을 생각해보라.

㉺ addition ⓝ 추가(물), 첨가(물)
㊞ extra ⓐ 추가의, 여분의

1031 □□□ ★★

stir

[stəːr]

ⓥ 휘젓다, 섞다; 감동시키다, 자극하다
ⓝ 동요, 혼란

Stir the pot of sauce. 교과서 소스가 든 냄비를 **저어라**.

I was deeply **stirred** by her performance.
나는 그녀의 연기에 크게 **감동했다**.

유 **mix** ⓥ 섞다, 혼합하다
move ⓥ 감동시키다
commotion ⓝ 동요, 소동

1032 □□□ ★★

underlie

[ʌ̀ndərlái]

ⓥ 기초가 되다, 기저를 이루다

Self-interest **underlies** all human interactions. 기출
자기 이익은 모든 인간의 상호작용의 **기초가 된다**.

파 **underlying** ⓐ 근저에 있는, 내재된

1033 □□□ ★★

referee

[rèfəríː]

ⓝ 심판

The **referee** called a time-out to stop the match. 기출
심판은 타임아웃을 선언하며 경기를 중단시켰다.

유 **umpire** ⓝ 심판

1034 □□□ ★★

hydrogen

[háidrədʒən]

ⓝ 수소

Hydrogen is a chemical element that has no color or smell.
수소는 색이나 냄새가 없는 화학 원소이다.

참 **oxygen** ⓝ 산소

1035 □□□ ★★ 다의어

strike

[straik]

ⓥ 1. 치다, 공격하다; 덮치다 2. (성냥불을) 켜다 3. (생각이) 마음에 떠오르다 4. 산출하다, 얻다 5. 파업하다 ⓝ 6. 치기 7. 파업

1 A terrible earthquake **struck** west of Kathmandu. 교과서
끔찍한 지진이 카트만두의 서부를 **덮쳤다**.

2 I searched for a match in the dark and tried to **strike** it. 기출
나는 어둠 속에서 성냥을 찾아 그것을 **켜려고** 했다.

3 An idea **struck** him. 교과서
한 가지 생각이 그에게 **떠올랐다**.

4 We need to **strike** a balance between work and play. 교과서
우리는 일과 놀이의 균형을 **맞출** 필요가 있다.

7 The bus drivers decided to go on **strike**.
버스 기사들은 **파업**에 돌입하기로 결정했다.

(strike-struck-struck[stricken])
파 **strikingly** ⓐⓓ 두드러지게, 눈에 띄게
숙 **strike a balance** 균형을 맞추다; 수지를 계산하다

DAY 26

1036 □□□ ★★ 다의어

capital [kǽpitəl]

ⓝ 1. 자본(금), 자원 2. 수도 3. 대문자
ⓐ 주요한; 자본의; 사형의

1 We borrow environmental **capital** from future generations. 기출
우리는 미래 세대에서 환경 **자본**을 빌려온다.

2 Nauru has no official **capital**, but its government buildings are located in Yaren. 기출
Nauru는 공식 **수도**는 없지만, 정부 건물들이 Yaren에 위치해 있다.

3 Please write your name in **capitals**.
당신의 이름을 **대문자**로 써 주세요.

ⓟ **capitalist** ⓐ 자본주의적인 ⓝ 자본주의자
capitalism ⓝ 자본주의
capitalize ⓥ 대문자로 쓰다
ⓒ **capital punishment** 사형

1037 □□□ 고난도

reckless [réklis]

ⓐ 무모한, 난폭한

People should be brave, but if someone is too brave they become **reckless**. 기출
사람들은 용감해야 하지만, 만약 어떤 사람이 너무 용감하다면 그들은 **무모해진다**.

ⓟ **recklessly** ⓐⓓ 무모하게, 앞뒤를 가리지 않고
ⓨ **rash** ⓐ 무모한, 경솔한
wild ⓐ 사나운

1038 □□□ 고난도

splendidly [spléndidli]

ⓐⓓ 훌륭하게; 화려하게, 호화롭게

He played the Paganini concerto as **splendidly** as he had ever done. 기출
그는 늘 해왔던 것만큼 Paganini 협주곡을 **훌륭하게** 연주했다.

ⓟ **splendid** ⓐ 정말 멋진, 훌륭한; 화려한

---

desert vs dessert

1039 □□□ ★★★

desert ⓥ [dizə́:rt] ⓝ [dézərt]

ⓥ 버리다, 떠나다 ⓝ 사막

Mrs Baker's husband **deserted** her years ago.
Baker 부인의 남편은 수년 전에 그녀를 **버렸다**.

ⓨ **abandon** ⓥ 버리다, (버리고) 떠나다

1040 □□□ ★

dessert [dizə́:rt]

ⓝ 디저트, 후식

Would you like some **dessert**? 교과서
디저트 좀 드실래요?

A 영어는 우리말로, 우리말은 영어로 바꿔 쓰시오.

01 dessert ______________
02 reserve ______________
03 proceed ______________
04 activate ______________
05 intrinsic ______________
06 worship ______________
07 private ______________
08 조리법, 요리법; 방안 ______________
09 추가의, 추가적인 ______________
10 심판 ______________
11 부분; 1인분 ______________
12 인지적인, 인식의 ______________
13 편견, 편향 ______________
14 2학년생 ______________

B 빈칸에 알맞은 말을 <보기>에서 찾아 알맞은 형태로 쓰시오.

drip	faith	hydrogen	punish

01 We have lost ______________ in the justice system.

02 ______________ is a chemical element that has no color or smell.

03 I ______________ the hunter and instructed him to keep his dogs chained.

04 There were jars everywhere to catch all the rainwater ______________ from the roof.

C 밑줄 친 단어와 유사한 의미를 가진 말을 고르시오.

01 I was deeply stirred by her performance. 【move / nod】

02 Mrs Baker's husband deserted her years ago. 【operate / abandon】

03 He turned swiftly before touching the sides of the pool. 【rapidly / splendidly】

A 01 디저트, 후식 02 보류하다, 유보하다; 예약하다; 비축 03 진행하다, 계속하다; 나아가다 04 활성화하다, 작동시키다 05 본질적인, 고유한, 내재적인 06 우러러보다, 숭배하다, 예배하다; 예배, 숭배 07 사적인, 개인적인; 사립의 08 recipe 09 additional 10 referee 11 portion 12 cognitive 13 bias 14 sophomore
B 01 faith 02 Hydrogen 03 punished 04 dripping
C 01 move 02 abandon 03 rapidly

1041 □□□ ★★

aid ⓝ 도움, 원조; 보조물 ⓥ 돕다, 원조하다
[eid]

A recipe is a convenient **aid** in cooking. 교과서
요리할 때 조리법은 편리한 **보조물**이다.

She risked her life to **aid** the wounded. 교과서
그녀는 목숨을 걸고 부상자들을 **도왔다**.

유 **assist** ⓥ 돕다, 원조하다 (= help)
support ⓥ 지원하다

1042 □□□ ★★

burst ⓥ 터지다, 터뜨리다; 폭발하다; (폭풍우가) 갑자기 일다
[bəːrst]

They were **bursting** with excited shouts and unending cheers for him. 교과서
그들은 그를 향해 들뜬 외침과 끝없는 환호성을 **터뜨렸다**.

(burst-burst-burst)
유 **blow up** 폭발하다
참 **burst into** (갑자기) ~을 터뜨리다[내뿜다]

1043 □□□ ★★★

implement ⓥ 시행하다, 실행[이행]하다 ⓝ 도구
ⓥ [ímpləmènt]
ⓝ [ímpləmənt]

The idea of a barrier-free environment has been **implemented** around the world. 교과서
장애물이 없는(장애자 친화적인) 환경에 대한 생각은 전 세계에서 **시행되어** 왔다.

파 **implementation** ⓝ 이행, 실행
유 **carry out** 수행하다

1044 □□□ ★★

longing ⓝ 갈망, 열망 ⓐ 갈망하는
[lɔ́ːŋiŋ]

My heart began to pound with anticipation and **longing**. 기출
나의 심장이 기대와 **열망**으로 두근거리기 시작했다.

유 **eagerness** ⓝ 열의, 열망
숙 **long for** ~을 열망[갈망]하다

1045 □□□ ★★

scholar ⓝ 학자, 지식인
[skɑ́lər]

She was the most distinguished **scholar** in her field.
그녀는 자기 분야에서 가장 뛰어난 **학자**였다.

파 **scholarly** ⓐ 학자의, 학문의
유 **intellect** ⓝ 지성인, 지식인

1046 □□□ ★★

sink ⓥ 가라앉다, 침몰하다 ⓝ 싱크대
[siŋk]

The boat struck a rock and began to **sink**.
그 배는 바위에 부딪혀서 **가라앉기** 시작했다.

(sink-sank-sunk)
유 **go under** 가라앉다
반 **float** ⓥ 떠오르다

1047 □□□ ★

citizen ⓝ 시민, 주민, 국민
[sítizən]

It makes no sense to free a nation, unless all its **citizens** enjoy freedom as well. 기출
모든 **시민** 또한 자유를 누리지 못한다면, 한 국가를 해방시킨다는 것은 의미가 없다.

파 citizenship ⓝ 시민권
유 civilian ⓝ 민간인, 시민
참 senior citizen 노인, 고령자

1048 □□□ ★

rank ⓥ (순위를) 차지하다 ⓝ 지위, 계급
[ræŋk]

The company **ranks** second among food manufacturers.
그 회사는 식품 제조업계에서 2위를 **차지한다**.

유 ranking ⓝ 순위, 랭킹

1049 □□□ ★★

indeed ad 정말로, 사실
[indíːd]

Modern washers are **indeed** an electrical-mechanical phenomenon. 기출
현대식 세탁기는 **정말로** 경이로운 전기적·기계적 물건이다.

유 definitely ad 확실히, 분명히
truly ad 진실로

1050 □□□ ★★

seldom ad 좀처럼[거의] ~ 않는, 드물게
[séldəm]

기출
In the early days of automobiles, tires were **seldom** black.
자동차의 초기 시대에, 타이어는 검은색이 **거의 없었다**.

유 rarely ad 드물게, 좀처럼 ~하지 않는

1051 □□□ ★

childhood ⓝ 유년기, 어린 시절
[tʃáildhùd]

My painting is about my happiest **childhood** memory. 교과서
내 그림은 나의 가장 행복했던 **유년기** 기억에 관한 것이다.

voca+ child(어린이) + hood(상태, 시대) → 어린 시절

유 youth ⓝ 어린 시절, 젊음
infancy ⓝ 유아기

1052 □□□ ★★

mastery ⓝ 숙달, 숙련; 지배, 통제
[mǽstəri]

Habits create the foundation for **mastery**. 기출
습관은 **숙달**의 토대를 만든다.

파 master ⓥ 숙달하다 ⓝ 달인, 대가
유 proficiency ⓝ 숙달, 능숙

DAY 27

1053 □□□ ★★

sponsor ⓥ 후원하다, 지지하다 ⓝ 후원자
[spάnsər]

We're trying to find companies to **sponsor** us.
우리는 우리를 **후원해** 줄 회사를 찾고 있다.

유 **support** ⓥ 지원[지지]하다

1054 □□□ ★★★

substantial ⓐ 상당한, 많은; 실질적인
[səbstǽnʃəl]

기출

Mars is assumed to have a **substantial** amount of water.
화성은 **상당한** 양의 물을 가지고 있을 것으로 여겨진다.

파 **substantially** ad 상당히; 실질적으로
유 **considerable** ⓐ 상당한

1055 □□□ ★★

arrest ⓥ 체포하다 ⓝ 체포, 검거
[ərést]

During the Japanese colonial period, scholars who studied Korean were **arrested**. 교과서
일제강점기 동안 한국어를 연구한 학자들은 **체포되었다**.

voca+ ar(어떤 상태로) + rest(멈추다) → (범죄를) 멈추게 하다

유 **capture** ⓥ 붙잡다, 생포하다
반 **release** ⓥ 풀어주다, 석방하다

1056 □□□ ★★

exclaim ⓥ 외치다, 소리치다
[ikskléim]

"You are a perfect liar!" **exclaimed** the king. 기출
"당신은 완벽한 거짓말쟁이야!" 하고 왕이 **외쳤다**.

파 **exclamation** ⓝ 외침; 감탄사
유 **shout** ⓥ 외치다

1057 □□□ ★★

minimal ⓐ 최소의, 최소한의
[mínəməl]

People believe inequality should be **minimal**. 기출
사람들은 불평등이 **최소**여야만 한다고 믿는다.

파 **minimize** ⓥ 최소화하다 (반 **maximize** ⓥ 최대화하다)
유 **minimum** ⓐ 최소의, 최소한의

1058 □□□ ★

react ⓥ 반응[대응]하다
[riǽkt]

How did your father **react**? 교과서
아버지는 어떻게 **반응하셨니**?

voca+ re(되받아서) + act(행동하다) → 반응하다

파 **reaction** ⓝ 반응
유 **respond** ⓥ 대답[응답]하다, 반응하다

1059 □□□ ★★

exclusion ⓝ 제외, 배제
[iksklú:ʒən]

Competitive **exclusion** can also generate cooperation. 기출
경쟁적 **배제**는 또한 협력도 만들어낼 수 있다.

㉣ exclude ⓥ 배제하다
exclusive ⓐ 배타적인; 독점적인
exclusivity ⓝ 배타성
㉥ inclusion ⓝ 포함, 포용

1060 □□□ ★★

maxim ⓝ 격언
[mǽksim]

My father cited an old **maxim**. 아버지는 옛 **격언**을 인용했다.

㉤ adage ⓝ 격언

1061 □□□ ★★

necessity ⓝ 필수(품), 불가결한 것; 필요성
[nəsésəti]

Advertising has become a **necessity** in everybody's daily life. 기출
광고는 모든 이의 일상생활에서 **필수적인 것**이 되었다.

㉣ necessary ⓐ 필요한
㉤ requirement ⓝ 필요한 것

1062 □□□ ★★

overlook ⓥ 간과하다, 소홀히 하다; 눈감아주다; 내려다보다
[òuvərlúk]

For your safety, we cannot **overlook** this situation. 기출
여러분의 안전을 위해 우리는 이 상황을 **간과할** 수 없습니다.

a room which **overlooks** the sea 교과서 바다가 **내려다보이는** 방

voca+ over(위에서) + look(보다) → 위에서 내려다보다

㉤ miss ⓥ 놓치다
neglect ⓥ 등한시하다, 방치하다

1063 □□□ ★

pain ⓝ 통증, 고통, 골칫거리 ⓥ 아픔을 주다
[pein]

This **pain** reliever will ease your headache. 교과서
이 **통증** 완화제(진통제)가 두통을 덜어줄 거야.

The fact that he had suspected the old man **pained** his heart. 기출
그가 그 노인을 의심했다는 사실이 그의 마음을 **아프게 했다**.

㉣ painful ⓐ 고통스러운
painless ⓐ 고통이 없는
㉤ hurt ⓥ 아프게 하다

1064 □□□ ★★

embrace ⓥ 껴안다; 받아들이다, 포용하다 ⓝ 포옹; 용인
[imbréis]

In the midst of the chaos, an unbelievable peace **embraced** me. 기출 그 혼란의 와중에, 믿을 수 없을 정도의 평화가 나를 **감싸 안았다**.

We try to **embrace** the various cultures.
우리는 다양한 문화들을 **포용하려고** 노력한다.

㉤ hug ⓥ 껴안다 ⓝ 포옹
accept ⓥ 받아들이다

1065 □□□ ★★

adolescent ⓝ 청소년 ⓐ 청소년기의
[æ̀dəlésənt]

기출
Adolescents differ from adults in the way they solve problems.
청소년은 문제를 해결하는 방식에서 성인과 다르다.

파 adolescence ⓝ 청소년기

1066 □□□ ★★

rapid ⓐ 빠른, 급한, 신속한
[rǽpid]

Most of us are suspicious of **rapid** cognition. 기출
우리 대부분은 **신속한** 인식을 의심한다.

파 rapidly ad 빠르게, 신속하게
유 quick ⓐ 빠른, 신속한
(= swift)

1067 □□□ ★★

persuasive ⓐ 설득력 있는, 설득적인
[pərswéisiv]

기출
persuasive ways to communicate what you think to people
당신의 생각을 사람들에게 전달하는 **설득력 있는** 방법

파 persuade ⓥ 설득하다
persuasively ad 설득력 있게
유 convincing ⓐ 설득력 있는
effective ⓐ 효과적인, 효율적인

1068 □□□ ★★

vertical ⓐ 상하의, 수직의; 꼭대기의
[və́ːrtikəl]

There was a **vertical** drop to the ocean.
바다 쪽으로 **수직** 낭떠러지가 나 있었다.

파 vertically ad 수직으로
반 horizontal ⓐ 수평의, 가로의

1069 □□□ ★★

revive ⓥ 활기를 되찾다, 소생시키다, 되살아나게 하다
[riváiv]

기출
Why don't you use scented candles to **revive** yourselves?
활기를 되찾기 위해 향초를 사용하는 것은 어때요?

voca+ re(다시) + vive(live: 살아나다) → 되살아나다

파 revival ⓝ 재생, 재기, 부활
유 recover ⓥ 소생[회복]시키다

1070 □□□ ★★

saint ⓝ 성인, 성자(= St.)
[seint]

She is a teacher with the patience of a **saint**.
그녀는 **성인**과 같은 인내심을 가진 교사이다.

1071 □□□ ★★

tribe ⓝ 부족, 종족, 집단
[traib]

The native people of Nauru consist of 12 **tribes**. 기출
Nauru 원주민은 12개의 **부족**으로 이루어져 있다.

파 tribal ⓐ 부족의, 종족의
유 race ⓝ 인종, 종족

1072 □□□ ★★

temper ⓝ 성질, 기질; 화
[témpər]

His **temper** was so difficult that nobody wanted to be his friend. 기출
그는 **성질**이 아주 까다로워 그와 친구가 되기를 원하는 사람이 없었다.

유 anger ⓝ 화, 분노
nature ⓝ 기질
숙 lose temper 화내다

1073 □□□ ★★

rigid ⓐ 완고한, 엄격한; 단단한
[rídʒid]

If we cut ourselves off from all other possibilities, we become boring, **rigid**, hardened. 기출
우리가 우리 자신을 모든 다른 가능성으로부터 차단시킨다면, 우리는 지루하며, **완고하고**, 경직되게 된다.

파 rigidity ⓝ 단단함, 경직; 엄격
반 flexible ⓐ 융통성 있는

1074 □□□ ★★

reconsider ⓥ 재고하다, 다시 생각하다
[rìːkənsídər]

Please **reconsider** whether the proposed trail is absolutely necessary. 기출
제안된 산책로가 절대적으로 필요한 것인지 **재고해** 주십시오.

voca+ re(다시) + consider(숙고하다) → 다시 생각하다

파 consider ⓥ 고려하다, 숙고하다
유 rethink ⓥ 다시 생각하다

DAY 27

1075 □□□ ★★ 다의어

figure ⓝ 1. 모습, 형상 2. 수치, 숫자 3. (저명) 인사
[fígjər] ⓥ 생각[판단]하다; 계산하다

1 a **figure** of a man wearing a black shirt 교과서
검은 셔츠를 입은 한 남자의 **모습**

2 He presented a very different **figure**.
그는 매우 다른 **수치**를 제시했다.

3 He is one of the famous **figures** in the community. 기출
그는 지역사회의 **저명인사** 중 한 분이다.

유 image ⓝ 이미지, 모습
shape ⓝ 모양, 형상
digit ⓝ 숫자
숙 figure out ~을 파악[이해]하다

1076 □□□ ★★ 다의어

suit

[sju:t]

ⓝ 1. 정장 2. 소송
ⓥ 3. 어울리다; 적합하다, ~에게 맞다

1 His parents bought him a new **suit**.
그의 부모님은 그에게 새 **정장**을 사주었다.

2 We're prepared to file a **suit**.
우리는 **소송**을 제기할 준비가 되었다.

3 I'm not sure which hat will **suit** me. 기출
어떤 모자가 나에게 **어울릴지** 잘 모르겠다.

파 **suitable** ⓐ 적합한, 적절한
유 **fit** ⓥ ~에 맞다 ⓐ 어울리는
참 **swim suit** 수영복
file a suit 소송을 제기하다

1077 □□□ 고난도

affirm

[əfə́:rm]

ⓥ 단언하다, 주장하다; 확인하다

I **affirm** that he was not there.
나는 그가 거기에 없었다고 **장담한다**.

파 **reaffirm** ⓥ 재확인하다
유 **assert** ⓥ 단언하다

1078 □□□ 고난도

explicit

[ikksplísit]

ⓐ 명백한, 명시적인, 분명한

We agree that **explicit** instruction benefits students. 기출
우리는 **명시적** 교수(교육)가 학생들에게 유익하다는 데 동의한다.

파 **explicitly** ad 명백하게, 명시적으로, 명쾌하게
반 **implicit** ⓐ 내포된, 함축적인

---

quit vs quite

1079 □□□ ★★

quit

[kwit]

ⓥ 그만두다, 중단하다

He decides to **quit** and packs his things. 교과서
그는 **그만두기로** 결심하고 짐을 싼다.

유 **give up** 포기하다, 그만두다

1080 □□□ ★★

quite

[kwait]

ad 꽤, 상당히

When I got there, I was **quite** exhausted and sleepy. 교과서
그곳에 도착했을 때, 나는 **꽤** 지쳤고 졸렸다.

유 **fairly** ad 꽤, 상당히
참 **quiet** ⓐ 조용한

A 영어는 우리말로, 우리말은 영어로 바꿔 쓰시오.

01 tribe	________	08 청소년	________
02 persuasive	________	09 외치다, 소리치다	________
03 seldom	________	10 터지다; 폭발하다	________
04 vertical	________	11 모습; 수치; (저명) 인사	________
05 quite	________	12 필수(품); 필요성	________
06 implement	________	13 정말로, 사실	________
07 rank	________	14 시민, 주민, 국민	________

B 빈칸에 알맞은 말을 <보기>에서 찾아 쓰시오.

longing	substantial	overlook	suit

01 We're prepared to file a(n) ________.

02 For your safety, we cannot ________ this situation.

03 Mars is assumed to have a(n) ________ amount of water.

04 My heart began to pound with anticipation and ________.

C 밑줄 친 단어의 반대의 의미를 가진 말을 고르시오.

01 The boat struck a rock and began to sink. 【embrace / float】

02 During the Japanese colonial period, scholars who studied Korean were arrested. 【release / revive】

03 If we cut ourselves off from all other possibilities, we become boring, rigid, hardened. 【minimal / flexible】

A 01 부족, 종족, 집단 02 설득력 있는, 설득적인 03 좀처럼[거의] ~ 않는, 드물게 04 상하의, 수직의; 꼭대기의 05 꽤, 상당히 06 시행하다, 실행[이행]하다; 도구 07 (순위를) 차지하다; 지위, 계급 08 adolescent 09 exclaim 10 burst 11 figure 12 necessity 13 indeed 14 citizen

B 01 suit 02 overlook 03 substantial 04 longing

C 01 float 02 release 03 flexible

1081 □□□ ★★

tremble ⓥ 떨다, 떨리다, 흔들리다
[trémbl]

The match fell from my **trembling** fingers. 기출
성냥이 **떨리는** 내 손가락에서 떨어졌다.

유 shake ⓥ 흔들다, 떨다
shiver ⓥ 떨다, 전율하다

1082 □□□ ★★★

utter ⓥ 말을 하다, 발언하다, 발음하다
[ʌ́tər]

Don't **utter** a word about this to anyone.
이것에 대해 아무에게도 **말하지** 마세요.

파 utterance ⓝ 발화, 발언
유 say ⓥ 말하다
state ⓥ 진술하다

1083 □□□ ★★

particle ⓝ 입자, 조각
[pɑ́ːrtikl]

Most of the plastic **particles** in the ocean are so small. 기출
바다 속에 있는 대부분의 플라스틱 **조각들**은 매우 작다.

voca+ part(부분) + icle(명·접) → 작은 부분

유 piece ⓝ 조각
molecule ⓝ 분자

1084 □□□ ★★

assemble ⓥ 모이다, 모으다, 집합시키다; 조립하다
[əsémbl]

They **assembled** in the meeting room after lunch.
그들은 점심을 먹고 회의실에 **모였다**.

파 assembly ⓝ 모임, 의회; 조립
유 gather ⓥ 모이다
반 disassemble ⓥ 분해하다

1085 □□□ ★★

violate ⓥ 위반하다, 침해하다
[váiəlèit]

The new law may **violate** our right to travel.
그 새로운 법은 우리의 여행할 권리를 **침해할** 수도 있다.

파 violation ⓝ 위반, 침해

1086 □□□ ★★

curse ⓥ 저주하다 ⓝ 저주, 악담
[kəːrs]

He **cursed** himself for getting tricked by an old man. 기출
그는 노인에게 속은 것에 대해 스스로를 **저주했다**.

유 blame ⓥ 비난하다
swear ⓥ 욕하다

1087 □□□ ★★★

warranty ⓝ 보증(서), 보증 기간
[wɔ́:rənti]

Do you think a one-year **warranty** is too short? 기출
일 년의 **보증 기간**이 너무 짧다고 생각하시나요?

유 guarantee ⓝ 보증(서)

1088 □□□ ★★

stream ⓝ 개울, 시내, 하천
[stri:m]

People carried their laundry to riverbanks and **streams**. 기출
사람들은 세탁물을 강가나 **개울가**로 가져갔다.

유 river ⓝ 강, 하천

1089 □□□ ★★

widespread ⓐ 널리 퍼진, 광범위한
[wáidspred]

The **widespread** use of computers and other equipment has added machine noise. 기출
컴퓨터와 다른 장비들의 **광범위한** 사용이 기계 소음을 더했다.

유 general ⓐ 전반적인

1090 □□□ ★★

threat ⓝ 위협, 협박
[θret]

Is AI really a **threat** to your job? 기출
AI가 정말 당신의 직업에 **위협**이 되는가?

파 threaten ⓥ 협박하다
threatening ⓐ 위협적인, 협박하는

1091 □□□ ★★

irritated ⓐ 짜증이 난, 화난
[íritèitid]

You should look at calming colors when you are angry or **irritated**. 교과서
당신은 화나거나 **짜증이 날** 때 차분한 색을 보아야 한다.

파 irritate ⓥ 짜증나게 하다, 거슬리다
유 annoyed ⓐ 짜증이 난

1092 □□□ ★★★

mutual ⓐ 서로의, 상호간의
[mjú:tʃuəl]

You can talk with your neighbors about matters of **mutual** interest or concern. 기출
당신은 이웃들과 **서로의** 흥미나 관심사에 대해 이야기를 나눌 수 있다.

파 mutually ad 서로, 상호간에

DAY 28

1093 □□□ ★★

obtain [əbtéin]

[v] 얻다, 획득하다

People are attracted to individuals and things they cannot readily **obtain**. [기출]

사람들은 자신들이 쉽게 **얻을** 수 없는 사람이나 사물에 이끌린다.

[파] obtainable [a] 획득할 수 있는
[유] gain [v] 얻다
get [v] 얻다, 입수하다

1094 □□□ ★★★

precise [prisáis]

[a] 정확한, 명확한, 정밀한

That figure skater is amazing! Her movements are so **precise** and graceful. [교과서]

저 피겨스케이트 선수는 정말 놀라워! 동작이 매우 **정확하고** 우아해.

[파] precisely [ad] 정확하게
precision [n] 정확, 정밀
[유] accurate [a] 정확한, 정밀한

1095 □□□ ★★

stare [stɛər]

[v] 빤히 쳐다보다, 응시하다 [n] 응시

It's impolite to **stare** at someone.

누군가를 **빤히 쳐다보는** 것은 무례한 일이다.

[유] peer [v] 응시하다
gaze [v] 뚫어지게 보다, 응시하다

1096 □□□ ★★★

profession [prəféʃən]

[n] 직업, 직종, 전문직

This type of person finds satisfaction in persuasive **professions** such as politics or sales. [교과서]

이런 유형의 사람은 정치나 판매와 같은 설득력을 발휘하는 **직업**에서 만족감을 찾는다.

[파] professional [a] 전문적인
[n] 전문가
[유] occupation [n] 직업, 업무

1097 □□□ ★★

dispute [dispjúːt]

[n] 분쟁, 논쟁, 논란 [v] 반박하다

Technology is helping to settle possible **disputes** over referees' calls during games. [교과서]

기술은 경기 중에 일어날 수 있는 심판의 판정에 대한 **논란**을 해결하는 데 도움을 주고 있다.

[유] disagreement [n] 불일치, 의견 차이
argument [n] 논쟁, 논거

1098 □□□ ★★

trait [treit]

[n] 특성, 특징, 특색

An illusion about time is a common **trait** of hypnotic states. [기출]

시간에 대한 착각은 최면 상태의 일반적인 **특징**이다.

[유] feature [n] 특징
characteristic [n] 특색, 특성

1099 □□□ ★★★

rational ⓐ 이성적인, 합리적인
[rǽʃənəl]

Rational decision-making is the heart of logical thought.
합리적 의사 결정은 논리적 사고의 핵심이다.

파 **rationalize** ⓥ 합리화하다
유 **reasonable** ⓐ 합리적인
반 **irrational** ⓐ 비이성적인

1100 □□□ ★★

civil ⓐ 민간(인)의, 시민의; 국내의
[sívəl]

교과서
It was a crucial turning point in the struggle for **civil** rights.
그것은 **시민**권을 위한 투쟁의 중요한 전환점이었다.

파 **civilian** ⓝ 시민, 민간인
civilization ⓝ 문명
참 **civil war** 내전; 미국 남북 전쟁

1101 □□□ ★★★

thrive ⓥ 번영하다, 번성하다, 번창하다
[θraiv]

Most of the world's population today has plenty of food available to survive and **thrive**. 기출
오늘날 세계 인구 대부분은 생존하고 **번영하는** 데 이용 가능한 충분한 식량을 가지고 있다.

유 **prosper** ⓥ 번영하다, 성공하다
flourish ⓥ 번창하다, 잘 자라다
반 **decline** ⓥ 쇠퇴하다

1102 □□□ ★★

innovate ⓥ 혁신[쇄신]하다
[ínəvèit]

They realized that it was a risk not to **innovate**. 기출
그들은 **혁신하지** 않는 것이 위험한 것이라는 것을 깨달았다.

파 **innovation** ⓝ 혁신
innovative ⓐ 획기적인, 혁신적인

1103 □□□ ★★★

spontaneously ad 자발적으로, 자동적으로, 자연스럽게
[spɑntéiniəsli]

Lisa and her friends **spontaneously** appeared at my house for a party.
Lisa와 그녀의 친구들은 파티를 위해 우리 집에 **자발적으로** 왔다.

파 **spontaneous** ⓐ 자발적인, 자연스러운
유 **voluntarily** ad 자발적으로

1104 □□□ ★★

flaw ⓝ 결함, 결점, 흠
[flɔː]

There were serious **flaws** in his study.
그의 연구에는 심각한 **결함들**이 있었다.

파 **flawed** ⓐ 결함이 있는
flawless ⓐ 완벽한, 완전무결한
유 **defect** ⓝ 결점, 흠

DAY 28

1105 □□□ ★★

transition ⓝ 변화, 변천, 과도기, 전환

[trænzíʃən]

We are living in a time of fast **transition**.
우리는 빠른 **과도기**의 시기에 살고 있다.

파 transit ⓝ 변천, 변화 ⓥ 횡단하다
유 shift ⓝ 변화, 이동, 전환

1106 □□□ ★★

violent ⓐ 폭력적인, 난폭한; 격렬한, 극심한

[váiələnt]

Why do children easily get into **violent** video games? 기출
아이들은 왜 **폭력적인** 비디오 게임에 쉽게 빠질까?

파 violence ⓝ 폭행, 폭력
유 wild ⓐ 난폭한
intense ⓐ 극심한, 치열한

1107 □□□ ★★★

cattle ⓝ (집합적) 소, 소떼

[kǽtl]

The farmer keeps several breeds of **cattle**.
그 농부는 여러 품종의 **소**를 기른다.

voca+
- **bull** 거세하지 않은 수소
- **cow** 새끼를 낳은 암소
- **calf** 송아지
- **bullock, steer** 식육용의 거세된 수소
- **heifer** 아직 새끼를 낳지 않은 암소
- **ox** 황소

참 livestock ⓝ 가축(류)

1108 □□□ ★★★

shrink ⓥ 줄어들다, 작아지다, 수축하다

[ʃriŋk]

The world's elephant population has been **shrinking**. 교과서
세계의 코끼리 개체 수가 **줄어들고** 있다.

(shrink-shrank-shrunk)
유 decrease ⓥ 줄다, 감소하다

1109 □□□ ★

hide ⓥ 숨기다, 감추다, 가리다, 숨다 ⓝ 가죽

[haid]

She tried to **hide** her feelings. 그녀는 자신의 감정을 **숨기려고** 애썼다.

(hide-hid-hidden)
유 conceal ⓥ 숨기다, 감추다

1110 □□□ ★★

fortune ⓝ 운, 행운; 재산

[fɔ́ːrtʃən]

She had the good **fortune** to have enlightened parents. 기출
그녀는 깨어있는 부모를 두는 **행운**을 가졌다.

At the age of 24, he inherited a massive **fortune**. 교과서
24세의 나이에, 그는 막대한 **재산**을 물려받았다.

파 fortunate ⓐ 운이 좋은
유 luck ⓝ 운
wealth ⓝ 부, 재산
반 misfortune ⓝ 불운, 불행

1111 □□□ ★★★

dismiss [dismís]

ⓥ 묵살[일축]하다, 무시하다; 해고하다

If we find a single reason to doubt the claim, we can **dismiss** the claim. 기출
우리가 그 주장을 의심할 단 하나의 이유라도 발견하면, 우리는 그 주장을 **무시해버릴** 수 있다.

He has been **dismissed** from his job for his incompetence.
그는 무능해서 그의 직장에서 **해고되었다**.

㊣ **dismissive** ⓐ 무시하는, 멸시하는
㊤ **reject** ⓥ 거부하다
fire ⓥ 해고하다

1112 □□□ ★★

envious [énviəs]

ⓐ 부러워하는, 선망하는, 질투하는

I am **envious** of him as he has a plan for his future. 교과서
그가 자신의 미래에 대한 계획이 있어서 나는 그가 **부럽다**.

㊣ **envy** ⓝ 부러움, 선망 ⓥ 부러워하다
㊤ **jealous** ⓐ 질투[시기]하는
㊕ **envious of** ~을 부러워하는

1113 □□□ ★

fantasy [fǽntəsi]

ⓝ 공상, 상상

What's the difference really between **fantasy** and expectation? 기출
공상과 기대의 차이는 진정 무엇인가?

㊤ **imagination** ⓝ 상상(력)
fancy ⓝ 공상, 상상

1114 □□□ ★★★

ragged [rǽgid]

ⓐ 누더기를 걸친, 너덜너덜한

Most people had only one or two **ragged** pieces of clothing. 기출
대부분의 사람들이 한두 벌의 **누더기** 옷을 가지고 있을 뿐이었다.

㊤ **shabby** ⓐ 다 낡은, 누더기의

1115 □□□ ★★ 다의어

stock [stɑk]

ⓝ 1. 재고(품); 저장, 비축(물) 2. 주식
ⓥ 3. (상품 등을) 저장[비축]하다, 갖추다

1 It's my job to keep a check on **stock** levels.
재고 수준을 계속 파악하는 것이 제 일이에요.

2 He invested tens of millions of dollars in the **stock** of the company. 기출
그는 그 회사의 **주식**에 수천만 달러의 돈을 투자했다.

3 We **stock** a wide range of kitchen equipment.
우리는 다양한 주방 용품들을 **구비하고** 있다.

㊤ **inventory** ⓝ 재고(품)
store ⓝ 저장, 비축
㊕ **in stock** 재고로 있는
go out of stock 매진되다

1116 □□□ ★ 다의어

major

[méidʒər]

ⓐ 1. 주요한, 중요한 2. 다수의 3. 심각한
ⓝ 4. 전공 ⓥ 전공하다

1 **Major** state occasions almost always involve an impressive banquet. 기출
주요 국가 행사는 거의 항상 인상적인 연회를 포함한다.

3 She suffered a **major** heart attack.
그녀는 **심각한** 심장마비를 겪었다.

4 My **major** is biology. 내 **전공**은 생물학이다.

유 main ⓐ 주된, 주요한
serious ⓐ 심각한
반 minor ⓐ 소수의
숙 major in ~을 전공하다

1117 □□□ 고난도

accusation

[æ̀kjuzéiʃən]

ⓝ 비난; 고소, 고발

There was subtle **accusation** in his voice. 기출
그의 목소리에는 미묘한 **비난**이 담겨있었다.

파 accuse ⓥ 비난하다; 고소하다

1118 □□□ 고난도

rally

[rǽli]

ⓝ 집회 ⓥ 결집하다

People assembled at a **rally** to support his act of courage. 교과서
사람들은 그의 용감한 행동을 지지하기 위해 **집회**에 모여들었다.

유 assembly ⓝ 집회

---

evolutionary vs revolutionary

1119 □□□ ★★

evolutionary

[èvəlúːʃənèri]

ⓐ 진화적인, 진화의

The need to belong is a product of human beings' **evolutionary** history as a social species. 기출
소속되려는 욕구는 사회적 종으로서의 인간 **진화** 역사의 산물이다.

파 evolution ⓝ 발달, 진화
evolve ⓥ 진화하다, 발전하다

1120 □□□ ★★

revolutionary

[rèvəlúːʃənèri]

ⓐ 혁명적인, 획기적인

He tried to achieve **revolutionary** changes in society's perception of race. 기출
그는 사회의 인종에 대한 인식에 **혁명적인** 변화들을 이루기 위해 노력했다.

파 revolution ⓝ 혁명, 발전
revolutionize ⓥ 대변혁을 일으키다
유 innovative ⓐ 혁신적인, 획기적인

DAY 28

DAILY TEST

A 영어는 우리말로, 우리말은 영어로 바꿔 쓰시오.

01	dismiss	________	08	부러워하는, 선망하는	________
02	flaw	________	09	자발적으로	________
03	precise	________	10	얻다, 획득하다	________
04	evolutionary	________	11	짜증이 난, 화난	________
05	stock	________	12	주요한; 심각한; 전공	________
06	mutual	________	13	저주하다; 저주, 악담	________
07	profession	________	14	위협, 협박	________

B 빈칸에 알맞은 말을 <보기>에서 찾아 알맞은 형태로 쓰시오.

widespread	particle	tremble	violate

01 The match fell from my ________ fingers.

02 The new law may ________ our right to travel.

03 Most of the plastic ________ in the ocean are so small.

04 The ________ use of computers and other equipment has added machine noise.

C 밑줄 친 단어와 유사한 의미를 가진 말을 고르시오.

01 At the age of 24, he inherited a massive <u>fortune</u>. 【wealth / warranty】

02 The world's elephant population has been <u>shrinking</u>. 【hide / decrease】

03 Most of the world's population today has plenty of food available to survive and <u>thrive</u>. 【prosper / assemble】

A 01 묵살[일축]하다, 무시하다; 해고하다 02 결함, 결점, 흠 03 정확한, 명확한, 정밀한 04 진화적인, 진화의 05 재고(품); 저장, 비축(물); 주식; 저장[비축]하다, 갖추다 06 서로의, 상호간의 07 직업, 직종, 전문직 08 envious 09 spontaneously 10 obtain 11 irritated 12 major 13 curse 14 threat
B 01 trembling 02 violate 03 particles 04 widespread
C 01 wealth 02 decrease 03 prosper

1121 □□□ ★★

summary
ⓝ 요약, 개요
[sʌ́məri]

Give me a brief **summary** of the information.
그 정보를 간략히 **요약**해 줘.

파 summarize ⓥ 요약하다
유 outline ⓝ 개요
숙 in summary 요약하면

1122 □□□ ★★★

concise
ⓐ 간결한, 명료한
[kənsáis]

The text is clear and **concise**. 그 글은 명확하고 **간결하다**.

파 concisely ad 간결하게
유 brief ⓐ 간단한

1123 □□□ ★★★

deliberate
ⓥ 숙고하다, 신중히 생각하다
ⓐ 신중한; 의도적인
ⓥ [dilíbərèit]
ⓐ [dilíbərət]

There was silence while she **deliberated** on his words.
그녀가 그의 말을 **숙고하는** 동안 침묵이 흘렀다.

파 deliberately ad 신중하게; 일부러
유 consider ⓥ 숙고하다

1124 □□□ ★★

anticipate
ⓥ 예상하다, 예측하다, 기대하다
[æntísəpèit]

However much you may remember the past or **anticipate** the future, you live in the present. 기출
여러분이 아무리 많이 과거를 기억하거나 미래를 **예상해도**, 여러분은 현재에 살고 있다.

voca+ anti(먼저) + cip(cap: 붙잡다) + ate(동·접) → 먼저 파악하다

파 anticipation ⓝ 기대, 예상
유 forecast ⓥ 예상[예측]하다

1125 □□□ ★★★

tremendous
ⓐ 엄청난, 굉장한, 대단한
[triméndəs]

She was considered to have **tremendous** acting talent. 기출
그녀는 **굉장한** 연기 재능을 가진 것으로 여겨졌다.

유 remarkable ⓐ 놀랄 만한
huge ⓐ 엄청난, 거대한

1126 □□□ ★★

conquer
ⓥ 정복하다, 이기다
[káŋkər]

The city was **conquered** by the ancient Romans.
그 도시는 고대 로마인들에게 **정복당했다**.

파 conquest ⓝ 정복, 점령
유 defeat ⓥ 이기다, 패배시키다

1127 □□□ ★

decorate [dékərèit]
ⓥ 꾸미다, 장식하다

Jimmy had newly **decorated** his room. 교과서
Jimmy는 자신의 방을 새로 **꾸몄다**.

파 decoration ⓝ 장식(물)
decorative ⓐ 장식(용)의, 장식적인

1128 □□□ ★★★

flush [flʌʃ]
ⓥ (변기의) 물을 내리다; 얼굴을 붉히다
ⓝ 물을 내림

The toilet overflowed when she **flushed** it. 기출
그녀가 **물을 내리자** 변기가 넘쳤다.

1129 □□□ ★★

eager [íːgər]
ⓐ 간절히 바라는, 열렬한

She is **eager** to be the best mom she can be, but she finds parenting a hard task. 기출
그녀는 가능한 최고의 엄마가 되기를 **간절히 바라지만**, 양육이 어려운 일이라는 것을 알게 되었다.

파 eagerly ad 열심히, 열정적으로
유 keen ⓐ ~을 열망하는
숙 be eager to *do* ~하기를 열망하다

1130 □□□ ★★★

apparent [əpǽrənt]
ⓐ 분명한, 명백한

It soon became **apparent** that we had a major problem.
우리가 중대한 문제에 봉착했다는 것이 곧 **분명해졌다**.

파 apparently ad 겉보기에는; 명백하게
유 obvious ⓐ 분명한

DAY 29

1131 □□□ ★★

investigate [invéstəgèit]
ⓥ 조사하다, 연구하다, 살피다

Many astronauts are exploring and **investigating** Mars. 교과서
많은 우주 비행사들이 화성을 탐사하고 **조사하고** 있다.

파 investigation ⓝ 조사, 연구
유 research ⓥ 연구[조사]하다

1132 □□□ ★★

jury [dʒúəri]
ⓝ 배심원(단), 심사위원단

citizen **juries** composed of hundreds of Athenians 기출
수백 명의 아테네인으로 구성된 시민 **배심원단**

파 juror ⓝ (한 사람의) 배심원

1133 □□□ ★★

aggressive

[əgrésiv]

ⓐ 공격적인, 침략적인; 적극적인

The monkeys in the cage were rather **aggressive**.
우리 안의 원숭이들은 다소 **공격적**이었다.

- 파 aggress ⓥ 공격하다
- aggressively ad 공격적으로
- aggression ⓝ 공격(성)
- 유 hostile ⓐ 적대적인

1134 □□□ ★★★

delicate

[délikət]

ⓐ 섬세한, 연약한, 민감한

An egg requires a more **delicate** touch than a rock. 기출
달걀은 바위보다 더 **섬세한** 접촉을 요한다.

- 파 delicacy ⓝ 여림, 섬세함
- 유 sensitive ⓐ 섬세한, 민감한

1135 □□□ ★★★

inclined

[inkláind]

ⓐ ~하는 경향이 있는, ~할 것 같은

Grateful people are **inclined** to make healthy decisions. 기출
감사할 줄 아는 사람들은 건전한 결정을 내리는 **경향이 있다**.

- 파 incline ⓥ 마음이 기울다
- inclination ⓝ 의향, 마음, 기분
- 유 likely ⓐ ~할 것 같은
- 숙 be inclined to *do* ~하는 경향이 있다

1136 □□□ ★★

therapy

[θérəpi]

ⓝ 치료(법)

With many students reporting depression, school officials arrange pet **therapy** events. 기출
많은 학생들이 우울감을 호소하고 있어서, 학교 관계자들이 반려동물 **치료** 이벤트를 마련했다.

- 파 therapist ⓝ 치료사
- 유 cure ⓝ 치료

1137 □□□ ★★

departure

[dipɑ́ːrtʃər]

ⓝ 출발, 발차

When is your **departure** day?
출발일은 언제니?

- 파 depart ⓥ 출발하다
- 반 arrival ⓝ 도착

1138 □□□ ★★

vastly

[vǽstli]

ad 대단히, 막대하게, 엄청나게

Household appliances **vastly** reduced the amount of work needed for household chores. 기출
가전제품은 가사에 필요한 일의 양을 **막대하게** 줄여주었다.

- 파 vast ⓐ 막대한, 광대한
- 유 greatly ad 대단히, 크게

1139 □□□ ★★

wilderness ⓝ 황무지, 황야
[wíldərnis]

Landscape protection in the US traditionally focuses on protecting areas of **wilderness**. 기출
미국의 경관 보호는 전통적으로 **황무지** 지역의 보호에 초점을 둔다.

유 wasteland ⓝ 황무지, 불모지
desert ⓝ 황무지, 사막

1140 □□□ ★★★

innate ⓐ 타고난, 선천적인
[inéit]

Did he have some mystical or **innate** gift of insight and invention? 기출
그는 통찰과 발명의 신비한 혹은 **타고난** 재능을 갖고 있었는가?

파 innately ad 선천적으로
유 natural ⓐ 타고난, 천부적인
inherent ⓐ 내재하는

1141 □□□ ★★

sentiment ⓝ 감정, 정서, 심리
[séntəmənt]

교과서
She seldom shows her **sentiment** in any circumstances.
그녀는 어떠한 상황에서도 좀처럼 자신의 **감정**을 드러내지 않는다.

voca+ senti(느끼다) + ment(명·접) → 느낌

파 sentimental ⓐ 감상[감정]적인
유 feeling ⓝ 느낌, 기분

1142 □□□ ★★

witness ⓝ 목격자 ⓥ 목격하다
[wítnis]

There are multiple **witnesses** to the event. 기출
그 사건에는 다수의 **목격자들**이 있다.

유 eyewitness ⓝ 목격자

1143 □□□ ★★

tide ⓝ 조수, 조류, 조석
[taid]

Since Earth rotates, two **tides** occur each day. 교과서
지구의 자전으로, 매일 두 번의 **조수**가 일어난다.

파 tidal ⓐ 조수의

1144 □□□ ★★

swallow ⓥ 삼키다; (감정을) 억누르다 ⓝ 제비
[swálou]

교과서
He was thirsty because he had **swallowed** so much salt water.
그는 짠 물을 너무 많이 **마셔서** 목이 말랐다.

One **swallow** does not make a summer.
〈속담〉 **제비** 한 마리가 왔다고 여름이 온 것은 아니다.(속단하지 마라.)

유 drink ⓥ 마시다, 먹다
ingest ⓥ 삼키다, 먹다

1145 □□□ ★★

warehouse ⓝ 창고, 저장소

[wέərhàus]

A **warehouse** is used for storing goods.

창고는 물건들을 보관하는 데 사용된다.

유 storehouse ⓝ 창고

1146 □□□ ★★★

cuisine ⓝ 요리(법)

[kwizíːn]

Coffee is an important part of the Italian **cuisine**. 기출

커피는 이탈리아 **요리**의 중요한 한 부분이다.

유 cooking ⓝ 요리(법)

1147 □□□ ★★

uncertainty ⓝ 불확실성

[ʌnsə́ːrtənti]

During this time of transition you live with a lot of **uncertainties** and imbalances. 교과서

이런 과도기에는 여러분은 많은 **불확실성**과 불균형을 안고 살아간다.

파 uncertain ⓐ 불확실한, 불분명한

반 certainty ⓝ 확실, 확신
confidence ⓝ 확신

1148 □□□ ★★

unfold ⓥ 전개되다, 펼치다, 펼쳐지다

[ʌnfóuld]

In games, players have the unique ability to control what **unfolds**. 기출

게임에서, 게임을 하는 사람들은 (게임에서) **전개되는** 것을 통제하는 특유의 능력을 가지고 있다.

유 develop ⓥ 전개하다

반 fold ⓥ 접다

1149 □□□ ★★

bark ⓝ 나무껍질; 짖는 소리 ⓥ 짖다

[bɑːrk]

Hanji is made from the **bark** of the mulberry tree. 교과서

한지는 뽕나무 **껍질**로 만들어진다.

I heard a dog **bark** last night. 나는 어젯밤에 개 **짖는 소리**를 들었다.

숙 bark at ~에게 짖다

1150 □□□ ★

embarrass ⓥ 당황하게 하다, 난처하게 하다

[imbǽrəs]

He didn't mean to **embarrass** you.

그는 너를 **난처하게 하려는** 의도는 없었다.

voca+ em(im → in: 안에) + barrass(가두다) → 안에 가두어 당황하게 하다

파 embarrassment ⓝ 당황, 난처, 창피함

유 puzzle ⓥ 당황하게 하다

1151 □□□ ★★★

chaos ⓝ 무질서, 혼란, 혼돈
[kéiɑːs]

교과서
He wanted to express emotional **chaos** through his paintings.
그는 자신의 그림을 통해 정서적 **혼란**을 표현하고 싶었다.

파 **chaotic** ⓐ 혼돈의, 무질서한
유 **confusion** ⓝ 혼란
disorder ⓝ 무질서, 혼란

1152 □□□ ★★★

superstition ⓝ 미신, 미신적 행위
[sùːpərstíʃən]

There are many **superstitions** surrounding the world of the theater. 기출
연극계를 둘러싸고 있는 많은 **미신**이 있다.

파 **superstitious** ⓐ 미신을 믿는, 미신적인
유 **myth** ⓝ 신화; 근거 없는 통념

1153 □□□ ★★

ambition ⓝ 야망, 포부
[æmbíʃən]

He was a young man with great **ambition**.
그는 큰 **야망**을 가진 젊은 남자였다.

파 **ambitious** ⓐ 야망을 품은

1154 □□□ ★★

greet ⓥ 맞이하다, 환영하다, 인사하다
[griːt]

After the long flight, I was pleased to be **greeted** by my cousin at the airport. 교과서
오랜 비행 후에 나는 공항에서 내 사촌의 **환영을 받아** 기분이 좋았다.

파 **greeting** ⓝ 인사
유 **welcome** ⓥ 환영하다, 맞이하다

DAY 29

1155 □□□ ★★ 다의어

status ⓝ 1. 지위, 신분 2. 상황, 상태, 사정
[stéitəs]

1 She gained star **status** in Hollywood after playing the heroine in many films. 기출
그녀는 많은 영화에서 여주인공 역할을 한 후 할리우드에서 스타의 **지위**를 얻었다.

2 This is a reply to your inquiry about the shipping **status** of the desk. 기출
이것은 책상의 배송 **상황**에 관한 고객님의 문의에 대한 답변입니다.

유 **position** ⓝ 상태; 지위, 신분
class ⓝ 계층, 등급

1156 □□□ ★ [다의어]

manage

[mǽnidʒ]

[v] 1. 관리하다 2. 간신히 ~하다, 용케 해내다

1 Recycling is not a perfect way to **manage** waste. [교과서]
재활용하는 것은 쓰레기를 **관리하는** 완벽한 방법이 아니다.

2 He **managed** to overcome all difficulties in his path to the top. [교과서]
그는 정상으로 가는 길에 있는 모든 어려움을 **용케** 극복**해냈다**.

[파] **management** [n] 경영(진), 관리
[유] **control** [v] 관리[감독]하다
handle [v] 처리하다, 다루다

1157 □□□ [고난도]

recession

[riséʃən]

[n] 불경기, 불황

When a **recession** hit, he was the first to be fired. [기출]
불경기가 오자, 그는 제일 먼저 해고됐다.

[파] **recede** [v] 물러나다; 나빠지다
[반] **boom** [n] 붐, 호황

1158 □□□ [고난도]

stride

[straid]

[v] 성큼성큼 걷다 [n] 큰 걸음; 보폭

He did not turn and he **strode** on as if he had heard nothing. [기출]
그는 마치 아무 소리도 듣지 못한 것처럼 뒤돌아보지 않고 계속 **성큼성큼 걸어갔다**.

(stride-strode-stridden)
[유] **step** [n] 걸음, 보폭 [v] 걷다

---

comparison vs compassion

1159 □□□ ★★

comparison

[kəmpǽrisən]

[n] 비교, 비유

There are no previous statistics for **comparison**.
비교할 이전의 통계가 없다.

[파] **compare** [v] 비교하다, 비유하다
[숙] **in comparison with[to]** ~와 비교해 보면

1160 □□□ ★★★

compassion

[kəmpǽʃən]

[n] 연민, 동정심

Like anything else involving effort, **compassion** takes practice. [기출]
노력을 수반하는 다른 것들과 마찬가지로, **연민**은 연습이 필요하다.

[유] **pity** [n] 연민, 동정심
[반] **indifference** [n] 무관심, 냉담

A 영어는 우리말로, 우리말은 영어로 바꿔 쓰시오.

01 delicate ____________
02 vastly ____________
03 concise ____________
04 inclined ____________
05 comparison ____________
06 recession ____________
07 anticipate ____________
08 지위, 신분; 상황 ____________
09 간절히 바라는 ____________
10 타고난, 선천적인 ____________
11 치료(법) ____________
12 목격자; 목격하다 ____________
13 나무껍질; 짖는 소리 ____________
14 감정, 정서, 심리 ____________

B 빈칸에 알맞은 말을 <보기>에서 찾아 알맞은 형태로 쓰시오.

tide	departure	aggressive	conquer

01 When is your ____________ day?
02 The city was ____________ by the ancient Romans.
03 The monkeys in the cage were rather ____________.
04 Since Earth rotates, two ____________ occur each day.

C 밑줄 친 단어와 유사한 의미를 가진 말을 고르시오.

01 He was thirsty because he had swallowed so much salt water. 【unfold / drink】
02 There are many superstitions surrounding the world of the theater. 【cuisine / myth】
03 After the long flight, I was pleased to be greeted by my cousin at the airport. 【investigate / welcome】

A 01 섬세한, 연약한, 민감한 02 대단히, 막대하게, 엄청나게 03 간결한, 명료한 04 ~하는 경향이 있는, ~할 것 같은 05 비교, 비유 06 불경기, 불황 07 예상하다, 예측하다, 기대하다 08 status 09 eager 10 innate 11 therapy 12 witness 13 bark 14 sentiment
B 01 departure 02 conquered 03 aggressive 04 tides
C 01 drink 02 myth 03 welcome

1161 □□□ ★★

capable ⓐ 유능한, ~을 할 수 있는
[kéipəbl]

Whoever has a healthy mind is **capable** of reading other people's minds. 교과서
건강한 마음을 가진 사람이라면 누구나 다른 사람들의 마음을 읽을 **수 있다**.

파 capability ⓝ 역량, 능력
유 competent ⓐ 유능한
반 incapable ⓐ 무능한
숙 be capable of ~을 할 수 있다

1162 □□□ ★★

retail ⓝ 소매 ⓐ 소매의 ad 소매로
[rí:teil]

Around two-thirds of all **retail** prices end in a 9. 기출
모든 **소매** 가격의 3분의 2 정도가 9로 끝난다.

파 retailer ⓝ 소매상(인)
반 wholesale ⓝ 도매 ⓐ 도매의

1163 □□□ ★★

steer ⓥ 조종하다, 키를 잡다
[stiər]

He **steered** the ship in calm seas. 그는 잔잔한 바다에서 배를 **조종했다**.

유 drive ⓥ 운전하다, 구동하다
handle ⓥ 처리하다, 다루다

1164 □□□ ★★

thoughtful ⓐ 사려 깊은, 배려심 있는
[θɔ́:tfəl]

My friends say that I am emotional and **thoughtful**. 교과서
내 친구들은 내가 감정적이고 **사려 깊다**고 말한다.

파 thoughtfully ad 사려 깊게
유 considerate ⓐ 사려 깊은, 이해심이 있는
반 thoughtless ⓐ 부주의한, 경솔한

1165 □□□ ★

fit ⓥ (~에) 맞다, 어울리다 ⓐ 꼭 맞는, 어울리는 ⓝ 어울림, 조화
[fit]

She chooses information that **fits** her liking, and ignores other people's recommendations. 기출
그녀는 자신의 입맛에 **맞는** 정보는 선택하고 다른 사람의 충고는 무시한다.

유 suit ⓥ 어울리다
숙 fit into ~에 어울리다

1166 □□□ ★★

carry ⓥ (상점이 상품을) 취급하다; 나르다, 전하다
[kǽri]

We **carry** items that are in stock at bigger retailers for a cheaper price. 기출
우리는 더 큰 소매상에 재고로 있는 품목들을 더 싼 가격에 **취급한다**.

The hot air balloon was the first successful flight technology for **carrying** people. 교과서
열기구가 사람들을 **나르는** 최초의 성공적인 비행 기술이었다.

유 transfer ⓥ 옮기다, 나르다
convey ⓥ 나르다, 운반하다
숙 carry out ~을 수행하다

1167 □□□ ★★★

verbal ⓐ 말의, 언어의; 동사의
[və́:rbəl]

Emoticons are useful in strengthening the intensity of a **verbal** message. 기출
이모티콘은 **언어적** 메시지의 강도를 강화하는 데 유용하다.

㉯ **verbally** ad 말로, 구두로
verb ⓝ 동사
㉤ **nonverbal** ⓐ 말을 쓰지 않는, 비언어적인

1168 □□□ ★★

amuse ⓥ 즐겁게 하다
[əmjú:z]

I made funny faces to **amuse** the kid. 교과서
나는 그 아이를 **즐겁게 하기** 위해 우스운 표정을 지었다.

㉯ **amusement** ⓝ 즐길 거리, 오락, 재미
㉮ **entertain** ⓥ 즐겁게 하다

1169 □□□ ★★

election ⓝ 선거, 투표
[ilékʃən]

Tomorrow is the student council **election** day. 교과서
내일은 학교 회장 **선거**일이다.

voca+ e(밖으로) + lect(선택하다) + ion(명·접) → 택한 결과

㉯ **elect** ⓥ 선출하다, 선거하다

1170 □□□ ★

though ⓒ 비록 ~일지라도 ad 그래도, 그렇지만
[ðou]

Though our destination is the same, how we get there can be different. 교과서
우리의 목적지가 같**더라도** 우리가 그곳에 가는 방법은 다를 수 있다.

It was worth the effort, **though**. 교과서
그래도 노력할 만한 가치가 있었다.

㉮ **although** ⓒ 비록 ~이긴 하지만
even though[if] 비록 ~일지라도
notwithstanding ⓒ ad 그럼에도 불구하고

1171 □□□ ★★

awesome ⓐ 멋진, 굉장한, 경탄할 만한
[ɔ́:səm]

The smell that comes from food is **awesome**. 교과서
음식에서 풍기는 냄새가 **기가 막히게 좋다**.

㉮ **fantastic** ⓐ 굉장한, 멋진
terrific ⓐ 대단한, 훌륭한; 무서운

1172 □□□ ★★

bandage ⓥ 붕대를 감다 ⓝ 붕대
[bǽndidʒ]

He washed and **bandaged** the wound. 교과서
그는 상처를 씻고 **붕대를 감았다**.

㉰ **cast** ⓝ 깁스 (붕대)

DAY 30

1173 □□□ ★

theme [θiːm] ⓝ 주제, 테마

Their performance includes typical Mexican songs with various **themes**. 교과서
그들의 공연은 다양한 **주제**의 전형적인 멕시코 노래들을 포함한다.

유 topic ⓝ 주제

1174 □□□ ★★

female [fíːmèil] ⓝ 여성 ⓐ 여성의

She became the first **female** flight attendant in the U.S. 기출
그녀는 미국 최초의 **여성** 비행기 승무원이 되었다.

반 male ⓝ 남성 ⓐ 남성의

1175 □□□ ★★

sort [sɔːrt] ⓥ 분류하다, 구분하다 ⓝ 종류, 유형

The graph shows the global Internet usage rate, **sorted** by gender and region. 기출
그 도표는 성별, 지역별로 **분류된** 세계 인터넷 사용 비율을 보여준다.

유 classify ⓥ 분류하다
kind ⓝ 종류, 유형

1176 □□□ ★★★

alley [ǽli] ⓝ 좁은 길, 골목

The winding **alleys** made my map almost useless. 교과서
꼬불꼬불한 **골목길**이 내 지도를 거의 쓸모없게 만들었다.

유 pathway ⓝ 좁은 길

1177 □□□ ★★

wealth [welθ] ⓝ 부(富), 재산, 재화; 풍부, 다량

She spent much of her **wealth** to save people's lives. 교과서
그녀는 자신의 **부**의 상당 부분을 사람들의 목숨을 살리는 데 썼다.

The Galapagos Islands are home to a **wealth** of rare plants and animals. 교과서 갈라파고스 섬은 **많은** 희귀 동식물의 서식지이다.

파 wealthy ⓐ 부유한
유 fortune ⓝ 부, 재산
숙 a wealth of 풍부한, 많은

1178 □□□ ★

straight [streit] ⓐ 곧은, 똑바른 ad 똑바로, 곧장

He is an average-looking man whose teeth are not **straight**. 기출
그는 치아가 **고르지** 못한 평범한 외모의 남자이다.

Andrew headed **straight** to the nursing home where his sick grandad was staying. 기출
Andrew는 아픈 할아버지가 있는 요양원으로 **직**행했다.

파 straightly ad 곧게, 일직선으로
straighten ⓥ 똑바르게 하다
유 directly ad 곧장, 똑바로

1179 □□□ ★★

vehicle [víːikl] ⓝ 탈것, 차량, 운송 수단; 매개물, 수단

유 automobile ⓝ 자동차

기출
I had locked my car key and cell phone inside the **vehicle**.
나는 자동차 열쇠와 휴대전화를 **차** 안에 둔 채로 문을 잠가버렸다.

1180 □□□ ★★

chat [tʃæt] ⓥ 담소를 나누다, 잡담하다; 채팅하다 ⓝ 잡담

파 chatty ⓐ 수다스러운
유 chatter ⓥ 재잘거리다 ⓝ 수다
gossip ⓥ 잡담하다; 험담하다 ⓝ 잡담; 험담

American people love to **chat** at the dinner table. 교과서
미국 사람들은 저녁 식탁에서 **담소를 나누는** 것을 좋아한다.

voca+
- chat: 한가롭게 나누는 담소로, 나쁜 뜻을 내포하고 있지 않음
- chatter: 시시한 내용의 수다
- gossip: 대화자들이 아닌 제3자에 대해 뒤에서 험담하는 것을 가리킴

1181 □□□ ★★

creature [kríːtʃər] ⓝ 생물, 동물, 창조물

파 create ⓥ 창조하다
creation ⓝ 창조, 창시
유 animal ⓝ 동물

If a single species disappears, every other living **creature** could be affected. 교과서
만약 단 하나의 종이 사라지면, 다른 모든 살아 있는 **생물**이 영향을 받을 것이다.

1182 □□□ ★★

disorder [disɔ́ːrdər] ⓝ 무질서, 엉망; 장애, 질병

파 disorderly ⓐ 무질서한, 혼란한
유 disease ⓝ 질환, 질병

The books were piled in **disorder** on the shelves.
책장 위에 책들이 **무질서**하게 쌓여 있었다.

There is a better opportunity than ever for an individual to survive serious **disorders** such as cancer. 기출
한 개인이 암과 같은 심각한 **질병**에서 살아남을 가능성이 더 높아졌다.

voca+ dis(반대) + order(질서) → 질서가 없는 상태

1183 □□□ ★★

institution [ìnstitjúːʃən] ⓝ 협회, 기관; (사회) 제도

파 institutional ⓐ 협회의; 제도(상)의
institute ⓝ 학회, 협회, 연구소 ⓥ 제정하다, 설립하다; 시행하다
유 association ⓝ 협회, 단체

He held appointments at various churches and religious **institutions**. 기출
그는 다양한 교회와 종교 **기관**에서 직책을 맡았다.

What do you think about the **institution** of marriage?
결혼 **제도**에 대해 어떻게 생각해?

DAY 30

1184 □□□ ★★

fashion
[fǽʃən]

ⓝ 방식; 유행

Each chapter is structured in a similar **fashion**.
각 장은 유사한 **방식**으로 구성되어 있다.

Short bobbed hair is back in **fashion** for women.
여성들에게 짧은 단발머리가 다시 **유행**하고 있다.

유 **method** ⓝ 방법
manner ⓝ 방식, 태도
vogue ⓝ 유행
숙 **be in fashion** 유행하고 있다

1185 □□□ ★

frame
[freim]

ⓝ 틀, 액자, (-s) 안경테; 구조, 뼈대
ⓥ 틀에 넣다

I bought a photo **frame** last week. 기출
나는 지난주에 사진 **액자**를 하나 샀다.

When I choose **frames**, I think of my face shape. 교과서
나는 **안경테**를 고를 때 내 얼굴형을 고려한다.

파 **framed** ⓐ 틀에 갇힌
유 **form** ⓝ 형태 ⓥ 형성하다

1186 □□□ ★★

resume
[rizúːm]

ⓥ 재개되다, 다시 시작되다

Parents are demanding that the gym be opened and the basketball team **resume** practicing. 교과서
부모들은 체육관을 열고 농구 팀이 연습을 **재개할** 것을 요구하고 있다.

voca+ **re**(다시) + **sume**(집어들다) → (중단되었던 것을) 다시 취하다

유 **continue** ⓥ 계속하다
renew ⓥ 갱신[재개]하다
참 **résumé** [rézumèi] ⓝ 이력서 (= **resume**)

1187 □□□ ★

fault
[fɔːlt]

ⓝ 잘못, 결함

It's your own **fault** for not checking the size.
사이즈를 확인하지 않은 것은 네 **잘못**이다.

파 **faulty** ⓐ 고장 난, 결함이 있는
유 **mistake** ⓝ 잘못, 실수
defect ⓝ 결점, 결함

1188 □□□ ★★

spice
[spais]

ⓝ 향신료, 양념, 풍미; 정취, 맛

Spices are widely used in South Asian cooking.
향신료는 남아시아 요리에 널리 사용된다.

파 **spicy** ⓐ 양념 맛이 강한, 매운
유 **seasoning** ⓝ 양념

1189 □□□ ★★

ridiculous
[ridíkjuləs]

ⓐ 우스꽝스러운; 바보 같은, 터무니없는

His new shoes looked **ridiculous** to me. 교과서
그의 새 신발이 나한테는 **우스꽝스러워** 보였다.

파 **ridicule** ⓥ 비웃다, 조롱하다 ⓝ 조롱
유 **foolish** ⓐ 어리석은, 바보 같은
absurd ⓐ 터무니없는

1190 □□□ ★★

excel ⓥ 뛰어나다, 탁월하다, 능가하다
[iksél]

The team **excels** at turning defence into attack.
그 팀은 수비를 공격으로 전환하는 데 **뛰어나다**.

ⓟ excellence ⓝ 탁월함
ⓤ surpass ⓥ 능가하다
ⓢ excel at ~에 뛰어나다

1191 □□□ ★

erase ⓥ 지우다, 없애다
[iréis]

He **erased** the data from the hard drive.
그는 하드드라이브에서 자료를 **지웠다**.

voca+ e(밖으로) + rase(긁어내다) → 밖으로 긁어내어 없애다

ⓟ eraser ⓝ 지우개
ⓤ delete ⓥ 삭제하다, 지우다
eliminate ⓥ 없애다, 제거하다
(= remove)

1192 □□□ ★★

fuel ⓝ 연료, 에너지원 ⓥ 연료를 공급하다
[fjúːəl]

More than half of the world's electricity is created by burning fossil **fuels**. 교과서
전 세계 전기의 절반 이상은 화석 **연료**를 태움으로써 만들어진다.

ⓒ fossil fuel 화석 연료

1193 □□□ ★★

essence ⓝ 본질, 정수
[ésəns]

You have to understand the **essence** of the problem.
너는 그 문제의 **본질**을 이해해야 한다.

ⓟ essential ⓐ 필수의, 본질적인
ⓤ core ⓝ 핵심, 골자
ⓢ be of the essence 가장 중요하다

1194 □□□ ★★

trace ⓥ (기원을) 추적하다 ⓝ 흔적, 자취
[treis]

She could **trace** her family history back to the 19th century.
그녀는 자기 가문의 역사를 19세기까지 거슬러 **추적할** 수 있었다.

ⓤ track ⓥ 추적하다 ⓝ 자국
ⓢ trace back to ~로 거슬러 올라가다

1195 □□□ ★★ 다의어

spot ⓝ 1. 점, 얼룩 2. 장소 ⓥ 3. 발견하다, 찾다
[spɑːt]

1 The bird has a red **spot** on its beak.
그 새는 부리에 붉은 **점**이 있다.

2 Female impalas give birth in an isolated **spot** away from the herd. 기출 암컷 임팔라는 무리에서 떨어져 고립된 **장소**에서 출산한다.

3 Deep in the forest, he **spotted** a beautiful wild deer. 기출
깊은 숲 속에서 그는 아름다운 야생 사슴을 **발견했다**.

ⓟ spotted ⓐ 얼룩[물방울]무늬의; 얼룩진
ⓤ mark ⓝ 자국[흔적], 점
site ⓝ 장소
locate ⓥ 찾다, 발견하다
ⓢ on the spot 그 자리에서 바로, 즉석[현장]에서

1196 □□□ ★★ 다의어

character ⓝ 1. 등장인물 2. 성격, 특성 3. 문자
[kǽrəktər]

1 I enjoy drawing cartoon **characters**.
나는 만화의 **등장인물**을 그리는 것을 즐긴다.

2 impacts of musical toys on children's **character** 기출
음악 장난감이 아이들의 **성격**에 미치는 영향

3 The name was written in Chinese **characters**.
그 이름은 한**자**로 쓰여 있었다.

㉮ characteristic ⓝ 특성, 특징
characterize ⓥ 특징짓다
㉤ personality ⓝ 개성, 성격
letter ⓝ 글자, 문자

1197 □□□ 고난도

banish ⓥ 추방하다; 제거하다
[bǽniʃ]

He was **banished** to Canada last year.
그는 작년에 캐나다로 **추방당했다**.

㉤ expel ⓥ 내쫓다, 추방하다

1198 □□□ 고난도

decent ⓐ (수준·질이) 괜찮은, 제대로 된; 예의 바른
[díːsənt]

Genes, development, and learning all contribute to the process of becoming a **decent** human being. 기출
유전자, 발달, 그리고 학습은 모두 **예의 바른** 인간이 되는 과정에 기여한다.

㉤ proper ⓐ 적절한
㉥ indecent ⓐ 부적당한; 버릇없는, 품위 없는

---

physical vs physiological

1199 □□□ ★★

physical ⓐ 육체의, 신체의; 물리적인, 실제의
[fízikəl]

Children's play serves as a training ground for developing **physical** abilities. 기출
아이들의 놀이는 **신체적** 능력을 발달시키기 위한 훈련의 토대로서의 역할을 한다.

the scientific study of the **physical** characteristics of colors 기출
색의 **물리적** 특성에 대한 과학적 연구

㉮ physically ⓐⓓ 육체적으로; 실제로

1200 □□□ ★★

physiological ⓐ 생리학의, 생리(학)적인
[fìziəlɑ́dʒikəl]

a discussion about the **physiological** effect of space travel
우주여행의 **생리학적** 영향에 관한 토론

㉮ physiology ⓝ 생리학, 생리(현상)
physiologically ⓐⓓ 생리학적으로

DAILY TEST

A 영어는 우리말로, 우리말은 영어로 바꿔 쓰시오.

01	vehicle	______	08	생물, 동물, 창조물	______
02	retail	______	09	점; 장소; 발견하다	______
03	physical	______	10	선거, 투표	______
04	female	______	11	부(富), 재산; 풍부	______
05	excel	______	12	조종하다, 키를 잡다	______
06	verbal	______	13	무질서, 엉망; 장애	______
07	fit	______	14	성격, 특성; 문자	______

B 빈칸에 알맞은 말을 <보기>에서 찾아 쓰시오.

essence	awesome	trace	fault

01 The smell that comes from food is ______.

02 It's your own ______ for not checking the size.

03 You have to understand the ______ of the problem.

04 She could ______ her family history back to the 19th century.

C 밑줄 친 단어와 유사한 의미를 가진 말을 고르시오.

01 I made funny faces to <u>amuse</u> the kid. 【fuel / entertain】

02 He <u>erased</u> the data from the hard drive. 【eliminate / resume】

03 The graph shows the global Internet usage rate, <u>sorted</u> by gender and region. 【carry / classify】

A 01 탈것, 차량, 운송 수단; 매개물, 수단 02 소매(의); 소매로 03 육체의, 신체의; 물리적인, 실제의 04 여성(의) 05 뛰어나다, 탁월하다, 능가하다 06 말의, 언어의; 동사의 07 맞다, 어울리다; 꼭 맞는, 어울리는; 어울림, 조화 08 creature 09 spot 10 election 11 wealth 12 steer 13 disorder 14 character
B 01 awesome 02 fault 03 essence 04 trace
C 01 entertain 02 eliminate 03 classify

PART 04

무려 1,200단어를 외웠어요. 실패란 없습니다!

선수 경력을 통틀어 나는 9,000개 이상의 슛을 놓쳤다. 거의 300회의 경기에서 패배했다. 경기를 뒤집을 수 있는 슛 기회에서 26번 실패했다. 나는 살아오면서 계속 실패를 거듭했다. 그것이 내가 성공한 이유다.

I've missed more than 9,000 shots in my career. I've lost almost 300 games. 26 times I've been trusted to take the game winning shot and missed. I've failed over and over and over again in my life. And that is why I succeed.

_ 마이클 조던Michael Jordan, NBA 역대 최고의 선수

끝까지 포기하지 않을 용기가 있다면 우리는 모든 꿈을 이룰 수 있다.

All our dreams can come true; if we have the courage to pursue them.

_ 월트 디즈니Walt Disney, 월트 디즈니 컴퍼니 창립자

1201 □□□ ★

ceremony ⓝ (공식적) 식, 의식, 의전
[sérəmòuni]

As soon as the wedding **ceremony** was over, the celebration began. 기출 결혼**식**이 끝나자마자, 축하 행사가 시작되었다.

㊄ ceremonial ⓐ 의식의 ⓝ 의식 (절차)
㊀ ritual ⓝ 의식 (절차), 의례

1202 □□□ ★★

strap ⓝ (가죽) 끈, 띠 ⓥ 끈으로 묶다
[stræp]

Press the red button on the shoulder **strap**. 교과서
어깨 **끈**에 있는 빨간 버튼을 누르세요.

㊀ tie ⓝ 끈 ⓥ 묶다

1203 □□□ ★★

trail ⓝ 자취, 자국; 오솔길 ⓥ 추적하다; (질질) 끌다
[treil]

He followed the photographer's **trail**. 교과서
그는 그 사진작가의 **자취**를 따라갔다.

I enjoy walking up mountain **trails**. 교과서
나는 등산**로**를 오르는 것을 즐긴다.

㊀ track ⓝ 자국; 궤도 ⓥ 추적하다
trace ⓝ 자국, 흔적 ⓥ 추적하다
pursue ⓥ 추적하다; 추구하다

1204 □□□ ★

glue ⓥ (접착제로) 붙이다 ⓝ 접착제, 풀
[gluː]

Koreans have **glued** *hanji* to the walls, door frames, and floors of their homes for ages. 교과서
한국인들은 오랫동안 집의 벽, 문틀, 바닥에 한지를 **붙여왔다**.

㊀ paste ⓥ 풀로 붙이다 ⓝ 풀
stick ⓥ 붙이다

1205 □□□ ★★

reluctance ⓝ 꺼림, 주저함
[rilʌ́ktəns]

His **reluctance** to answer my questions made me suspicious.
내 질문에 대답하는 것을 **꺼려하는** 그의 모습이 나는 의심스러워 보였다.

㊄ reluctant ⓐ 꺼리는, 주저하는
reluctantly ad 마지못해서, 억지로
㊀ hesitancy ⓝ 주저함
㊁ willingness ⓝ 기꺼이 하기

1206 □□□ ★

import ⓥ 수입하다 ⓝ 수입
ⓥ [impɔ́ːrt]
ⓝ [ímpɔːrt]

Imported from South India, black pepper was an expensive spice. 교과서 인도 남부로부터 **수입되었기** 때문에 후추는 비싼 향신료였다.

voca+ im(in: ~ 안으로) + port(나르다) → 물건을 안으로 날라 들여놓다

㊁ export ⓥ 수출하다 ⓝ 수출

1207 □□□ ★★

alarm [əlɑ́ːrm]

ⓝ 불안, 놀람; 경보 ⓥ 놀라게 하다

Stress is a natural **alarm** system in your brain and body. 교과서
스트레스는 여러분의 뇌와 몸에 있는 타고난 **경보** 시스템이다.

파 alarmed ⓐ 깜짝 놀란
유 frighten ⓥ 놀라게[겁먹게] 하다

1208 □□□ ★★

contrast ⓥ [kəntrǽst] ⓝ [kɑ́ntræst]

ⓥ 대조하다 ⓝ 대조, 차이

Comparing and **contrasting** shows how two or more people, places, or things are alike or different. 교과서
비교하고 **대조하는** 것은 두 명 이상의 사람 또는 둘 이상의 장소나 물건이 어떻게 같거나 다른지 보여준다.

voca+ contra(~에 반대하여) + st(stand: 서다) → ~에 반대하여 세우다

파 contrasting ⓐ 대조적인
유 difference ⓝ 차이
숙 by[in] contrast 그와 대조적으로

1209 □□□ ★★

unify [júːnəfài]

ⓥ 단일화하다, 통합하다

In Ghana, soccer serves to **unify** the people.
가나에서 축구는 국민들을 **통합하는** 역할을 한다.

파 unification ⓝ 통합, 통일
유 unite ⓥ 결합[통합]하다, 합병하다
반 divide ⓥ 나누다, 분열시키다

1210 □□□ ★★

factual [fǽktʃuəl]

ⓐ 사실의, 사실에 입각한

Most people will resist examining their **factual** beliefs. 기출
대부분의 사람들은 그들의 **사실적** 믿음을 시험하는 것에 저항할 것이다.

파 fact ⓝ 사실
유 true ⓐ 진실의, 사실의

1211 □□□ ★

nightmare [náitmὲər]

ⓝ 악몽

You may feel upset when you wake up suddenly from a **nightmare**. 교과서 당신은 **악몽**에서 갑자기 깨어나면 기분이 나쁠 수도 있다.

1212 □□□ ★

angle [ǽŋgl]

ⓝ 각, 각도; 관점, 입장

The two lines form a right **angle**. 그 두 선은 직**각**을 이룬다.

The candidate tried to approach the political issue from different **angles**. 교과서
그 후보자는 다른 **각도(관점)**에서 정치적 문제에 접근하려고 했다.

파 angular ⓐ 각이 진
유 perspective ⓝ 관점, 시각

1213 □□□ ★★★

decompose

ⓥ 분해되다, 부패하다

[dìːkəmpóuz]

Tires cannot **decompose** or be recycled. 교과서

타이어는 **분해되거나** 재활용될 수 없다.

파 **decomposition** ⓝ 분해, 부패

유 **decay** ⓥ 부패하다, 썩다

1214 □□□ ★★

toss

ⓥ (가볍게) 던지다 ⓝ 던지기

[tɔːs]

One of the players **tosses** a ball to another player. 교과서

선수들 중 한 명이 다른 선수에게 공을 **던진다**.

유 **throw** ⓥ 던지다

1215 □□□ ★

regain

ⓥ 되찾다, 회복하다

[rigéin]

The campaign helps the children **regain** their confidence. 교과서

그 캠페인은 아이들이 자신감을 **되찾도록** 도와준다.

voca+ **re**(다시) + **gain**(얻다) → 되찾다

파 **gain** ⓥ 획득하다, 얻다

유 **recover** ⓥ 회복하다, 되찾다

1216 □□□ ★★

soar

ⓥ (하늘 높이) 날아오르다; 치솟다, 급등하다

[sɔːr]

The seagull knows how wonderful **soaring** above the clouds really feels. 교과서

그 갈매기는 구름 위로 **날아오르는** 게 얼마나 신나는 일인지 알고 있다.

유 **rise** ⓥ 상승하다

skyrocket ⓥ 급등하다, 치솟다

1217 □□□ ★★

supervise

ⓥ 감독[관리]하다

[súːpərvàiz]

He continued to **supervise** the bridge building for years. 교과서

그는 수년간 계속해서 다리 건설을 **감독했다**.

voca+ **super**(위에) + **vise**(보다) → 위에서 두루 살펴보다

파 **supervision** ⓝ 감독, 관리, 지휘

supervisor ⓝ 관리자, 감독관

1218 □□□ ★★★

empathy

ⓝ 감정 이입, 공감

[émpəθi]

Our nervous system is automatically set to engage in this emotional **empathy**. 기출

우리의 신경 체계는 이러한 정서적인 **공감**을 하도록 자동적으로 설정되어 있다.

파 **empathize** ⓥ 공감하다

empathetic ⓐ 공감을 불러일으키는

1219 □□□ ★★★

staple ⓐ 주된, 주요한

[stéipl]

Rice is the **staple** food of more than half of the world's population. 쌀은 절반이 넘는 세계 인구의 **주**식이다.

유 **principal** ⓐ 주된, 주요한

1220 □□□ ★★

accommodation ⓝ 숙박[수용] 시설, 거처, 숙소

[əkɑ̀mədéiʃən]

The price includes flights, **accommodation** and transport.
그 가격은 항공편과 **숙박**, 교통비를 포함합니다.

파 **accommodate** ⓥ 수용하다, 숙박시키다

1221 □□□ ★★

simultaneously ad 동시에

[sàiməltéiniəsli]

A personal computer allowed people to type on a keyboard and see the results on a monitor **simultaneously**. 교과서
개인용 컴퓨터는 사람들이 키보드를 치면 **동시에** 모니터에서 그 결과를 볼 수 있게 해주었다.

파 **simultaneous** ⓐ 동시의, 동시에 일어나는

유 **concurrently** ad 동시에

1222 □□□ ★★

colony ⓝ 식민지; 집단 거주지, 군집

[kɑ́ləni]

Macao is a former Portuguese **colony**.
마카오는 과거 포르투갈의 **식민지**였다.

As social insects living in a **colony**, bees communicate with each other through dancing. 교과서
군집에서 생활하는 사회적 곤충으로서 벌은 춤을 통해 서로 의사소통한다.

파 **colonize** ⓥ 식민지화하다
colonial ⓐ 식민(지)의

1223 □□□ ★★★

deprive ⓥ 빼앗다, 박탈하다

[dipráiv]

Four athletes were **deprived** of their medals as a result of positive drugs tests.
네 명의 운동선수들이 약물 검사 양성반응이 나와 메달을 **박탈당했다**.

파 **deprivation** ⓝ 박탈, 몰수; 결핍

유 **rob** ⓥ 빼앗다, 강탈하다

숙 **deprive A of B** A로부터 B를 빼앗다

1224 □□□ ★★

slight ⓐ 약간의, 조금의

[slait]

A **slight** smile was spreading over her face. 기출
그녀의 얼굴에 **엷은** 미소가 번지고 있었다.

파 **slightly** ad 살짝, 약간

1225 □□□ ★★

dynasty ⓝ 왕조, 왕가
[dáinəsti]

The mask dance depicted the difficult lives of ordinary people during the Joseon **Dynasty**. 교과서
탈춤은 조선**왕조** 동안의 평민들의 힘겨운 삶을 묘사했다.

참 **palace** ⓝ 궁전, 왕실

1226 □□□ ★★

enforce ⓥ (법률 등을) 집행[시행]하다; 강요[강제]하다
[infɔ́ːrs]

Technology affects how players are trained and how rules are **enforced**. 교과서
기술은 선수들이 훈련하는 방식과 (경기) 규칙이 **시행되는** 방식에 영향을 미친다.

voca+ en(~하게 하다) + force(힘) → 강력하게 하다

파 **enforcement** ⓝ 시행, 집행

1227 □□□ ★★

accompany ⓥ 동반하다, 수반하다; 반주를 하다
[əkʌ́mpəni]

Children under 10 must be **accompanied** by an adult. 기출
10세 이하의 어린이는 어른을 **동반해야** 합니다.

숙 **be accompanied by** ~을 동반[수반]하다

1228 □□□ ★★★

fuse ⓥ 융합[결합]하다
[fjuːz]

Flamenco is an artistic expression **fusing** song, dance, and musicianship. 교과서
플라멩코는 노래, 춤, 그리고 음악적 기교를 **결합한** 예술적 표현이다.

파 **fusion** ⓝ 융합, 결합

1229 □□□ ★★★

hostile ⓐ 적대적인; (기후 등이) 부적당한, 척박한
[hɑ́stəl]

Evil types conceal their **hostile** intentions behind a friendly smile. 기출 악역들은 그들의 **적대적** 의도를 친근한 미소 뒤에 숨긴다.

Potatoes are not only nutritious but also grow well in poor soils and in **hostile** climates. 교과서
감자는 영양가가 높을 뿐 아니라 척박한 토양과 **부적당한** 기후에서도 잘 자란다.

파 **hostility** ⓝ 적의, 적개심
반 **friendly** ⓐ 우호적인

1230 □□□ ★★

informative ⓐ 유익한 정보를 주는, 유익한
[infɔ́ːrmətiv]

Create a video that is **informative** for a broad public audience. 기출
폭넓은 대중에게 **유익한 정보를 주는** 영상물을 만들어 보세요.

파 **information** ⓝ 정보
informant ⓝ 정보제공자

1231 □□□ ★★★

monument

[n] 기념물, (역사적) 건축물

[mánjumənt]

We tend to view a country's cultural heritage only as **monuments** such as the pyramids in Egypt. [교과서]
우리는 한 국가의 문화유산을 이집트의 피라미드 같은 **기념물**로만 보는 경향이 있다.

[파] **monumental** [a] 기념비적인; 엄청난

1232 □□□ ★★★

prominent

[a] 현저한, 두드러진; 중요한; 유명한

[prámənənt]

His eyes are his most **prominent** feature.
그의 눈이 그의 가장 **두드러진** 특징이다.

The church is one of the most **prominent** buildings in the world. [교과서] 그 성당은 세계에서 가장 **유명한** 건물들 중 하나이다.

voca+ **pro**(앞에) + **minent**(밀다) → 앞으로 밀어져서 눈에 잘 보이는

[파] **prominence** [n] 두드러짐, 현저함

[유] **famous** [a] 유명한

1233 □□□ ★★

beam

[n] 광선 [v] 비추다, 빛나다; 환히 웃다

[biːm]

The light **beams** through leaves in the forest. [교과서]
빛이 숲속의 나뭇잎 사이로 **비춘다**.

He was positively **beaming** with satisfaction.
그는 만족해하며 정말 **환히 웃고** 있었다.

[유] **ray** [n] 광선, 빛
flash [n] 섬광, 불빛
shine [v] 빛나다, 비추다

1234 □□□ ★★

orbit

[n] (천체 · 인공위성 · 우주선의) 궤도
[v] ~의 주위를 궤도를 그리며 돌다

[ɔ́ːrbit]

Space trash floats in space in an **orbit** around Earth. [교과서]
우주 쓰레기가 지구 주위로 **궤도**를 그리며 우주에 떠다닌다.

[참] **rotation** [n] 자전

1235 □□□ ★★ [다의어]

tip

[n] 1. (뾰족한) 끝 2. 조언 3. 팁, 봉사료
[v] 4. 기울어지다, 기울이다

[tip]

1 I stood on the **tips** of my toes. 나는 발가락 **끝**으로 섰다.

2 She gave me some useful **tips**. [교과서]
그녀는 내게 몇 가지 유용한 **조언**을 해주었다.

3 He left a **tip** on the table. 그는 테이블 위에 **팁**을 남겼다.

4 The glass **tipped** and the water spilled out.
잔이 **기울어져서** 물이 쏟아졌다.

[유] **point** [n] 끝, 첨단
suggestion [n] 제안; 조언

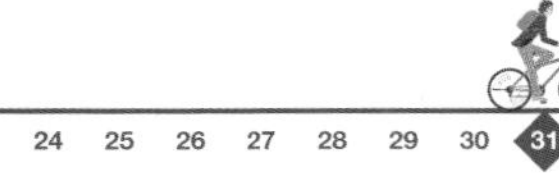

1236 □□□ ★★★ 다의어

discipline

[dísəplin]

ⓝ 1. 훈련; 절제 2. 규율, 훈육 3. 학문 분야, 학과목

1 Success is borne on the shoulders of commitment, **discipline**, and persistence. 기출
성공은 전념, **절제**, 끈기의 어깨 위에서 생겨난다.

2 increasing necessity of parents' participation in **discipline** 기출
훈육에 있어 부모 참여 필요성의 증가

3 Sports nutrition is a fairly new academic **discipline**. 기출
운동 영양학은 매우 새로운 **학문 분야**이다.

유 training ⓝ 훈련, 교육
self-control ⓝ 자제, 극기
course ⓝ 강좌, 학과 과목

1237 □□□ 고난도

retrieve

[ritríːv]

ⓥ 되찾다, 회수하다; 검색하다

Police **retrieved** her stolen car. 경찰은 그녀의 도난 차량을 **되찾았다**.

retrieve relevant information from the system
시스템에서 관련 정보를 **검색하다**

파 retrieval ⓝ 회복, 만회, 복구
유 recover ⓥ 되찾다, 복구하다
regain ⓥ 되찾다

1238 □□□ 고난도

validity

[vəlídəti]

ⓝ 타당성, 유효함

They read articles supporting the **validity** of IQ tests. 기출
그들은 지능 검사의 **타당성**을 뒷받침하는 기사를 읽었다.

파 valid ⓐ 유효한, 타당한
유 accuracy ⓝ 정확(도)

minor vs miner

1239 □□□ ★★

minor

[máinər]

ⓐ 소수의; 사소한

He played a **minor** role in the play.
그는 연극에서 **작은** 역할(단역)을 맡았다.

파 minority ⓝ 소수, 소수 민족, 소수 집단
반 major ⓐ 다수의; 주요한

1240 □□□ ★★

miner

[máinər]

ⓝ 광부

Thirty three **miners** who had been buried inside the mine were finally rescued. 교과서
광산 내부에 묻혀 있던 33명의 **광부들**이 마침내 구조되었다.

파 mine ⓝ 광산

DAILY TEST

A 영어는 우리말로, 우리말은 영어로 바꿔 쓰시오.

01 contrast ______________

02 soar ______________

03 dynasty ______________

04 hostile ______________

05 discipline ______________

06 retrieve ______________

07 accompany ______________

08 수입하다; 수입 ______________

09 동시에 ______________

10 (뾰족한) 끝; 조언 ______________

11 집행하다; 강요하다 ______________

12 숙박 시설, 거처, 숙소 ______________

13 분해되다, 부패하다 ______________

14 식민지; 군집 ______________

B 빈칸에 알맞은 말을 〈보기〉에서 찾아 알맞은 형태로 쓰시오.

deprive	reluctance	unify	nightmare	ceremony

01 In Ghana, soccer serves to ______________ the people.

02 His ______________ to answer my questions made me suspicious.

03 As soon as the wedding ______________ was over, the celebration began.

04 Four athletes were ______________ of their medals as a result of positive drugs tests.

C 밑줄 친 단어와 유사한 의미를 가진 말을 고르시오.

01 The church is one of the most prominent buildings in the world. 【famous / slight】

02 Rice is the staple food of more than half of the world's population. 【principal / informative】

03 The candidate tried to approach the political issue from different angles. 【monument / perspective】

A 01 대조하다; 대조, 차이 02 날아오르다; 치솟다, 급등하다 03 왕조, 왕가 04 적대적인; 부적당한, 척박한 05 훈련; 절제; 규율, 훈육; 학문 분야, 학과목 06 되찾다, 회수하다; 검색하다 07 동반하다, 수반하다; 반주를 하다 08 import 09 simultaneously 10 tip 11 enforce 12 accommodation 13 decompose 14 colony
B 01 unify 02 reluctance 03 ceremony 04 deprived
C 01 famous 02 principal 03 perspective

1241 □□□ ★★

horizon
[həráizən]

ⓝ 수평선, 지평선; 시야

파 horizontal ⓐ 수평의, 가로의
horizontally ad 수평으로

The sun disappeared below the **horizon**.
태양이 **지평선** 너머로 사라졌다.

교과서
I will read books in different fields to expand my **horizons**.
나는 내 **시야**를 넓히기 위해 다양한 분야의 책을 읽을 것이다.

1242 □□□ ★★

renewable
[rinjú:əbl]

ⓐ 재생 가능한

파 renew ⓥ 갱신[연장]하다
유 sustainable ⓐ 지속 가능한

Cape Town has a goal of generating 10% of its energy from **renewable** sources. 교과서
케이프타운은 **재생 가능한** 원료에서 에너지의 10%를 생산하는 목표를 가지고 있다.

voca+ re(다시) + new(새롭게) + able(가능한) → 재생 가능한

1243 □□□ ★★

oral
[ɔ́:rəl]

ⓐ 구두의, 입의

파 orally ad 구두로, 말로
유 spoken ⓐ 구두의, 구술의
참 written ⓐ 서면으로 된

He passed the **oral** English test. 그는 영어 **구두** 시험에 합격했다.

1244 □□□ ★★★

radiation
[rèidiéiʃən]

ⓝ 방사선

파 radiate ⓥ 방사하다, 복사하다

One great threat to our body in space and on Mars is cosmic **radiation**. 교과서
우주와 화성에서 우리 몸에 가해지는 한 가지 큰 위협은 우주 **방사선**이다.

1245 □□□ ★★★

choir
[kwáiər]

ⓝ 합창단, 성가대

파 choral ⓐ 합창(단)의
chorus ⓝ 합창, 코러스

She failed her audition for the school **choir** because she was too nervous. 교과서
그녀는 너무 긴장해서 학교 **합창단** 오디션에서 떨어졌다.

1246 □□□ ★★

miserable
[mízərəbl]

ⓐ 몹시 불행한, 비참한

파 misery ⓝ 불행, 비참함
유 gloomy ⓐ 우울한; 어두운

Jimmy had a **miserable** childhood.
Jimmy는 **불행한** 어린 시절을 보냈다.

1247 □□□ ★★★

offense [əféns]

ⓝ 위반, 위법 행위; 공격; 기분 상함, 불쾌

The number of election-related **offenses** has soared.
선거 관련 **위반** 사례가 급증하고 있다.

The players were slow on **offense** and failed to pass accurately.
선수들의 **공격**은 느렸고, 패스가 제대로 되지 않았다.

㊂ **offend** ⓥ 위반하다; 기분 상하게 하다
offensive ⓐ 공격적인
㊌ **violation** ⓝ 위반
㊊ **defense** ⓝ 방어, 수비 (= defence)

1248 □□□ ★★

domain [douméin]

ⓝ 분야, 영역, 범위; 영토

This same finding has since been observed in various **domains**. 기출
이와 똑같은 결과가 그 이후로 다양한 **분야**에서 관찰되었다.

㊌ **field** ⓝ 분야, 영역
range ⓝ 영역, 범위
territory ⓝ 영토; 영역

1249 □□□ ★★★

fascinate [fǽsənèit]

ⓥ 매혹[매료]시키다

The show **fascinates** the audience with lively music. 교과서
그 쇼는 생동감 넘치는 음악으로 관중들을 **매료시킨다**.

㊂ **fascinating** ⓐ 매혹적인; 아주 재미있는
fascination ⓝ 매혹, 매료

1250 □□□ ★★

soak [souk]

ⓥ 푹 담그다, 흠뻑 젖다

We had ceviche, a dish of fish **soaked** in lime juice. 교과서
우리는 라임 주스에 **절인** 생선 요리인 세비체를 먹었다.

㊂ **soaked** ⓐ 흠뻑 젖은

1251 □□□ ★★

bunch [bʌntʃ]

ⓝ 다발, 묶음, 한 무리

She sat on the bench, holding a **bunch** of flowers.
그녀는 꽃**다발**을 들고 벤치에 앉아 있었다.

㊌ **bundle** ⓝ 다발, 묶음

voca+
- bunch: 보통 같은 종류의 것을 가지런히 묶은 경우에 사용
- bundle: 크기·모양에 관계없이 많은 것을 운반·저장하기 위해 비교적 느슨하게 한데 묶은 다발로, 같은 종류뿐 아니라 여러 종류를 모은 경우에도 사용

1252 □□□ ★★

commute [v] 통근하다 [n] 통근 (거리)
[kəmjúːt]

He took a new job which had a long **commute**. [교과서]
그는 **통근 거리**가 먼 새 직장을 얻었다.

[파] commuter [n] 통근자

1253 □□□ ★★

spare [a] 남는, 여분의, 예비의 [v] 아끼다, 절약하다
[spɛər]

He lived on a street corner, asking passersby for **spare** change. [기출]
그는 길모퉁이에서 지나가는 사람에게 **남는** 잔돈을 구걸하며 살았다.

[유] extra [a] 여분의, 추가의

1254 □□□ ★★

chimney [n] 굴뚝
[tʃímni]

Each termite mound has a network of holes referred to as **chimneys**. [교과서]
각각의 흰개미집에는 **굴뚝**이라고 일컬어지는 구멍들의 연결망이 있다.

[참] furnace [n] 용광로, 화덕

1255 □□□ ★★

withstand [v] 견디다, 이겨내다
[wiðstǽnd]

I'm curious about how tall buildings **withstand** strong winds. [교과서]
높은 건물들은 어떻게 강한 바람을 **견디는지** 궁금해.

voca+ **with**(대항하여) + **stand**(서다, 견디다) → 대항하여 서다

[유] resist [v] 참다, 저항하다
endure [v] 참다, 견디다

1256 □□□ ★★★

proportion [n] 비율, 부분
[prəpɔ́ːrʃən]

CO_2 released during industrial processes has greatly increased the **proportion** of carbon in the atmosphere. [기출]
산업 공정 중에 배출된 이산화탄소는 대기 중의 탄소 **비율**을 크게 증가시켰다.

[유] ratio [n] 비율
percentage [n] 비율, 백분율

1257 □□□ ★★

brochure [n] 소책자, (안내용) 책자
[brouʃúər]

Here is a **brochure** of our volunteer programs. [교과서]
여기 저희 자원봉사 프로그램에 관한 **소책자**입니다.

[유] booklet [n] 소책자

1258 □□□ ★★★

ambassador ⓝ 대사, 사절, 특사

[æmbǽsədər]

He was appointed **ambassador** to France.

그는 주 프랑스 **대사**로 임명되었다.

참 **embassy** ⓝ 대사관

1259 □□□ ★

solar ⓐ 태양의

[sóulər]

Olympus Mons is the tallest volcano in the **solar** system. 교과서

올림푸스 몬스산은 **태양**계에서 가장 높은 화산이다.

참 **solar panel** 태양 전지판

lunar ⓐ 달의

1260 □□□ ★★

cherish ⓥ 소중히 여기다, (마음속에) 간직하다

[tʃériʃ]

We should **cherish** our valuable cultural properties.

우리는 우리의 귀중한 문화재를 **소중히 여겨야** 한다.

파 **cherished** ⓐ 소중하게 간직한

유 **treasure** ⓥ 소중히 여기다

1261 □□□ ★★

antique ⓝ 골동품 ⓐ 옛날의

[æntíːk]

An **antique** dealer accidentally found the painting at a garage sale. 교과서 한 **골동품** 딜러가 우연히 차고 판매에서 그 그림을 발견했다.

파 **antiquity** ⓝ 고대

유 **ancient** ⓐ 고대의, 옛날의

1262 □□□ ★★

territory ⓝ 영토, 지역; 영역

[téritɔ̀ːri]

You have to explore new **territory**. 기출

여러분은 새로운 **영역**을 탐사해야 한다.

파 **territorial** ⓐ 영토의, 영역의

유 **district** ⓝ 지역, 구역

zone ⓝ 지대, 구역

1263 □□□ ★★

circular ⓐ 원형의; 순회하는

[sə́ːrkjulər]

Bangpaeyeon has a **circular** hole in the center. 교과서

방패연은 중앙에 **원형의** 구멍이 있다.

파 **circulate** ⓥ (피 등이) 순환하다

1264 □□□ ★★★

analogy ⓝ 비유; 유추; 유사(성)

[ənǽlədʒi]

An **analogy** is a comparison between two things. 교과서

비유는 두 가지 사물을 비교하는 것이다.

파 **analogous** ⓐ 유사한

유 **similarity** ⓝ 유사점, 유사성

comparison ⓝ 비교, 비유

1265 □□□ ★

harvest ⓝ 수확(기), 추수 ⓥ 추수하다, 수확하다
[hɑ́ːrvist]

They expect a good rice **harvest** this year. 교과서
그들은 올해 벼농사의 **풍작**을 기대한다.

유 crop ⓥ 수확하다, 따다 ⓝ 농작물
yield ⓥ 산출하다 ⓝ 수확
reap ⓥ 수확하다

1266 □□□ ★★

coward ⓝ 겁쟁이 ⓐ 겁 많은
[káuərd]

If you call a man "a chicken" in America, he will be extremely upset because it means "a **coward**." 교과서
미국에서 사람을 '닭'이라고 부르면 그 사람이 매우 화를 낼 것인데, 왜냐하면 그것이 '**겁쟁이**'를 의미하기 때문이다.

파 cowardly ⓐ 겁 많은, 비겁한
cowardice ⓝ 비겁, 소심
유 timid ⓐ 소심한, 겁 많은

1267 □□□ ★★

breast ⓝ 가슴
[brest]

A portrait of an old lady wearing three medals on her left **breast** was discovered. 교과서
왼쪽 **가슴**에 세 개의 훈장을 찬 노부인의 초상화가 발견되었다.

유 chest ⓝ 가슴

1268 □□□ ★★★

dispense ⓥ 나누어 주다, 분배하다, 제공하다; 조제하다
[dispéns]

The organization **dispensed** food and clothes to the earthquake victims.
그 단체는 식품과 옷을 지진 피해자들에게 **나누어 주었다**.

voca+ dis(분리) + pense(무게를 달다) → 따로 무게를 달다 → 분배하다

유 distribute ⓥ 나누어 주다

1269 □□□ ★★★

adversity ⓝ 역경, 고난
[ædvə́ːrsəti]

교과서
He was such a strong person to endure all of that **adversity**.
그는 그 모든 **역경**을 이겨낼 만큼 매우 강인한 사람이었다.

파 adverse ⓐ 불리한; 반대하는
유 hardship ⓝ 고난, 어려움

1270 □□□ ★★

string ⓝ 실, 줄, 끈, (악기의) 현 ⓥ 끈을 달다, 묶다
[striŋ]

He is famous for using odd items like sand and **strings** to create art. 교과서
그는 미술품을 만드는 데 모래와 **끈** 같은 특이한 물건을 사용하는 것으로 유명하다.

(string-strung-strung)
숙 a string of 일련의 ~, 한 줄의 ~

1271 □□□ ★★

fame

[n] 명성, 명예

[feim]

He attained worldwide **fame** as a conductor. [교과서]

그는 지휘자로서 세계적인 **명성**을 얻었다.

[파] famous [a] 유명한
[유] reputation [n] 명성; 평판
prestige [n] 명성, 위신

1272 □□□ ★★★

thrust

[n] 밀침; 추진력 [v] (세게) 밀다

[θrʌst]

When **thrust** is greater than drag, airplanes move forward. [교과서]

추진력이 항력보다 더 클 때 비행기가 앞으로 나아간다.

(thrust-thrust-thrust)
[유] drive [n] 추진력
propel [v] 추진하다
[반] drag [n] 항력

1273 □□□ ★★

pronounce

[v] 발음하다; 선언하다

[prənáuns]

His name is very hard for foreigners to **pronounce**.

그의 이름은 외국인이 **발음하기에** 너무 어렵다.

I now **pronounce** you man and wife.

이제 두 사람을 부부로 **선언합니다**.

voca+ pro(밖으로) + nounce(말하다) → 말소리를 밖으로 내다

[파] pronunciation [n] 발음
pronouncement [n] 선언, 발표
[유] declare [v] 선언[선고]하다
announce [v] 알리다, 공표하다

1274 □□□ ★★

biography

[n] 전기, 일대기

[baiάgrəfi]

I will write a **biography** of Monet. [교과서]

나는 모네의 **일대기**를 쓸 것이다.

[참] autobiography [n] 자서전

1275 □□□ ★★ [다의어]

solid

[n] 고체 [a] 1. 고체의, 고형의 2. 확고한, 굳건한 3. 순수한 4. 무늬가 없는

[sάlid]

1 The baby can eat **solid** foods.
그 아기는 **고형** 음식을 먹을 수 있어요.

2 Respect and friendship provide a **solid** foundation for marriage. 존경심과 우정은 결혼생활의 **굳건한** 토대가 되어준다.

3 The ring was made of **solid** gold.
그 반지는 **순**금으로 만들어졌다.

4 The scarf comes in three patterns: **solid**, striped, and polka dots. [교과서]
그 스카프는 **무늬가 없는** 것, 줄무늬, 물방울 무늬의 세 가지 패턴으로 나옵니다.

[파] solidarity [n] 단결, 결속
[유] firm [a] 굳은, 단단한, 견고한
(= hard)
genuine [a] 진짜의, 순수한

DAY 32

1276 □□□ ★ 다의어

mark
[mɑːrk]

ⓥ 1. 표시하다, 나타내다 2. 기록[채점]하다
ⓝ 3. 점, 반점 4. 표시, 부호

1 **Mark** F if it is a fact, and **mark** O if it is an opinion. 교과서
사실이면 F, 의견이면 O라고 **표시하세요**.

2 She spent the evening **marking** the students' exams.
그녀는 학생들의 시험지를 **채점하면서** 저녁시간을 보냈다.

3 My dog has black **marks** on its ears.
내 개는 귀에 검은 **점들**이 있다.

4 The products have a special **mark** on the label. 교과서
그 제품들에는 상표에 특별한 **표시**가 있다.

파 **marked** ⓐ 표시가 된; 뚜렷한
유 **grade** ⓥ 채점하다
spot ⓝ 반점, 점

1277 □□□ 고난도

testify
[téstəfài]

ⓥ 증언[증명]하다, 진술하다

I'm prepared to **testify** in court that I was in her apartment that night.
나는 내가 그날 밤 그녀의 아파트에 있었다고 법정에서 **증언할** 준비가 되어 있다.

유 **state** ⓥ 진술하다
prove ⓥ 증명하다

1278 □□□ 고난도

outrageous
[autréidʒəs]

ⓐ 터무니없는, 엉뚱한; 난폭한

He tells the most **outrageous** lies.
그는 가장 **터무니없는** 거짓말을 한다.

He will be punished for his **outrageous** behavior.
그는 자신의 **난폭한** 행동에 대해 벌을 받게 될 것이다.

파 **outrage** ⓝ 격노, 난폭
유 **violent** ⓐ 폭력적인

---

flesh vs flash

1279 □□□ ★★

flesh
[fleʃ]

ⓝ 살, 살집, 고기

Vegetarians don't eat animal **flesh**. 채식주의자는 **고기**를 먹지 않는다.

유 **meat** ⓝ 고기

1280 □□□ ★★

flash
[flæʃ]

ⓝ 번쩍임, (카메라) 플래시 ⓥ 빛나다, 비추다

Visitors are welcome to take photographs, without a **flash**, inside the museum. 기출
방문객들은 박물관 안에서 **플래시**를 사용하지 않고 사진을 찍을 수 있다.

파 **flashy** ⓐ 번쩍이는, 눈에 띄는

A 영어는 우리말로, 우리말은 영어로 바꿔 쓰시오.

01 miserable ______________
02 biography ______________
03 antique ______________
04 offense ______________
05 ambassador ______________
06 radiation ______________
07 territory ______________
08 견디다, 이겨내다 ______________
09 매혹[매료]시키다 ______________
10 비율, 부분 ______________
11 원형의; 순회하는 ______________
12 수확(기); 추수하다 ______________
13 고체의; 확고한 ______________
14 푹 담그다, 흠뻑 젖다 ______________

B 빈칸에 알맞은 말을 <보기>에서 찾아 쓰시오.

pronounce	horizon	breast	dispense	analogy

01 The sun disappeared below the ______________.

02 His name is very hard for foreigners to ______________.

03 A(n) ______________ is a comparison between two things.

04 A portrait of an old lady wearing three medals on her left ______________ was discovered.

C 밑줄 친 단어와 유사한 의미를 가진 말을 고르시오.

01 My dog has black marks on its ears. 【spot / domain】

02 He attained worldwide fame as a conductor. 【reputation / chimney】

03 He was such a strong person to endure all of that adversity. 【bunch / hardship】

A 01 몹시 불행한, 비참한 02 전기, 일대기 03 골동품; 옛날의 04 위반, 위법 행위; 공격; 기분 상함, 불쾌 05 대사, 사절, 특사 06 방사선 07 영토, 지역; 영역 08 withstand 09 fascinate 10 proportion 11 circular 12 harvest 13 solid 14 soak
B 01 horizon 02 pronounce 03 analogy 04 breast
C 01 spot 02 reputation 03 hardship

1281 □□□ ★★

clash

[klæʃ]

ⓝ 충돌; 불일치
ⓥ 충돌하다; (빛깔이) 안 어울리다

Some political and cultural **clashes** are unavoidable.
일부 정치적, 문화적 **충돌**은 불가피하다.

The color of the blouse **clashes** with the color of the skirt.
블라우스의 색상이 스커트의 색상과 **안 어울린다**.

voca+
- **clash**: 대립되는 두 힘이 서로 강하게 부딪치는 경우 또는, 감정적인 의견 충돌을 나타낼 때
- **crash**: 차나 비행기가 다른 대상에 강하게 부딪치는 경우

㊌ **crash** ⓝ 충돌 ⓥ 충돌하다, 추락하다
conflict ⓝ 충돌, 갈등 ⓥ 충돌[상충]하다
collide ⓥ 충돌하다

1282 □□□ ★

beverage

[bévəridʒ]

ⓝ 음료, 마실 것

Snacks and **beverages** will be provided. 기출
간식과 **음료**는 제공될 것입니다.

㊌ **drink** ⓝ 마실 것, 음료

1283 □□□ ★★

thereafter

[ðɛərǽftər]

ad 그 후에, 그에 따라

Such feelings activated in one context last for a while **thereafter**. 기출
한 상황에서 활성화된 그러한 감정들은 **그 이후로** 한동안 지속된다.

1284 □□□ ★★

hatch

[hætʃ]

ⓥ 부화하다 ⓝ 부화

Don't count your chickens before they're **hatched**.
<속담> **부화하기** 전에 병아리를 세지 마라.(김칫국부터 마시지 마라.)

㊟ **lay** ⓥ (알을) 낳다

1285 □□□ ★★

dull

[dʌl]

ⓐ 우둔한; (칼 등이) 무딘; 단조로운, 지루한; (색이) 흐릿한, 칙칙한

All work and no play makes Jack a **dull** boy.
<속담> 공부만 하고 놀지 않으면 **바보**가 된다.

I could only see **dull** gray rocks. 기출
나는 **칙칙한** 잿빛의 바위들만 보였다.

㊌ **stupid** ⓐ 머리가 나쁜
blunt ⓐ (도구가) 무딘
㊎ **sharp** ⓐ 날카로운, 예리한

1286 □□□ ★★

awaken [əwéikən]

ⓥ 깨우치다, 자각시키다; (잠에서) 깨다, 깨우다

The news **awakened** him to the truth.
그 뉴스는 그에게 진실을 **깨닫게 했다**.

He was **awakened** by the phone. 그는 전화에 **잠이 깼다**.

㉺ **awakening** ⓐ 각성의, (사람을) 놀라게 하는

1287 □□□ ★

charm [tʃɑːrm]

ⓝ 매력 ⓥ 매혹하다

For sociable souls, meeting new people is a big part of the **charm**. 교과서
사교적인 사람들에게 새로운 사람을 만나는 것은 **매력**의 큰 부분이다.

㉺ **charming** ⓐ 매력적인
㊌ **fascination** ⓝ 매혹, 매력

1288 □□□ ★★

hence [hens]

ⓐⓓ 따라서, 그러므로

It is very late; **hence** you must go to bed.
너무 늦었**으니** 너는 잠자리에 들어야 해.

㊌ **therefore** ⓐⓓ 따라서

1289 □□□ ★

curl [kəːrl]

ⓥ 휘다, 굽이지다; (머리칼이) 곱슬곱슬하다

교과서
The curling stone will begin to **curl** when it loses its speed.
컬링 스톤은 속도를 잃으면 **휘기** 시작할 것이다.

㊌ **curve** ⓥ 구부러지다

1290 □□□ ★★

awful [ɔ́ːfəl]

ⓐ 끔찍한, 지독한; 무서운 ⓐⓓ 몹시

기출
They would capture me and take me back to that **awful** place.
그들은 나를 붙잡아서 다시 그 **끔찍한** 장소에 데려갈 것이다.

㉺ **awfully** ⓐⓓ 아주, 몹시
㊌ **terrible** ⓐ 지독한; 무서운

1291 □□□ ★★

interfere [ìntərfíər]

ⓥ 간섭하다, 방해하다

A heavy dependence on natural capital tends to **interfere** with economic growth. 기출
천연 자본에 대한 과도한 의존은 경제 성장을 **저해하는** 경향이 있다.

voca+ inter(사이에) + fere(치다) → 사이에 들어가 치다

㉺ **interference** ⓝ 개입, 간섭, 참견
㊌ **intervene** ⓥ 개입하다
㊍ **interfere with** ~을 방해하다

DAY 33

1292 □□□ ★★

dye ⓥ 염색하다 ⓝ 색소, 염료
[dai]

I have **dyed** my hair black. 나는 머리를 검정색으로 **염색했다**.

유 **hue** ⓝ 빛깔, 색조

1293 □□□ ★★

competent ⓐ 유능한, 능력이 있는
[kɑ́mpitənt]

Celebrities are generally considered to be **competent** individuals. 기출
유명 인사들은 일반적으로 **능력 있는** 사람들로 여겨진다.

파 **competence** ⓝ 능력
유 **talented** ⓐ 재능 있는, 유능한

1294 □□□ ★

dynamic ⓐ 역동적인, 활발한
[dainǽmik]

Cultural diversity makes the community more **dynamic**. 교과서
문화적 다양성은 공동체를 더욱 **역동적으로** 만든다.

파 **dynamics** ⓝ 역학
반 **static** ⓐ 정적인

1295 □□□ ★★

reproduce ⓥ 다시 만들어내다, 복제하다; 번식하다
[rìːprədjúːs]

The color could never be **reproduced** by any artificial means. 교과서
그 색상은 어떠한 인공적인 수단에 의해서도 결코 **복제될** 수 없다.

voca+ re(다시) + produce(만들어내다) → 복제하다

파 **reproductive** ⓐ 번식의, 생식의
reproduction ⓝ 번식, 생식; 복제
유 **clone** ⓥ 복제하다

1296 □□□ ★★

energize ⓥ 활기를 북돋우다
[énərdʒàiz]

The street **energizes** people who are leading busy lives in bleak, urban environments. 교과서
그 거리는 황폐한 도시 환경에서 바쁜 삶을 이끌어가고 있는 사람들에게 **활기를 북돋운다**.

파 **energetic** ⓐ 활기 넘치는

1297 □□□ ★★★

metaphor ⓝ 은유, 비유
[métəfɔ̀ːr]

Some people think of **metaphors** as just the sweet stuff of songs and poems. 교과서
어떤 사람들은 **은유**를 그저 노래나 시에 담긴 달콤한 것으로 생각한다.

파 **metaphorical** ⓐ 은유적인, 비유적인
유 **analogy** ⓝ 비유

1298 □□□ ★

square ⓐ 직각의, 직각을 이루는 ⓝ 정사각형; 광장
[skwεər]

참 cube ⓝ 정육면체, 큐브

교과서 If your face is round, you may look better in **square** frames.
얼굴이 둥글면 너는 **각이 진** 안경테가 더 잘 어울릴 것이다.

교과서 The main **square** and market were crowded with local people.
주 **광장**과 시장은 지역 사람들로 붐볐다.

1299 □□□ ★★

first-hand ⓐ 직접 경험한
[fə́ːrsthǽnd]

참 second-hand ⓐ 간접의, 전해 들은

You have to gather more in-depth information from people who have **first-hand** knowledge. 교과서
여러분은 **직접 경험한** 지식을 가진 사람들로부터 더 상세한 정보를 모아야 한다.

1300 □□□ ★★★

drain ⓥ 물이 빠지다, 배수하다, 유출하다
[drein]

파 drainage ⓝ 배수
유 leak ⓥ 새다

기출 The students measured time by how fast the bucket **drained**.
학생들은 얼마나 빠르게 그 양동이에 **물이 빠졌는지**로 시간을 측정했다.

1301 □□□ ★★

elegant ⓐ 우아한, 품격 있는; 멋진, 훌륭한
[éləgənt]

파 elegance ⓝ 우아함, 고상함
elegantly ad 우아하게, 고상하게
유 graceful ⓐ 우아한

The bridge itself is as **elegant** as people say it is. 교과서
그 다리 자체는 사람들의 말대로 정말 **멋지다**.

1302 □□□ ★★

fountain ⓝ 분수, 샘
[fáuntən]

The **fountain** in the square was shooting out water.
광장에 있는 **분수**가 물줄기를 내뿜고 있었다.

1303 □□□ ★★★

fragile ⓐ 깨지기 쉬운, 잘 부서지는
[frǽdʒəl]

유 delicate ⓐ 연약한, 깨지기 쉬운
반 durable ⓐ 오래 견디는, 튼튼한

Glass is very **fragile**, so be careful!
유리가 **깨지기 쉬우니** 조심해!

1304 □□□ ★★

mistakenly ad 잘못하여, 실수로, 틀리게
[mistéikənli]

Some beginning researchers **mistakenly** believe that a good hypothesis is one that is guaranteed to be right. 기출
일부 초보 연구자들은 좋은 가설은 옳다는 것이 보장된 것이라고 **잘못** 믿는다.

파 mistake n 실수, 잘못
유 erroneously ad 틀리게
wrongly ad 잘못하여

1305 □□□ ★★★

inherent a 내재하는, 고유의, 타고난
[inhíərənt]

There exists an **inherent** logical inconsistency in cultural relativism. 기출 문화 상대주의에는 **내재적인** 논리적 모순이 존재한다.

파 inherently ad 본질적으로, 선천적으로
유 intrinsic a 고유한, 본질적인
innate a 타고난, 고유의

1306 □□□ ★★

agent n 대리인; 행위자
[éidʒənt]

He negotiated the extension with Bolton through his **agent**.
그는 자신의 **대리인**을 통해 Bolton과 계약 연장을 협상했다.

파 agency n 대리점, 대행사

1307 □□□ ★★

socialize v 사회화하다; (사람들과) 사귀다, 어울리다
[sóuʃəlàiz]

Each day, as school closes, dozens of students come to the library to **socialize** in a safe place. 기출
학교가 문을 닫아서, 수십 명의 학생들이 안전한 장소에서 친구들과 **어울리기** 위해 매일 도서관에 온다.

파 social a 사회의, 사회적인; 사교적인
socially ad 사회적으로

1308 □□□ ★

harden v 단단하게 하다, 굳히다
[hɑ́ːrdən]

The inside of the egg became **hardened** after being boiled in the water. 교과서
달걀 속은 물속에서 삶아진 후에 **단단해졌다**.

voca+ hard(단단한) + en(~하게 하다) → 단단하게 하다

파 hardened a 경직된
반 soften v 완화시키다, 부드러워지다

1309 □□□ ★★★

canal n 운하, 수로
[kənǽl]

I was impressed by the beautiful view of the **canal**. 교과서
나는 **운하**의 아름다운 전망에 감동받았다.

1310 □□□ ★

talent [tǽlənt]

ⓝ 재능, 소질, 재주

I don't think I have any **talent** for music. 교과서

나는 음악에 **재능**이 없는 것 같아.

- 파 **talented** ⓐ 재능 있는
- 유 **ability** ⓝ 능력; 재능
- **gift** ⓝ (타고난) 재능, 재주

1311 □□□ ★★

steep [sti:p]

ⓐ 가파른, 경사가 급한

We scrambled up the **steep** hillside.

우리는 **가파른** 언덕 비탈을 기어올라갔다.

- 유 **sharp** ⓐ 가파른, 급격한
- 반 **slow** ⓐ (경사가) 완만한

1312 □□□ ★★

pavement [péivmənt]

ⓝ 포장 도로; 인도, 보도

They cleared the snow from the **pavement**.

그들은 **보도** 위의 눈을 치웠다.

- 파 **pave** ⓥ (길을) 포장하다
- 유 **sidewalk** ⓝ 보도, 인도

1313 □□□ ★

following [fálouiŋ]

ⓐ 다음의, 다음에 나오는

Which of the **following** cities would you like to visit? 교과서

다음의 도시들 중 어느 곳을 방문하고 싶은가요?

- 파 **follower** ⓝ 추종자
- 유 **next** ⓐ 다음의

1314 □□□ ★★★

scatter [skǽtər]

ⓥ 흩어지다, 흩뿌리다

The city greets its visitors with its story-telling murals **scattered** all around it. 교과서

그 도시는 전역에 **흩어져 있는** 이야기 벽화로 방문객을 맞이한다.

- 유 **disperse** ⓥ 흩어지게 하다, 퍼뜨리다
- 반 **gather** ⓥ 모이다

1315 □□□ ★★ 다의어

decline [dikláin]

ⓥ 1. 거절[사양]하다 2. 감소하다, 하락하다
ⓝ 감소

1 She listened carefully but **declined** to respond. 교과서

그녀는 주의 깊게 들었지만 대답하기를 **거절했다**.

2 Profits **declined** by 5% this year.

올해 수익이 5% **감소했다**.

- 유 **turn down** ~을 거절하다
- **fall** ⓥ 하락하다, 감소하다
- 반 **accept** ⓥ 받아들이다

DAY 33

1316 □□□ ★★ 다의어

stage
[steidʒ]

ⓝ 1. (발달상의) 단계; 시기 2. 무대
ⓥ 3. 상연하다 4. (집회 등을) 조직하다

유 **step** ⓝ 단계
phase ⓝ 단계, 시기, 국면
참 **early stage** 초기 단계

1 Adolescence is an important **stage** in people's lives. 교과서
청소년기는 사람들의 삶에서 중요한 **시기**이다.

2 Even experienced actors can suffer from **stage** fright.
숙련된 배우들조차도 **무대** 공포증을 겪을 수 있다.

3 They plan to **stage** a musical version in May.
그들은 5월에 뮤지컬 버전을 **상연할** 계획을 갖고 있다.

4 Employees **staged** a one-day strike.
직원들은 하루 동안 파업을 **벌였다**.

1317 □□□ 고난도

magnificent
[mægnífisənt]

ⓐ 장대한, 장엄한, 매우 아름다운

파 **magnificently** ad 훌륭하게
유 **grand** ⓐ 웅장한

Life is a **magnificent** journey.
삶은 **장대한** 여정이다.

1318 □□□ 고난도

deficiency
[difíʃənsi]

ⓝ 부족, 결핍, 결함

파 **deficient** ⓐ 부족한
유 **shortage** ⓝ 부족
shortcoming ⓝ 결점, 부족
반 **sufficiency** ⓝ 충분, 넉넉함

It is best to avoid both **deficiency** and excess. 기출
부족과 과잉 둘 다를 피하는 것이 가장 좋다.

---

proper VS prosper

1319 □□□ ★★

proper
[prápər]

ⓐ 적절한, 알맞은

파 **properly** ad 제대로, 적절히
유 **adequate** ⓐ 적절한
반 **improper** ⓐ 부적절한

Students should have **proper** Internet etiquette. 기출
학생들은 **적절한** 인터넷 에티켓을 가지고 있어야 한다.

1320 □□□ ★★

prosper
[práspər]

ⓥ 번성하다, 번영하다

파 **prosperity** ⓝ 번영, 번성
유 **thrive** ⓥ 번성하다, 번영하다
bloom ⓥ 꽃피우다, 번영하다

The Inca civilization **prospered** more than five centuries ago. 교과서
잉카 문명은 5세기도 더 전에 **번성했다**.

A 영어는 우리말로, 우리말은 영어로 바꿔 쓰시오.

01 hence ______________
02 steep ______________
03 metaphor ______________
04 awful ______________
05 magnificent ______________
06 clash ______________
07 first-hand ______________
08 무딘; 지루한; 흐릿한 ______________
09 휘다, 굽이지다 ______________
10 번성하다, 번영하다 ______________
11 음료, 마실 것 ______________
12 배수하다, 유출하다 ______________
13 단계; 무대; 상연하다 ______________
14 재능, 소질, 재주 ______________

B 빈칸에 알맞은 말을 <보기>에서 찾아 알맞은 형태로 쓰시오.

competent	pavement	scatter	dye	fountain

01 I have ______________ my hair black.

02 The ______________ in the square was shooting out water.

03 Celebrities are generally considered to be ______________ individuals.

04 The city greets its visitors with its story-telling murals ______________ all around it.

C 밑줄 친 단어의 반대의 의미를 가진 말을 고르시오.

01 Glass is very fragile, so be careful! 【durable / elegant】

02 She listened carefully but declined to respond. 【accept / energize】

03 The inside of the egg became hardened after being boiled in the water. 【awaken / soften】

A 01 따라서, 그러므로 02 가파른, 경사가 급한 03 은유, 비유 04 끔찍한, 지독한; 무서운; 몹시 05 장대한, 장엄한, 매우 아름다운 06 충돌; 불일치; 충돌하다; (빛깔이) 안 어울리다 07 직접 경험한 08 dull 09 curl 10 prosper 11 beverage 12 drain 13 stage 14 talent
B 01 dyed 02 fountain 03 competent 04 scattered
C 01 durable 02 accept 03 soften

1321 □□□ ★★

tempt ⓥ 유혹하다, 부추기다

[tempt]

Some people might be **tempted** by a food's smell and visual appearance. 교과서

어떤 사람들은 음식의 냄새와 시각적 외형에 **유혹될지도** 모른다.

㉤ temptation ⓝ 유혹
㊤ attract ⓥ 끌어당기다, 유혹하다
allure ⓥ 매혹하다, 꾀다
㊅ be tempted to *do* ~하도록 유혹당하다

1322 □□□ ★★

humanity ⓝ 인류, 인간애, 인간성

[hjuːmǽnəti]

Martian exploration is not an easy but a worthy dream for **humanity**. 교과서

화성 탐사는 쉽지 않지만 **인류**를 위해서는 가치 있는 꿈이다.

㉤ humane ⓐ 인간적인, 자비로운

1323 □□□ ★★

combat ⓝ (전쟁에서의) 전투, 싸움 ⓥ 싸우다

ⓝ [kámbæt]
ⓥ [kəmbǽt]

He captured scenes from the Korean War as a **combat** photographer. 기출 그는 **종군** 사진 기자로 한국전쟁의 장면을 촬영했다.

We can choose an appropriate de-biasing strategy to **combat** the bias. 기출

우리는 편견과 **싸우기** 위해 적절한 반편견 전략을 선택할 수 있다.

voca+
- combat: 좁은 뜻에서의 전투로, 보통 무력에 의한 소규모 전투
- battle: 일련의 교전행위로 이루어지는 전투로, 권력이나 통제권을 차지하기 위한 싸움
- fight: 가장 일반적인 말로, 흔히 군사행동 이외에 승부를 겨루는 다툼

㊤ battle ⓝ 전투, 싸움 ⓥ 싸우다
fight ⓝ 싸움 ⓥ 싸우다, 맞서다

1324 □□□ ★★

dairy ⓝ 유제품 (판매소), 낙농장 ⓐ 유제품의

[dɛ́əri]

In supermarkets, the **dairy** is often at the back. 기출

슈퍼마켓에서 **유제품**은 종종 뒤쪽에 있다.

㊟ diary ⓝ 일기, 수첩

1325 □□□ ★★

indirect ⓐ 간접적인; 우회하는

[ìndərékt]

The **indirect** effects of climate change may be more profound.

기후 변화의 **간접** 영향은 더 심각할지도 모른다.

We took an **indirect** route, avoiding the town center.

우리는 도심을 피해 **우회** 도로를 이용했다.

㉤ indirectly ⓐⓓ 간접적으로
㊤ secondhand ⓐ 간접의, 간접적인
㊥ direct ⓐ 직접적인

1326 □□□ ★★

diligent ⓐ 성실한, 근면한

[dílidʒənt]

She is ever so caring and **diligent**.

그녀는 정말 배려심이 있고 **성실하다**.

㊀ diligence ⓝ 성실, 근면
㊇ industrious ⓐ 부지런한, 근면한
㊁ lazy ⓐ 게으른

1327 □□□ ★★

flavorful ⓐ 맛 좋은, 풍미 있는

[fléivərfəl]

The ground coffee beans made the water fragrant and **flavorful**. 교과서

가루로 갈아진 커피 콩은 물을 향기롭고 **풍미 있게** 만들었다.

㊀ flavor ⓝ 맛, 풍미

1328 □□□ ★★

equate ⓥ 동일시하다, 동등하게 다루다

[ikwéit]

There are still millions of people who **equate** success with money and power. 기출

여전히 성공을 돈과 권력과 **동일시하는** 수백만의 사람들이 있다.

㊀ equation ⓝ 등식, 방정식
㊇ identify ⓥ 동일시하다

1329 □□□ ★★★

figurative ⓐ 비유적인, 수식이 많은

[fígjurətiv]

You may have a problem understanding **figurative** meanings. 교과서

여러분은 **비유적인** 의미들을 이해하는 데 어려움이 있을 수도 있다.

㊀ figuratively ⓐⓓ 비유적으로
㊇ metaphorical ⓐ 비유적인, 은유적인
㊁ literal ⓐ 글자 그대로의

1330 □□□ ★★

authority ⓝ 권한, 권위; 당국

[əθɔ́:rəti]

The health **authorities** are investigating the problem.

보건 **당국**이 그 문제를 조사하고 있다.

㊀ authorize ⓥ 인가하다; 권한을 부여하다

1331 □□□ ★★★

persevere ⓥ 인내하다, 꾸준히 계속하다

[pə̀:rsəvíər]

They **persevered** in their attempts to fly around the world in a balloon.

그들은 기구를 타고 전 세계를 비행하려는 시도를 **꾸준히 계속했다**.

voca+ **per**(완전히) + **severe**(엄격한) → 굽히지 않고 계속하다

㊀ perseverance ⓝ 인내, 끈기
㊇ persist ⓥ 집요하게 계속하다, 지속하다
endure ⓥ 인내하다, 견디다
withstand ⓥ 견디다, 버티다

1332 □□□ ★★

column

ⓝ 기둥; (페이지의) 세로의 난[단]

[kάləm]

교과서

There are turtles carved into the stone bases of **columns**.

기둥들의 초석에는 거북이가 새겨져 있다.

유 pillar ⓝ 기둥

1333 □□□ ★★

jealous

ⓐ 질투가 나는, 시기하는

[dʒéləs]

She was very **jealous** of her friend's success.

그녀는 친구의 성공을 몹시 **질투했다**.

파 jealousy ⓝ 질투, 시샘

유 envious ⓐ 부러워하는, 시기하는

숙 be jealous of ~을 질투[시기]하다

1334 □□□ ★★

cruel

ⓐ 잔혹한, 잔인한

[krú:əl]

A businessman's optimistic forecast can be blown away by a **cruel** recession. 기출

한 사업가의 낙관적인 예측은 **잔혹한** 경기 침체에 의해 날아갈 수 있다.

파 cruelty ⓝ 잔인함; 학대

유 harsh ⓐ 가혹한, 모진

brutal ⓐ 잔인한, 야만적인

1335 □□□ ★★

dare

ⓥ 감히 ~하다

[dɛə*r*]

We wanted to laugh but didn't **dare**.

우리는 웃고 싶었지만 **감히** 그러지 못했다.

파 daring ⓐ 대담한

1336 □□□ ★★

surgeon

ⓝ 외과 의사

[sə́:*r*dʒən]

The first heart transplant was performed by the South African **surgeon** Christiaan Barnard in 1967. 기출

최초의 심장 이식은 1967년 남아프리카 공화국의 **외과 의사** Christiaan Barnard에 의해 행해졌다.

파 surgical ⓐ 외과의, 수술의

surgery ⓝ 수술

참 physician ⓝ 의사, 내과 의사

1337 □□□ ★★

auditorium

ⓝ 강당, 청중석

[ɔ̀:ditɔ́:riəm]

기출

The science competition will be held in the school **auditorium**.

과학 경시대회가 학교 **강당**에서 열릴 것이다.

voca+ audi(듣다) + torium(방) → 강의나 강연을 듣는 방

1338 □□□ ★★★

glacier

ⓝ 빙하

[gléiʃər]

파 glacial ⓐ 빙하의

Glaciers, wind, and flowing water help move the rocky bits along. 기출

빙하, 바람 그리고 흐르는 물은 암석 조각들을 운반하는 데 도움이 된다.

1339 □□□ ★★

justify

ⓥ 정당화하다

[dʒʌ́stəfài]

파 justification ⓝ 정당화

The chief of police tried to **justify** his actions.

그 경찰서장은 자신의 행동을 **정당화하려고** 했다.

voca+ just(정당한) + ify(동·접) → 정당화하다

1340 □□□ ★★

beware

ⓥ 조심[주의]하다

[biwέər]

숙 beware of ~에 주의하다

Motorists have been warned to **beware** of icy patches.

오토바이 운전자들은 빙판길을 **조심하라고** 경고받아 왔다.

1341 □□□ ★

foam

ⓥ 거품을 일으키다 ⓝ 거품; 발포 고무

[foum]

참 foam rubber 발포 고무

Stir eggs and milk until they start to **foam**.

달걀과 우유를 **거품이 나기** 시작할 때까지 저으세요.

1342 □□□ ★★★

counterpart

ⓝ 상응하는 사람[것], 상대

[káuntərpàːrt]

The Foreign Minister held talks with his French **counterpart**.

외무장관은 프랑스 **상대**(외무장관)와 담화를 나눴다.

1343 □□□ ★★

narrow

ⓐ 좁은; 제한된 ⓥ 좁히다, 제한하다

[nǽrou]

파 narrowly ad 좁게; 가까스로
유 restricted ⓐ 제한된
반 wide, broad ⓐ 넓은, 광범위한

기출

He saw his daughter crawling along a **narrow** concrete ledge.

그는 자신의 딸이 **좁은** 콘크리트 턱을 따라 기어가는 것을 보았다.

Environmental, physical, and psychological factors **narrow** the range of things we can do with our lives. 기출

환경적, 신체적, 심리적인 요인들이 우리가 살아가면서 할 수 있는 것들의 범위를 **제한한다**.

1344 □□□ ★★★

prejudice ⓝ 편견, 선입관 ⓥ 편견을 갖게 하다
[prédʒudis]

We should not let our **prejudice** and emotion take the better part of us. 기출
우리는 우리의 **편견**과 감정이 우리의 대부분을 차지하게 해서는 안 된다.

voca+ pre(앞에) + judice(판단) → 어떤 대상에 대해 사전에 판단하여 갖고 있는 인상

파 **prejudiced** ⓐ 편견을 가진
유 **bias** ⓝ 편견

1345 □□□ ★★

former ⓐ 이전의, 과거의
[fɔ́ːrmər]

He is a **former** high school basketball player. 교과서
그는 **이전에** 고등학교에서 농구 선수였다.

유 **previous** ⓐ 이전의
prior ⓐ 이전의, 앞의

1346 □□□ ★★★

cease ⓥ 멈추다, 그만두다
[siːs]

Their brains had **ceased** to function altogether. 기출
그들의 뇌가 완전히 기능을 **멈추었다**.

voca+
- **stop**: 진행·행동·일 등을 멈춘다는 의미로 가장 넓은 범위로 쓰이는 말
- **cease**: 존재나 계속을 중지한다는 의미로 다소 딱딱한 느낌의 말

유 **stop** ⓥ 멈추다(= **halt**)

1347 □□□ ★★★

intimate ⓐ 친밀한, 친한; 사적인
[íntəmət]

We forget that love and loss are **intimate** companions. 기출
우리는 사랑과 상실이 **친밀한** 동반자라는 것을 잊어버린다.

파 **intimacy** ⓝ 친밀함
유 **close** ⓐ 가까운, 친한
familiar ⓐ 친숙한

1348 □□□ ★★

crawl ⓥ 기어가다, 포복하다 ⓝ 포복
[krɔːl]

Babies learn to sit up, then **crawl**, and finally walk. 기출
아기들은 앉고, 그다음 **기어다니고**, 마침내 걷는 것을 배운다.

유 **creep** ⓥ 포복하다, (살살) 기다[걷다]

1349 □□□ ★★

jail ⓝ 감옥, 교도소 ⓥ 투옥하다
[dʒeil]

With good behavior, he was released from **jail** last week.
그는 지난주에 모범수로 **교도소**에서 석방되었다.

유 **prison** ⓝ 감옥
imprison ⓥ 투옥하다, 감금하다

1350 □□□ ★★

calculate

[kǽlkjulèit]

ⓥ 계산하다, 산출[산정]하다

It's difficult to **calculate** precisely what we've spent.
우리가 쓴 비용을 정확하게 **계산하는** 것은 어렵다.

파 **calculation** ⓝ 계산
calculator ⓝ 계산기
유 **estimate** ⓥ 추산하다
count ⓥ 세다, 계산하다

1351 □□□ ★★

burden

[bə́:rdən]

ⓝ 부담, 짐 ⓥ 짐을 지우다

Buying many books all at once is a financial **burden**. 교과서
많은 책을 한꺼번에 구입하는 것은 경제적 **부담**이 된다.

유 **load** ⓝ 부담, 짐

1352 □□□ ★★★

intuitive

[intjú:itiv]

ⓐ 직관적인, 직관력 있는

It is the **intuitive** force that sparks our imaginations. 기출
우리의 상상력을 자극하는 것은 바로 **직관**력이다.

파 **intuition** ⓝ 직관(력)
intuitively ad 직관적으로

1353 □□□ ★★

grammatical

[grəmǽtikəl]

ⓐ 문법의, 문법적인

These sentences all have the same **grammatical** pattern.
이 문장들은 모두 같은 **문법적** 패턴을 가지고 있다.

파 **grammar** ⓝ 문법

1354 □□□ ★★★

captive

[kǽptiv]

ⓐ 사로잡힌, 억류된 ⓝ 포로

The ship and its crew were held **captive** for seven months.
그 배와 선원들은 7개월 동안 **억류되어** 있었다.

파 **capture** ⓥ 사로잡다
captivity ⓝ 포획

1355 □□□ ★★ 다의어

trade

[treid]

ⓝ 1. 거래, 무역 2. 직업, 생업
ⓥ 3. 교류[교역]하다; 교환하다

1 **Trade** will not occur unless both parties want what the other party has to offer. 기출
양쪽 모두가 상대방이 제공하는 것을 원하지 않으면 **거래**는 발생하지 않을 것이다.

2 Are you interested in learning a new **trade**?
새로운 **직업**에 대해 배우는 것에 관심이 있으신가요?

3 The sail made it possible to **trade** with countries that could be reached only by sea. 기출
돛은 바다를 통해서만 갈 수 있는 나라들과 **교류하는** 것을 가능하게 했다.

유 **occupation** ⓝ 직업
exchange ⓥ 교역하다 ⓝ 교역, 교환

DAY 34

1356 □□□ ★★ 다의어

article

[á:rtikl]

ⓝ 1. 기사, 논설, 논문 2. 품목, 물건 3. 〈문법〉 관사; (계약·협정 등의) 조항

1 I read a funny **article** this morning.
나는 오늘 아침에 재미있는 **기사**를 읽었다.

2 Don't leave any **articles** of value in your hotel rooms.
여러분의 호텔 방에 어떠한 귀중**품**도 남겨놓지 마세요.

유 item ⓝ 품목; 짧은 기사

1357 □□□ 고난도

precedent

ⓝ [présidənt]
ⓐ [prisí:dənt]

ⓝ 전례, 선례 ⓐ 선행하는, 앞서는

An epidemic on this scale is without **precedent**.
이런 규모의 전염병은 **전례**가 없다.

파 precede ⓥ 앞서다, 선행하다
precedence ⓝ 앞섬, 선행
unprecedented ⓐ 전례없는

1358 □□□ 고난도

transparent

[trænspέərənt]

ⓐ 투명한; 명백한

The **transparent** side of the bag reveals its contents. 교과서
그 가방의 **투명한** 면이 그 내용물을 보여준다.

voca+ trans(관통하여) + par(보이다) + ent(형·접) → ~을 통해 보이는

유 clear ⓐ 분명한, 확실한
반 opaque ⓐ 불투명한

---

simulate vs stimulate

1359 □□□ ★★

simulate

[símjulèit]

ⓥ 흉내내다; 모의 실험을 하다

They **simulated** the conditions of growing vegetables on Mars by using soil from a volcano. 교과서
그들은 화산에서 나온 흙을 이용해 화성에서의 채소 재배 조건을 **모의 실험했다**.

파 simulation ⓝ 모의실험, 시뮬레이션; 흉내내기
유 pretend ⓥ ~인 체하다, 가장하다

1360 □□□ ★★

stimulate

[stímjulèit]

ⓥ 자극하다, 격려하다, 활발하게 하다

Red is used in food by restaurants to **stimulate** appetite. 교과서
빨간색은 식욕을 **돋우기** 위해 식당에서 음식에 사용된다.

파 stimulation ⓝ 자극; 격려
유 promote ⓥ 증진하다, 활성화시키다

DAY 34

DAILY TEST

A 영어는 우리말로, 우리말은 영어로 바꿔 쓰시오.

01 intimate ________________

02 authority ________________

03 column ________________

04 stimulate ________________

05 persevere ________________

06 glacier ________________

07 grammatical ________________

08 성실한, 근면한 ________________

09 정당화하다 ________________

10 기어가다; 포복 ________________

11 기사; 품목; 관사 ________________

12 유제품, 낙농장 ________________

13 강당, 청중석 ________________

14 직관적인 ________________

B 빈칸에 알맞은 말을 〈보기〉에서 찾아 알맞은 형태로 쓰시오.

figurative	cease	jealous	equate	tempt

01 She was very ________________ of her friend's success.

02 Their brains had ________________ to function altogether.

03 Some people might be ________________ by a food's smell and visual appearance.

04 There are still millions of people who ________________ success with money and power.

C 밑줄 친 단어와 유사한 의미를 가진 말을 고르시오.

01 Are you interested in learning a new <u>trade</u>? 【occupation / humanity】

02 Buying many books all at once is a financial <u>burden</u>. 【surgeon / load】

03 We should not let our <u>prejudice</u> and emotion take the better part of us. 【bias / counterpart】

A **01** 친밀한, 친한; 사적인 **02** 권한, 권위; 당국 **03** 기둥; 세로의 난[단] **04** 자극하다, 격려하다, 활발하게 하다 **05** 인내하다, 꾸준히 계속하다 **06** 빙하 **07** 문법의, 문법적인 **08** diligent **09** justify **10** crawl **11** article **12** dairy **13** auditorium **14** intuitive

B **01** jealous **02** ceased **03** tempted **04** equate

C **01** occupation **02** load **03** bias

1361 □□□ ★★

interval [íntərvəl]

ⓝ 간격; (연극 등의) 막간, 휴식 시간

The subway trains run at an **interval** of 2 minutes.
지하철은 2분 **간격**으로 운행됩니다.

유 **intermission** ⓝ 휴식 시간
숙 **at regular intervals** 일정한 기간[간격]마다

1362 □□□ ★★

certificate [sərtífikət]

ⓝ 증명서

Every participant will receive a **certificate** for entry! 기출
모든 참가자는 참가 **증명서**를 받을 것입니다!

파 **certification** ⓝ 증명
certify ⓥ 증명하다

1363 □□□ ★★★

approve [əprúːv]

ⓥ 찬성하다; 승인하다

Her family did not **approve** when she decided to become an artist. 기출
그녀가 예술가가 되려고 결심했을 때 그녀의 가족은 **찬성하지** 않았다.

voca+ ap(~에 대해) + prove(좋다고 인정하다) → ~에 대해 좋다고 인정하다

파 **approval** ⓝ 승인, 인가; 찬성
반 **disapprove** ⓥ 반대하다
숙 **approve of** ~에 찬성하다; ~을 승인하다

1364 □□□ ★★

compute [kəmpjúːt]

ⓥ 계산하다, 산출하다

We tried to **compute** all the costs involved in the project.
우리는 그 사업에 관한 모든 비용을 **계산하려고** 했다.

파 **computation** ⓝ 계산(법)
computable ⓐ 계산[산정]할 수 있는
유 **calculate** ⓥ 계산[산출]하다

1365 □□□ ★★

framework [fréimwə̀ːrk]

ⓝ 체제, 틀, 뼈대

Brain research provides a **framework** for understanding how the brain processes athletic skills. 기출
뇌 연구는 뇌가 어떻게 운동 기술을 처리하는지를 이해하기 위한 **틀**을 제공한다.

유 **foundation** ⓝ 토대, 기반

1366 □□□ ★★

assurance [əʃúərəns]

ⓝ 보장, 보증, 확신

No **assurances** can be given in respect of the performance of star players. 기출
스타 선수들의 경기력에 대해 어떠한 **확신**도 주어질 수 없다.

파 **assure** ⓥ 보장[보증]하다, 확신시키다
유 **confidence** ⓝ 확신, 자신(감)
guarantee ⓝ 보장 ⓥ 보장하다

1367 □□□ ★★★

strain

[strein]

ⓝ 압박, 부담, 긴장 ⓥ 긴장시키다; 잡아당기다

Factory farming puts **strain** on the environment. 교과서
공장형 농장은 환경에 **부담**을 준다.

㉠ **strained** ⓐ 긴장한; 접질린
㊐ **pressure** ⓝ 압박, 부담
tension ⓝ 긴장

1368 □□□ ★★★

surrender

[səréndər]

ⓥ 항복[굴복]하다; (권리 등을) 넘겨주다
ⓝ 항복; 양도

The miners locked in below did not give up, nor did their families **surrender** to despair. 교과서
지하에 갇힌 광부들은 포기하지 않았고, 그들의 가족들도 절망에 **굴복하지** 않았다.

㊐ **yield** ⓥ 굴복하다; 양도하다; 산출하다
㊥ **resist** ⓥ 저항하다

1369 □□□ ★★

track

[træk]

ⓥ 추적하다 ⓝ 지나간 자국; 길, 궤도, 선로

A fitness app helps keep **track** of my workout schedule. 기출
피트니스 앱은 내 운동 일정을 **따라가도록** 도와준다.

His plan on the court is on **track**. 교과서
경기에 관한 그의 계획이 **궤도**에 올랐다(착착 진행 중이다).

voca+ **trace**는 기원, 유래, 출처나 원인을 찾기 위해 조사, 추적한다는 의미로, **track**은 어떤 대상의 흔적, 자취를 찾아 뒤를 밟는다는 의미로 주로 사용된다.

㊐ **trace** ⓥ 추적하다 ⓝ 자취
㊌ **keep track of** ~을 추적하다; ~을 놓치지 않도록 하다, ~을 따라가다; ~을 기록하다

1370 □□□ ★★★

diagnose

[dáiəgnòus]

ⓥ 진단하다

He was **diagnosed** with cancer. 교과서
그는 암이라고 **진단받았다**.

㉠ **diagnosis** ⓝ 진단

1371 □□□ ★

march

[mɑːrtʃ]

ⓥ 행진하다; 진행되다, 진전하다 ⓝ 행진

Police tried to turn back protesters **marching** towards City Hall. 경찰이 시청으로 **행진하는** 시위자들을 되돌려 보내려고 했다.

1372 □□□ ★★

mechanic

[məkǽnik]

ⓝ 수리공, 정비공

The **mechanic** was busy repairing the car.
정비공은 그 차를 수리하느라 바빴다.

㉠ **mechanical** ⓐ 기계적인
㊐ **technician** ⓝ 기술자
engineer ⓝ 기술자, 수리공

1373 □□□ ★★

tropical ⓐ 열대의, 열대 지방의

[trápikəl]

Because of a recent **tropical** storm, all telephone and Internet services were down. 기출

최근의 **열대성** 폭풍우 때문에, 모든 전화와 인터넷 서비스가 중지되었다.

㉶ **tropics** ⓝ 열대 (지방)

1374 □□□ ★★

freeze ⓥ 얼다, 얼리다, (몸, 표정 등이) 굳다

[fri:z]

As I stood up to give my presentation, I **froze**. 기출

발표를 하려고 일어섰을 때 나는 **얼어붙었다**.

(freeze-froze-frozen)

㉶ **frozen** ⓐ 언, 동결된

㉸ **melt** ⓥ 녹다, 녹이다

1375 □□□ ★★

conceal ⓥ 감추다, 숨기다

[kənsí:l]

We have the need to **conceal** our feelings for proper social functioning. 기출

우리는 적절한 사회적 기능을 위해 우리의 감정을 **감추고자** 하는 욕구를 가지고 있다.

㉶ **concealment** ⓝ 숨기기, 은닉

㉷ **hide** ⓥ 숨기다

㉸ **reveal** ⓥ 밝히다, 드러내다

1376 □□□ ★★★

appraisal ⓝ 평가, 판단, 감정

[əpréizəl]

They are afraid to do anything that might lose your high **appraisal**. 기출

그들은 당신의 높은 **평가**를 잃게 할지도 모를 어떤 것도 하길 두려워한다.

㉶ **appraise** ⓥ 평가하다, 감정하다

㉷ **evaluation** ⓝ 평가

1377 □□□ ★★★

pastime ⓝ 소일거리, 취미, 여가

[pǽstàim]

One of her **pastimes** was telling us ghost stories. 기출

그녀의 **소일거리** 중 하나는 우리에게 유령 이야기를 들려주는 것이었다.

㉷ **pleasure** ⓝ 즐거움, 기쁨
hobby ⓝ 취미

1378 □□□ ★★

hardship ⓝ 고난, 어려움

[há:rdʃip]

He suffered from constant financial and physical **hardships**. 교과서

그는 끊임없는 재정적인 그리고 육체적인 **고난**을 겪었다.

㉷ **difficulty** ⓝ 어려움, 곤란
adversity ⓝ 역경, 고난

1379 □□□ ★★★

gratify

[grǽtəfài]

[v] 만족시키다, 기쁘게 하다

He wanted to **gratify** his own passion for football.
그는 축구를 향한 자신의 열정을 **만족시키고** 싶었다.

[파] gratification [n] 만족
[유] satisfy [v] 만족시키다

1380 □□□ ★★★

contradict

[kὰntrədíkt]

[v] 모순되다, 반하다; 반박하다

Their statements **contradict** each other.
그들의 진술은 서로 **모순된다**.

voca+ **contra**(~에 반하여) + **dict**(말하다) → 반박하다

[파] contradiction [n] 모순; 반박
contradictory [a] 모순되는

1381 □□□ ★★

exotic

[igzάtik]

[a] 외래의, 이국적인

You could enjoy the **exotic** scenery on Mars. [교과서]
여러분은 화성에서 **이국적인** 경치를 즐길 수 있다.

[유] foreign [a] 외국(풍)의, 외래의

1382 □□□ ★★

correlate

[kɔ́:rəlèit]

[v] 연관시키다, 연관성이 있다

Stress levels and heart disease are strongly **correlated**.
스트레스 수준과 심장병은 밀접하게 **연관되어 있다**.

[파] correlation [n] 상관관계
correlational [a] 상관관계의

1383 □□□ ★★

welfare

[wélfɛ̀ər]

[n] 복지, 안녕, 행복

The government tries to promote the **welfare** of the people.
정부는 국민의 **복지**를 증진시키려고 노력한다.

[유] well-being [n] 복지, 행복, 안녕

1384 □□□ ★★

copyright

[kάpiràit]

[n] 저작권 [a] 저작권이 있는

The publisher has the **copyright** on all her books.
출판사가 그녀의 모든 작품에 대한 **저작권**을 가지고 있다.

[참] patent [n] 특허권
monopoly [n] 독점(권)

DAY 35

1385 □□□ ★★

committee ⓝ 위원회; 위원
[kəmíti]

교과서
She tried to elicit the support of other **committee** members.
그녀는 **위원회**의 다른 위원들의 지지를 이끌어내려고 노력했다.

voca+ committ(맡기다, 위임하다) + ee(사람)

유 **board** ⓝ 위원회, 이사회

1386 □□□ ★★

tragic ⓐ 비극적인, 비극의
[trǽdʒik]

There was a **tragic** accident on the highway yesterday.
어제 고속도로에서 **비극적인** 사고가 있었다.

파 **tragedy** ⓝ 비극
유 **miserable** ⓐ 불쌍한, 불행한, 비참한
catastrophic ⓐ 비극적인

1387 □□□ ★

shipment ⓝ 배송, 수송
[ʃípmənt]

Your order is ready for **shipment**.
귀하의 주문이 **배송** 준비가 되었습니다.

파 **ship** ⓥ 운송[배송]하다 ⓝ 배

1388 □□□ ★★★

applaud ⓥ 박수를 치다, 환호하다
[əplɔ́ːd]

The audience **applauded** his entrance on the platform.
청중들은 그가 연단에 입장할 때 **박수갈채를 보냈다**.

파 **applause** ⓝ 박수갈채

1389 □□□ ★★

desirable ⓐ 바람직한, 탐나는
[dizáiərəbl]

It is **desirable** to tax the commercial properties at an even higher rate.
상업용 부동산에 훨씬 더 높은 비율로 세금을 부과하는 것은 **바람직하다**.

파 **desire** ⓝ 욕망, 욕구 ⓥ 바라다
반 **undesirable** ⓐ 바람직하지 않은

1390 □□□ ★★

readily ⓐⓓ 쉽게; 기꺼이
[rédəli]

Our brains imagine impressive outcomes more **readily** than ordinary ones. 기출
우리의 뇌는 평범한 것보다 인상적인 결과를 더 **쉽게** 상상한다.

유 **easily** ⓐⓓ 쉽게
willingly ⓐⓓ 기꺼이

1391 □□□ ★★★

humble

[hʌ́mbl]

ⓐ 겸손한; 초라한

Intellectually **humble** people want to learn more. 기출
지적으로 **겸손한** 사람들은 더 많은 것을 배우고 싶어 한다.

voca+
- **humble**: 자신의 업적에 자만하지 않는 사람을 묘사하고, 자신의 비천한 신분에 대한 비하나 자기 멸시가 내포되어 있음
- **modest**: 자신의 업적을 자기 자신에게 돌리지 않는 사람을 묘사하고, 열등감은 내포되어 있지 않음

파 **humbly** ad 겸허하게
유 **modest** ⓐ 겸손한
반 **arrogant** ⓐ 거만한

1392 □□□ ★★

dirt

[dəːrt]

ⓝ 먼지, 흙

Plants can be grown in space, but they require very careful management of gases, water, and **dirt**. 교과서
식물은 우주에서 자랄 수 있지만, 가스, 물, **흙**을 매우 섬세하게 조절하는 것이 필요하다.

파 **dirty** ⓐ 더러운, 흙투성이의
유 **dust** ⓝ 먼지

1393 □□□ ★★

splash

[splæʃ]

ⓥ (물 등을) 튀기다, 첨벙거리다
ⓝ 튀기기, 물장구침

She spotted the dog **splashing** around in the middle of the lake. 기출 그녀는 호수 한가운데에서 **첨벙거리고 있는** 개를 발견했다.

유 **spatter** ⓥ (물 등을) 튀기다

1394 □□□ ★★

conversely

[kənvə́ːrsli]

ad 역으로, 반대로

In real life, nobody was all bad, nor, **conversely**, all good.
현실 세계에서 나쁜 면만 있는 사람은 아무도 없고, **반대로** 좋은 면만 있는 사람도 없다.

파 **converse** ⓝ 정반대 ⓐ 정반대의 ⓥ 대화하다

1395 □□□ ★★ 다의어

contract

ⓥ[kəntrǽkt]
ⓝ[kɑ́ntrækt]

ⓥ 1. 계약하다 2. (병에) 걸리다 3. 수축시키다, 줄어들다 ⓝ 4. 계약(서)

1 She is **contracted** to work 24 hours a week.
그녀는 일주일에 24시간 일하기로 **계약되어** 있다.

2 He **contracted** influenza. 기출 그는 독감에 **걸렸다.**

3 Metal **contracts** as it cools. 금속은 차가워지면 **수축한다.**

4 It's time to renew the rental **contract** on our house. 기출
우리 집의 임대 **계약**을 갱신할 때이다.

유 **agreement** ⓝ 동의, 합의; 협정, 계약
shrink ⓥ 줄어들다
반 **stretch** ⓥ 늘이다, 늘어나다

DAY 35

1396 □□□ ★★ 다의어

issue

[íʃuː]

ⓝ 1. 주제, 문제, 사안 2. 발행물, (출판물의) ~호
ⓥ 3. 나오다, 발표하다, 발행하다

1 You should consider the **issue** from many different points of view. 교과서
너는 그 **문제**를 여러 다양한 관점에서 생각해 보아야 한다.

2 the current **issue** of the magazine 그 잡지의 최신 **호**

3 Fish advisories have been **issued** for many lakes in the U.S. 기출
미국의 여러 호수들에 대해 물고기에 관한 권고안이 **발표됐다**.

유 **subject, theme** ⓝ 주제
matter ⓝ 문제, 사안
edition ⓝ 판, 호
announce ⓥ 알리다, 발표하다

1397 □□□ 고난도

arbitrary

[ɑ́ːrbitrèri]

ⓐ 임의적인, 제멋대로인

Their decision-making seemed completely **arbitrary**.
그들의 의사 결정은 완전히 **제멋대로인** 것 같았다.

파 **arbitrarily** ad 독단적으로, 마음대로
유 **random** ⓐ 되는대로의

1398 □□□ 고난도

exaggerate

[igzǽdʒərèit]

ⓥ 과장하다

People usually **exaggerate** about the time they waited. 기출
사람들은 보통 자신들이 기다린 시간에 대해 **과장한다**.

파 **exaggeration** ⓝ 과장
유 **overstate** ⓥ 과장하다, 허풍 떨다

---

personal VS personnel

1399 □□□ ★★

personal

[pə́rsənəl]

ⓐ 개인의, 개인적인; 인간적인

I'll get my coffee in my **personal** cup. 기출
제 **개인** 컵에 제 커피를 갖고 올게요.

파 **personality** ⓝ 인격; 성격, 개성
personally ad 개인적으로
반 **impersonal** ⓐ 비인격적인, 비인간적인

1400 □□□ ★★

personnel

[pə̀ːrsənél]

ⓝ 직원들, 인원 ⓐ 인사의, 직원의

NASA **personnel** had acquired the necessary information. 기출
NASA **직원들**은 필요한 정보를 얻었다.

유 **staff** ⓝ 직원

A 영어는 우리말로, 우리말은 영어로 바꿔 쓰시오.

01 gratify ____________
02 diagnose ____________
03 appraisal ____________
04 personnel ____________
05 issue ____________
06 dirt ____________
07 hardship ____________
08 위원회 ____________
09 열대의 ____________
10 비극적인, 비극의 ____________
11 역으로, 반대로 ____________
12 계약하다; (병에) 걸리다 ____________
13 바람직한, 탐나는 ____________
14 증명서 ____________

B 빈칸에 알맞은 말을 <보기>에서 찾아 쓰시오.

shipment	readily	welfare	surrender	contradict

01 Your order is ready for ____________.

02 Their statements ____________ each other.

03 The government tries to promote the ____________ of the people.

04 The miners locked in below did not give up, nor did their families ____________ to despair.

C 밑줄 친 단어의 반대의 의미를 가진 말을 고르시오.

01 Intellectually humble people want to learn more. 【exotic / arrogant】

02 Her family did not approve when she decided to become an artist. 【applaud / disapprove】

03 We have the need to conceal our feelings for proper social functioning. 【splash / reveal】

A 01 만족시키다, 기쁘게 하다 02 진단하다 03 평가, 판단, 감정 04 직원들, 인원; 인사의, 직원의 05 주제, 문제, 사안; 발행물, ~호; 나오다, 발표하다, 발행하다 06 먼지, 흙 07 고난, 어려움 08 committee 09 tropical 10 tragic 11 conversely 12 contract 13 desirable 14 certificate
B 01 shipment 02 contradict 03 welfare 04 surrender
C 01 arrogant 02 disapprove 03 reveal

1401 □□□ ★★

coordinate

ⓥ 조정하다, 조화시키다

[kouɔ́ːrdənèit]

기출

All social interactions require some common ground upon which the involved parties can **coordinate** their behavior.
모든 사회적 상호작용은 관련된 당사자들이 그들의 행동을 **조정할** 수 있는 어떤 공통의 기반을 요구한다.

파 coordination ⓝ 협응
유 adjust ⓥ 조정하다
reconcile ⓥ 조정하다, 조화시키다, 화해시키다

1402 □□□ ★★

enclose

ⓥ 둘러싸다, 에워싸다; 동봉하다

[inklóuz]

The garden was **enclosed** by a tall wooden fence.
그 정원은 높은 나무 울타리로 **둘러싸여** 있었다.

Please **enclose** your receipts and guarantees concerning this purchase. 기출 이번 구매와 관련된 영수증과 보증서를 **동봉해** 주세요.

voca+ en(in: 안으로) + close(닫다) → 안에 넣고 닫다 → 가두다

파 enclosure ⓝ 포위; 울타리; 동봉
유 surround ⓥ 둘러싸다, 에워싸다

1403 □□□ ★★★

disapproval

ⓝ 반대, 못마땅함, 비난

[disəprúːvəl]

We expressed our **disapproval** of their behavior.
우리는 그들의 행동에 **반대**를 표명했다.

파 disapprove ⓥ 반대하다
유 opposition ⓝ 반대
반 approval ⓝ 찬성; 승인

1404 □□□ ★★★

mold

ⓝ 틀; 곰팡이 ⓥ ~을 (틀에 넣어) 만들다

[mould]

The dough matures for a few days, then is shaped in **molds** and baked. 교과서
반죽은 며칠 동안 숙성된 다음, **틀** 안에 넣어 모양이 만들어지고 구워진다.

Too much moisture can encourage growth of **molds**. 기출
너무 많은 습기는 **곰팡이**의 증식을 조장할 수 있다.

1405 □□□ ★★★

confine

ⓥ 한정하다, 제한하다; 가두다 ⓝ 경계

[kənfáin]

This issue is not **confined** to the Western world.
이 쟁점은 서방세계에만 **한정되어** 있지 않다.

Pigs are raised in **confined** pens and fed corn. 교과서
돼지는 **막힌** 우리에서 사육되고 사료로 옥수수를 먹는다.

유 restrict ⓥ 제한[한정]하다
limit ⓥ 한정[제한]하다 ⓝ 한계

1406 □□□ ★

cliff

[klif]

ⓝ 절벽, 낭떠러지

The **cliffs** were steep and dangerous.

그 **절벽**은 가파르고 위험했다.

1407 □□□ ★★

superior

[su:píəriər]

ⓐ 우월한, 우수한, 뛰어난; (~보다) 위의

기출

He is not interested in trying to appear **superior** to others.

그는 다른 사람들보다 **우월하게** 보이려고 애쓰는 데 관심이 없다.

파 **superiority** ⓝ 우월성
반 **inferior** ⓐ 열등한; (~보다) 하위의
숙 **superior to** ~보다 우수한

1408 □□□ ★★

disaster

[dizǽstər]

ⓝ 재앙, 재난, 천재지변

The organization delivers emergency aid to people affected by natural **disasters**. 교과서

그 단체는 자연**재해**로 고생하는 사람들에게 응급 구호품을 보낸다.

파 **disastrous** ⓐ 피해가 막심한, 비참한
유 **tragedy** ⓝ 비극, 참사
catastrophe ⓝ 참사, 재앙

1409 □□□ ★

theater

[θíətər]

ⓝ 극장(= theatre); 연극(계), 연극 극단

We went to the **theater** last night.

우리는 어젯밤에 **극장**에 갔었다.

파 **theatrical** ⓐ 연극의, 극장의
유 **cinema** ⓝ 영화관, 극장

1410 □□□ ★★

renovate

[rénəvèit]

ⓥ 개조[보수]하다, 수리하다

기출

The money raised will be used to **renovate** the school gym.

모금된 돈은 학교 체육관을 **보수하는** 데 사용될 것이다.

voca+ **re**(다시) + **nov**(새로운) + **ate**(동·접) → 다시 새롭게 하다

파 **renovation** ⓝ 수선, 수리
유 **repair** ⓥ 수선[수리]하다

1411 □□□ ★★

geography

[dʒiɑ́grəfi]

ⓝ 지형, 지리(학)

We learned about the **geography** of Australia.

우리는 호주의 **지형**에 대해 배웠다.

voca+ **geo**(땅) + **graphy**(기술한 것) → 땅에 관해 기술한 것

파 **geographical** ⓐ 지리(학)적인, 지리학(상)의(**= geographic**)
geographically ad 지리적으로

1412 □□□ ★★

distress ⓝ 괴로움, 고통, 곤란 ⓥ 괴롭히다
[distrés]

He had an excellent opportunity to help a man in **distress**. 기출
그는 **곤경**에 처한 사람을 도울 아주 좋은 기회를 가졌다.

파 distressed ⓐ 괴로워하는
유 suffering ⓝ 고통, 괴로움
hardship ⓝ 곤란, 어려움

1413 □□□ ★

ideal ⓐ 이상적인, 완벽한 ⓝ 이상
[aidíːəl]

Concrete walls were turned into **ideal** training fields for rock climbers. 교과서
콘크리트 벽이 암벽 등반가들을 위한 **이상적인** 훈련장으로 바뀌었다.

파 idealistic ⓐ 이상적인
idealize ⓥ 이상화하다

1414 □□□ ★★

sincerely ad 진심으로, 진정으로
[sinsíərli]

We **sincerely** apologize for any inconveniences that may be experienced. 기출 겪게 될 수도 있는 불편에 대해 **진심으로** 사과드립니다.

파 sincere ⓐ 진실의, 진정한
유 genuinely ad 진실로, 진정으로
truly ad 진심으로

1415 □□□ ★★

situate ⓥ 위치시키다
[sítʃuèit]

London City Hall is **situated** on the south bank of the River Thames. 교과서 런던 시청은 템즈강 남쪽 기슭에 **위치해 있다**.

파 situation ⓝ 위치; 상황, 상태
유 locate ⓥ 장소를 정하다, (건물 등을) 위치시키다

1416 □□□ ★★★

extraction ⓝ 추출, 뽑아냄
[ikstrǽkʃən]

Chewing means the **extraction** of more fuel and raw materials from a mouthful of food. 기출
씹기는 한입의 음식으로부터 더 많은 연료와 원료를 **추출하는 것**을 의미한다.

voca+ ex(바깥으로) + tract(잡아당기다) + ion(명·접) → 안에서 바깥으로 잡아당김

파 extract ⓥ 추출하다, 뽑다

1417 □□□ ★★★

coincidence ⓝ (의견 등의) 일치, 우연의 일치; 동시 발생
[kouínsidəns]

We got to know each other by an extraordinary **coincidence**.
우리는 놀라운 **우연의 일치**로 서로를 알게 됐다.

voca+ co(함께) + incid(발생하다) + ence(명·접) → 함께 동시에 발생함

파 coincide ⓥ 일치[부합]하다; 동시에 일어나다
coincident ⓐ 일치[부합]하는; 동시에 일어나는
유 chance ⓝ 우연, 기회

1418 □□□ ★★

fable [n] 우화, 지어낸 이야기
[féibl]

Aesop's **fables** illustrate moral maxims.
이솝 **우화**는 도덕적 격언을 묘사한다.

[파] **fabulous** [a] 우화에 나오는, 전설적인; 굉장한, 아주 멋진
[유] **tale** [n] 소설, 이야기

1419 □□□ ★★

optimist [n] 낙관주의자, 낙천주의자
[άptəmist]

Realistic **optimists** believe they will succeed, but also believe they have to make success happen. [기출]
현실적인 **낙관주의자들**은 그들이 성공할 것이라고 믿을 뿐만 아니라, 성공이 일어날 수 있도록 만들어야 한다고 믿는다.

[파] **optimism** [n] 낙관주의
optimistic [a] 낙관[낙천]적인, 낙관주의의
[반] **pessimist** [n] 비관주의자

1420 □□□ ★★

thereby [ad] 그로 인해, 그것 때문에
[ðὲərbái]

The factories worked to reduce this year's yield, **thereby** lowering revenue substantially.
공장들은 올해의 생산량을 줄이려고 노력했고, **그로 인해** 수익이 상당히 줄어들었다.

1421 □□□ ★★★

fade [v] (색이) 바래다, 흐릿해지다, (기억 등이) 희미해지다, 사라지다
[feid]

Storing off-season clothes in separate boxes prevents the **fading** of colors. [기출]
계절이 지난 옷을 별도의 상자에 보관하는 것은 색상이 **바래는** 것을 막아준다.

[유] **dim** [v] 희미해지다
vanish [v] 사라지다

1422 □□□ ★★★

intervene [v] 개입하다, 끼어들다
[ìntərvíːn]

They were reluctant to **intervene** in the dispute.
그들은 그 분쟁에 **개입하기**를 꺼려했다.

voca+ **inter**(사이에) + **vene**(오다) → 사이에 들어오다

[파] **intervention** [n] 개입, 간섭, 중재
[유] **interfere** [v] 간섭하다
interrupt [v] 끼어들다, 방해하다; 중단하다

1423 □□□ ★★

ethical [a] 윤리[도덕]적인, 윤리의
[éθikəl]

[기출]
Ethical and moral systems are different for every culture.
윤리적 그리고 도덕적 체계는 문화마다 다르다.

[파] **ethics** [n] 가치 체계, 윤리(학)
[유] **moral** [a] 도덕(상)의, 도덕적인

1424 □□□ ★★

feast ⓝ 향연, 축제; 성찬
[fiːst]

Every time we eat, we bombard our brains with a **feast** of chemicals. 기출 먹을 때마다 우리는 두뇌에 화학 물질의 **향연**을 퍼붓는다.

The hunter often invited the farmer for **feasts**. 기출
사냥꾼은 종종 그 농부를 **진수성찬**에 초대했다.

유 festival ⓝ 축제
dinner ⓝ 식사, 만찬
참 fist[fist] ⓝ 주먹

1425 □□□ ★★

restrict ⓥ 제한하다, 한정하다
[ristríkt]

Universities have certain regulations to **restrict** motorized modes of transportation. 기출
대학들은 전동 교통수단을 **제한하기** 위해 특정한 규정들을 두고 있다.

파 restriction ⓝ 제한
restrictive ⓐ 제한[한정]하는
유 limit ⓥ 한정[제한]하다 ⓝ 한계, 한도

1426 □□□ ★★

distinction ⓝ 구별, 차이; 특징
[distíŋkʃən]

There is a subtle **distinction** between the two words.
두 단어 사이에는 미묘한 **차이**가 있다.

voca+
• distinction: 유사하지 않은 점을 구별 짓는 것
• difference: 유사하지 않은 상태만을 가리킴

파 distinct ⓐ 뚜렷한, 분명한
distinctive ⓐ 독특한
유 difference ⓝ 차이(점)

1427 □□□ ★★

genius ⓝ 천재; 비범한 재능
[dʒíːnjəs]

Genius is one percent inspiration and ninety-nine percent perspiration. **천재**는 1%의 영감과 99%의 땀으로 이루어진다.

유 gift ⓝ 재능
talent ⓝ 재능, 소질

1428 □□□ ★★★

descend ⓥ 내려오다, 내려가다
[disénd]

Plotin wrote that art could only be beautiful if it **descended** from God. 기출
Plotin은 예술은 그것이 신으로부터 **내려온** 경우에만 아름다울 수 있다고 썼다.

voca+ de(반대) + scend(오르다) → 아래로 내려가다

파 descent ⓝ 하강
descendant ⓝ 자손, 후예 ⓐ 하강하는
유 fall ⓥ 떨어지다, 내려가다
반 ascend ⓥ 오르다, 올라가다

1429 □□□ ★★★

allocate ⓥ 할당하다, 배분하다
[ǽləkèit]

More money should be **allocated** for animal welfare.
더 많은 돈이 동물 복지를 위해 **할당되어야** 한다.

파 allocation ⓝ 할당, 배당(금)
유 assign ⓥ 할당하다, 부여하다

1430 □□□ ★★

laboratory

[lǽbrətɔ̀:ri]

ⓝ 실험실, 연구실(= lab)

He first demonstrated this memory illusion in the **laboratory**. 기출

그는 **실험실**에서 이러한 기억 착오를 최초로 입증했다.

참 lavatory ⓝ 화장실

1431 □□□ ★★

commodity

[kəmάdəti]

ⓝ 상품, 물품

Commodities like rice and tobacco take time and resources to grow and harvest.

쌀과 담배 같은 **상품들**은 재배하고 수확하는 데 시간과 자원이 든다.

유 goods ⓝ 상품, 제품

1432 □□□ ★★★

grant

[grænt]

ⓝ (정부나 단체의) 지원금, 보조금
ⓥ 주다; 승인하다

Social enterprises tend to rely on **grant** capital. 기출

사회적 기업들은 **보조금** 자본에 의존하는 경향이 있다.

유 subsidy ⓝ 보조금, 지원금
give ⓥ 주다

1433 □□□ ★

hallway

[hɔ́:lwèi]

ⓝ 복도; 현관

The pouring rain left some of the school's **hallways** wet and slippery. 기출 쏟아지는 빗물이 학교의 **복도** 일부를 적셔 미끄럽게 했다.

유 aisle ⓝ 복도
entrance ⓝ 입구, 현관

1434 □□□ ★★

infinite

[ínfənət]

ⓐ 무한한, 끝없는

Painters can use an **infinite** range of colors.

화가들은 **무한한** 범위의 색을 사용할 수 있다.

voca+ in(~ 아닌) + finite(유한한, 한정된) → 한정되지 않은

파 infinity ⓝ 무한성, 무한대
유 endless ⓐ 끝없는
반 finite ⓐ 유한의, 한정된

1435 □□□ ★★ 다의어

scale

[skeil]

ⓝ 1. 저울, 눈금 2. 규모, 범위 3. 등급; 음계

1 She weighs herself every day on the **scales** in the bathroom.
그녀는 매일 욕실에 있는 **저울** 위에서 몸무게를 잰다.

2 I was amazed by its beauty and its grand **scale**. 교과서
나는 그것의 아름다움과 웅장한 **규모**에 놀랐다.

유 range ⓝ 범위
degree ⓝ 급, 등급
extent ⓝ 정도, 범위
숙 on a large scale 대규모로

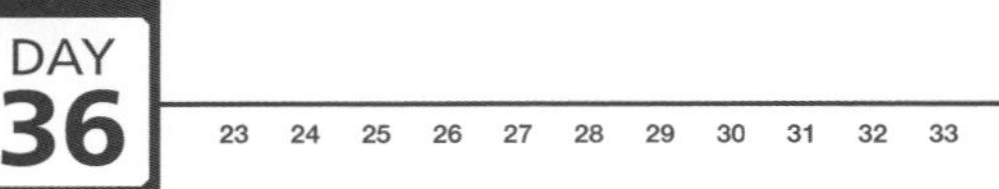

1436 □□□ ★★ 다의어

snap
[snæp]

ⓥ 1. 사진을 찍다 2. (탁/툭) 닫다[열다] 3. 딱 부러뜨리다 ⓐ 4. 급히 하는, 즉석의; 쉬운

1 The images were **snapped** by a satellite camera.
그 이미지들이 위성 카메라에 **찍혔다**.

2 She **snapped** her handbag shut.
그녀는 핸드백을 **딸깍 닫았다**.

3 The pencil lead was very fragile and easily **snapped**. 교과서
연필심이 매우 약해서 쉽게 **부러졌다**.

4 **Snap** decisions are not always the best decisions.
순식간에 내리는 결정이 항상 최선의 결정인 것은 아니다.

유 break ⓥ 깨다, 부러지다
instant ⓐ 즉각의

1437 □□□ 고난도

embed
[imbéd]

ⓥ 박다, 끼워 넣다

교과서
Product placement is advertising "**embedded**" in the program.
간접 광고는 프로그램에 '**끼워 넣어진**' 광고이다.

파 embedded ⓐ 내포된, 포함된

1438 □□□ 고난도

fabulous
[fǽbjuləs]

ⓐ 기막히게 좋은, 훌륭한, 멋진; 터무니없는

It was the most **fabulous** meal I have ever had.
그것은 내가 먹어본 가장 **멋진** 식사였다.

유 extraordinary ⓐ 훌륭한, 멋진
amazing ⓐ 놀랄 만한, 굉장한

extend vs extent

1439 □□□ ★★

extend
[iksténd]

ⓥ 확장하다, 연장하다

기출
Plants can't **extend** their reproductive range without help.
식물은 도움 없이는 자신의 번식 범위를 **확장할** 수 없다.

파 extended ⓐ 연장된
extensive ⓐ 폭넓은, 광범위한, 큰
extension ⓝ 확장

1440 □□□ ★★

extent
[ikstént]

ⓝ 정도, 범위, 규모

The full **extent** of the losses was disclosed yesterday.
손실의 전체 **범위**가 어제 공개되었다.

유 scale ⓝ 규모
숙 to the extent that ~ ~일 정도로, ~할 정도까지

DAILY TEST

A 영어는 우리말로, 우리말은 영어로 바꿔 쓰시오.

01 commodity ________
02 confine ________
03 ethical ________
04 intervene ________
05 infinite ________
06 coincidence ________
07 disaster ________
08 틀; 곰팡이 ________
09 천재; 비범한 재능 ________
10 진심으로 ________
11 향연, 축제; 성찬 ________
12 저울; 규모, 범위 ________
13 우월한, 우수한 ________
14 낙관주의자 ________

B 빈칸에 알맞은 말을 <보기>에서 찾아 알맞은 형태로 쓰시오.

fabulous	restrict	fade	extraction	geography

01 We learned about the ________ of Australia.

02 It was the most ________ meal I have ever had.

03 Storing off-season clothes in separate boxes prevents the ________ of colors.

04 Universities have certain regulations to ________ motorized modes of transportation.

C 밑줄 친 단어와 유사한 의미를 가진 말을 고르시오.

01 More money should be allocated for animal welfare. 【grant / assign】

02 There is a subtle distinction between the two words. 【difference / fable】

03 The money raised will be used to renovate the school gym. 【descend / repair】

A **01** 상품, 물품 **02** 한정하다, 제한하다; 가두다; 경계 **03** 윤리[도덕]적인, 윤리의 **04** 개입하다, 끼어들다 **05** 무한한, 끝없는 **06** (우연의) 일치; 동시 발생 **07** 재앙, 재난, 천재지변 **08** mold **09** genius **10** sincerely **11** feast **12** scale **13** superior **14** optimist
B **01** geography **02** fabulous **03** fading **04** restrict
C **01** assign **02** difference **03** repair

1441 □□□ ★★

conference ⓝ 총회, 회담
[kánfərəns]

The **conference** was attended by ministers from four countries.
그 **회담**에는 4개국의 장관들이 참석했다.

voca+ • conference: 전문적 문제를 토론하기 위한 모임
• convention: 정당·사회단체 등의 대표자 회의

파 **confer** ⓥ 협의하다
유 **convention** ⓝ 대회, 총회; 협약; 관습

1442 □□□ ★★

entitle ⓥ 자격을 주다; 제목을 붙이다
[intáitl]

If products have any problems, I am **entitled** to receive a full refund. 기출 제품에 어떤 문제가 있는 경우에 나는 전액 환불을 받을 **자격이 있다**.

My favorite advertisement is an advertising campaign **entitled** "Green On." 교과서
내가 가장 좋아하는 광고는 'Green On'**이라는 제목의** 광고 캠페인이다.

voca+ en(~하게 하다) + title(제목) → 제목을 붙이다

유 **enable** ⓥ ~할 수 있게 하다, 가능하게 하다
name ⓥ 이름을 지어주다

1443 □□□ ★★

official ⓐ 공식적인 ⓝ 공무원, 관리, 관계자
[əfíʃəl]

All winning entries will be posted on the **official** website. 기출
모든 수상작은 **공식** 웹사이트에 게시될 것입니다.

He surprised government **officials** by turning down the offer. 교과서
그는 그 제안을 거절함으로써 정부 **관리들**을 놀라게 했다.

파 **officially** ad 공식적으로
유 **administrator** ⓝ 행정관, 관리자, 관계자

1444 □□□ ★★

alien ⓝ 외계인; 외국인 ⓐ 외국의; 생경한
[éiljən]

Is it likely that **aliens** really exist? 교과서
외계인이 정말 존재하는 것 같니?

Their culture is completely **alien** to us.
그들의 문화는 우리에게 완전히 **생경하다**.

파 **alienate** ⓥ 멀리하다
유 **foreigner** ⓝ 외국인, 이방인
strange ⓐ 낯선

1445 □□□ ★★

differentiate ⓥ 차별화하다, 구분 짓다
[dìfərénʃièit]

A child may not **differentiate** between his imagination and the real world. 아이는 상상과 현실 세계를 **구분하지** 못할 수도 있다.

파 **differentiation** ⓝ 차별화
유 **distinguish** ⓥ 구별하다, 구분하다

1446 □□□ ★★★

hospitality ⓝ 후한 대접, 환대
[hɑ̀spitǽləti]

Thanks for your **hospitality**. 기출
당신의 **환대**에 감사드립니다.

파 **hospitable** ⓐ 대접이 좋은, 환대하는
유 **kindness** ⓝ 친절, 호의

1447 □□□ ★★

immune ⓐ 면역의, 면역성이 있는
[imjúːn]

The weakened **immune** system leads to infection. 기출
약해진 **면역** 체계는 감염으로 이어진다.

파 **immunity** ⓝ 면역
유 **resistant** ⓐ 저항력 있는
반 **vulnerable** ⓐ 취약한

1448 □□□ ★★

casual ⓐ 격식을 차리지 않는, 평상시의; 우연한
[kǽʒuəl]

We work in a **casual** work environment.
우리는 **격식을 차리지 않은** 업무 환경에서 일하고 있다.

유 **informal** ⓐ 비공식적인
accidental ⓐ 우연한
반 **formal** ⓐ 격식을 차린

1449 □□□ ★★★

induce ⓥ 유발하다, 유도하다; 설득하다
[indjúːs]

Pilots had severe self-**induced** social pressures against admitting to errors. 기출
조종사들은 오류를 인정하는 것을 거부하는, 스스로 **유도한** 심한 사회적 압박감을 느꼈다.

voca+ in(안으로) + duce(이끌다) → 안으로 이끌다

파 **inductive** ⓐ 유도의; 귀납의
유 **persuade** ⓥ 설득하다
cause ⓥ 유발하다, 야기하다

1450 □□□ ★★

imply ⓥ 함축[내포]하다, 의미하다, 암시[시사]하다
[implái]

Tolerance must **imply** some sort of ultimate good. 기출
관용은 일종의 궁극적 선(善)을 **내포하고** 있음에 틀림없다.

파 **implication** ⓝ 함축, 암시
implicit ⓐ 암시된, 내포된
유 **suggest** ⓥ 시사하다, 암시하다
indicate ⓥ 나타내다, 암시하다

1451 □□□ ★★

postpone ⓥ 미루다, 연기하다
[poustpóun]

I am sorry to say that we will have to **postpone** the event. 기출
우리가 행사를 **연기해야** 한다는 말을 하게 되어 유감입니다.

voca+ post(뒤에) + pone(두다) → 뒤에 두다

유 **put off** ~을 연기하다
delay ⓥ 늦추다

1452 □□□ ★★

medium ⓝ 수단, 매개; 매체 ⓐ 중간의
[míːdiəm]

Storytelling is such a persuasive **medium.** 기출
스토리텔링은 매우 설득력 있는 **수단**이다.

Product placement is inevitable in the age of the new **media** environment. 교과서
간접 광고는 새로운 **미디어** 환경의 시대에 불가피하다.

복 **media**

1453 □□□ ★★

instance ⓝ 사례, 보기; 경우
[ínstəns]

We have come across many **instances** of discrimination.
우리는 많은 차별 **사례**를 접해 왔다.

유 **example** ⓝ 예, 보기
case ⓝ 사례, 경우

1454 □□□ ★★

coastal ⓐ 해안의, 연안의
[kóustəl]

The most popular outdoor watersport activity was **coastal** walking. 기출
가장 인기 있는 야외 수상 스포츠 활동은 **해안** 걷기였다.

파 **coast** ⓝ 해안 (지방)
coastline ⓝ 해안선

1455 □□□ ★★★

prevail ⓥ 널리 퍼지다, 만연하다; 우세하다
[privéil]

The custom still **prevails** over the whole area.
그 관습은 여전히 그 지역 전체에 **만연해** 있다.

파 **prevalent** ⓐ 일반적인, 널리 퍼져 있는
prevalence ⓝ 성행, 만연
prevailing ⓐ 지배적인, 만연한

1456 □□□ ★

likewise ad 똑같이, 마찬가지로; 게다가
[láikwàiz]

Paul does his best in everything, and you should do **likewise**.
Paul은 항상 모든 일에 최선을 다하는데, 너도 **마찬가지로** 그래야 해.

유 **similarly** ad 마찬가지로
in the same way 같은 방식으로

1457 □□□ ★★

retire ⓥ 은퇴하다, 퇴직하다
[ritáiər]

He had to **retire** early from teaching due to ill health.
그는 건강 악화로 인해 교직에서 조기 **퇴직해야** 했다.

파 **retirement** ⓝ 은퇴, 퇴임
retiree ⓝ 은퇴자, 퇴직자
유 **resign** ⓥ 사임[사직]하다

1458 □□□ ★★★

magnitude

[mǽgnətjùːd]

ⓝ 규모, 크기, 강도, 세기

A strong earthquake with a **magnitude** of 7.6 has just hit Japan. **규모** 7.6의 강진이 일본을 강타했다.

voca+ magni(큰) + tude(명·접) → 큰 것

유 scale ⓝ 규모
intensity ⓝ 강도, 세기

1459 □□□ ★★

revenue

[révənjùː]

ⓝ 세입, 수입, 수익

A government's **revenue** and expenditure should be balanced.
정부의 **세입**과 세출은 균형을 맞춰야 한다.

유 income ⓝ 수입, 소득

1460 □□□ ★★

liquid

[líkwid]

ⓝ 액체 ⓐ 액체의

교과서

Spoons are frequently used for **liquid** food such as soup.
숟가락은 국과 같은 **액체** 음식에 빈번하게 사용된다.

참 solid ⓝ 고체 ⓐ 고체의, 단단한
gas ⓝ 기체, 가스

1461 □□□ ★★

sum

[sʌm]

ⓝ 금액, 액수; 합계 ⓥ 합계하다

교과서

Managers assigned a large **sum** of money to the travel budget.
관리자들은 출장비 예산에 많은 **액수**의 돈을 할당했다.

유 total ⓝ 합계
숙 sum up ~을 합계하다; ~을 요약하다

1462 □□□ ★★

notable

[nóutəbl]

ⓐ 눈에 띄는, 주목할 만한

There are a few **notable** exceptions.
몇 가지 **주목할 만한** 예외가 있다.

voca+ note(주목하다) + able(~할 수 있는) → 주목할 만한

파 notably ad 현저하게
유 prominent ⓐ 눈에 띄는, 현저한
noteworthy ⓐ 주목할 만한

DAY 37

1463 □□□ ★★

subjective

[səbdʒéktiv]

ⓐ 주관적인, 개인적인; 주격의

Attitudes and values are **subjective**, and therefore they are easily altered to fit our ever-changing goals. 기출
태도와 가치관은 **주관적**이어서 끊임없이 변화하는 우리의 목표에 맞게 쉽게 바뀐다.

반 objective ⓐ 객관적인

1464 □□□ ★★

sociable ⓐ 사교적인, 우호적인
[sóuʃəbl]

He was very outgoing and **sociable.** 교과서
그는 매우 외향적이고 **사교적**이었다.

유 friendly ⓐ 친화적인, 우호적인
참 social ⓐ 사회의, 사회적인

1465 □□□ ★★

astronomer ⓝ 천문학자
[əstrɑ́nəmər]

Astronomers continue to discover new stars.
천문학자들이 새로운 별들을 계속 발견하고 있다.

파 astronomy ⓝ 천문학
astronomical ⓐ 천문학의

1466 □□□ ★★

miraculous ⓐ 기적적인, 초자연적인, 놀랄 만한
[mirǽkjuləs]

Reality for a child is full of wonders and curiosities and **miraculous** little events. 기출
아이에게 현실은 경이로움과 신기함, 그리고 **기적적인** 작은 일들로 가득 차 있다.

파 miracle ⓝ 기적
유 extraordinary ⓐ 놀라운, 기이한

1467 □□□ ★★

select ⓥ 고르다, 선택하다
[səlékt]

Select clothing appropriate for the temperature and environmental conditions. 기출
기온과 환경 조건에 알맞은 옷을 **선택해라**.

voca+ se(떨어져) + lect(모으다, 고르다) → 따로 골라내다

파 selection ⓝ 선택
selective ⓐ 선택적인, 선별적인
유 choose ⓥ 선택하다

1468 □□□ ★★

shameful ⓐ 수치스러운, 창피한
[ʃéimfəl]

It's **shameful** that I made such a stupid mistake.
내가 그런 어리석은 실수를 하다니 **창피하다**.

파 shame ⓝ 수치(심); 애석한 일
유 ashamed ⓐ 창피한

1469 □□□ ★★

misconception ⓝ 오해, 잘못된 생각
[mìskənsépʃən]

We sometimes use words or phrases based on **misconceptions.** 교과서
우리는 때때로 **잘못된 생각**에 기반한 단어나 문구를 사용한다.

voca+ mis(잘못된) + conception(개념, 생각) → 잘못된 생각

파 conception ⓝ 개념, 생각

1470 □□□ ★★

bump
[bʌmp]

ⓥ 부딪치다 ⓝ 충돌; 혹, (도로의) 융기

A man **bumped** right into me and just kept walking. 교과서
한 남자가 나와 정면으로 **부딪치고는** 그냥 계속 걸어갔다.

숙 bump into[against] ~에 부딪치다; 우연히 마주치다

1471 □□□ ★★

encode
[inkóud]

ⓥ 암호화하다, (정보를 특정한 형식으로) 입력하다

A good deal of the information stored in working memory is **encoded** in an auditory form. 기출
작동 기억 속에 저장된 많은 정보는 청각 형태로 **암호화된다**.

반 decode ⓥ (암호를) 해독하다

1472 □□□ ★★

quarrel
[kwɔ́ːrəl]

ⓝ 말다툼, 언쟁 ⓥ 싸우다, 말다툼하다

My sister refused to speak to me after the **quarrel**.
말다툼 후에 내 여동생이 나와 말을 하지 않아.

유 debate ⓝ 논쟁, 토론 ⓥ 논쟁하다
dispute ⓝ 논쟁, 싸움 ⓥ 논쟁하다

1473 □□□ ★★

narrative
[nǽrətiv]

ⓐ 이야기의, 이야기체[식]의 ⓝ 이야기

History books are usually written in **narrative** style.
역사책은 보통 **이야기**체로 쓰여진다.

파 narrator ⓝ 이야기하는 사람, 내레이터
narration ⓝ 이야기하기, 서술

1474 □□□ ★★

overall
[òuvərɔ́ːl]

ad 전반적으로 ⓐ 전반적인

Overall, the number of sports events in the Olympic Games has gradually increased. 기출
전반적으로 올림픽 게임의 경기 종목 수가 점점 늘고 있다.

유 generally ad 일반적으로, 전반적으로

1475 □□□ ★★ 다의어

draw
[drɔː]

ⓥ 1. 끌어당기다, 뽑아내다 2. 그리다
3. 마음을 끌다 ⓝ 4. 무승부; 추첨

1 They tried to **draw** creative ideas from observation. 교과서
그들은 관찰을 통해 창의적인 생각을 **끄집어내려고** 노력했다.

2 **Drawing** a child is always difficult, so I prefer painting adults. 교과서
아이를 **그리는** 것은 항상 어려워서 나는 어른을 그리는 것을 선호한다.

4 The result was a **draw**. 결과는 **무승부**였다.

(draw-drew-drawn)
유 attract ⓥ 끌어당기다
extract ⓥ 뽑다, 뽑아내다

1476 □□□ ★★ 다의어

note

[nout]

ⓥ 1. 적어두다 2. 주목하다 3. 말하다, 언급하다
ⓝ 4. 메모, 편지 5. 음, 음표

1 He **noted** down the main idea of each text.
그는 각 글의 중심 생각을 **적어두었다**.

2 **Note** that copyright laws serve a dual purpose.
저작권 법률이 이중적 목적에 기여한다는 점에 **주목하라**.

4 When she returned to her house, she found a **note**. 교과서
집에 돌아왔을 때, 그녀는 **메모** 하나를 발견했다.

5 To make a melody, add **notes**. 교과서
멜로디를 만들기 위해 **음**을 붙여 봐.

파 **notable** ⓐ 주목할 만한
유 **message** ⓝ 메시지
notice ⓥ 주목하다
참 **musical note** 악보

1477 □□□ 고난도

disguise

[disgáiz]

ⓥ 위장하다, 변장하다 ⓝ 변장, 위장

Individuals **disguise** themselves with an alien aroma for survival. 기출 개체는 생존을 위해 이질적인 냄새로 자신을 **위장한다**.

유 **conceal** ⓥ 숨기다, 감추다

1478 □□□ 고난도

marvelous

[mɑ́ːrvələs]

ⓐ 놀라운, 경이로운, 신기한

From farther away, the giant pictures made from trash appear to be **marvelous** landscapes or other paintings. 교과서
멀리서 보면, 쓰레기로 만들어진 그 거대한 그림들은 **경이로운** 풍경 혹은 여타의 그림들처럼 보인다.

파 **marvel** ⓝ 경이로움 ⓥ 경탄하다, 놀라다
marvelously ad 놀랍게도
유 **fantastic** ⓐ 멋진, 환상적인
incredible ⓐ 놀라운

---

physician vs physics

1479 □□□ ★★

physician

[fizíʃən]

ⓝ 의사, 내과 의사

The **physician** has a good reputation among many patients. 교과서
그 **의사**는 많은 환자들 사이에서 평판이 좋다.

참 **surgeon** ⓝ 외과 의사

1480 □□□ ★★

physics

[físiks]

ⓝ 물리학

Archers need to understand a lot about **physics**. 교과서
양궁 선수들은 **물리학**에 대해 많은 것을 이해할 필요가 있다.

파 **physicist** ⓝ 물리학자

DAY 37

DAILY TEST

A 영어는 우리말로, 우리말은 영어로 바꿔 쓰시오.

01 revenue ______________

02 entitle ______________

03 astronomer ______________

04 immune ______________

05 induce ______________

06 magnitude ______________

07 liquid ______________

08 부딪치다; 혹 ______________

09 후한 대접, 환대 ______________

10 수치스러운 ______________

11 평상시의; 우연한 ______________

12 미루다, 연기하다 ______________

13 의사, 내과 의사 ______________

14 만연하다; 우세하다 ______________

B 빈칸에 알맞은 말을 <보기>에서 찾아 쓰시오.

miraculous	differentiate	subjective	narrative	retire

01 History books are usually written in ______________ style.

02 He had to ______________ early from teaching due to ill health.

03 Reality for a child is full of wonders and curiosities and ______________ little events.

04 Attitudes and values are ______________, and therefore they are easily altered to fit our ever-changing goals.

C 밑줄 친 단어와 유사한 의미를 가진 말을 고르시오.

01 Their culture is completely alien to us. 【strange / notable】

02 My sister refused to speak to me after the quarrel. 【dispute / note】

03 Select clothing appropriate for the temperature and environmental conditions. 【encode / choose】

A 01 세입, 수입, 수익 02 자격을 주다; 제목을 붙이다 03 천문학자 04 면역의, 면역성이 있는 05 유발하다, 유도하다; 설득하다 06 규모, 크기, 강도, 세기 07 액체(의) 08 bump 09 hospitality 10 shameful 11 casual 12 postpone 13 physician 14 prevail
B 01 narrative 02 retire 03 miraculous 04 subjective
C 01 strange 02 dispute 03 choose

1481 □□□ ★★

prospect
[prάspekt]

[n] 전망, 가망, 예상, 기대

The company's **prospects** look good in the medium term.
그 회사의 **전망**은 중기적으로 좋아 보인다.

voca+ pro(앞으로) + spect(보다) → 앞으로 일어날 일을 보다

[파] prospective [a] 유망한, 가망이 있는
[유] expectation [n] 예상, 기대
likelihood [n] 가능성

1482 □□□ ★★

navigate
[nǽvəgèit]

[v] 길을 찾다, 항해하다, 항행하다

Most planes use computer technology to **navigate**.
대부분의 비행기는 **길을 찾는** 데 컴퓨터 기술을 이용한다.

[파] navigation [n] 운항, 항해

1483 □□□ ★★★

liberation
[lìbəréiʃən]

[n] 해방, 석방

What we see in their faces is a sense of relief and **liberation**.
그들의 얼굴에 안도감과 **해방감**이 보인다.

[파] liberate [v] 해방시키다, 자유롭게 하다
liberal [a] 자유주의의, 진보적인
[유] freedom [n] 자유, 해방

1484 □□□ ★★

throughout
[θruːáut]

[p] ~동안 내내; ~ 도처에
[ad] 처음부터 끝까지, 내내; 전부, 완전히

교과서

He tried **throughout** his life to turn his dreams into reality.
그는 일생 **동안** 자신의 꿈을 실현하기 위해 노력했다.

[유] all over 곳곳에

1485 □□□ ★

lighten
[láitən]

[v] 가볍게 하다, 가벼워지다

기출

The thought that I could meet Evelyn soon **lightened** my walk.
Evelyn을 곧 만날 수 있다는 생각이 나의 발걸음을 **가볍게 해주었다**.

voca+ light(가벼운) + en(~하게 하다) → 가볍게 하다

[파] light [a] 가벼운

1486 □□□ ★★

obey
[oubéi]

[v] 복종하다, 따르다

기출

Genes are under our control and not something we must **obey**.
유전자는 우리의 통제 하에 있는 것이지, 우리가 **복종해야** 하는 것이 아니다.

[파] obedience [n] 복종
obedient [a] 순종하는
[유] follow [v] 따르다
comply [v] 따르다, 준수하다

1487 □□□ ★★

accelerate ⓥ 속력을 내다, 빨라지다
[əksélərèit]

Exposure to the sun can **accelerate** the ageing process.
태양에의 노출은 노화 과정을 **가속화할** 수 있다.

voca+ ac(~ 방향으로) + celer(빠르게 하다) + ate(동·접) → 가속화하다

㉺ acceleration ⓝ 가속화
㊌ speed up 속도를 내다
㊉ decelerate ⓥ 감속하다

1488 □□□ ★

tight ⓐ 단단한, 꽉 조이는, 빽빽한, 빠듯한
[tait]

My new headset is too **tight**, and I can't adjust it. 교과서
내 새 헤드폰이 너무 **꽉 조여서** 그것을 조절할 수 없어.

㉺ tightly ⓐⓓ 단단히, 꽉
tighten ⓥ 단단하게 하다, 꽉 죄다
㊉ loose ⓐ 느슨한, 헐거운

1489 □□□ ★★★

offspring ⓝ 자식, 후손, (동물의) 새끼
[ɔ́:fsprìŋ]

기출
The cats taught their own **offspring** what they'd learned.
그 고양이들은 자신이 배운 것을 자기 **새끼들**에게 가르쳤다.

voca+ off(밖으로) + spring(뛰어넘다) → 어미의 안에서 밖으로 나온 자식

㊌ descendant ⓝ 후손

1490 □□□ ★★★

chunk ⓝ (큰) 덩어리, 상당히 많은 양
[tʃʌŋk]

I bought the cheese in one big **chunk**.
나는 하나의 큰 **덩어리**로 된 치즈를 샀다.

㉺ chunky ⓐ 덩어리인, 육중한
㊌ portion ⓝ 일부, 부분, 양

1491 □□□ ★★★

notion ⓝ 개념, 관념, 생각
[nóuʃən]

All new ideas come from combining existing **notions** in creative ways. 기출
모든 새로운 아이디어는 기존 **개념들**을 창의적인 방식으로 결합하는 것에서 나온다.

㊌ idea ⓝ 생각, 개념
concept, conception ⓝ 개념

1492 □□□ ★★

likelihood ⓝ 가능성, 가망, 기회
[láiklihùd]

기출
We attach too much **likelihood** to spectacular outcomes.
우리는 눈부신 결과에 지나치게 많은 **가능성**을 부여한다.

㊌ chance ⓝ 가능성, 기회
possibility ⓝ 가능성

1493 □□□ ★★★

pasture ⓝ 목장, 목초지 ⓥ 방목하다
[pǽstʃər]

Hundreds of sheep are grazing in the **pasture**.
수백 마리의 양들이 **목장**에서 풀을 뜯고 있다.

유 **grassland** ⓝ 목초지, 초원

1494 □□□ ★★★

persist ⓥ 끈질기게 노력하다, 지속하다; 고집하다
[pərsíst]

You can do anything you want, if you just **persist** long and hard enough. 기출
충분히 오랫동안 열심히 **노력하기만** 한다면, 여러분이 원하는 것은 무엇이든 할 수 있다.

파 **persistence** ⓝ 지속(성); 끈기, 인내심; 고집
persistent ⓐ 지속적인; 끈기 있는; 고집하는
유 **persevere** ⓥ 꾸준히 계속하다

1495 □□□ ★★

formulate ⓥ 만들어내다, 고안하다; 공식화하다
[fɔ́:rmjulèit]

A computer cannot **formulate** steps for solving problems, unless programmed to do so by humans. 기출
컴퓨터는 인간에 의해서 문제를 해결하도록 프로그램되지 않는 한, 그렇게 하기 위한 단계들을 **만들어낼** 수 없다.

파 **formulation** ⓝ 공식화
formula ⓝ 공식
유 **devise** ⓥ 고안하다, 발명하다

1496 □□□ ★★★

priority ⓝ 우선 사항, 우선권
[praiɔ́:rəti]

Your teachers want to make your safety the top **priority**. 기출
여러분의 선생님들은 여러분의 안전이 최**우선 사항**이기를 바랍니다.

파 **prioritize** ⓥ 우선순위를 정하다
prior ⓐ 먼저의, 우선하는

1497 □□□ ★★★

flatter ⓥ 아부하다, 기분 좋게 만들다
[flǽtər]

Social lies such as making deceptive but **flattering** comments may benefit mutual relations. 기출
속이는 말이지만 **기분 좋게 만드는** 말과 같은 사회적 거짓말은 상호 관계에 도움이 될 수도 있다.

파 **flattered** ⓐ (칭찬 등을 받아서) 기분이 좋은
flattery ⓝ 아첨, 아부

1498 □□□ ★★

probability ⓝ 가능성, 확률
[prɑ̀bəbíləti]

There is a high **probability** of an earthquake.
지진이 일어날 **가능성**이 높다.

파 **probably** ad 아마도
유 **likelihood** ⓝ 가능성

1499 □□□ ★★

industrial ⓐ 산업의, 공업의
[indʌ́striəl]

I request permission to conduct an **industrial** field trip in your factory. 기출
저는 귀하의 공장에서 **산업** 현장견학을 할 수 있도록 허가해 주시기를 요청합니다.

㉺ **industry** ⓝ 산업, (산업의) ~계(界), 공업; 근면함
industrious ⓐ 성실한, 근면한
industrialized ⓐ 산업화된, 선진화된

1500 □□□ ★★

hatred ⓝ 증오, 혐오
[héitrid]

She made no secret of her **hatred** for her longtime rival.
그녀는 자신의 오래된 라이벌에 대한 **증오**를 숨기지 않았다.

voca+ hate(증오하다) + red(상태) → 증오하는 상태

㊐ **hate** ⓝ 증오, 혐오
hostility ⓝ 적개심

1501 □□□ ★★

infrastructure ⓝ 인프라, 기반 시설
[ínfrəstrʌ̀ktʃər]

Developing a water-based transportation system will modernize Ecuador's transportation **infrastructure**. 기출
수상 기반 교통 체계 개발은 에콰도르의 교통 **기반 시설**을 현대화할 것이다.

1502 □□□ ★★

dizzy ⓐ (현기증이 나서) 어질어질한
[dízi]

Energy drinks have a lot of caffeine, so drinking them too much can make you feel **dizzy**. 기출
에너지음료는 카페인이 많이 들어 있어서 너무 많이 마시면 **어지러울** 수 있다.

㉺ **dizziness** ⓝ 현기증

1503 □□□ ★★

outline ⓝ 윤곽; 개요 ⓥ ~의 윤곽을 그리다
[áutlàin]

We could just see the **outline** of the house through the mist.
우리는 안개 속에서 그 집의 **윤곽**만 볼 수 있었다.

voca+ out(바깥) + line(선) → 바깥으로 드러나는 선

㊐ **shape** ⓝ 형태, 모양
plan ⓥ 계획[설계]하다
sketch ⓥ 스케치하다

1504 □□□ ★★

neutral ⓐ 중립적인 ⓝ 중립
[njú:trəl]

The country remained **neutral** about the issue.
그 나라는 그 문제에 대해 **중립**을 유지했다.

㉺ **neutrality** ⓝ 중립 (상태)
㊐ **unbiased** ⓐ 선입견 없는

1505 □□□ ★★

split [v] 쪼개다, 분할하다, 갈라지다 [n] 분할; 균열
[split]

The path **split** into two: one was clear and smooth, the other had fallen logs and other obstacles in the way. [기출]
길은 두 갈래로 **갈라졌는데**, 하나는 막힌 것이 없고 평탄했지만, 다른 하나는 쓰러진 통나무들과 다른 장애물들이 길을 막고 있었다.

(split-split-split)
[숙] **split up** ~을 분할[분리]하다
split off 쪼개지다

1506 □□□ ★★

noteworthy [a] 주목할 만한, 현저한
[nóutwə̀ːrði]

The survey showed a **noteworthy** result.
그 설문 조사는 **주목할 만한** 결과를 보여주었다.

[파] **note** [v] 주목하다 [n] 주목
[유] **remarkable** [a] 놀랄 만한, 주목할 만한
significant [a] 중요한

1507 □□□ ★★★

assert [v] 주장하다, 단언하다
[əsə́ːrt]

The report **asserts** confidently that the industry will grow.
그 보고서는 그 산업이 성장할 것이라고 자신 있게 **주장한다**.

voca+ as(~에) + sert(참여하다) → ~에 참여하여 자신의 확고한 생각을 말하다

[파] **assertion** [n] 주장, 단언
assertive [a] 단정적인, 독단적인; 적극적인
[유] **maintain** [v] 주장[단언]하다

1508 □□□ ★★

texture [n] 질감; 직물
[tékstʃər]

Freshly caught fish, frozen quickly in such a fashion, keep their taste and **texture**. [기출]
갓 잡은 물고기는 이런 방식으로 급속히 냉동되었을 때 맛과 **질감**을 유지한다.

1509 □□□ ★★

regarding [p] ~에 관해서, ~에 대해
[rigáːrdiŋ]

The complaint **regarding** lost luggage was dealt with by the manager.
분실 수하물**에 대한** 불평은 관리자가 처리했다.

[유] **concerning** [p] ~에 관하여

1510 □□□ ★

publish [v] 발간[발행]하다, 출판하다
[pʌ́bliʃ]

With the help of her supporters, Mary **published** her autobiography. [교과서]
Mary는 후원자들의 도움으로 자신의 자서전을 **발간했다**.

[파] **publisher** [n] 출판사
publication [n] 간행물
[유] **issue** [v] 발간[발행]하다

1511 □□□ ★★

qualify ⓥ 자격을 갖추다, 자격증을 취득하다

[kwάləfài]

You are **qualified** to be class president. 교과서

너는 학급 반장이 될 **자격이 있어**.

voca+ quali(품질) + fy(~되게 하다) → (적격인) 품질이 되게 하다

파 qualification ⓝ 자격 (조건), 자질

1512 □□□ ★★

rather ad 오히려; 다소

[rǽðər]

Tomatoes were at first grown only as a decorative plant **rather** than as a food. 교과서

토마토는 처음에는 식용으로서**가 아니라** 관상용 식물로만 재배되었다.

Since my face is **rather** angular, I usually choose round frames. 교과서

내 얼굴은 **다소** 각이 져서 나는 보통 둥근 안경테를 고른다.

유 somewhat ad 약간, 다소

숙 rather than ~보다 오히려, ~가 아니라

1513 □□□ ★★★

constitution ⓝ 헌법; 구성

[kὰnstitjú:ʃən]

Ecuador has become the first nation on Earth to put the rights of nature in its **constitution**. 기출

에콰도르는 자연의 권리를 **헌법**에 포함시킨 지구상 첫 번째 국가가 되었다.

voca+ • bill: (국회에 제출된) 법안 • law: (국가나 사회의) 법, 법률

파 constitute ⓥ 구성하다; (법률을) 제정하다

constitutional ⓐ 헌법(상)의

1514 □□□ ★★★

devastate ⓥ 황폐시키다, 완전히 파괴하다

[dévəstèit]

The recent forest fire **devastated** the small town.

최근의 산불이 그 작은 마을을 **황폐화시켰다**.

파 devastating ⓐ 대단히 파괴적인

devastation ⓝ 파괴, 황폐

유 destroy ⓥ 파괴하다, 훼손하다

1515 □□□ ★★ 다의어

bow ⓝ 1. 활 ⓥ 2. (머리를) 숙이다, 절하다

ⓝ[bou]

ⓥ[bau]

1 I want to learn how to shoot a **bow**. 교과서

나는 **활**을 쏘는 법을 배우고 싶다.

2 When you greet an older person, **bow** your head. 교과서

어른에게 인사할 때는 고개를 **숙여라**.

유 bend ⓥ 구부리다, 숙이다

DAY 38

1516 □□□ ★★ 다의어

comprehend

[kàmprihénd]

ⓥ 1. 이해하다 2. 포함하다, 함축하다

1 I did not fully **comprehend** what had happened.
나는 무슨 일이 일어났었는지 완전히 **이해하지** 못했다.

2 The term **comprehends** many meanings.
그 단어에는 많은 의미가 **포함되어 있다**.

파 **comprehension** ⓝ 이해(력)
comprehensive ⓐ 이해력이 있는; 포괄적인
유 **understand** ⓥ 이해하다
imply ⓥ 함축하다

1517 □□□ 고난도

summon

[sʌ́mən]

ⓥ (용기 등을) 내다[불러일으키다]; 소환하다

On the way home, he **summoned** the courage to ask what was on his mind. 기출
집으로 돌아오는 길에, 그는 용기를 **내어** 마음속에 있던 물음을 던졌다.

숙 **summon up** ~을 떠올리다

1518 □□□ 고난도

enrage

[inréidʒ]

ⓥ 격분하게 하다

The photo **enraged** animal lovers. 교과서
그 사진은 동물 애호가들을 **격분하게 했다**.

voca+ en(~하게 하다) + rage(분노, 격분) → 분노하게 만들다

파 **rage** ⓝ 격노
유 **anger** ⓥ 성나게 하다

---

sew VS sow

1519 □□□ ★★

sew

[sou]

ⓥ 바느질하다, 꿰매다

She **sewed** up the tear with a needle and thread.
그녀는 바늘과 실로 찢어진 곳을 **꿰맸다**.

(sew-sewed-sewed[sewn])
유 **stitch** ⓥ 꿰매다

1520 □□□ ★★

sow

[sou]

ⓥ 씨를 뿌리다

We'll **sow** in the early spring.
우리는 이른 봄에 **씨를 뿌릴** 것이다.

(sow-sowed-sowed[sown])
유 **seed** ⓥ 씨를 뿌리다 ⓝ 씨앗

DAILY TEST

A 영어는 우리말로, 우리말은 영어로 바꿔 쓰시오.

01 texture ____________
02 regarding ____________
03 obey ____________
04 assert ____________
05 qualify ____________
06 rather ____________
07 flatter ____________
08 중립적인; 중립 ____________
09 씨를 뿌리다 ____________
10 이해하다; 포함하다 ____________
11 활; (머리를) 숙이다 ____________
12 증오, 혐오 ____________
13 헌법; 구성 ____________
14 개념, 관념, 생각 ____________

B 빈칸에 알맞은 말을 <보기>에서 찾아 쓰시오.

dizzy	priority	accelerate	probability	throughout

01 Exposure to the sun can ____________ the ageing process.
02 He tried ____________ his life to turn his dreams into reality.
03 Your teachers want to make your safety the top ____________.
04 Energy drinks have a lot of caffeine, so drinking them too much can make you feel ____________.

C 밑줄 친 단어와 유사한 의미를 가진 말을 고르시오.

01 The cats taught their own offspring what they'd learned. 【descendant / pasture】
02 What we see in their faces is a sense of relief and liberation. 【freedom / prospect】
03 You can do anything you want, if you just persist long and hard enough. 【navigate / persevere】

A 01 질감; 직물 02 ~에 관해서, ~에 대해 03 복종하다, 따르다 04 주장하다, 단언하다 05 자격을 갖추다, 자격증을 취득하다 06 오히려; 다소 07 아부하다, 기분 좋게 만들다 08 neutral 09 sow 10 comprehend 11 bow 12 hatred 13 constitution 14 notion
B 01 accelerate 02 throughout 03 priority 04 dizzy
C 01 descendant 02 freedom 03 persevere

1521 □□□ ★★

recruit ⓥ 모집[채용]하다 ⓝ 신입사원, 신참자, 신병
[rikrúːt]

기출
She **recruited** and trained lots of women as sales agents.
그녀는 많은 여성들을 판매 대리인으로 **모집하여** 교육했다.

voca+ re(다시) + cruit(성장하다) → (인원을) 다시 성장시키다

ⓟ recruitment ⓝ 신규[신병] 모집, 채용

1522 □□□ ★★

devil ⓝ 악마, 악령
[dévəl]

The village people believed she was possessed by **devils**.
그 마을 사람들은 그녀에게 **악령**이 씌었다고 믿었다.

ⓤ demon ⓝ 악령, 악마

1523 □□□ ★★

outdated ⓐ 시대에 뒤처진, 구식인
[àutdéitid]

Her ideas on education are rather **outdated**.
교육에 관한 그녀의 생각은 다소 **시대에 뒤처져** 있다.

ⓤ old-fashioned ⓐ 구식의, 유행에 뒤떨어진
out-of-date ⓐ 시대에 뒤떨어진

1524 □□□ ★★

lifespan ⓝ 수명
[láifspæn]

One of the advantages of LEDs is the long **lifespan**. 기출
LED 전구의 이점 중 하나는 오랜 **수명**이다.

ⓒ span ⓝ (어떤 일이 지속되는) 기간
longevity ⓝ 장수

1525 □□□ ★

steam ⓝ 증기, 수증기
[stiːm] ⓥ 증기[김]를 내다; (식품 등을) 찌다

Particles of water turn into **steam** and form clouds. 기출
물 입자가 **수증기**로 변하여 구름을 형성한다.

ⓟ steamy ⓐ 증기의; 김이 자욱한; 고온다습한

1526 □□□ ★★★

manuscript ⓝ 원고, 필사본
[mǽnjuskrìpt]

She checked her **manuscript** carefully before sending it to a publisher.
그녀는 출판사에 보내기 전에 자신의 **원고**를 꼼꼼히 검토했다.

voca+ manu(손) + script(쓰다) → 손으로 쓴 것

ⓟ script ⓝ 대본; 원고

1527 □□□ ★★

mindless
[máindlis]

ⓐ 무의식적인, 생각 없는

You fall into **mindless** repetition. 기출
여러분은 **무의식적인** 반복으로 빠져든다.

파 mindlessly ad 생각 없이

1528 □□□ ★★

tear
ⓥ[tεər] ⓝ[tiər]

ⓥ 찢다, 뜯다 ⓝ 눈물

She **tore** the letter to pieces and threw it in the bin.
그녀는 편지를 갈기갈기 **찢어** 쓰레기통에 버렸다.

Everyone was dancing or crying **tears** of joy. 교과서
모두가 춤을 추거나 기쁨의 **눈물**을 흘리고 있었다.

(tear-tore-torn)
숙 tear down (건물 등을) 허물다, 해체하다

1529 □□□ ★★

atom
[ǽtəm]

ⓝ 원자

A water molecule is made up of two hydrogen **atoms** and one oxygen **atom**. 기출
하나의 물 분자는 두 개의 수소 **원자**와 하나의 산소 **원자**로 이루어져 있다.

파 atomic ⓐ 원자의
참 molecule ⓝ 분자

1530 □□□ ★★

reverse
[rivə́ːrs]

ⓝ 역(逆), 반대 ⓐ 거꾸로의, 반대의
ⓥ 거꾸로[반대로] 하다

In 2005, the average class size in Brazil was larger than that in the UK, whereas the **reverse** was true in 2017. 기출
2005년에 브라질의 평균 학급 크기는 영국의 그것보다 더 컸지만, 2017년에는 그 **반대**였다.

voca+ re(뒤로, 역으로) + verse(돌다) → 반대로 돌다

파 reversal ⓝ 역전, 반전, 전환
reversely ad 거꾸로, 반대로
유 contrary ⓝ 정반대, 역(逆)
opposite ⓐ 정반대의 ⓝ 반대(되는 것)

1531 □□□ ★★

disrupt
[dìsrʌ́pt]

ⓥ 방해하다, 붕괴시키다

Excessive barking by dogs **disrupts** everyone within hearing. 기출
개가 과도하게 짖는 것은 그 소리를 듣는 모든 사람을 **방해한다**.

파 disruption ⓝ 파괴, 붕괴
disruptive ⓐ 파괴적인
유 disturb ⓥ 방해하다, 혼란시키다

1532 □□□ ★★★

fierce
[fiərs]

ⓐ 사나운, 난폭한, 맹렬한

The hunter owned a few **fierce** and poorly-trained hunting dogs. 기출
사냥꾼은 **사납고** 훈련이 형편없이 된 사냥개 몇 마리를 소유하고 있었다.

유 wild ⓐ 길들지 않은, 사나운
aggressive ⓐ 침략적인, 공격적인
violent ⓐ 폭력적인, 난폭한

1533 □□□ ★★★

roam

[roum]

ⓥ 배회하다, 돌아다니다, 방랑하다

He always dreamed of a place where animals could **roam** free and live in caring conditions. 기출

그는 돌보는 환경에서 동물들이 자유롭게 **돌아다니고** 살 수 있는 장소를 항상 꿈꿨다.

유 wander ⓥ 돌아다니다, 배회하다

1534 □□□ ★★★

obligation

[àbləgéiʃən]

ⓝ 의무, 책임

Parents and children are linked by certain rights and **obligations.** 기출 부모와 자식은 특정한 권리와 **의무**에 의해 연결된다.

파 oblige ⓥ 의무를 지우다, 강요하다

유 duty ⓝ 의무

responsibility ⓝ 책임, 의무

1535 □□□ ★★

rob

[rɑb]

ⓥ 약탈[강탈]하다, 빼앗다

She was **robbed** of her cash and jewels last night.

그녀는 어젯밤에 현금과 보석을 **강탈당했다**.

파 robbery ⓝ 강도 (사건)

robber ⓝ 강도

유 steal ⓥ 훔치다

숙 rob A of B A에게서 B를 강탈하다[빼앗다]

1536 □□□ ★★

sensation

[senséiʃən]

ⓝ 느낌, 감각, 지각; 센세이션, 돌풍, 선풍

Every **sensation** our body feels has to wait for the information to be carried to the brain. 기출

우리 몸이 느끼는 모든 **감각**은 그 정보가 뇌에 전달되기까지 기다려야 한다.

voca+ sens((오감으로) 느끼다) + ation(명·접) → 느끼는 것

파 sensational ⓐ 선풍적인; 선정적인

유 sense ⓝ 감각

1537 □□□ ★★★

discrimination

[diskrìmənéiʃən]

ⓝ 구별, 식별; 차별

Racial **discrimination** still exists in America.

미국에서는 인종 **차별**이 여전히 존재한다.

파 discriminate ⓥ 구별[식별]하다; 차별하다

유 bias ⓝ 선입견, 편견

1538 □□□ ★

simplify

[símpləfài]

ⓥ 단순화하다

Scientists use models to help them **simplify** complicated information and ideas. 교과서

과학자들은 복잡한 정보와 아이디어를 **단순화하는** 것에 도움이 되도록 모형을 이용한다.

voca+ simple(단순한) + ify(~하게 하다) → 단순화하다

파 simplification ⓝ 단순화

simple ⓐ 단순한

simply ad 간단히, 요약하면

1539 □□□ ★★

solely [sóulli]
ad 오로지, 단지; 혼자서, 단독으로

The sport marketer must avoid marketing strategies based **solely** on winning. 기출
스포츠 마케팅 담당자는 **오로지** 승리에만 기반한 마케팅 전략을 피해야 한다.

파 sole a 유일한; 단독의
유 only ad 오직, 단지
exclusively ad 오로지, 오직

1540 □□□ ★★

fate [feit]
n 운명, 숙명

We want to decide our own **fate**.
우리는 우리 자신의 **운명**을 결정하고 싶어 한다.

파 fateful a 운명을 결정하는; 불길한
유 destiny n 운명, 숙명

1541 □□□ ★

weed [wiːd]
n 잡초 v 잡초를 뽑다

At the archaeological site, we pulled out **weeds**. 교과서
고고학 발굴 장소에서 우리는 **잡초**를 제거했다.

파 weedy a 잡초가 무성한

1542 □□□ ★★

fairy [fέəri]
n 요정 a 요정의; 상상의

Most of the little girls are dressed as **fairies** or princesses.
대부분의 어린 소녀들은 **요정**이나 공주처럼 옷을 입는다.

유 elf n 요정
참 fairy tale 동화, 꾸며낸 이야기

1543 □□□ ★★

sympathy [símpəθi]
n 동정(심), 연민; 공감

She felt great **sympathy** for the victims' families.
그녀는 희생자 가족들에게 깊은 **동정심**을 느꼈다.

voca+ sym(함께, 공통으로) + pathy(느끼는 것) → 함께 느끼는 것

파 sympathetic a 동정적인; 공감하는
유 pity n 동정, 연민
compassion n 연민, 동정심

1544 □□□ ★★

corrupt [kərʌ́pt]
a 부패한, 변질된, 타락한 v 부패[타락]시키다

The **corrupt** official was publicly disgraced.
그 **부패한** 관리는 공개적으로 망신을 당했다.

파 corruption n 부패, 타락

1545 □□□ ★★★

criterion ⓝ 기준, 표준, 척도
[kraitíəriən]

Most of us have hired many people based on human resources **criteria**. 기출
우리 대부분은 인적 자원 **기준**에 근거하여 많은 사람들을 고용해 왔다.

복 criteria
유 standard ⓝ 표준, 기준

1546 □□□ ★★

rehearse ⓥ 리허설하다, 예행연습하다
[rihə́:rs]

The cast and crew have been **rehearsing** for months to perfect their performance. 기출
출연 배우들과 (공연 제작) 팀은 공연을 완벽히 하기 위해 수개월 동안 **예행연습해** 왔다.

파 rehearsal ⓝ 리허설, 예행연습
유 practice ⓥ 연습하다

1547 □□□ ★★

drift ⓥ 떠다니다, 떠돌다 ⓝ 표류
[drift]

The boat slowly **drifted** out to sea.
그 배는 천천히 바다로 **떠내려갔다**.

파 drifty ⓐ 표류하는
유 float ⓥ 뜨다, 떠오르다

1548 □□□ ★★

terrifying ⓐ 무서운, 놀라게 하는
[térəfàiŋ]

I let out a **terrifying** scream. 기출
나는 **무시무시한** 비명을 질렀다.

파 terrify ⓥ 겁나게 하다, 무섭게 하다
유 awful ⓐ 끔찍한, 무서운

1549 □□□ ★★

spatial ⓐ 공간의, 장소의(= spacial)
[spéiʃəl]

The right side of the brain is associated with **spatial** skills.
뇌의 우측은 **공간** 능력과 관련이 있다.

파 space ⓝ 공간

1550 □□□ ★★

lean ⓥ (몸을) 기울이다; 기대다
[li:n]

Bicycles turn not just by steering but also by **leaning**. 기출
자전거는 핸들을 조종하는 것뿐만 아니라 **(몸을) 기울임**으로써 방향을 바꾼다.

(lean-leaned[leant]-leaned[leant])
숙 lean against ~에 기대다

1551 □□□ ★★

whisper [*h*wíspər]
ⓥ 속삭이다, 귓속말을 하다 ⓝ 속삭임

The man leaned over and **whispered** something in her ear.
그 남자는 몸을 기울여 그녀의 귀에 대고 뭔가를 **속삭였다**.

유 **murmur** ⓥ 속삭이다, 소곤거리다

1552 □□□ ★★★

mandatory [mǽndətɔ̀:ri]
ⓐ 의무적인, 강제적인

The government made it **mandatory** to wear rear seat belts in cars.
정부는 자동차의 뒷좌석에서 안전벨트 매는 것을 **의무화**했다.

파 **mandate** ⓝ 명령, 의무
유 **compulsory** ⓐ 의무적인, 강제적인, 필수의
obligatory ⓐ 의무적인

1553 □□□ ★★

sprout [spraut]
ⓥ 싹티우다, 싹트다 ⓝ (새)싹, 눈, 움

Storing potatoes with an apple keeps them from **sprouting**. 기출
감자를 사과와 함께 저장하면 감자가 **싹트는 것**을 막아준다.

유 **bud** ⓝ 싹, 봉오리 ⓥ 싹트다
shoot ⓝ 새싹, 어린 가지 ⓥ (싹 등을) 내밀다
germinate ⓥ 싹트다, 발아하다

1554 □□□ ★★★

damp [dæmp]
ⓐ 축축한, 습기가 있는

Much of the methane in the atmosphere is released naturally in **damp** areas. 교과서
대기 중의 메탄가스의 대부분은 자연적으로 **습기가 있는** 지역에서 방출된다.

voca+
- **damp**: 불쾌하게 습기가 많은 느낌을 나타낼 때
- **humid**: 기후 등을 나타낼 때
- **moist**: 기분 좋은 느낌의 습기를 나타낼 때(음식이나 신체에 관련하여 쓰이는 경우가 많음)

파 **dampen** ⓥ 축축해지다
유 **humid** ⓐ 습한, 눅눅한
moist ⓐ 습한, 촉촉한

1555 □□□ ★ 다의어

general [dʒénərəl]
ⓐ 1. 일반적인, 보편적인 ⓝ 2. 장군

1 **General** knowledge about how to use a computer is useful both in and out of school. 기출
컴퓨터 사용법에 대한 **일반적** 지식은 학교 안팎에서 유용하다.

2 Simón Bolívar, the **general** who had led the liberating forces, called a meeting. 기출
해방군을 이끌었던 **장군** Simón Bolívar는 회의를 소집했다.

파 **generally** ad 일반적으로
유 **overall** ⓐ 전반적인
universal ⓐ 보편적인
숙 **in general** 일반적으로

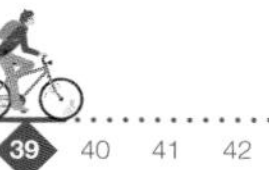

1556 □□□ ★★ 다의어

refer [rifə́ːr]

ⓥ 1. 언급하다, 부르다 2. 참조하다 3. 나타내다

1 He **referred** to them as "urban villagers". 기출
그는 그들을 '도시의 촌사람'이라고 **불렀다**.

2 You may **refer** to your dictionary.
너는 사전을 **참조해도** 된다.

3 Duration **refers** to the time that events last. 기출
지속 시간이란 사건이 지속되는 시간을 **나타낸다**.

파 **reference** ⓝ 언급; 참조
유 **cite** ⓥ 말하다, 언급하다
indicate ⓥ 나타내다, 가리키다
숙 **refer to A as B** A를 B라고 부르다

1557 □□□ 고난도

equivalent [ikwívələnt]

ⓐ 동등한, 맞먹는

People exchange things that are **equivalent** in worth. 교과서
사람들은 **동등한** 가치를 지닌 것들을 교환한다.

voca+ equi(같은) + val(가치) + ent(형·접) → 같은 가치를 가진

유 **equal** ⓐ 같은, 동등한
comparable ⓐ ~에 필적하는

1558 □□□ 고난도

peasant [pézənt]

ⓝ 농부, 농민; 소작농

The king disguised himself as a simple **peasant**. 교과서
왕은 평범한 **농부**로 변장했다.

---

resolve VS revolve

1559 □□□ ★★

resolve [rizálv]

ⓥ 해소하다, 해결하다; 결심하다 ⓝ 각오, 결심

In the classical fairy tale the conflict is often permanently **resolved**. 기출
고전 동화에서 갈등은 흔히 영구적으로 **해결된다**.

파 **resolution** ⓝ 결의, 결심
유 **solve** ⓥ 해결하다, 풀다

1560 □□□ ★★★

revolve [riválv]

ⓥ 돌다, 회전하다

Early clocks were nothing more than a weight tied to a rope wrapped around a **revolving** drum. 기출
초기의 시계들은 **회전하는** 드럼통 주위에 감긴 줄에 묶인 무게추에 불과했다.

유 **rotate** ⓥ 회전하다
spin ⓥ 돌다, 회전하다

A 영어는 우리말로, 우리말은 영어로 바꿔 쓰시오.

01	damp	______	08	기울이다; 기대다	______
02	recruit	______	09	수명	______
03	corrupt	______	10	속삭이다; 속삭임	______
04	manuscript	______	11	기준, 표준, 척도	______
05	solely	______	12	동정(심), 연민; 공감	______
06	obligation	______	13	일반적인; 장군	______
07	atom	______	14	언급하다; 참조하다	______

B 빈칸에 알맞은 말을 〈보기〉에서 찾아 알맞은 형태로 쓰시오.

fate	rob	revolve	discrimination	sprout

01 Racial ______ still exists in America.

02 We want to decide our own ______.

03 She was ______ of her cash and jewels last night.

04 Storing potatoes with an apple keeps them from ______.

C 밑줄 친 단어와 유사한 의미를 가진 말을 고르시오.

01 Her ideas on education are rather outdated. 【mandatory / old-fashioned】

02 The hunter owned a few fierce and poorly-trained hunting dogs. 【spatial / aggressive】

03 He always dreamed of a place where animals could roam free and live in caring conditions. 【wander / drift】

A **01** 축축한, 습기가 있는 **02** 모집[채용]하다; 신입사원, 신참자, 신병 **03** 부패한, 변질된, 타락한; 부패[타락]시키다 **04** 원고, 필사본 **05** 오로지, 단지; 혼자서, 단독으로 **06** 의무, 책임 **07** 원자 **08** lean **09** lifespan **10** whisper **11** criterion **12** sympathy **13** general **14** refer

B **01** discrimination **02** fate **03** robbed **04** sprouting

C **01** old-fashioned **02** aggressive **03** wander

1561 □□□ ★★

denial [n] 부정, 부인
[dináiəl]

She issued an official **denial** of the rumor.
그녀는 그 소문에 대해 공식적으로 **부인**했다.

[파] deny [v] 부정하다, 부인하다
[유] contradiction [n] 부정, 부인

1562 □□□ ★★★

suspend [v] (일시) 정지[중지]하다; 매달다
[səspénd]

I want to know if I can **suspend** my membership. [기출]
제 회원 자격을 **일시 정지할** 수 있는지 알고 싶습니다.

voca+ sus(sub: 아래에) + pend(매달다) → (떨어짐을) 중지시키다

[파] suspension [n] 정지, 중지
suspender [n] 멜빵
[유] interrupt [v] 중단시키다

1563 □□□ ★★

tale [n] 이야기, 소설
[teil]

[기출] Dragons appear in many **tales** throughout human history.
용은 인류 역사에 걸친 많은 **이야기**에 등장한다.

[유] fable [n] 우화
[참] folk tale 설화
tail [teil] [n] 꼬리

1564 □□□ ★★★

dimension [n] 차원; 치수, 부피
[diménʃən]

Interpersonal messages combine content and relationship **dimensions**. [기출]
대인 관계에서의 메시지에는 내용 **차원**과 관계 **차원**이 결합되어 있다.

[참] three-dimensional [a] 삼차원의

1565 □□□ ★★

troop [n] 병력, 군대, 군부대; 무리
[tru:p]

[교과서] Alexander's **troops** had to encamp there longer than expected.
Alexander **군대**는 예상보다 더 오래 그곳에서 야영을 해야 했다.

[유] army [n] 군대

1566 □□□ ★★★

stroll [v] (한가로이) 거닐다, 산책하다 [n] 산책
[stroul]

After lunch we took a short **stroll** around the park.
점심을 먹은 후 우리는 공원 주변을 잠깐 **거닐었다**.

[유] walk [v] 걷다 [n] 걷기

1567 □□□ ★★

suburb ⓝ 교외, 근교
[sʌ́bəːrb]

We rented a house in the **suburbs** of London.
우리는 런던 **교외**에 있는 집을 임대했다.

voca+ sub(근처) + urb(도시) → 도시 근처에 있는 것

파 suburban ⓐ 교외의
참 urban ⓐ 도심의
rural ⓐ 시골의, 전원의

1568 □□□ ★★

virtue ⓝ 미덕, 덕행; 장점
[və́ːrtʃuː]

Virtue is the midpoint, where someone is neither too generous nor too stingy. 기출
미덕은 너무 관대하지도 너무 인색하지도 않은 중간 지점에 있다.

파 virtuous ⓐ 미덕이 있는
반 vice ⓝ 악덕

1569 □□□ ★★

rough ⓐ 거친, 험한, 사나운; 대강의, 개략적인
[rʌf]

Because of the East River's **rough** tides, it would be difficult to build anything on it. 교과서
이스트 강의 **사나운** 물살 때문에 그 강 위에 무언가를 짓는 것은 어려울 것이었다.

I have a **rough** idea of what is happening.
나도 무슨 일이 일어나고 있는지 **대강**은 알고 있다.

파 roughly ad 대략; 거칠게
유 wild ⓐ 거친, 사나운
반 smooth ⓐ 부드러운

1570 □□□ ★★

scrub ⓥ 문지르다, 문질러 씻다 ⓝ 문질러 씻기
[skrʌb]

He **scrubbed** the stain on the floor.
그는 바닥에 있는 얼룩을 **문질러 닦아냈다**.

유 rub ⓥ 문질러 닦다

1571 □□□ ★★

deadly ⓐ 치명적인, 위험한
[dédli]

Some mushrooms contain a **deadly** poison.
일부 버섯에는 **치명적인** 독이 들어 있다.

유 fatal ⓐ 치명적인, 죽음을 초래하는
lethal ⓐ 치명적인

1572 □□□ ★★

wrinkle ⓝ 주름 ⓥ ~에 주름을 잡다
[ríŋkl]

His hands and face were covered in **wrinkles**. 기출
그의 손과 얼굴은 **주름**으로 덮여 있었다.

파 wrinkled ⓐ 주름이 잡힌

1573 □□□ ★★

democracy [n] 민주주의, 민주 국가
[dimɑ́krəsi]

A free press is fundamental to **democracy**.
자유 언론은 **민주주의**의 기본이 된다.

voca+ demos(민중) + cracy(정치) → 민중을 위한, 민중에 의한 정치

[파] **democratic** [a] 민주주의의, 민주적인

1574 □□□ ★★

spit [v] 뱉다, 토해내다, 침을 뱉다 [n] 침
[spit]

Most dog food tasters **spit** out the dog food instead of swallowing it. [교과서]
대부분의 개 사료를 맛보는 사람들은 개 사료를 삼키는 것이 아니라 **뱉어낸다**.

(spit-spat[spit]-spat[spit])
[숙] **spit up** 토하다, 게우다

1575 □□□ ★★

torch [n] 횃불, 성화
[tɔːrtʃ]

The path to the castle was lit by glowing **torches**.
성으로 가는 길이 불타오르는 **횃불**로 밝혀져 있었다.

[유] **lamp** [n] 램프, 전등

1576 □□□ ★

flour [n] 가루, 밀가루 [v] 가루로 빻다
[fláuər]

She mixed the two kinds of **flour** together.
그녀는 두 가지의 **가루**를 함께 섞었다.

[참] **wheat flour** 밀가루

1577 □□□ ★★★

inference [n] 추정, 추론, 결론
[ínfərəns]

An **inference** is not a fact and may turn out to be incorrect. [교과서]
추론은 사실이 아니며 틀린 것으로 밝혀질 수도 있다.

voca+ in(안으로) + fer(나르다) + ence(명·접) → 안으로 들고 들어감

[파] **infer** [v] 추론하다

1578 □□□ ★★★

entrepreneur [n] 사업가, 기업가
[ɑ̀ːntrəprənə́ːr]

Steve Jobs was a daring **entrepreneur**. [교과서]
Steve Jobs는 대담한 **사업가**였다.

[파] **enterprise** [n] 기업, 회사

1579 □□□ ★★

coin

ⓥ 신조어를 만들다 ⓝ 동전

[kɔin]

He was the first to **coin** the term "vacuum cleaner." 기출

그는 처음으로 '진공청소기'라는 용어를 **만든** 사람이었다.

1580 □□□ ★★

invade

ⓥ 침입하다, 침략하다

[invéid]

A Chinese fishing vessel **invaded** our territorial waters.

중국 어선 한 척이 우리 영해를 **침범했다**.

voca+ in(안으로, 중간에) + vade(가다) → 안으로 들어가다

파 **invasion** ⓝ 침입, 침략
invasive ⓐ 침입하는, 침략적인
유 **occupy** ⓥ 점령하다

1581 □□□ ★★

province

ⓝ 지방; 〈행정 단위〉 주, 도

[prάvins]

Heavy rain has poured over the eastern **province** of Gangwon.

강원도 동부 **지방**에 폭우가 쏟아졌다.

유 **region** ⓝ 지역, 지방

1582 □□□ ★★

sorrow

ⓝ 슬픔, 비애 ⓥ 슬퍼하다

[sάrou]

Time heals all **sorrow**. 교과서

시간이 지나면 모든 **슬픔**도 사라진다.

파 **sorrowful** ⓐ 슬픈, 비탄에 잠긴
유 **grief** ⓝ 슬픔, 비탄

1583 □□□ ★★★

diplomacy

ⓝ 외교(술), 사교 능력

[diplóuməsi]

International problems must be solved by **diplomacy**, not war.

국제 문제는 전쟁이 아닌 **외교**에 의해 해결되어야 한다.

파 **diplomat** ⓝ 외교관
diplomatic ⓐ 외교(상)의, 외교적인

1584 □□□ ★★

temple

ⓝ 사원, 절, 성당

[témpl]

This **temple** is a place of worship for people of all religions. 교과서

이 **사원**은 모든 종교인들을 위한 예배당이다.

유 **church** ⓝ 교회, 성당

1585 □□□ ★★

cottage ⓝ 오두막
[kɑ́tidʒ]

I found a deserted **cottage** and walked into it. 기출
나는 버려진 **오두막**을 발견했고 그 안으로 걸어 들어갔다.

유 cabin ⓝ 오두막
hut ⓝ 오두막

1586 □□□ ★★★

surpass ⓥ 넘어서다, 능가하다
[sərpǽs]

China **surpassed** the United States in electric car stock in 2016. 기출
중국은 2016년에 전기차 재고량에서 미국을 **넘어섰다**.

voca+ sur(위에) + pass(통과하다) → ~의 위로 통과하다

유 excel ⓥ 능가하다, (~보다) 뛰어나다
outdo ⓥ 능가하다

1587 □□□ ★★★

digit ⓝ (0에서 9까지의) 아라비아 숫자, 자릿수; 손[발]가락
[dídʒit]

When we read a number, we are more influenced by the leftmost **digit** than by the rightmost. 기출
수를 읽을 때 우리는 가장 오른쪽보다 가장 왼쪽 **숫자**에 의해 더 영향을 받는다.

유 number ⓝ 수, 숫자

1588 □□□ ★★

toxic ⓐ 유독성의
[tɑ́ksik]

Each country must reduce the use of **toxic** chemicals.
각 국가는 **독성** 화학물질의 사용을 줄여야 한다.

파 toxin ⓝ 독소, 독성물질
유 poisonous ⓐ 유독한

1589 □□□ ★★

mythology ⓝ 신화, 신화학
[miθɑ́lədʒi]

Plants and animals are central to **mythology**, dance, song, rituals, and holidays around the world. 기출
식물과 동물은 전 세계의 **신화**, 춤, 노래, 의식 그리고 기념일의 중심에 있다.

파 myth ⓝ 신화

1590 □□□ ★★★

detergent ⓝ 세제, 세척제
[ditə́ːrdʒənt]

We have tried different laundry **detergents**.
우리는 여러 다른 세탁 **세제**를 사용해 보았다.

유 cleanser ⓝ 세제

1591 □□□ ★★

upright [ʌ́pràit]

ⓐ 똑바른, 수직으로[똑바로] 세워 둔
ⓐⓓ 똑바로, 직립하여

Stand a mirror **upright** on the table. 기출
거울을 탁자 위에 **똑바로** 세워라.

유 straight ⓐ 똑바른
vertical ⓐ 수직의

1592 □□□ ★★★

monotony [mənɑ́təni]

ⓝ 단조로움, 변화가 없음

She wanted to escape the **monotony** of her everyday life.
그녀는 일상의 **단조로움**에서 벗어나고 싶었다.

voca+ mono(단일의) + tony(소리) → 단일의 소리

파 monotonous ⓐ 단조로운, 지루한

1593 □□□ ★★

swear [swɛər]

ⓥ 맹세하다; 욕하다

I don't know anything about it, I **swear**.
나는 그것에 대해 아무것도 몰라요, **맹세해요**.

He started **swearing** at Jason. 기출
그가 Jason에게 **욕을 하기** 시작했다.

(swear-swore-sworn)
유 vow ⓥ 맹세[서약]하다

1594 □□□ ★★★

nomadic [noumǽdik]

ⓐ 유목의, 유목민의, 방랑의

The tribe lived a **nomadic** life.
그 부족은 **유목** 생활을 했다.

파 nomad ⓝ 유목민, 방랑자
ⓐ 유목민의

1595 □□□ ★★ 다의어

pose [pouz]

ⓥ 1. 자세를 취하다 2. (위험·문제를) 제기하다
ⓝ 3. 자세

1 They **posed** for a group photograph.
그들은 단체 사진을 위해 **자세를 취했다**.

2 I think this **poses** a great challenge for today's teens. 교과서
나는 이것이 오늘날의 십 대들에게 큰 도전을 **제기한다**고 생각한다.

3 This is a book that introduces simple yoga **poses**. 기출
이건 간단한 요가 **자세**를 소개하는 책이야.

유 position ⓝ 자세
posture ⓝ (몸의) 자세

DAY 40

1596 □□□ ★★ 다의어

pupil [pjú:pəl]

ⓝ 1. 학생; 문하생, 제자 2. 동공

1 He has trained many **pupils**.
그는 많은 **제자들**을 길러냈다.

2 **Pupils** dilate when it is dark. 기출
어두울 때 **동공**은 팽창한다.

유 **student** ⓝ 학생, 생도
disciple ⓝ 문하생, 제자

1597 □□□ 고난도

elicit [ilísit]

ⓥ 이끌어내다, 도출하다

Food **elicits** many different reactions in people. 교과서
음식은 사람들에게서 많은 다른 반응을 **이끌어낸다**.

유 **derive** ⓥ 끌어내다, 얻다

1598 □□□ 고난도

implicit [implísit]

ⓐ 내재적인, 내포된, 함축적인

Memory has two types — **implicit** and explicit memory. 기출
기억에는 두 가지 종류가 있는데, **내재적** 기억과 외재적 기억이다.

유 **implied** ⓐ 함축된
반 **explicit** ⓐ 명시적인, 외재적인

---

subsistence vs substance

1599 □□□ ★★★

subsistence [səbsístəns]

ⓝ 생존; 생계

Settlers to the area threatened the bears' **subsistence**.
그 지역에 정착한 사람들이 곰의 **생존**을 위협했다.

유 **survival** ⓝ 생존, 존속

1600 □□□ ★★

substance [sʌ́bstəns]

ⓝ 물질; 본질, 실체

Water is one of the most important **substances** on our planet. 교과서
물은 우리 행성에서 가장 중요한 **물질** 중 하나이다.

파 **substantial** ⓐ 실질적인, 상당한
유 **material** ⓝ 재료, 물질

A 영어는 우리말로, 우리말은 영어로 바꿔 쓰시오.

01 detergent ______________

02 elicit ______________

03 diplomacy ______________

04 surpass ______________

05 monotony ______________

06 nomadic ______________

07 swear ______________

08 오두막 ______________

09 제기하다; 자세 ______________

10 치명적인, 위험한 ______________

11 교외, 근교 ______________

12 (일시) 정지하다 ______________

13 학생; 제자; 동공 ______________

14 사원, 절, 성당 ______________

B 빈칸에 알맞은 말을 <보기>에서 찾아 쓰시오.

province	inference	rough	democracy	toxic

01 A free press is fundamental to ______________.

02 A(n) ______________ is not a fact and may turn out to be incorrect.

03 Heavy rain has poured over the eastern ______________ of Gangwon.

04 Because of the East River's ______________ tides, it would be difficult to build anything on it.

C 밑줄 친 단어와 유사한 의미를 가진 말을 고르시오.

01 Time heals all sorrow. 【denial / grief】

02 After lunch we took a short stroll around the park. 【walk / virtue】

03 Settlers to the area threatened the bears' subsistence. 【flour / survival】

A **01** 세제, 세척제 **02** 이끌어내다, 도출하다 **03** 외교(술), 사교 능력 **04** 넘어서다, 능가하다 **05** 단조로움, 변화가 없음 **06** 유목(민)의, 방랑의 **07** 맹세하다; 욕하다 **08** cottage **09** pose **10** deadly **11** suburb **12** suspend **13** pupil **14** temple

B **01** democracy **02** inference **03** province **04** rough

C **01** grief **02** walk **03** survival

PART 05

1,600단어를 외웠어요.
마지막 숙어 암기로
만점 목표를 달성합시다!

99도까지 열심히 온도를 올려 놓아도 마지막 1도를 넘기지 못하면 영원히 물은 끓지 않는다. 물을 끓이는건 마지막 1도, 포기하고 싶은 바로 그 1분을 참아내는 것이다. 이 순간을 넘어야 그다음 문이 열린다.
그래야 내가 원하는 세상으로 갈 수 있다.

_ 김연아, 『김연아의 7분 드라마』 중에서

실패하는 사람들의 90%는 정말로 패배하는 것이 아니라
포기하는 것이다.

90% of all those who fail are not actually defeated.
They simply quit.

_ 폴. J. 마이어 Paul J. Meyer, 미국의 백만장자

1601 □□□ ★★

make sense of

~을 파악하다, ~을 이해하다

In order to learn language, an infant must **make sense of** the contexts in which language occurs. 기출

언어를 배우려면, 유아는 언어를 사용하는 맥락**을 파악해야** 한다.

1602 □□□ ★

find out

~을 발견하다[알아내다], ~을 알게 되다

This morning I **found out** that I didn't win the district drawing contest. 교과서

오늘 아침에 나는 내가 지역 사생 대회에서 입상하지 못한 것**을 알게 되었다**.

유 **discover** ⓥ 발견하다

1603 □□□ ★

end up

결국 ~하게 되다

If you skip breakfast, you **end up** eating more for lunch and dinner. 교과서

아침을 거르면 너는 점심이나 저녁에 **결국** 더 많이 먹**게 된다**.

voca+ 「end up -ing」 또는 「end up with + 명사」의 형태로 쓰인다.

1604 □□□ ★

depend (up)on

~에 의존하다; ~에 달려 있다, ~에 좌우되다

Your answers **depend on** how you view the questions. 교과서

네 대답은 네가 그 문제를 어떻게 바라보는지**에 달려 있다**.

유 **be dependent on** ~에 의존하다; ~에 달려 있다
rely on ~에 의존하다

1605 □□□ ★★

come up with

(해답 등을) 찾아내다[내놓다], ~을 생각해내다

He needs to **come up with** some appealing campaign promises. 기출

그는 몇 가지 호소력 있는 선거 공약**을 내놓을** 필요가 있다.

유 **conceive** ⓥ (계획 등을) 생각해내다

1606 □□□ ★★

deal with

~을 다루다, ~을 처리하다

I can tell you how to **deal with** the problem. 교과서

그 문제를 어떻게 **처리할지** 내가 얘기해 줄게.

유 **treat** ⓥ 다루다, 취급하다 **handle** ⓥ 다루다, 처리하다

1607 □□□ ★★

rely (up)on

~에 의존[의지]하다

We **rely on** nature for everything we need to survive, including air, food, and water. 교과서

우리는 공기, 음식 그리고 물을 포함하여 생존하는 데 필요한 모든 것을 자연**에 의존한다**.

유 **resort to** ~에 의지하다

1608 □□□ ★

pay attention to

~에 주의를 기울이다, ~에 주목[집중]하다

Gestures make people **pay attention to** what you say. 교과서

제스처는 사람들로 하여금 여러분이 말하는 것**에 주목하게** 한다.

1609 □□□ ★★

contribute to

~에 기여[이바지]하다; ~의 원인이 되다

Korean *juldarigi* have **contributed to** the harmony and unity of communities. 교과서

한국의 줄다리기는 공동체의 조화와 통합**에 기여해** 왔다.

1610 □□□ ★★

be faced with

~에 직면하다

Using animal images for commercial purposes **was faced with** severe criticism from animal rights activists. 기출

상업적 목적으로 동물 이미지를 사용하는 것은 동물 권리 운동가들로부터의 심한 비판**에 직면했다**.

1611 □□□ ★★

figure out

~을 알아내다, ~을 이해하다

Writing is a means of discovery in which we use the writing process to **figure out** what our idea is. 기출

글쓰기는 글쓰기 과정을 사용하여 우리의 생각이 무엇인지를 **알아내는** 발견의 수단이다.

유 **find out** ~을 알아내다 **comprehend** ⓥ 이해하다

1612 □□□ ★★

engage in

~을 하다, ~에 참여[관여]하다; ~에 종사하다

기출

Animals as well as humans **engage in** play activities.
인간뿐만 아니라 동물도 놀이 활동**에 참여한다**.

유 **be engaged in** ~에 종사하다, ~으로 바쁘다

1613 □□□ ★★

a variety of

다양한, 많은

교과서

Visitors to the festival can enjoy **a variety of** activities.
축제에 오는 방문객들은 **다양한** 활동들을 즐길 수 있다.

1614 □□□ ★★

according to

~에 따르면, ~에 따라

According to a report, there is one sure way for lonely patients to make a friend. 기출
한 보고서**에 따르면**, 외로운 환자들이 친구를 사귈 수 있는 한 가지 확실한 방법이 있다.

유 **in accordance with** ~에 맞추어, ~에 따라

1615 □□□ ★★

tend to *do*

~하는 경향이 있다

Studies reveal that people who are engaged in service to others **tend to** be happier. 기출
연구들은 다른 사람들에게 봉사하는 일에 종사하는 사람들이 더 행복한 **경향이 있다**는 것을 보여준다.

1616 □□□ ★

fall off

~에서 떨어지다, 넘어지다

교과서

She saw a young child **fall off** the subway platform.
그녀는 한 어린 아이가 지하철 승강장**에서 떨어지는** 것을 보았다.

1617 □□□ ★★

get rid of

~을 제거하다, ~을 없애다

Stress hormones burn away when you **get rid of** the stress source. 교과서
스트레스 호르몬은 당신이 스트레스의 원인**을 제거하면** 연소되어 사라진다.

유 **remove, eliminate** ⓥ 제거하다, 없애다

1618 □□□ ★★

at once

동시에; 즉시, 당장

You can do two things **at once**, but you can't focus effectively on two things **at once**. 기출

여러분은 두 가지 일을 **동시에** 할 수는 있지만, 두 가지 일에 **동시에** 효과적으로 집중할 수는 없다.

유 at the same time 동시에(= simultaneously)
immediately ad 즉시

1619 □□□ ★★

interfere with

~을 방해[저해]하다

All of the noise is **interfering with** my concentration.

모든 소음이 내 집중에 **방해가 되고** 있다.

유 disturb v 방해하다 interrupt v 방해하다, 끼어들다

1620 □□□ ★

look forward to

~을 기대하다, ~을 손꼽아 기다리다

I'm really **looking forward to** seeing Gogh's paintings in person. 교과서

고흐의 그림을 직접 보는 게 나는 정말 **기대돼**.

voca+ look forward to에서 to는 전치사로, 뒤에 명사나 동명사가 온다.

1621 □□□ ★★

other than

~ 외에, ~을 제외하고는; ~와 다른

I didn't do anything yesterday **other than** study at the library. 기출

나는 어제 도서관에서 공부하는 것 **외에는** 아무것도 하지 않았어.

1622 □□□ ★★

point out

~을 지적하다; ~을 가리키다

He **pointed out** the dangers of driving alone.

그는 혼자 운전하는 것의 위험성을 **지적했다**.

She **pointed out** the window of the classroom.

그녀는 교실의 창문을 **가리켰다**.

유 indicate v 가리키다; 지적하다; 나타내다

1623 □□□ ★★
have ~ in common
~을 공통으로 지니다, ~을 공유하다

Mars and Earth **have** some features **in common.** 교과서
화성과 지구는 몇 가지 특징을 **공통으로 지니고 있다**.

1624 □□□ ★
take place
열리다, 개최되다; 일어나다, 발생하다

Music performances **take place** at the festival. 교과서
축제에서 음악 공연이 **열린다**.

We expect that delivery will **take place** within two weeks. 기출
저희는 배송이 2주 내에 **이루어질** 것으로 예상합니다.

유 **be held** 개최되다, 열리다
occur, happen ⓥ 일어나다, 발생하다

1625 □□□ ★★
act as
~으로 작용하다, ~으로서의 역할을 하다

Extra space between our car and the car in front of us **acts as** a buffer. 기출
우리 차와 우리 앞에 있는 차 사이의 여분의 공간은 완충 지대**로 작용한다**.

1626 □□□ ★
no longer
더 이상 ~ 않다

I **no longer** go to a gas station to get fuel. 교과서
나는 **더 이상** 연료를 넣기 위해 주유소에 가지 **않는다**.

1627 □□□ ★★
be related to
~와 관계가 있다, ~에 연관되다

He thinks one of the promises should **be related to** improving the facilities for students. 기출
그는 그 약속 중 하나가 학생들을 위한 시설을 개선하는 것**과 관련이 있어야** 한다고 생각한다.

유 **be connected[associated] with** ~와 관련되다

1628 □□□ ★★
in general
일반적으로, 보통, 전반적으로

In general, Asians do not reach out to strangers. 기출
일반적으로 아시아인들은 낯선 이에게 관심을 내보이지 않는다.

1629 □□□ ★★★

on behalf of

~을 대표하여, ~을 대신하여(= on one's behalf)

기출

I am writing **on behalf of** the residents' association.
저는 입주민 조합**을 대표하여** 편지를 쓰고 있습니다.

1630 □□□ ★★

regardless of

~에 관계없이, ~에 상관없이

기출

The programs will run **regardless of** weather conditions.
프로그램은 기상 조건**에 관계없이** 진행될 것이다.

1631 □□□ ★

set up

~을 설치하다, 세우다, 설립[건립]하다; 자립하다

He **set** the lights **up** along the fence. 교과서
그는 담장을 따라 전등을 **설치했다**.

All mammals need to leave their parents and **set up** on their own at some point. 기출
모든 포유동물은 어느 시점에서는 부모를 떠나 스스로 **자립해야** 한다.

1632 □□□ ★★

show off

~을 뽐내다, ~을 자랑[과시]하다, 으스대다

Don't miss this opportunity to **show off** your cooking skills. 기출
여러분의 요리 실력**을 뽐낼** 수 있는 이번 기회를 놓치지 마세요.

유 **boast** ⓥ 자랑하다, 뽐내다

1633 □□□ ★★

take a risk

위험을 감수하다[무릅쓰다]

기출

A person who can never **take a risk** can't learn anything.
결코 **위험을 무릅쓰지** 못하는 사람은 아무것도 배울 수 없다.

참 **put ~ at risk** ~을 위험에 처하게 하다

1634 □□□ ★★

work on

~하려고 노력하다; (일·연구 등에) 종사하다

Work on improving your social skills. 교과서
여러분의 사교 능력을 향상시키**려고 노력하세요**.

I'm **working on** a detective story now. 교과서
저는 지금 탐정 소설을 쓰는 **작업을 하고** 있어요.

1635 □□□ ★

throw away

~을 버리다, ~을 없애다

A shocking number of tires get **thrown away** there every year. 교과서

엄청난 수의 타이어들이 매년 그곳에 **버려진다**.

유 dump ⓥ 버리다 discard ⓥ 버리다, 폐기하다

1636 □□□ ★★

be against

~에 반대하다

Shirley **was against** the American involvement in the Vietnam War. 기출

Shirley는 미국의 베트남 전쟁 개입을 **반대했다**.

반 be for ~에 찬성[지지]하다

1637 □□□ ★

instead of

~ 대신에, ~이 아니라

In badminton, players use shuttlecocks **instead of** balls. 교과서

배드민턴에서는 선수들이 공 **대신에** 셔틀콕을 사용한다.

1638 □□□ ★

take part in

~에 참가[참여]하다

Why don't you **take part in** the audition with me? 기출

나와 함께 오디션**에 참가하지** 않을래?

유 participate in ~에 참가[참여]하다

1639 □□□ ★★

as for

~에 관해 말하자면, ~에 있어서는

As for my previous work experience, I worked as a volunteer tutor at a nursery school. 교과서

나의 이전 업무 경험**에 관해 말하자면**, 나는 보육원에서 자원봉사 교사로 일했다.

유 regarding ⓟ ~에 관해서는
when it comes to ~에 관한 한, ~에 관해서라면

1640 □□□ ★★

consist of

~으로 구성되다, ~으로 이루어지다

The staff of the hospital **consisted** only **of** women. 기출

그 병원의 직원들은 여성들**로**만 **구성되어 있었다**.

유 be composed of, be made up of ~으로 구성되다

DAILY TEST

A 숙어의 우리말 뜻을 쓰시오.

01 rely (up)on
02 figure out
03 take place
04 make sense of
05 a variety of
06 no longer
07 deal with
08 instead of
09 throw away
10 have ~ in common
11 regardless of
12 other than

B 빈칸에 알맞은 말을 <보기>에서 찾아 알맞은 형태로 쓰시오.

engage in	on behalf of	get rid of
find out	contribute to	come up with

01 I am writing ________________ the residents' association.
02 Animals as well as humans ________________ play activities.
03 He needs to ________________ some appealing campaign promises.
04 Stress hormones burn away when you ________________ the stress source.
05 This morning I ________________ that I didn't win the district drawing contest.

C 빈칸에 들어갈 알맞은 말을 고르시오.

01 The staff of the hospital consisted only ______ women.

① up ② with ③ to ④ of

02 All mammals need to leave their parents and set ______ on their own at some point.

① up ② to ③ with ④ for

A 01 ~에 의존[의지]하다 02 ~을 알아내다, ~을 이해하다 03 열리다, 개최되다; 일어나다, 발생하다 04 ~을 파악하다, ~을 이해하다 05 다양한, 많은 06 더 이상 ~ 않다 07 ~을 다루다, ~을 처리하다 08 ~ 대신에, ~이 아니라 09 ~을 버리다, ~을 없애다 10 ~을 공통으로 지니다, ~을 공유하다 11 ~에 관계없이, ~에 상관없이 12 ~ 외에, ~을 제외하고는; ~와 다른 **B** 01 on behalf of 02 engage in 03 come up with 04 get rid of 05 found out
C 01 ④ 02 ①

1641 □□□ ★

result in

결국 ~하게 되다, ~을 낳다[야기하다]

The solution **resulted in** complaints being reduced to almost zero. 기출
그 해결책은 불평이 거의 0으로 줄게 하는 **결과를 낳았다**.

유 **lead to** ~로 이어지다, ~을 야기하다

1642 □□□ ★★

stand for

~을 의미하다, ~을 나타내다; ~을 대표하다

What does the 'T.G.' **stand for**? T.G.는 무엇을 **의미하나요**?

유 **symbolize** ⓥ 상징하다 **represent** ⓥ 대표하다

1643 □□□ ★★

take on

(일 등을) 맡다, 책임지다; (특정한 특질, 모습 등을) 띠다

교과서

They break stereotypes and **take on** new challenges.
그들은 고정관념을 깨고 새로운 도전을 **하고 있다**.

His voice used to **take on** enthusiasm when he talked with her. 교과서
그가 그녀와 이야기할 때 그의 목소리는 열정을 **띠곤** 했었다.

1644 □□□ ★★

turn out

~임이 밝혀지다[판명되다]

It **turned out** that he had Alzheimer's. 교과서
그가 알츠하이머를 앓고 있다는 것이 **밝혀졌다**.

voca+ 「turn out (to be) + 보어」 또는 「It turns out that + 절」의 형태로 쓰인다.

1645 □□□ ★★

let alone

~은 말할 것도 없이, ~은 고사하고, ~커녕

This situation is not enjoyable for adults, **let alone** for children. 기출
이 상황은 아이들**은 말할 것도 없이** 성인들에게도 즐겁지 않은 일이다.

참 **let ~ alone** ~을 그냥 내버려 두다

1646 □□□ ★

look after

~을 보살펴 주다, ~을 돌보다

Going to middle school, Kenneth often **looked after** his grandfather. 교과서
중학교에 다니며 Kenneth는 종종 할아버지**를 보살펴 드렸다**.

유 **take care of, care for** ~을 돌보다[보살피다]

1647 □□□ ★★

all the way

내내, 줄곧; 멀리

교과서

He talked nonstop **all the way** back to the dormitory.
그는 기숙사로 돌아오는 **내내** 끊임없이 말했다.

Most sand is made up of tiny bits of rock that came **all the way** from the mountains. 기출
대부분의 모래는 **멀리** 산맥에서 온 작은 암석 조각으로 이루어져 있다.

1648 □□□ ★★

carry out

~을 수행[실행]하다

The hospital is **carrying out** tests to find out what's wrong with her.
병원은 그녀에게 무슨 문제가 있는지 알아내기 위해 검사**를 하고 있다**.

유 conduct v 수행하다

1649 □□□ ★★

apply to

~에 적용되다

기출

This coupon only **applies to** purchases over 100 dollars.
이 쿠폰은 100달러 이상의 구매**에**만 **적용됩니다**.

1650 □□□ ★★

take over

~을 인수하다, ~을 물려받다; ~을 장악하다

교과서

He **took over** responsibility for the building's design.
그는 그 건물 설계에 대한 책임을 **이어받았다**.

We should not let our work **take over** our lives. 기출
우리는 우리의 일이 우리의 삶을 **장악하게** 해서는 안 된다.

voca+ **take**(받다) + **over**(넘어서) → 넘겨받다, 인계받다

1651 □□□ ★

be supposed to *do*

~하기로 되어 있다; ~할 의무가 있다

기출

I'**m supposed to** join the volunteer program tomorrow.
나는 내일 자원봉사 프로그램에 참여**하기로 되어 있다**.

교과서

We'**re** not **supposed to** post information that isn't true.
우리는 사실이 아닌 정보를 게시**해서는** 안 **된다**.

참 **be not supposed to *do*** ~해서는 안 된다

voca+ 기본적으로 '~해야 한다'라는 의무의 뜻을 내포하고 있고, 경우에 따라 '~할 예정이다'라는 의미로도 해석된다.

DAY 42

1652 □□□ ★★
go through
(일련의 절차를) 거치다, ~을 겪다

Our brain has to **go through** several steps before deciding anything. 교과서
우리의 뇌는 뭔가를 결정하기 전에 몇 가지 단계를 **거쳐야** 한다.

1653 □□□ ★★
turn to
(도움·조언 등을 위해) ~에 의지하다; ~로 변하다; ~로 눈을 돌리다

Whenever we feel annoyed, we **turn to** food to make ourselves feel better. 기출
우리는 짜증이 날 때마다, 우리 자신의 기분을 더 좋게 만들기 위해 음식**에 의존한다**.

These beautiful paintings were nearly **turned to** ashes. 교과서
이 아름다운 그림들이 재**가 될** 뻔했다.

The world is increasingly **turning to** renewable energy.
세계가 점점 재생 에너지**로 눈을 돌리고** 있다.

1654 □□□ ★
in charge of
~을 담당하는, ~을 책임지는

A new manager came in the factory to be **in charge of** running the manufacturing processes. 기출
제조 공정 운영**을 담당하기** 위해 새로운 관리자가 공장에 왔다.

1655 □□□ ★★★
in terms of
~이라는 면에서, ~에 관하여

We shouldn't look at the changes that occur in teens' brains only **in terms of** maturity. 교과서
우리는 십 대들의 뇌에서 일어나는 변화를 성숙**이라는 면에서**만 보아서는 안 된다.

1656 □□□ ★★
turn A into B
A를 B로 변화시키다[바꾸다]

He **turned** his inspirations **into** pieces of artwork. 교과서
그는 자신의 영감**을** 예술작품**으로 변화시켰다**.

1657 □□□ ★
suffer from
~로 고통받다, ~로 고생하다

Many people **suffer from** dry skin as the weather gets colder. 기출
날씨가 추워지면 많은 사람들이 건조한 피부**로 고통받는다**.

1658 □□□ ★

be about to *do*

막 ~하려던 참이다

I**'m about to** check if everything is ready. 기출

나는 모든 게 준비되었는지 **막** 확인**하려던 참이야**.

1659 □□□ ★★

and so on

기타 등등

Satellites are used for weather forecasts, GPS, **and so on**. 교과서

인공위성은 기상예보, GPS **등**에 사용된다.

유 and so forth ~ 등등

1660 □□□ ★

as a result

결과적으로, 그 결과

We tightened up our defence, and, **as a result**, we won the match.

우리는 수비를 강화했고, **그 결과** 경기에서 이겼다.

유 in consequence 그 결과, 결과적으로(= consequently)

참 as a result of ~의 결과로서

1661 □□□ ★★★

at the expense of

~을 희생하여

Businesses should not seek profit **at the expense of** the environment.

기업은 환경**을 희생하여** 이윤을 추구해서는 안 된다.

유 at the cost of ~을 희생하고, ~의 비용을 지불하고

1662 □□□ ★★

back and forth

왔다갔다, 이리저리, 앞뒤로

He was pacing **back and forth** in the hospital corridor.

그는 병원 복도를 **왔다갔다** 서성거리고 있었다.

1663 □□□ ★

as though

마치 ~처럼, 마치 ~인 듯이(= as if)

When they move, koalas often look **as though** they're in slow motion. 기출

코알라가 움직일 때에는 흔히 **마치** 슬로 모션으로 움직이는 것**처럼** 보인다.

DAY 42

1664 □□□ ★★

be left behind

뒤처지다

If you want to get away from all the risks and challenges, you will **be left behind** in the race of life. 기출

모든 위험과 도전에서 벗어나기를 원하면 여러분은 인생이라는 경주에서 **뒤처지게** 될 것이다.

참 **leave ~ behind** ~을 놓아둔 채 잊고 오다, 뒤에 남기다

voca+ **be left**(남겨지다) + **behind**(뒤에) → 뒤에 남겨지다, 뒤처지다

1665 □□□ ★★

in the long run

결국; 장기적으로

The choice will cause damage to you **in the long run.**

그 선택은 **결국** 너에게 손실을 야기할 것이다.

Improving by 1 percent isn't particularly notable right away, but it can be far more meaningful **in the long run.** 기출

1퍼센트 발전하는 것이 당장은 특별히 눈에 띄지는 않지만, **장기적으로**는 훨씬 더 의미가 있을 수 있다.

유 **ultimately** ad 궁극적으로, 결국

1666 □□□ ★★

look down on

~을 얕보다, ~을 경시하다

She tends to **look down on** a person who is poorly dressed.

그녀는 옷차림이 남루한 사람**을 얕보는** 경향이 있다.

유 **despise** v 경멸하다, 얕보다

참 **look up to** ~을 존경하다(= respect)

voca+ **look**(보다) + **down**(아래로) + **on**(~을) → ~을 내려다보다, 얕보다

1667 □□□ ★★

better off

(형편이) 더 나은, 더 좋은, 더 행복한

He is **better off** after getting married.

그는 결혼 후에 **더 잘 산다**.

1668 □□□ ★★★

chances are (that) ~

아마 ~일 것이다

Chances are things that are no longer of any use will eventually get thrown away. 교과서

아마도 더 이상 쓸모없는 것들은 결국 버려**질 것이다**.

1669 □□□ ★★

on the contrary

이와 반대로, 오히려

I didn't think it was that big a deal, but **on the contrary** it was a very serious matter.
나는 그것이 별일이 아니라고 생각했는데, **오히려** 그것은 매우 심각한 문제였다.

유 **rather** ad 오히려, 반대로 **instead** ad 그보다는 오히려, 그 대신에

voca+ on the contrary는 보통 앞서 언급한 것에 부정하는 내용을 말할 때, on the other hand(반면에)는 대비되는 내용을 말할 때 쓴다.

1670 □□□ ★★

as opposed to

~와는 대조적으로, ~이 아니라

He looked calm **as opposed to** her being very nervous.
그녀가 매우 초조해하는 것**과는 달리** 그는 침착해 보였다.

1671 □□□ ★★

earn a living

생계를 꾸리다, 생계를 유지하다(= make a living)

He has done all sorts of jobs in order to **earn a living**.
그는 **생계를 꾸리기** 위해 안 해본 일이 없다.

1672 □□□ ★★

be inclined to *do*

~하는 경향이 있다

기출
People **are** innately **inclined to** look for causes of events.
사람들은 선천적으로 사건의 원인을 찾아내려고 **하는 경향이 있다**.

유 **tend to *do*** ~하는 경향이 있다

1673 □□□ ★★

except for

~을 제외하고는

Turning off the vacuum will reset all settings **except for** the current time. 기출
진공청소기를 끄면 현재 시각**을 제외한** 모든 설정이 리셋됩니다.

voca+ except for는 문두에 쓸 수 있지만 전치사 expect(~을 제외하고)는 보통 문두에 쓰지 않는다.

1674 □□□ ★★

put up with

~을 참다[견디다]

They just **put up with** their illnesses and many of them died. 교과서
그들은 그저 아파도 **참았고** 그들 중 많은 이들이 목숨을 잃었다.

유 **endure** v 견디다, 참다(= stand)

1675 □□□ ★

give up

~을 포기하다, ~을 넘겨주다

He **gave up** his law career to study painting. 교과서
그는 그림을 공부하기 위해 자신의 변호사 경력**을 포기했다**.

유 **abandon** ⓥ 포기하다, 버리다

1676 □□□ ★

hand over

~을 건네주다

He **handed over** the golden apple. 기출
그는 황금 사과**를 건네주었다**.

참 **hand in** ~을 제출하다

1677 □□□ ★

in advance

미리, 사전에

If you register online **in advance**, you can enter the fair for free. 기출
미리 온라인으로 등록하면 무료로 박람회에 입장하실 수 있습니다.

유 **beforehand** ad 사전에, 미리

1678 □□□ ★★

cope with

~에 대처하다, ~을 처리하다; ~을 이겨내다

Extroverts are good at **coping with** multiple jobs at once. 교과서
외향적인 사람들은 여러 가지 일**을** 동시에 **처리하는** 것에 능하다.

The outdoor trees have to **cope with** the elements. 기출
실외의 나무는 악천후**를 이겨내야** 한다.

유 **deal with** ~을 처리하다

1679 □□□ ★

benefit from

~로부터 혜택을 받다, ~로부터 이익을 얻다

Someone who is lonely might **benefit from** helping others. 기출
외로운 사람은 다른 사람들을 도와주는 일**로부터 혜택을 받을**지도 모른다.

1680 □□□ ★★

in return

보답으로, 답례로

When we help others shine, their light will shine on us **in return**. 교과서
우리가 다른 사람이 빛나도록 도와주었을 때, 그 빛은 그에 대한 **보답으로** 우리를 비출 것이다.

DAILY TEST

A 숙어의 우리말 뜻을 쓰시오.

01 take over

02 stand for

03 apply to

04 be inclined to *do*

05 look down on

06 in the long run

07 on the contrary

08 in terms of

09 in advance

10 carry out

11 all the way

12 turn out

B 빈칸에 알맞은 말을 <보기>에서 찾아 쓰시오.

as a result	at the expense of	chances are
except for	benefit from	in return

01 Businesses should not seek profit ________________ the environment.

02 We tightened up our defence, and, ________________, we won the match.

03 When we help others shine, their light will shine on us ________________.

04 Turning off the vacuum will reset all settings ________________ the current time.

05 ________________ things that are no longer of any use will eventually get thrown away.

C 빈칸에 들어갈 알맞은 말을 고르시오.

01 The outdoor trees have to cope ______ the elements.

① up ② out ③ with ④ of

02 They just put ______ with their illnesses and many of them died.

① to ② with ③ of ④ up

A 01 ~을 인수하다, ~을 물려받다; ~을 장악하다 02 ~을 의미하다, ~을 나타내다; ~을 대표하다 03 ~에 적용되다 04 ~하는 경향이 있다 05 ~을 얕보다, ~을 경시하다 06 결국; 장기적으로 07 이와 반대로, 오히려 08 ~이라는 면에서, ~에 관하여 09 미리, 사전에 10 ~을 수행[실행]하다 11 내내, 줄곧; 멀리 12 ~임이 밝혀지다[판명되다] **B** 01 at the expense of 02 as a result 03 in return 04 except for 05 Chances are **C** 01 ③ 02 ④

1681 □□□ ★★

be likely to *do*

~할 것 같다, ~할 가능성[개연성]이 있다

We **are likely to** think climate change is none of our business. 교과서

우리는 기후 변화가 우리와는 상관없는 일이라고 생각**하는 것 같다**.

1682 □□□ ★★

in contrast

반면에, 그와 대조적으로(= by contrast)

Linda often forgets her appointments with her friends. **In contrast**, Ted is always on time. 기출

Linda는 종종 친구들과의 약속을 잊어버린다. **반면에**, Ted는 항상 약속 시간을 잘 지킨다.

참 **in contrast with[to]** ~와는 대조적으로

1683 □□□ ★★

look into

~을 조사하다, ~을 살펴보다

If you want to know your future, **look into** your present actions. 교과서

여러분의 미래를 알고 싶다면 여러분의 현재 행동**을 조사하라**.

유 **investigate** ⓥ 조사하다

voca+ look(보다) + into(~ 안으로) → 안을 들여다보다, 조사하다

1684 □□□ ★

make sure (that) ~

반드시 ~을 하다(= make sure to *do*)

As your class president, I will **make sure** every student has a voice. 교과서

여러분의 학급 반장으로서 저는 **반드시** 모든 학생이 발언권을 가지도록 **하겠습니다**.

참 **make sure of** ~을 확인하다

1685 □□□ ★★

be made up of

~으로 이루어지다, ~으로 구성되다

The committee will **be made up of** 12 members. 교과서

그 위원회는 12명**으로 구성될** 것이다.

유 **consist of**, **be composed of** ~으로 구성되다

1686 □□□ ★★

melt away

차츰 사라지다, 서서히 없어지다

Enormous ice sheets were **melting away**. 교과서

거대한 얼음판이 **차츰** (녹아) **사라지고** 있었다.

1687 □□□ ★★

nothing but

오직, (단지) ~일 뿐인

His language and most of his body revealed **nothing but** positive feelings. 기출
그의 말과 신체의 대부분은 긍정적인 감정**만**을 보여주었다.

유 only, just, merely ad 오직[단지] ~만

1688 □□□ ★

take advantage of

~을 이용[활용]하다

Athletes have been actively **taking advantage of** the progress in technology to achieve their goals. 교과서
운동선수들은 자신의 목표를 달성하기 위해 기술의 진보를 적극적으로 **활용해** 왔다.

유 make use of ~을 이용하다　utilize v 이용[활용]하다

1689 □□□ ★

prevent A from -ing

A가 ~하는 것을 막다

Vitamin A keeps the eye surface healthy by **preventing** it **from drying** out. 기출
비타민 A는 눈**이 건조해지는 것을 막아줌**으로써 눈의 표면을 건강하게 유지시켜준다.

유 keep[stop] A from -ing A가 ~하는 것을 막다

1690 □□□ ★

provide A with B

A에게 B를 제공하다(= provide B for[to] A)

She would **provide** the soldiers **with** tea, food, and words of comfort. 교과서
그녀는 군인들**에게** 차와 음식, 그리고 위로의 말**을 건네곤** 했다.

1691 □□□ ★★

in response to

~에 대응하여, ~에 반응하여

Rats adjust their eating behavior **in response to** deficits in water, calories, and salt. 기출
쥐는 물, 열량, 소금의 부족**에 대응하여** 자신의 섭식 행동을 조절한다.

1692 □□□ ★★
regard A as B

A를 B로 여기다[간주하다]

The aged **regard** themselves **as** being "at the end of the road." 교과서
노인들은 자신들**을** '길의 끝에' 있는 존재**로 여긴다**.

Life **is regarded as** a purposeful journey. 교과서
인생은 목적이 있는 여정**으로 여겨진다**.

참 **be regarded as** ~으로 간주되다, ~으로 여겨지다

1693 □□□ ★
result from

~에서 비롯되다, ~로부터 생기다

Many health problems **result from** what you eat.
많은 건강상의 문제들은 여러분이 먹은 것**에서 비롯된다**.

voca+ **result in** 다음에는 결과가 오고, **result from** 다음에는 원인이 온다.

1694 □□□ ★★
a series of

일련의 ~

A series of athletic competitions were set up between them. 기출
그들 사이에 **일련의** 운동 시합이 마련되었다.

1695 □□□ ★★
run into

(곤경 등을) 만나다, ~을 우연히 만나다[마주치다]; ~와 충돌하다

Unfortunately we **ran into** a heavy storm.
불행하게도 우리는 심한 태풍을 **만났다**.

The two drivers managed not to **run into** each other.
두 운전자는 가까스로 **충돌**을 면했다.

유 **encounter** ⓥ 마주치다, 맞닥뜨리다

1696 □□□ ★★
settle down

정착하다; 전념하다, 본격적으로 착수하다

He would like to **settle down** in his hometown.
그는 자신의 고향에 **정착하고** 싶어 한다.

It can be tough to **settle down** to study when there are so many distractions. 기출
마음을 산만하게 하는 것들이 너무 많이 있을 때는 공부에 **전념하는** 것이 힘들 수 있다.

1697 □□□ ★★

based on

~에 근거하여, ~에 기반하여

Don't eliminate a person from your life **based on** a brief observation. 기출
단시간의 관찰**에 근거하여** 사람을 여러분의 삶에서 제거하지 마라.

1698 □□□ ★★★

speak out for

~을 지지하는 목소리를 내다, ~에 찬성 의견을 말하다

She started **speaking out for** the education of girls and women. 교과서
그녀는 소녀와 여성의 교육**을 지지하는 목소리를 내기** 시작했다.

1699 □□□ ★

check out

(책을) 대출하다, 빌리다; ~을 살펴보다, ~을 확인하다

I'm still debating whether or not to **check out** this book. 교과서
난 이 책을 **대출할지** 말지 여전히 고민하고 있어.

Let's **check out** a letter from one of our listeners. 교과서
저희 청취자 중 한 명의 사연을 **살펴보겠습니다**.

1700 □□□ ★★

take in

~을 섭취하다; ~을 받아들이다, ~을 이해하다

If you **take in** too much water, like one who is drowning, it could kill you. 기출
만일 물에 빠진 사람처럼 너무 많은 물**을 들이마신다면**, 위험할 수 있다.

1701 □□□ ★★

when it comes to

~에 관한 한, ~의 경우

No wonder cell phones take the lead **when it comes to** "e-waste." 기출
'전자 쓰레기'**에 관한 한**, 휴대전화가 선두에 있다는 것은 놀랍지 않다.

1702 □□□ ★★

sign up

등록하다, 신청하다

Anyone who wants to volunteer at the book fair must **sign up** online in advance. 기출
도서 박람회에서 자원봉사하기를 원하는 사람은 누구나 사전에 온라인 **등록을 해야** 합니다.

참 **sign up for** ~에 등록하다, ~을 신청하다

1703 □□□ ★★★

rule out

~을 배제[제외]하다

The adoption of goal-line technology forever **ruled out** the possibility of disputes over goals. 교과서
골라인 판독 기술의 채택은 골에 관한 분쟁의 가능성을 영원히 **배제했다**.

유 exclude ⓥ 제외[배제]하다

1704 □□□ ★★★

be derived from

~에서 파생되다, ~에서 비롯되다

Many English words **are derived from** Latin and Greek.
많은 영어 단어가 라틴어와 그리스어**에서 파생되었다**.

1705 □□□ ★★

be up to

~에 달려 있다

Where you end up ten years from now **is up to** you. 기출
10년 후에 결국 여러분이 있게 될 곳은 여러분**에게 달려 있다**.

1706 □□□ ★★

bring about

~을 초래하다, ~을 불러오다

You can change the circumstance that was **brought about** by adversity for the better. 교과서
당신은 역경에 의해 **초래된** 상황을 더 좋은 쪽으로 변화시킬 수 있다.

유 cause ⓥ 유발하다

1707 □□□ ★★★

dispose of

~을 없애다, ~을 처분하다

Koreans **dispose of** over 15 billion disposable cups each year. 교과서 한국 사람들은 매년 150억 개 이상의 일회용 컵을 **버린다**.

참 at one's disposal ~의 마음대로 사용할 수 있는

1708 □□□ ★★

fall apart

오래되어 허물어지다, 분리되다

Western paper begins to **fall apart** and becomes unusable after 100 years. 교과서
서양의 종이는 100년이 지나면 **부스러지기** 시작하여 사용할 수 없게 된다.

1709 □□□ ★★

in addition to

~에 더하여, ~ 외에도

In addition to his work on light, he had studied forces and motion. 기출 빛에 관한 연구 **외에도** 그는 힘과 운동을 연구했다.

1710 ☐☐☐ ★★

in turn

결국; 차례차례

Perceptions of low competence, **in turn**, lessened information sharing. 기출

능력이 낮다고 인식되는 것은 **결국** 정보 공유를 감소시켰다.

They answered the teacher's questions **in turn**.

그들은 **차례로** 선생님의 질문에 대답했다.

1711 ☐☐☐ ★★

make fun of

~을 놀리다, ~을 비웃다

On the rugby field, nobody involved him in the game, except to **make fun of** him. 교과서

럭비 경기장에서, 그**를 놀릴** 때를 제외하고는 아무도 경기에 그를 끼워주지 않았다.

유 **ridicule** ⓥ 비웃다, 조롱하다

1712 ☐☐☐ ★

on one's own

혼자서, 독자적으로

She suggested that I explore the city **on my own** for a few hours. 교과서

그녀는 내가 몇 시간 동안 **혼자서** 그 도시를 탐험해 볼 것을 제안했다.

유 **by oneself** 혼자서 **alone** ad 혼자, 단독으로

1713 ☐☐☐ ★★

pass away

사망하다, 돌아가시다

When her husband **passed away**, she came down with depression. 교과서

남편이 **세상을 떠나자**, 그녀는 우울증에 걸렸다.

voca+ die라는 말을 피하기 위해 쓰는 완곡 표현이다.
pass(지나가다) + **away**(멀리) → 멀리 떠나가다, 죽다

1714 ☐☐☐ ★

be willing to *do*

기꺼이 ~하다, 흔쾌히 ~하다

If you **are willing to** face the world with all of its challenges, you will learn from those challenges. 기출

네가 그 모든 역경에도 불구하고 세상에 **기꺼이** 맞선다면, 너는 그 역경으로부터 배우게 될 것이다.

반 **be unwilling to *do*** ~하기가 마음 내키지 않다

1715 □□□ ★★

pass on

~을 전달하다, ~을 전수하다

She **passed on** the information to the other students.
그녀는 다른 학생들에게 그 정보를 **전달했다**.

유 **pass down**, **hand down** ~을 전하다, ~을 물려주다

1716 □□□ ★★

specialize in

~을 전문으로 하다, ~을 전공하다

You're often noted for **specializing in** photos of celebrities. 기출
당신은 흔히 유명인의 사진을 **전문으로 하는** 것으로 유명합니다.

1717 □□□ ★★

take turns

교대로 하다

Members of Richard's family **took turns** guarding the cows in their stable at night. 교과서
Richard의 가족은 밤에 **교대로** 축사에서 암소를 지켰다.

1718 □□□ ★★

in person

직접, 몸소

I was getting a chance to see **in person** how a music album is made. 교과서
나는 음악 앨범이 어떻게 만들어지는지를 **직접** 볼 기회를 얻고 있었다.

유 **personally** ad 개인적으로, 직접 **directly** ad 직접적으로

1719 □□□ ★

stay in touch with

~와 연락하고 지내다(= keep[get] in touch with)

She has made friends with many guests and **stays in touch with** some of them. 교과서
그녀는 여러 손님들과 친구가 되었고 그들 중 몇 명**과 연락하고 지낸다**.

1720 □□□ ★★

make up

~을 구성[형성]하다, ~을 지어내다

Neurons **make up** different structures in our brains. 교과서
뉴런은 우리 뇌 속에 상이한 구조들**을 구성하고 있다**.

유 **constitute** v 구성하다 **compose** v 구성하다; 작곡하다
참 **make up with** ~와 화해하다

DAILY TEST

A 숙어의 우리말 뜻을 쓰시오.

01 in response to

02 prevent A from -ing

03 a series of

04 regard A as B

05 speak out for

06 when it comes to

07 make sure (that) ~

08 settle down

09 be likely to *do*

10 take advantage of

11 nothing but

12 dispose of

B 빈칸에 알맞은 말을 <보기>에서 찾아 알맞은 형태로 쓰시오.

be willing to	in person	sign up
in turn	take in	in addition to

01 They answered the teacher's questions ________________.

02 ________________ his work on light, he had studied forces and motion.

03 I was getting a chance to see ________________ how a music album is made.

04 Anyone who wants to volunteer at the book fair must ________________ online in advance.

05 If you ________________ face the world with all of its challenges, you will learn from those challenges.

C 빈칸에 들어갈 알맞은 말을 고르시오.

01 Many English words are derived ________ Latin and Greek.

① to ② from ③ up ④ of

02 When her husband passed ________, she came down with depression.

① about ② up ③ to ④ away

A 01 ~에 대응[반응]하여 02 A가 ~하는 것을 막다 03 일련의 ~ 04 A를 B로 여기다[간주하다] 05 ~을 지지하는 목소리를 내다, ~에 찬성 의견을 말하다 06 ~에 관한 한, ~의 경우 07 반드시 ~을 하다 08 정착하다; 전념하다, 본격적으로 착수하다 09 ~할 것 같다, ~할 가능성[개연성]이 있다 10 ~을 이용[활용]하다 11 오직, (단지) ~일 뿐인 12 ~을 없애다, ~을 처분하다 **B** 01 in turn 02 In addition to 03 in person 04 sign up 05 are willing to **C** 01 ② 02 ④

1721 □□□ ★★

peel off

~의 껍질을 벗기다[까다]

She **peeled off** the shells of the eggs. 교과서
그녀는 달걀**의 껍질을 깠다**.

1722 □□□ ★★★

make one's way

나아가다; 출세[성공]하다

People kept their eyes on him as he **made his way** to the end zone. 교과서
사람들은 그가 (풋볼 경기장의) 엔드존으로 **나아갈** 때 그에게 시선을 고정했다.

She **made her way** in the world.
그녀는 크게 **출세했다**.

voca+ make(만들다) + one's way(자신의 길) → 자신의 길을 만들다, 출세하다

1723 □□□ ★★★

think outside the box

새로운 방식으로 사고하다, 틀에서 벗어나다

To solve a riddle, you need to **think outside the box**. 교과서
수수께끼를 풀기 위해 너는 **새로운 방식으로 사고할** 필요가 있다.

1724 □□□ ★★

at all costs

무슨 수를 써서라도, 어떤 희생을 치르더라도(= at any cost)

He had to protect his family **at all costs**. 교과서
그는 **무슨 수를 써서라도** 그의 가족을 지켜야만 했다.

1725 □□□ ★★

call off

~을 중단하다, ~을 취소하다

The king was thinking of **calling** the whole contest **off** without declaring a winner. 기출
왕은 승자를 공표하지 않은 채 전체 대회**를 중단할** 것을 생각하고 있었다.

유 cancel ⓥ 취소하다

1726 □□□ ★★★

get across to

~에게 전달[이해]되다

The teacher felt his lesson **got across to** the students.
선생님은 자신의 수업이 학생들**에게 이해된다**고 느꼈다.

참 get across A to B A를 B에게 전달하다[이해시키다]

1727 □□□ ★

break down

고장 나다, 부서지다; 와해되다, ~을 분해하다

The elevator has **broken down** again.
그 엘리베이터는 또 **고장이 났다**.

A cow has a stomach with four rooms to **break down** the food it eats. 교과서
소는 먹은 음식**을 분해하기** 위한 네 개의 방이 있는 위를 가지고 있다.

1728 □□□ ★★

stand out

눈에 띄다, 두드러지다

She avoided **standing out** in public or drawing attention to herself. 교과서
그녀는 사람들 앞에서 **눈에 띄거나** 자신에게 관심이 집중되는 것을 피했다.

voca+ **stand**(서 있다) + **out**(바깥에) → 무리의 바깥에 서 있다, 눈에 띄다

1729 □□□ ★★★

take ~ for granted

~을 당연시하다

Something I **take for granted** could be someone's biggest dream. 교과서
내가 **당연하게 여긴** 것이 누군가에게는 가장 큰 꿈이 될 수도 있다.

참 **take it for granted that ~** ~라는 것을 당연시하다

1730 □□□ ★★

be aware of

~을 알다, ~을 알아차리다[인식하다]

We need to **be aware of** the impact the bias has on our decision-making process. 기출
우리는 편견이 우리의 의사결정 과정에 끼치는 영향력을 **인지할** 필요가 있다.

유 **be conscious of** ~을 인식하다 **realize** ⓥ 깨닫다
perceive ⓥ 인식하다

1731 □□□ ★

make an effort

노력하다

Look toward the future and **make an effort**, and you'll find yourself making progress. 교과서
미래를 내다보고 **노력하라**, 그러면 자신이 향상되고 있는 것을 알게 될 것이다.

1732 □□□ ★★

run out of

~을 다 써버리다, ~이 없어지다[떨어지다]

교과서

Sooner or later we are going to **run out of** fossil fuels.
조만간 우리는 화석 연료**를 다 써버릴** 것이다.

유 **exhaust** ⓥ 다 써버리다, 고갈시키다
use up ~을 다 써버리다
참 **run short of** ~이 부족하다

1733 □□□ ★★

apart from

~ 외에는, ~ 이외에, ~과는 별도로(= aside from)

Apart from the host, I didn't know a single person there.
나는 개최자 **외에는** 거기에 있는 단 한 명도 알지 못했다.

1734 □□□ ★

a pair of

한 짝[쌍]의 ~, ~ 한 벌

She ordered **a pair of** blue pants from a famous online shopping mall. 기출
그녀는 유명한 온라인 쇼핑몰에서 청바지 **한 벌**을 주문했다.

1735 □□□ ★★

a wide range of

광범위한 ~, 다양한 ~

He played **a wide range of** songs on many musical instruments. 교과서
그는 많은 악기로 **다양한** 노래들을 연주했다.

1736 □□□ ★

along with

~와 더불어, ~와 마찬가지로

I, **along with** everyone else, am responsible for climate change. 교과서
다른 모든 사람**과 더불어** 나 또한 기후 변화에 책임이 있다.

1737 □□□ ★★

all too

정말, 너무나

The spring semester was over **all too** soon.
봄 학기가 **너무나** 빨리 끝나버렸다.

1738 □□□ ★★

at a glance

한눈에, 얼핏 보면

He could take in the situation **at a glance**.
그는 **한눈에** 상황을 파악할 수 있었다.

참 at first glance 처음 봐서는

1739 □□□ ★★

correlated with

~와 서로 관련된

The increase in depression may be **correlated with** the decline of purposeful physical activity. 기출
우울증 증가는 목적이 있는 신체 활동의 감소**와 서로 관련이 있을** 수 있다.

1740 □□□ ★

as well

또한, 역시

The result suggests that elephants have a sense of time **as well**. 기출
그 결과는 코끼리 **또한** 시간 감각이 있다는 것을 보여준다.

유 in addition 게다가
참 A as well as B B뿐만 아니라 A도

1741 □□□ ★★

at a cost

대가를 지불하여

The benefits of good habits come **at a cost**. 기출
좋은 습관의 이점에는 **대가가** 따른다.

1742 □□□ ★★

be caught up in

~에 사로잡히다

When I started high school, I **was caught up in** popularity contests. 교과서
고등학교를 시작했을 때 나는 인기 경쟁**에 사로잡혔다**.

1743 □□□ ★★

at one's convenience

편한 때에, 형편이 되는 대로

Please advise **at your** earliest **convenience**. 기출
형편이 되는 대로 빨리 알려 주시기 바랍니다.

1744 □□□ ★★

bring together

~을 모으다(= put together)

The festival **brings together** performers of music, theater, and dance from around the world. 교과서
그 축제에는 전 세계 음악, 연극, 무용 공연자들이 **한데 모인다**.

유 **gather** ⓥ 모으다

1745 □□□ ★★★

a host of

많은, 다수의

There's **a host of** reasons why he didn't get the job.
그가 그 직장을 얻지 못한 **많은** 이유들이 있다.

1746 □□□ ★★

come into play

작동[활동]하기 시작하다

A variety of factors **come into play** when choosing an employee.
직원을 고를 때는 다양한 요인이 **작용한다**.

1747 □□□ ★★★

be bound to *do*

~할 수밖에 없다, (반드시) ~하게 되어 있다

Given the methodologies of science, the law of gravity **was bound to** be discovered by somebody. 기출
과학의 방법론을 고려해 보면, 중력의 법칙은 누군가에 의해 발견**될 수밖에 없었다**.

1748 □□□ ★★

above all

무엇보다도, 특히

You have developed and grown in artistry, technique, and, **above all**, in knowledge and appreciation. 기출
여러분은 예술성, 기법, 그리고 **무엇보다** 지식과 이해력에서 발전하고 성장했습니다.

유 **first of all** 무엇보다도, 우선

voca+ **above**(위에) + **all**(모두) → 모든 것 위에, 무엇보다도

1749 □□□ ★★

be in common use

흔히 쓰이다

Smartphones **are** now **in common use** all over the world.
스마트폰은 지금 전 세계에서 **흔히 쓰이고 있다**.

1750 □□□ ★★

cross one's mind

(생각이) 문득 떠오르다, 뇌리를 스치다

One night, a spark of hope **crossed her mind**. 교과서
어느 날 밤, 희망의 불꽃이 그녀의 **뇌리를 스쳐갔다**.

1751 □□□ ★★

pay off

성과를 거두다, 성공하다; (빚을) 청산하다

His investment has finally come to **pay off** thanks to his enormous effort. 교과서
그의 엄청난 노력 덕분에 그의 투자는 마침내 **성과를 거두게** 되었다.

참 **pay-off** n 수익, 이득

1752 □□□ ★★

at one's own expense

자비로, 사비로

He had to repair the damage **at his own expense**.
그는 **자비로** 그 파손된 부분을 수리해야 했다.

1753 □□□ ★★

in a moment

곧, 바로

I'll turn off the music **in a moment**. 교과서
바로 음악을 끌게.

유 **at once** 즉시, 당장에

1754 □□□ ★★

beyond one's control

통제할 수 없는, 통제 범위를 넘어선

The situation was **beyond our control**.
그 상황은 우리가 **통제할 수 없었다**.

유 **out of control** 통제할 수 없는
참 **under one's control** ~의 통제하에 있는

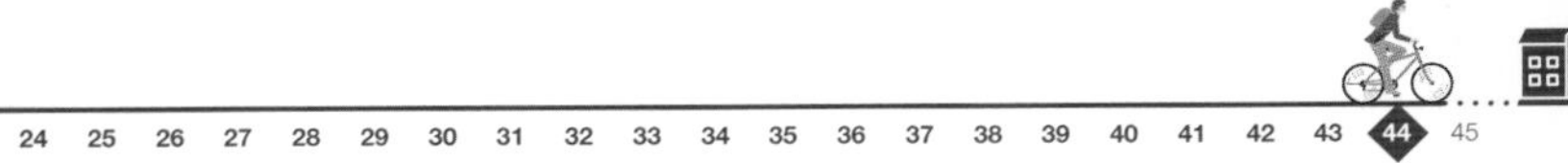

1755 □□□ ★★

give off

~을 방출하다, ~을 발산하다

A cow **gives off** methane into the atmosphere. 교과서
소는 대기에 메탄가스**를 방출한다**.

㊌ emit ⓥ (빛, 열, 가스, 소리 등을) 내뿜다

voca+ give(주다) + off(밖으로) → 밖으로 내주다, 내뿜다

1756 □□□ ★★★

bring out

~을 끌어내다

He had a special talent for **bringing out** the best in people. 교과서
그는 사람들에게서 최고의 능력**을 끌어내는** 특별한 재능이 있었다.

1757 □□□ ★★

go well with

~와 잘 어울리다

Green did not **go well with** my skin tone. 교과서
초록색은 내 피부톤**과 잘 어울리지** 않았다.

1758 □□□ ★★

after all

결국, 어쨌든

He was eliminated from the competition **after all**. 기출
그는 **결국** 대회에서 탈락했다.

㊌ in the end 결국

1759 □□□ ★★

feel free to *do*

자유롭게 ~하다, 거리낌 없이 ~하다

Feel free to email me with more questions! 교과서
질문이 더 있으시면 **부담 갖지 마시고** 저한테 이메일을 보내주세요!

1760 □□□ ★

in search of

~을 찾아서

The cranes seem to be alive and stretching their wings **in search of** freedom. 교과서
그 학들은 살아서 자유**를 찾아** 날개를 뻗고 있는 것처럼 보인다.

DAILY TEST

A 숙어의 우리말 뜻을 쓰시오.

01 a wide range of
02 call off
03 stand out
04 be aware of
05 get across to
06 apart from
07 run out of
08 take ~ for granted
09 peel off
10 think outside the box
11 at a cost
12 feel free to *do*

B 빈칸에 알맞은 말을 〈보기〉에서 찾아 알맞은 형태로 쓰시오.

in search of	at one's own expense	a host of
at a glance	all too	correlated with

01 He had to repair the damage __________.

02 He could take in the situation __________.

03 There's __________ reasons why he didn't get the job.

04 The cranes seem to be alive and stretching their wings __________ freedom.

05 The increase in depression may be __________ the decline of purposeful physical activity.

C 빈칸에 들어갈 알맞은 말을 고르시오.

01 A cow gives ______ methane into the atmosphere.

① up ② from ③ to ④ off

02 Smartphones are now ______ common use all over the world.

① in ② with ③ to ④ of

A **01** 광범위한 ~, 다양한 ~ **02** ~을 중단하다, ~을 취소하다 **03** 눈에 띄다, 두드러지다 **04** ~을 알다, ~을 알아차리다[인식하다] **05** ~에게 전달[이해]되다 **06** ~ 외에는, ~ 이외에, ~과는 별도로 **07** ~을 다 써버리다, ~이 없어지다[떨어지다] **08** ~을 당연시하다 **09** ~의 껍질을 벗기다[까다] **10** 새로운 방식으로 사고하다, 틀에서 벗어나다 **11** 대가를 지불하여 **12** 자유롭게 ~하다, 거리낌 없이 ~하다 **B** **01** at his own expense **02** at a glance **03** a host of **04** in search of **05** correlated with **C** **01** ④ **02** ①

1761 □□□ ★★★

a handful of

소수의

There were only **a handful of** people there.
그곳에는 **몇 명의** 사람들만 있었다.

1762 □□□ ★★★

be stuck with

~을 어쩔 수 없이 사용하다

We have **been stuck with** the term "vacuum cleaner" for over a hundred years. 기출
우리는 100년이 넘게 '진공청소기'라는 용어를 **어쩔 수 없이 사용해 왔다**.

1763 □□□ ★★

come across

~을 우연히 마주치다[발견하다]

What do you do when you **come across** unfamiliar words while reading? 교과서
여러분은 글을 읽다가 낯선 단어**를 발견하면** 어떻게 하나요?

유 **run across**, **run into**, **bump into** ~을 우연히 만나다

1764 □□□ ★★

attend to

~에 주의를 기울이다; ~을 돌보다[시중들다]

Attend to the task of doing the best you can. 기출
여러분이 할 수 있는 최선의 것을 하는 과제**에 주의를 기울여라**.

He has devoted all his life to **attending to** needy people.
그는 어려운 사람들**을 돌보는** 데 일생을 바쳐 왔다.

voca+ to는 전치사이며, attend가 '참석하다'의 의미일 때는 뒤에 전치사가 붙지 않는다.

1765 □□□ ★★

come over

(생각·감정이) ~에게 밀려오다

Something **comes over** most people when they start writing. 기출
대부분의 사람들이 글을 쓰려고 할 때 그들**에게** 어떤 생각이 **밀려온다**.

1766 □□□ ★★

as of

~일자로, ~ 현재로

I will have lived in this apartment for ten years **as of** this coming April. 기출
저는 오는 4월**이면** 이 아파트에 10년 동안 살게 됩니다.

1767 □□□ ★

try one's best

최선을 다하다(= do one's best)

I'm responsible and I **try my best** in all that I do. 교과서

저는 책임감이 있으며 하는 모든 일에 **최선을 다합니다**.

1768 □□□ ★

cut into

~에 끼어들다, ~을 침해하다; ~을 줄이다; ~을 칼로 자르다

About one third of the world's fresh water is used for meat production, which **cuts into** the supply of water for humans. 교과서

세계 담수의 약 3분의 1은 육류 생산에 사용되는데, 이것은 인간을 위한 물 공급**을 침해한다**.

1769 □□□ ★★★

draw on

~을 이용하다; ~에 의존하다

He **drew on** his knowledge of law to write the novel.

그는 법에 대한 자신의 지식**을 이용하여** 소설을 썼다.

The strategies **draw on** human intuition to detect threats.

그 전략들은 위협을 간파하는 인간의 직관**에 의존한다**.

1770 □□□ ★

far from

~에서 먼; 전혀 ~이 아닌, ~은커녕

Mars is too **far from** Earth. 교과서

화성은 지구**에서** 너무 **멀리** 있다.

Far from angry, her face looked tired and worn. 교과서

화가 나기**는커녕**, 그녀의 얼굴은 피곤하고 지쳐 보였다.

1771 □□□ ★★

be true of

~도 마찬가지이다, ~에도 적용되다

Every part of the human experience could be turned into an art form. The same **is true of** food. 교과서

인간 경험의 모든 부분은 예술의 형태로 전환될 수 있다. 음식의 경우**도 마찬가지이다**.

참 **hold true** 진실이다, 유효하다, 적용되다

1772 □□□ ★★★

make the most of

~을 최대한 활용하다

교과서

I set a goal to **make the most of** my time in high school.

나는 고등학교에서의 나의 시간**을 최대한 활용하는** 목표를 세웠다.

1773 □□□ ★★

nothing more than

단지, ~에 지나지 않는

Without recording your dreams somewhere, they may end up as **nothing more than** wild fantasies. 교과서

여러분의 꿈을 어딘가에 기록하지 않으면, 그것들은 **단지** 터무니없는 공상으로 끝날지도 모른다.

유 **merely** ad 단지 ~뿐인(= only)

1774 □□□ ★★★

cave in to

~에 대해 굴복[항복]하다, (반대에) 응하다

The government **caved in to** their opposition.

정부는 그들의 반대**에 굴복했다**.

1775 □□□ ★★★

give rise to

~이 생기게 하다, ~을 낳다

Storms also **give rise to** amazing stories of survival. 교과서

태풍은 또한 놀라운 생존기를 **낳기도** 한다.

유 **cause** v 유발하다, 야기하다
bring about ~을 야기하다[초래하다]

1776 □□□ ★★

bring up

~을 불러일으키다; ~을 기르다[양육하다]

The word "stress" **brings up** images of tired adults. 교과서

'스트레스'라는 단어는 피로에 지친 성인의 이미지**를 연상시킨다**.

He was **brought up** in a small town in California.

그는 캘리포니아의 작은 도시에서 **자랐다**.

유 **raise** v 기르다, 양육하다

1777 □□□ ★★★

cling to

~을 고수하다, ~에 매달리다

The historical trends are strong enough to make a lot of people **cling to** the status quo. 기출

역사적 경향은 많은 사람들이 현재 상태를 **고수하도록** 만들기에 충분히 강력하다.

유 **stick to, adhere to, hold on to** ~을 고수하다

voca+ **cling**(매달리다) + **to**(~에) → ~에 꼭 매달리다, 고수하다

1778 □□□ ★★

prior to

~ 이전에, ~에 앞서, ~보다 먼저

Online tickets must be purchased at least 24 hours **prior to** the event. 기출

온라인 티켓은 행사 시작 최소 24시간 **전에** 구매되어야 합니다.

1779 □□□ ★★

now and then

때때로, 가끔, 이따금

Now and then he regretted his decision.

가끔 그는 자신의 결정을 후회했다.

유 **from time to time, (every) once in a while** 때때로, 가끔

1780 □□□ ★★

on a ~ basis

~ 기준으로

The company makes changes to its website **on a** weekly **basis**.

그 회사는 일주일 **기준으로**(매주) 웹사이트에 변화를 준다.

참 **on a daily basis** 매일
on a regular basis 정기적으로(**= regularly**)

1781 □□□ ★★

be into

~을 좋아하다, ~에 관심이 많다

You seem to really **be into** samullori. 교과서

너는 정말 사물놀이**를 좋아하는** 것 같구나.

1782 □□□ ★★

live on

~을 먹고 살다, ~을 많이 먹다

Small birds **live** mainly **on** insects and nuts.

작은 새들은 주로 곤충과 나무열매**를 먹고 산다**.

1783 □□□ ★★★

for one's own sake

~ 자체[자신]를 위해

I hope he has told the truth **for his own sake**.

나는 그가 **자신을 위해** 진실을 말했기를 바란다.

참 **for the sake of** ~을 위하여

1784 □□□ ★★

in a row

연달아; 일렬로

Our band won two years **in a row**. 기출
우리 밴드는 두 해 **연이어** 우승했다.

참 **in rows** 줄지어

1785 □□□ ★

knock down

~을 쓰러뜨리다

Heavy storms can even **knock down** big trees.
강한 태풍은 큰 나무들**을 쓰러뜨릴** 수도 있다.

1786 □□□ ★★

keep up with

(수준·속도 등을) 따라가다, 따라잡다, ~에 뒤처지지 않다 교과서

He did not make an effort to **keep up with** the class.
그는 수업**을 따라가려고** 노력하지 않았다.

1787 □□□ ★★

call for

~을 필요로 하다, ~을 요구하다

She wrote an article that **calls for** action on serious environmental problems.
그녀는 심각한 환경 문제에 대한 조치를 **요구하는** 기사를 썼다.

1788 □□□ ★★★

take ~ into account

~을 고려하다, ~을 감안하다

Before taking the job, he didn't **take into account** the location of the office. 교과서
그는 그 직장을 택하기 전에 사무실의 위치를 **고려하지** 않았다.

voca+ 「take ~ into account」 또는 「take into account ~」의 형태로 모두 쓰인다.

1789 □□□ ★★★

an array of

다수의 ~, 여러 ~

Plants are expert at transforming water, soil, and sunlight into **an array of** precious substances. 기출
식물들은 물, 토양, 그리고 햇빛을 **다수의** 귀중한 물질로 바꾸는 데 전문적이다.

1790 □□□ ★★

get through

~을 끝내다[완수하다]; (많은 양을) 써버리다; ~을 통과하다

We've got a lot of work to **get through**.
우리는 **끝내야** 할 많은 일들이 있다.

He **got through** all the money he inherited in just a few years.
그는 불과 몇 년 만에 물려받은 모든 돈을 **다 써버렸다**.

1791 □□□ ★

remind A of B

A에게 B를 상기시키다[생각나게 하다]

I'd like to **remind** you **of** one thing about the use of school computers. 기출
저는 여러분**께** 학교 컴퓨터 사용에 관한 한 가지**를 상기시켜 드리고자** 합니다.

참 **remind A that ~** A에게 ~을 상기시키다

1792 □□□ ★★

serve as

~의 역할을 하다

Artifacts can **serve as** resources in other technological processes. 기출
가공품은 다른 기술적 공정에서 자원**의 역할을 할** 수 있다.

1793 □□□ ★

move on to

~로 옮기다[이동하다], ~로 넘어가다

It's time to **move on to** your next department. 기출
당신이 다음 부서**로 옮겨야** 할 시기입니다.

1794 □□□ ★★

look up

(사전 등에서) ~을 찾아보다

When you read, you don't have to **look up** every unknown word. 교과서
여러분이 책을 읽을 때, 모르는 단어**를** 모두 **찾아볼** 필요는 없다.

1795 □□□ ★★

make a fool of

~을 웃음거리로 만들다

She hoped to get through her speech without **making a fool of** herself. 기출
그녀는 자신**을 웃음거리로 만들지** 않고 연설을 끝마치기를 바랐다.

유 **make fun of** ~을 놀리다

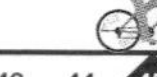

1796 □□□ ★★

catch up on

(앞서 못했던 일을) 하다, ~을 보충[만회]하다, ~을 따라잡다

What do most of us do when the winter break comes? We try to get **caught up on** our sleep. 기출

겨울 방학이 오면 우리들 대부분은 무엇을 하는가? 우리는 (부족한) 잠**을 보충하려고** 애쓴다.

유 **keep up with, catch up with** ~을 따라잡다

1797 □□□ ★★

turn over

(몸)을 뒤집다

She slowly **turned over** and pushed her face into the grass, smelling the green pleasant scent. 기출

그녀는 **몸을** 천천히 **뒤집어** 풀밭으로 얼굴을 밀어 넣고, 푸르고 상쾌한 향기를 맡았다.

1798 □□□ ★★

view A as B

A를 B라고 간주하다[여기다]

People **view** baseball **as** a game of skill and technique rather than strength. 기출

사람들은 야구**를** 근력보다는 기술과 테크닉의 경기**로 여긴다**.

유 **think of A as B** A를 B로 간주하다[생각하다]

1799 □□□ ★★

work out

운동하다

I find it very helpful to **work out** with other people at a fixed time. 기출

나는 정해진 시간에 다른 사람들과 함께 **운동하는** 것이 매우 도움이 된다는 것을 알게 되었다.

참 **workout** n 운동, 연습

1800 □□□ ★★

free of

~이 없는

Orders over $50 will be delivered **free of** charge.

50달러 이상의 주문은 **무**료로 배달됩니다.

참 **free of charge** 무료로, 공짜의

DAILY TEST

A 숙어의 우리말 뜻을 쓰시오.

01 remind A of B
02 keep up with
03 nothing more than
04 attend to
05 get through
06 take ~ into account
07 give rise to
08 on a ~ basis
09 look up
10 a handful of
11 for one's own sake
12 serve as

B 빈칸에 알맞은 말을 <보기>에서 찾아 알맞은 형태로 쓰시오.

make the most of	as of	try one's best
bring up	make a fool of	prior to

01 I'm responsible and I __________ in all that I do.
02 He was __________ in a small town in California.
03 I set a goal to __________ my time in high school.
04 Online tickets must be purchased at least 24 hours __________ the event.
05 I will have lived in this apartment for ten years __________ this coming April.

C 빈칸에 들어갈 알맞은 말을 고르시오.

01 He drew ______ his knowledge of law to write the novel.
① up ② on ③ to ④ over

02 What do you do when you come ______ unfamiliar words while reading?
① away ② off ③ across ④ into

A **01** A에게 B를 상기시키다[생각나게 하다] **02** ~을 따라가다, ~을 따라잡다, ~에 뒤처지지 않다 **03** 단지, ~에 지나지 않는 **04** ~에 주의를 기울이다; ~을 돌보다[시중들다] **05** ~을 끝내다[완수하다]; (많은 양을) 써버리다; ~을 통과하다 **06** ~을 고려하다, ~을 감안하다 **07** ~이 생기게 하다, ~을 낳다 **08** ~ 기준으로 **09** ~을 찾아보다 **10** 소수의 **11** ~ 자체[자신]를 위해 **12** ~의 역할을 하다 **B** **01** try my best **02** brought up **03** make the most of **04** prior to **05** as of **C** **01** ② **02** ③

INDEX

A

B

C

D

E

F

G

H

I

J

K

L

M

S

T

U

V

W

3회독 학습 방법

● 아래와 같은 방식으로 3회독 학습 방법을 권장합니다.

DAY 01		
DAY 01	DAY 02	
DAY 01	DAY 02	DAY 03
DAY 02	DAY 03	DAY 04
DAY 03	DAY 04	DAY 05
DAY 04	DAY 05	DAY 06
DAY 05	DAY 06	DAY 07
	⋮	
DAY 39	DAY 40	DAY 41
DAY 40	DAY 41	DAY 42
DAY 41	DAY 42	DAY 43
DAY 42	DAY 43	DAY 44
DAY 43	DAY 44	DAY 45
DAY 44	DAY 45	
DAY 45		

한 권으로 끝내는 영단어

미니 암기장

해피스터디

DAY 01

0001	improve	ⓥ 나아지다, 개선되다; 개선하다, 향상하다
0002	assume	ⓥ 추정[추측]하다, 가정하다
0003	determine	ⓥ 결정하다, 결심하다; 알아내다, 밝히다
0004	function	ⓝ 기능 ⓥ 기능하다
0005	approach	ⓝ 접근(법) ⓥ 다가오다, 접근하다
0006	replace	ⓥ 대체[교체]하다, 대신하다
0007	accomplish	ⓥ 이루다, 완수하다, 성취하다
0008	perceive	ⓥ 인식하다, 인지[감지]하다
0009	translate	ⓥ 번역[통역]하다, 해석하다; 전환되다
0010	influence	ⓝ 영향(력) ⓥ 영향을 미치다
0011	reflect	ⓥ 반영하다, 나타내다; 반사하다; 비추다
0012	artificial	ⓐ 인공의, 인조의, 인위의
0013	access	ⓝ 접근 ⓥ 접근하다, 접속하다
0014	appropriate	ⓐ 적절한, 적합한
0015	effective	ⓐ 효과적인, 효율적인; 실질적인
0016	evidence	ⓝ 증거; 흔적 ⓥ 입증하다
0017	opposite	ⓐ (정)반대의, 맞은편의 ⓝ 반대(되는 사람[것])
0018	perform	ⓥ 수행하다, 실행하다; 공연하다
0019	reveal	ⓥ 드러내다, 밝히다, 보이다
0020	prefer	ⓥ 더 좋아하다, 선호하다

0021	motivate	ⓥ 동기를 부여하다, 자극하다
0022	experiment	ⓝ 실험 ⓥ 실험하다
0023	prove	ⓥ 증명하다, 입증하다, 판명되다
0024	unique	ⓐ 독특한, 특이한, 고유의
0025	ensure	ⓥ 확실하게 하다, 보증하다, 보장하다
0026	exhibit	ⓝ 전시(품), 진열품 ⓥ 보이다, 전시하다
0027	ingredient	ⓝ 요소, 성분, 재료, 원료
0028	community	ⓝ 지역 사회, 공동체; (동식물의) 군집
0029	remind	ⓥ 상기시키다, 일깨우다
0030	describe	ⓥ 설명하다, 묘사하다
0031	struggle	ⓥ 애쓰다, 분투하다 ⓝ 고투, 분투
0032	profit	ⓝ 수익(금), 이익 ⓥ 이익을 보다
0033	separate	ⓥ 나누다, 분리하다 ⓐ 분리된, 별도의
0034	accurate	ⓐ 정확한, 정밀한
0035	ancestor	ⓝ 선조, 조상
0036	argue	ⓥ 주장하다, 언쟁을 하다; 설득하다
0037	fair	ⓝ 행사, 박람회 ⓐ 공정한, 공평한; 상당한
0038	appreciate	ⓥ (진가를) 인정하다; 감상하다; 잘 이해하다; 고마워하다
0039	complement	ⓥ 보완하다, 덧붙이다 ⓝ 보완물; 〈문법〉 보어
0040	compliment	ⓝ 칭찬, 찬사 ⓥ 칭찬하다

DAY 02

0041	involve	ⓥ 연관시키다, 참여시키다; 포함하다
0042	temperature	ⓝ 온도, 기온
0043	participant	ⓝ 참가자, 참여자
0044	passion	ⓝ 열정, 열광
0045	obvious	ⓐ 분명한, 명백한
0046	perspective	ⓝ 관점, 시각, 견지; 원근법
0047	trap	ⓝ 덫, 올가미, 함정 ⓥ 가두다
0048	form	ⓝ 형식, 형태 ⓥ 형성하다, 만들다
0049	typically	ad 보통, 일반적으로, 전형적으로
0050	force	ⓥ 강요하다, 강제하다 ⓝ 힘, 세력
0051	include	ⓥ 포함하다, 포함시키다
0052	essential	ⓐ 필수적인, 본질적인
0053	flight	ⓝ 비행(기), 여행, 날기; 항공편; 도주, 도망
0054	flood	ⓝ 홍수; 넘쳐 흐름, 쇄도 ⓥ 침수되다, 넘치다, 쇄도하다
0055	recall	ⓥ 회상하다, 상기하다, 기억해내다 ⓝ 회상
0056	aspect	ⓝ 면, 측면, 양상
0057	phenomenon	ⓝ 현상; 경이로운 것[사람]
0058	complete	ⓥ 완료하다, 끝마치다; 빠짐없이 기입하다 ⓐ 완전한
0059	constant	ⓐ 끊임없는, 지속적인, 일정한
0060	crucial	ⓐ 매우 중요한, 중대한, 결정적인

0061	eliminate	ⓥ 없애다, 제거하다; 탈락시키다
0062	means	ⓝ 수단, 방법
0063	exist	ⓥ 존재하다
0064	encourage	ⓥ 고무시키다, 격려[장려]하다, 부추기다
0065	assign	ⓥ 배정하다, 부여하다
0066	attend	ⓥ (학교에) 다니다, 출석하다, 참석하다
0067	connection	ⓝ 연결, 결합, 관계
0068	convince	ⓥ 납득시키다, 설득하다, 확신시키다
0069	generate	ⓥ 발생시키다, 만들어내다, 초래하다
0070	commercial	ⓐ 상업적인, 상업의 ⓝ 광고 (방송)
0071	measure	ⓥ 측정하다, 재다, 평가하다 ⓝ 측정; 척도; 조치, 대책
0072	remove	ⓥ 제거하다, 치우다
0073	shelter	ⓝ 보호소, 피난처, 은신처 ⓥ 보호하다
0074	enhance	ⓥ 향상하다, 높이다
0075	obstacle	ⓝ 장애(물), 방해
0076	capacity	ⓝ 능력, 수용력, 용량
0077	complex	ⓐ 복잡한, 어려운, 복합의 ⓝ 복합 건물, 단지
0078	identify	ⓥ 확인하다, 구별[식별]하다; 동일시하다; 찾다, 발견하다
0079	quality	ⓝ 품질, 질; 재능, 속성, 자질 ⓐ 양질의, 우수한
0080	quantity	ⓝ 양, 수량, 분량

DAY 03

0081	afford	ⓥ ~할 여유[형편]가 되다
0082	intelligence	ⓝ 지능, 지성
0083	seemingly	ad 겉보기에는, 외견상
0084	significant	ⓐ 상당한; 중요한, 의미 있는
0085	benefit	ⓝ 이익, 이점, 혜택 ⓥ 이롭게 하다
0086	attention	ⓝ 주의(력), 주목, 관심
0087	destination	ⓝ 목적지, 행선지
0088	enormous	ⓐ 거대한, 엄청난, 막대한
0089	trick	ⓝ 묘기, 재주; 마술, 속임수 ⓥ 속이다
0090	escape	ⓥ 도피하다, 달아나다, 탈출하다 ⓝ 탈출
0091	estimate	ⓥ 추정하다, 어림잡다, 추산하다 ⓝ 추정치
0092	recognize	ⓥ 인정하다, 인지하다, 알아보다
0093	predator	ⓝ 포식자, 육식 동물
0094	ability	ⓝ 능력, 재능, 기능
0095	explore	ⓥ 탐구하다, 탐험하다, 탐색하다
0096	assess	ⓥ 평가하다, 가늠하다
0097	average	ⓐ 평균의; 보통의, 평범한 ⓝ 평균; 보통
0098	circumstance	ⓝ 상황, 사정, 환경
0099	expectation	ⓝ 기대, 예상
0100	expose	ⓥ 드러내다, 노출하다

0101	illustrate	ⓥ (그림 · 실례 따위로) 설명하다; 삽화를 넣다
0102	particular	ⓐ 특정한, 특별한
0103	species	ⓝ 종(種: 생물 분류의 기초 단위)
0104	instruction	ⓝ 지시, 명령; 교육, 설명(서)
0105	audience	ⓝ 청중, 관객
0106	intense	ⓐ 극심한, 강렬한, 고강도의
0107	meaningful	ⓐ 의미 있는, 중요한
0108	crash	ⓝ (비행기의) 추락, 충돌 ⓥ 추돌[충돌]하다
0109	repetition	ⓝ 반복, 되풀이
0110	respond	ⓥ 대응하다, 반응하다, 답장하다
0111	accept	ⓥ 받아들이다, 수용하다
0112	appealing	ⓐ 매력적인, 흥미를 끄는; 호소하는
0113	desire	ⓝ 욕구, 욕망 ⓥ 바라다
0114	abuse	ⓥ 남용[오용]하다; 학대하다 ⓝ 남용; 학대
0115	charity	ⓝ 자선, 자선 단체; 관용
0116	independence	ⓝ 독립(성), 자립
0117	observe	ⓥ 보다, 관찰하다; (발언, 의견을) 말하다; 준수하다, 지키다
0118	release	ⓥ 출시[발매]하다; 풀어주다; 배출[방출]하다 ⓝ 출시; 석방
0119	affect	ⓥ 영향을 미치다
0120	effect	ⓝ 효과, 영향; 결과 ⓥ (어떤 결과를) 가져오다

DAY 04

0121	avoid	ⓥ 피하다, 회피하다
0122	fossil	ⓝ 화석
0123	comfort	ⓝ 편안함, 안락함 ⓥ 위로하다
0124	concentrate	ⓥ 집중하다, 전념하다
0125	amount	ⓝ 양, 총액
0126	recent	ⓐ 최근의, 근대의, 새로운
0127	reputation	ⓝ 평판, 명성
0128	emphasize	ⓥ 강조하다, 역설하다
0129	spread	ⓥ 펴다, 펼치다; 퍼뜨리다, 퍼지다 ⓝ 확산, 전파
0130	transport	ⓥ 수송[운송]하다, 운반하다, 이동시키다
0131	predict	ⓥ 예측하다, 예견하다
0132	vary	ⓥ 다르다, 다양하다
0133	virtual	ⓐ 가상의; 사실상의
0134	achieve	ⓥ 성취하다, 이루다, 달성하다
0135	precious	ⓐ 귀중한, 소중한
0136	annual	ⓐ 연례의, 매년의, 연간의
0137	combine	ⓥ 합치다, 결합하다
0138	insight	ⓝ 통찰(력), 이해
0139	condition	ⓝ 조건, 상태, 상황
0140	emotional	ⓐ 감정적인, 정서적인

0141	ritual	ⓝ 의식, 의례 ⓐ 의식적인, 의례적인
0142	maintain	ⓥ 유지하다, 계속하다; 주장하다
0143	instrument	ⓝ 도구, 기구; 악기
0144	landscape	ⓝ 풍경, 경관, 경치
0145	strengthen	ⓥ 강화하다, 튼튼하게 하다
0146	preserve	ⓥ 저장[보존]하다, 지키다, 보호하다
0147	represent	ⓥ 나타내다, 보여주다; 대표하다
0148	atmosphere	ⓝ 대기, 공기; 분위기
0149	available	ⓐ 이용[입수] 가능한, 이용할 수 있는
0150	chase	ⓥ 쫓다, 추적하다 ⓝ 추격
0151	awareness	ⓝ 의식, 관심, 인지, 인식
0152	label	ⓥ 꼬리표를 달다, 라벨을 붙이다, 이름 짓다 ⓝ 라벨, 상표
0153	academic	ⓐ 학업의, 학문적인 ⓝ 대학 교수
0154	literally	ad 문자[글자] 그대로, 말 그대로
0155	deadline	ⓝ 마감일, 마감 시간
0156	telescope	ⓝ 망원경
0157	company	ⓝ 함께 있음, 교제; 친구, 동료; 회사; 일행
0158	matter	ⓝ 문제, 일 ⓥ 중요하다, 문제가 되다
0159	wonder	ⓥ 궁금하다, 의심하다 ⓝ 불가사의한 것; 경이
0160	wander	ⓥ 돌아다니다, 배회하다 ⓝ 방랑

DAY 05

0161	evolve	ⓥ 진화하다, 발전하다, 발달[진전]시키다
0162	honor	ⓥ 기리다, 경의를 표하다; (약속 등을) 지키다, 이행하다 ⓝ 명예
0163	disturb	ⓥ 방해하다, 혼란케 하다
0164	confuse	ⓥ 혼란스럽게 하다, 혼동하다
0165	factor	ⓝ 요소, 요인
0166	consistent	ⓐ 일관된, 일치하는, 조화되는
0167	impact	ⓝ 영향(력), 충격 ⓥ 영향을 주다
0168	declare	ⓥ 선언하다, 공표하다
0169	explanation	ⓝ 설명, 해명, 해설
0170	structure	ⓝ 구조(물), 건축물 ⓥ 조직[구성]하다
0171	extremely	ad 매우, 극단적으로, 지나치게
0172	fundamental	ⓐ 근본적인, 기본적인 ⓝ 기본 원칙
0173	reward	ⓥ 상을 주다, 보상하다, 보답하다 ⓝ 보상
0174	praise	ⓥ 칭찬하다 ⓝ 칭찬
0175	grateful	ⓐ 고마워하는, 감사하는
0176	indicate	ⓥ 나타내다, 보여주다
0177	interrupt	ⓥ 방해하다, 가로막다
0178	journey	ⓝ 여정, 여행, 항해 ⓥ 여행하다
0179	limit	ⓝ 제한, 한계 ⓥ 제한하다
0180	relevant	ⓐ 관련된, 적절한, 타당한

0181	ultimately	ad 궁극적으로, 근본적으로, 결국
0182	tough	a 다루기 힘든, 어려운, 가혹한
0183	barely	ad 거의 ~하지 않다; 간신히, 겨우
0184	absence	n 결석, 부재, 없음
0185	face	v 직면하다, 마주하다 n 얼굴
0186	purpose	n 목적, 용도
0187	monitor	v 주시하다, 추적 관찰하다, 점검하다 n 모니터
0188	chemical	n 화학물질 a 화학의, 화학적인
0189	conflict	n 갈등, 충돌 v 충돌하다, 상충하다
0190	definite	a 확실한, 분명한
0191	establish	v 설립하다; 확립하다, 규명하다, 입증하다
0192	anxiety	n 불안(감), 걱정, 두려움
0193	executive	n 경영진, 임원, 간부 a 실행[집행]의
0194	finding	n 발견; 연구 결과, 결론
0195	goods	n 상품, 물건, 제품
0196	leap	v (껑충) 뛰다, 뛰어오르다; 서둘러 ~하다
0197	subject	n 주제, 문제; 과목; 피험자; 주어 a ~될 수 있는, ~을 받기 쉬운
0198	attribute	v ~의 원인[덕분]으로 생각하다 n 특성, 속성, 자질
0199	principal	a 주요한, 주된 n 교장, 학장
0200	principle	n 원리, 원칙

DAY 06

0201	decrease	ⓥ 줄다, 감소하다, 줄이다 ⓝ 감소
0202	actually	ad 정말로, 사실, 실제로
0203	contribution	ⓝ 기여, 공헌; 기부(금)
0204	prevent	ⓥ 막다, 방해하다; 방지하다, 예방하다
0205	modify	ⓥ 수정하다, 바꾸다, 변경하다
0206	potential	ⓐ 잠재적인 ⓝ 잠재력, 가능성
0207	routine	ⓝ (규칙적인) 일과, 판에 박힌 일
0208	challenge	ⓝ 도전, 난제, 과제 ⓥ 도전하다; 이의를 제기하다
0209	exhausted	ⓐ 지친, 기운이 빠진, 탈진한
0210	construction	ⓝ 건설, 공사; 건축물
0211	emergency	ⓝ 응급, 비상사태, 위급
0212	contain	ⓥ 담다, 포함[함유]하다
0213	positive	ⓐ 긍정의, 긍정적인; 확신하는; 양성의
0214	emission	ⓝ 배출, 방출, 방사, 발산
0215	suggest	ⓥ 제안하다; 보여주다, 시사하다
0216	equipment	ⓝ 장비, 설비
0217	tap	ⓥ 가볍게[톡톡] 두드리다; 박자를 맞추다 ⓝ 가볍게 두드리기
0218	era	ⓝ 시대, 시기
0219	complain	ⓥ 불평하다, 항의하다
0220	demonstrate	ⓥ 입증하다, 설명하다

0221	confident	ⓐ 자신감 있는, 확신하는
0222	convert	ⓥ 전환[변환]하다, 개조하다
0223	attitude	ⓝ 태도, 사고방식, 자세
0224	traditional	ⓐ 전통적인, 전통의
0225	suspect	ⓝ 용의자 ⓐ 의심스러운 ⓥ 의심하다, 의구심을 가지다
0226	feather	ⓝ 깃털
0227	inevitable	ⓐ 피할 수 없는, 불가피한, 필연적인
0228	complicated	ⓐ 복잡한, 까다로운
0229	nutrient	ⓝ 영양소, 영양분
0230	occupation	ⓝ 직업, 일; 점유, 점령
0231	pure	ⓐ 순전한, 순수한, 깨끗한
0232	recommend	ⓥ 추천하다, 권장[권고]하다
0233	volunteer	ⓥ 자원봉사하다, 자원하다 ⓝ 자원봉사자
0234	oxygen	ⓝ 산소
0235	surface	ⓝ 표면, 외부, 지면, 수면
0236	instinct	ⓝ 본능, 직감
0237	objective	ⓝ 목적, 목표 ⓐ 객관적인
0238	conduct	ⓥ 수행하다; 행동[처신]하다; 운영하다; 지휘하다 ⓝ 행위, 행동
0239	aboard	ad ⓟ ~을 타고, 탑승하여
0240	abroad	ad 해외에, 해외로

DAY 07

0241	overcome	ⓥ 극복하다, 이겨내다
0242	consequence	ⓝ 결과, 결말; 영향
0243	reduce	ⓥ 줄이다, 감소시키다
0244	emerge	ⓥ 나타나다, 등장하다
0245	curiosity	ⓝ 호기심
0246	ordinary	ⓐ 평범한, 보통의, 일반적인
0247	increase	ⓥ 증가하다, 늘다, 늘리다 ⓝ 증가
0248	lack	ⓝ 부족, 결핍 ⓥ ~이 없다, ~이 부족하다
0249	interpret	ⓥ 해석[이해]하다; 설명하다; 통역하다
0250	hesitate	ⓥ 망설이다, 주저하다
0251	genuine	ⓐ 진짜의, 진실한, 진정한
0252	hardly	ad 거의 ~ 않다[아니다]
0253	instantly	ad 즉각, 즉시
0254	field	ⓝ 분야; 운동장; 들판
0255	furthermore	ad 더욱이, 게다가
0256	region	ⓝ 지역, 지방; 영역, (신체의) 부위
0257	bond	ⓝ 유대(감) ⓥ 유대를 형성하다
0258	layer	ⓝ 층, 겹, 막
0259	resource	ⓝ 자원, 재원; 자금, 재산
0260	detect	ⓥ 알아차리다, 감지[탐지]하다, 발견하다

0261	donate	ⓥ 기부하다, 기증하다
0262	realize	ⓥ 깨닫다, 알아차리다
0263	medicine	ⓝ 약, 약물; 의학
0264	ancient	ⓐ 고대의, 옛날의
0265	religious	ⓐ 종교의, 종교적인
0266	attach	ⓥ 달다, 부착하다, 붙이다
0267	host	ⓝ 주인; (TV·라디오)의 진행자 ⓥ 진행[주최]하다
0268	attempt	ⓥ 시도하다 ⓝ 시도
0269	bother	ⓥ 방해하다, 괴롭히다
0270	prey	ⓝ 먹이, 사냥감 ⓥ 잡아먹다
0271	budget	ⓝ 예산, 운영비
0272	capture	ⓥ 포착하다, 담아내다, 붙잡다 ⓝ 포획, 생포
0273	assistance	ⓝ 도움, 원조, 지원
0274	trigger	ⓥ 유발하다, 촉발시키다 ⓝ (총의) 방아쇠; 유발제
0275	primary	ⓐ 주요한, 주된, 첫 번째의
0276	doubt	ⓥ 의심하다 ⓝ 의심, 의문
0277	plain	ⓐ 평범한; 분명한, 알기 쉬운; 무늬가 없는 ⓝ 평원, 평야
0278	term	ⓝ 기간, 학기; 조건; 용어, 말; 관계 ⓥ ~라 칭하다
0279	aspire	ⓥ 열망하다, 바라다
0280	inspire	ⓥ 고무[격려]하다, 영감을 주다

DAY 08

0281	comment	ⓝ 말, 의견, 논평 ⓥ 논평하다
0282	professor	ⓝ 교수
0283	fairly	ad 상당히, 꽤; 공평히
0284	alternative	ⓐ 대안적인, 대체의, 다른 ⓝ 대안
0285	conscious	ⓐ 의식하는, 의식적인, 의식이 있는
0286	effort	ⓝ 시도, 노력
0287	encounter	ⓥ 마주치다, 맞닥뜨리다 ⓝ (우연한) 만남, 마주침
0288	decade	ⓝ 십년
0289	drown	ⓥ 물에 빠지다, 익사하다
0290	external	ⓐ 외부의, 밖의 ⓝ 외부, 외적인 것
0291	facility	ⓝ (편의) 시설, 설비; 기능
0292	international	ⓐ 국제적인, 세계적인
0293	heal	ⓥ 치유하다, 치료하다
0294	highlight	ⓥ 강조하다, 눈에 띄게 표시하다
0295	astronaut	ⓝ 우주비행사
0296	hire	ⓥ 고용하다, 채용하다
0297	imagination	ⓝ 상상(력), 공상
0298	competitive	ⓐ 경쟁적인, 경쟁의
0299	athlete	ⓝ 운동선수
0300	convey	ⓥ 전달하다, 의미하다; 나르다, 운반하다

0301	regret	ⓥ 후회하다; 유감스럽게 생각하다
0302	imitate	ⓥ 모방하다, 흉내 내다, 따라 하다
0303	consume	ⓥ 먹다, 섭취하다; 소비[소모]하다, 다 써버리다
0304	overwhelming	ⓐ 압도적인, 엄청난, 대항할 수 없는
0305	specific	ⓐ 구체적인, 특정한
0306	load	ⓝ 무거운 짐, 부담; 작업량 ⓥ 싣다, 담다, 태우다; 탑재하다
0307	modern	ⓐ 현대적인, 현대의, 근대의
0308	decisive	ⓐ 결정적인, 결단력이 있는, 단호한
0309	multiple	ⓐ 다수의, 다양한, 여러 번의
0310	possibility	ⓝ 가능성, 기회
0311	satisfy	ⓥ 만족[충족]시키다
0312	poverty	ⓝ 가난, 빈곤
0313	interaction	ⓝ 상호작용, 교류, 관계
0314	receive	ⓥ 받다, 받아들이다
0315	suppose	ⓥ 가정하다, 전제로 하다
0316	range	ⓥ (범위가) ~에 이르다 ⓝ 범위
0317	object	ⓝ 물체, 물건; 대상; 목적, 목표 ⓥ 반대하다
0318	address	ⓥ 해결하다; 말을 걸다; 연설하다 ⓝ 주소; 연설; 인사말
0319	critical	ⓐ 매우 중요한, 결정적인; 비판적인
0320	criticize	ⓥ 비난[비판]하다, 비평하다

DAY 09

0321	provide	ⓥ 제공하다, 주다
0322	primitive	ⓐ 원시적인, 원시의
0323	resist	ⓥ 저항[반항]하다; 참다
0324	leak	ⓝ 누출, 새는 곳 ⓥ 새다
0325	pursue	ⓥ 추구하다; 뒤쫓다
0326	cooperate	ⓥ 협력하다, 협동하다
0327	formation	ⓝ 형성; (특정한) 대형
0328	carbon	ⓝ 탄소
0329	utilize	ⓥ 이용[활용]하다, 사용하다
0330	dramatic	ⓐ 극적인, 인상적인
0331	sacrifice	ⓥ 희생하다 ⓝ 희생, 제물
0332	absorb	ⓥ 흡수하다, 받아들이다; 열중시키다
0333	settle	ⓥ 해결하다; 결정하다; 정착하다
0334	defense	ⓝ 방어, 수비
0335	still	ⓐ 고요한, 가만히 있는, 정지한 ad 아직, 여전히
0336	impulse	ⓝ 충동, 자극
0337	statistics	ⓝ 통계, 통계 자료, 통계학
0338	incredible	ⓐ 놀라운, 굉장한, 훌륭한; 믿을 수 없는
0339	rule	ⓥ 지배[통치]하다; 판결하다 ⓝ 규칙
0340	subtle	ⓐ 미묘한, 감지하기 힘든; 교묘한

0341	**unexpected**	ⓐ 예기치 않은, 뜻밖의
0342	**vital**	ⓐ 매우 중요한, 필수적인
0343	**despite**	ⓟ ~에도 불구하고
0344	**convenient**	ⓐ 편리한; 형편이 좋은
0345	**distant**	ⓐ 먼, 거리를 둔, 거리감이 있는
0346	**install**	ⓥ 설치하다, 장착하다
0347	**proverb**	ⓝ 속담, 격언
0348	**ruin**	ⓥ 망치다, 파멸[파산]시키다 ⓝ 파멸, 파산; (-s) 잔해, 유적
0349	**whereas**	ⓒ 반면에, ~임에 반하여
0350	**portrait**	ⓝ 초상화, 인물화
0351	**random**	ⓐ 임의의, 무작위의
0352	**launch**	ⓥ 시작[착수]하다, 출시하다; 발사하다 ⓝ 개시; 출시, 발표; 발사
0353	**harsh**	ⓐ 가혹한, 혹독한, 거친
0354	**register**	ⓥ 등록하다 ⓝ 기록부, 명부
0355	**grab**	ⓥ 움켜쥐다, 움켜잡다, 잡아채다
0356	**rarely**	ad 거의 ~하지 않는, 드물게
0357	**concern**	ⓝ 관심, 걱정; 관계 ⓥ 관련이 있다, 관한 것이다; 걱정시키다
0358	**drive**	ⓝ 욕구, 충동; 모금[기부] 운동 ⓥ (~을 하도록) 몰다
0359	**process**	ⓝ 과정, 절차 ⓥ 처리하다, 가공하다
0360	**progress**	ⓝ 진전, 진보 ⓥ 진척을 보이다, 나아가다

DAY 10

0361	spectator	ⓝ 관중, 관객, 구경꾼
0362	mess	ⓝ 엉망, 혼돈; 지저분한 것, 범벅이 된 음식
0363	illusion	ⓝ 환상, 환영; 착각, 오해
0364	distribute	ⓥ 분배하다, 나누어 주다
0365	countless	ⓐ 무수한, 셀 수 없이 많은
0366	absolute	ⓐ 절대적인; 완전한
0367	relieve	ⓥ 경감시키다, 완화시키다, 없애주다
0368	heritage	ⓝ 유산; 전승, 전통
0369	abundant	ⓐ 풍부한, 많은
0370	protect	ⓥ 보호하다, 지키다, 막다
0371	succeed	ⓥ 성공하다; 뒤를 잇다
0372	excitement	ⓝ 흥분, 들뜸
0373	trash	ⓝ 쓰레기, 잡동사니
0374	education	ⓝ 교육, 지도, 훈련
0375	opinion	ⓝ 의견, 견해, 생각
0376	invest	ⓥ 투자하다; (시간·노력 등을) 쏟다
0377	individual	ⓝ 사람, 개인 ⓐ 개개의, 단일의
0378	global	ⓐ 전 세계의, 지구의; 전반적인
0379	odd	ⓐ 이상한, 특이한; 홀수의
0380	sight	ⓝ 시력, 시야, 시각

0381	craft	ⓝ 공예; 기술, 솜씨 ⓥ 손으로 만들다; (문학 등을) 쓰다
0382	asset	ⓝ 자산, 재산, 소중한 것
0383	rescue	ⓥ 구하다, 구조하다 ⓝ 구조, 구출
0384	evaluate	ⓥ 평가하다, 감정하다
0385	beg	ⓥ 간청[애원]하다, 간절히 바라다
0386	entire	ⓐ 전체의, 전부의; 완전한
0387	assignment	ⓝ 과제, 숙제, 임무; (임무 등의) 할당
0388	expert	ⓝ 전문가, 대가 ⓐ 전문적인
0389	brilliant	ⓐ 훌륭한, 멋진, 눈부신; 총명한
0390	automatic	ⓐ 자동의, 자동적인, 무의식적인
0391	scenery	ⓝ 경치, 풍경
0392	acknowledge	ⓥ 인정하다, 승인하다
0393	collaboration	ⓝ 협업, 공동 작업, 협력
0394	adjust	ⓥ 조정하다, 조절하다; 적응하다
0395	ignore	ⓥ 무시하다, 간과하다
0396	alter	ⓥ 변경하다, 바꾸다, 고치다
0397	charge	ⓥ 충전하다; 비용을 청구하다; 기소하다 ⓝ 충전; 요금; 책임
0398	fix	ⓥ 수리하다, 고치다; 결정하다, 정하다; 고정시키다
0399	acquire	ⓥ 습득하다, 얻다, 익히다
0400	require	ⓥ 필요로 하다, 요구하다

DAY 11

0401	ceiling	ⓝ 천장
0402	attract	ⓥ 끌다, 끌어당기다; 유인하다, 매혹하다
0403	chore	ⓝ 집안일, 가사, 허드렛일
0404	immediate	ⓐ 즉각적인; 당면한; 직접의
0405	cite	ⓥ (이유·예를) 들다, 언급하다, 인용하다
0406	compound	ⓝ 화합물, 혼합물 ⓥ 혼합하다; 악화하다
0407	discourage	ⓥ 낙담시키다, 단념시키다, (못하게) 말리다
0408	remain	ⓥ 남다, ~한 상태를 유지하다 ⓝ (-s) 유물, 유적
0409	distinguish	ⓥ 구별하다, 구분하다; 두드러지게 하다
0410	entry	ⓝ 입장, 참가; (대회 등의) 출품작
0411	associate	ⓥ 교제하다, 함께하다; 관련시키다, 연관 짓다
0412	visible	ⓐ 보이는, 가시적인
0413	lecture	ⓝ 강의, 강연 ⓥ 강의하다; 잔소리[훈계]하다
0414	self-esteem	ⓝ 자존감, 자부심
0415	diverse	ⓐ 다양한, 여러 가지의
0416	legend	ⓝ 전설
0417	manufacture	ⓥ 제조하다, 생산하다 ⓝ 제조
0418	submit	ⓥ 제출하다, 출품하다
0419	memorize	ⓥ 기억하다, 암기하다
0420	path	ⓝ 길, 경로, 진로

0421	reliable	ⓐ 신뢰할 만한, 믿을 수 있는
0422	peer	ⓝ 또래, 동료 ⓥ 유심히 보다
0423	via	ⓟ ~을 통하여, ~을 거쳐
0424	permission	ⓝ 허락, 허가
0425	respect	ⓥ 존경[존중]하다 ⓝ 존경, 존중; (측)면
0426	situation	ⓝ 상황, 사태, 환경; 위치
0427	source	ⓝ 원천, 근원, 출처, 공급자
0428	tendency	ⓝ 경향, 성향, 추세
0429	serve	ⓥ 도움이 되다, 역할을 하다; (사람을) 모시다, 섬기다, 시중들다
0430	uncover	ⓥ 밝히다, 발견하다, 폭로하다
0431	versus	ⓟ ~ 대(對), ~에 대한
0432	climate	ⓝ 기후; 분위기, 상황
0433	massive	ⓐ 거대한, 엄청나게 큰, 대량의
0434	practical	ⓐ 실질적인, 실제적인, 실용적인
0435	treat	ⓥ 대우하다, 취급하다; 대접하다; 치료하다 ⓝ 한턱, 대접
0436	account	ⓝ 설명, 기술; 계좌, 계정; 평가, 고려 ⓥ 설명하다; 차지하다
0437	hypothesis	ⓝ 가설, 추정, 추측
0438	profound	ⓐ 심오한, 엄청난
0439	electricity	ⓝ 전기, 전력
0440	electronic	ⓐ 전자적인, 전자의

DAY 12

0441	permanent	ⓐ 영구적인, 영원한, 불변의
0442	recover	ⓥ 회복하다, 되찾다
0443	outstanding	ⓐ 뛰어난, 탁월한, 두드러진
0444	period	ⓝ 기간, 시기
0445	nature	ⓝ 본질, 본성, 천성; 자연
0446	interpersonal	ⓐ 대인 관계의
0447	theory	ⓝ 이론, 학설
0448	poisonous	ⓐ 독이 있는
0449	ecosystem	ⓝ 생태계
0450	protein	ⓝ 단백질
0451	masterpiece	ⓝ 걸작, 명작, 대작
0452	destroy	ⓥ 파괴하다, 말살하다
0453	clue	ⓝ 단서, 실마리
0454	defeat	ⓥ 패배시키다, 좌절시키다 ⓝ 패배
0455	pollutant	ⓝ 오염 물질, 오염원
0456	distract	ⓥ (~의) 주의를 산만하게 하다, 방해하다
0457	domestic	ⓐ 가정(용)의, 집안의; 길든; 국내의
0458	material	ⓝ 재료, 물질, 재질
0459	drag	ⓥ 질질 끌다, 끌어당기다 ⓝ (저)항력
0460	courage	ⓝ 용기, 담력

0461	freshman	ⓝ 신입생, 1학년생
0462	integrate	ⓥ 통합되다, 융합하다, 하나가 되다
0463	keen	ⓐ 예리한, 날카로운; 열심인, 의욕적인
0464	landfill	ⓝ 쓰레기 매립지
0465	impress	ⓥ (깊은) 인상을 주다, 감명을 주다, 감동시키다
0466	creative	ⓐ 창의적인, 독창적인
0467	despair	ⓝ 절망 ⓥ 절망하다
0468	crew	ⓝ 승무원, 선원, 팀
0469	conserve	ⓥ 보존하다; 절약하다, 아끼다
0470	barrier	ⓝ 장벽, 장애(물)
0471	edible	ⓐ 먹을 수 있는 ⓝ 먹을 수 있는 것, 음식
0472	exchange	ⓝ 교환 ⓥ 교환하다
0473	collapse	ⓥ 무너지다, 붕괴하다 ⓝ 붕괴
0474	agricultural	ⓐ 농업의, 농사의
0475	deliver	ⓥ 전달하다, 배달[배송]하다; (연설·강연 등을) 하다; 출산하다
0476	share	ⓥ 공유하다, 나누다 ⓝ 할당, 몫; (시장) 점유율; 주식
0477	stereotype	ⓝ 고정관념, 정형화된 생각 ⓥ 고정관념을 가지다
0478	intangible	ⓐ 무형의, 만질 수 없는
0479	initial	ⓐ 초기의, 처음의 ⓝ 이름의 첫 글자
0480	initiate	ⓥ 시작하다, 발생시키다

DAY 13

0481	claim	ⓝ 주장 ⓥ 주장하다, 요구[청구]하다
0482	sweep	ⓥ (빗자루로) 청소하다, 쓸다, 휩쓸다
0483	depict	ⓥ (그림으로) 그리다, 묘사하다
0484	absurd	ⓐ 터무니없는, 불합리한, 부조리한
0485	stroke	ⓥ 쓰다듬다; 선[획]을 긋다 ⓝ 타격; 〈수영〉 (팔을) 젓기
0486	tag	ⓝ 꼬리표 ⓥ 꼬리표를 달다, 표를 붙이다
0487	width	ⓝ 폭, 너비
0488	admire	ⓥ 감탄하다, 칭송하다
0489	fear	ⓝ 두려움, 불안 ⓥ 두려워하다
0490	touch	ⓥ 감동시키다, 마음을 움직이다; 만지다 ⓝ 촉각
0491	advance	ⓝ 진보, 발전 ⓥ 발전시키다; 승진하다
0492	feed	ⓥ 먹이를 주다; (기계에) 넣다, 입력하다; (욕구 등을) 충족시키다
0493	ban	ⓥ 금지하다 ⓝ 금지(법)
0494	cultivate	ⓥ 재배[경작]하다, 기르다, 양성하다
0495	shift	ⓥ 옮기다, 이동하다 ⓝ 이동, 변화; 교대 (근무)
0496	beneficial	ⓐ 이로운, 유익한, 이득이 되는
0497	mental	ⓐ 정신적인, 마음의
0498	appointment	ⓝ 약속, 예약; 임명
0499	migrate	ⓥ 이주하다, 이동하다
0500	native	ⓐ 원주민의, 지방 고유의, 토착의 ⓝ 원주민

0501	occupy	ⓥ (공간·시간을) 차지하다, 점령하다; (방을) 쓰다
0502	pause	ⓥ 잠시 멈추다, 중단하다 ⓝ 일시정지, 중지
0503	resident	ⓝ 거주자 ⓐ 거주하는
0504	abandon	ⓥ 버리다, 유기하다; 떠나다
0505	blame	ⓥ 비난하다, 탓하다 ⓝ 비난; 책임
0506	root	ⓝ 기원, 뿌리, 근원 ⓥ 뿌리를 두다[박다]
0507	extra	ⓐ 추가의, 여분의, 임시의 ⓝ 여분 ad 특별히
0508	transform	ⓥ 바꾸다, 변형시키다
0509	souvenir	ⓝ 기념품, 선물
0510	compare	ⓥ 비교하다, 비유하다
0511	research	ⓝ 연구 ⓥ 조사하다, 연구하다
0512	isolate	ⓥ 격리하다, 고립시키다
0513	occasional	ⓐ 가끔의, 이따금의
0514	blind	ⓐ 눈이 먼; 맹목적인; 막다른 ⓥ (눈이) 멀게 하다
0515	present	ⓐ 참석[출석]한; 현재의 ⓥ 공개[발표]하다; 제공하다 ⓝ 선물
0516	apply	ⓥ 적용하다; 신청[지원]하다; (크림 등을) 바르다
0517	amenity	ⓝ 편의 시설, 편의 서비스
0518	authentic	ⓐ 진짜인, 진정한
0519	device	ⓝ 기기, 장치
0520	devise	ⓥ 궁리하다, 고안하다, 마련하다

DAY 14

0521	cause	ⓥ 원인이 되다, 유발하다, 야기하다 ⓝ 원인; 대의명분
0522	announce	ⓥ 발표[공표]하다, 알리다
0523	literature	ⓝ 문학, 문헌
0524	delay	ⓝ 지연, 연착 ⓥ 연기하다
0525	survive	ⓥ 살아남다, 생존하다
0526	spirit	ⓝ 정신; 기운, 용기
0527	exactly	ad 정확하게, 정확히
0528	context	ⓝ 맥락, 상황, 문맥
0529	detail	ⓝ 세부 사항 ⓥ 상술하다
0530	broadcast	ⓝ 방송 ⓥ 방송하다
0531	row	ⓝ 줄, 열; 노젓기 ⓥ (노로) 배를 젓다
0532	raise	ⓥ 들어올리다; (자금 등을) 모으다; 기르다
0533	terrible	ⓐ 끔찍한, 심한
0534	commitment	ⓝ 전념, 헌신; 약속
0535	artwork	ⓝ 예술작품, 예술품
0536	float	ⓥ 뜨다, 떠다니다, 표류하다
0537	depression	ⓝ 우울, 우울증
0538	author	ⓝ 작가, 저자
0539	disappear	ⓥ 사라지다, 없어지다
0540	technology	ⓝ 과학기술, 기계

0541	enthusiasm	ⓝ 열정, 열광
0542	transfer	ⓥ 옮기다; 전학[전근] 가다 ⓝ 이동, 환승
0543	administration	ⓝ 경영, 관리, 행정
0544	exception	ⓝ 예외, 제외
0545	household	ⓝ 가정, 가구, 세대
0546	experienced	ⓐ 경험이 많은, 노련한, 숙련된
0547	fluent	ⓐ 유창한, 능통한
0548	passenger	ⓝ 승객, 탑승객
0549	furious	ⓐ 격노한, 사나운, 맹렬한
0550	prohibit	ⓥ 금지하다, 막다
0551	imbalance	ⓝ 불균형
0552	debate	ⓝ 토론, 논쟁 ⓥ 토론[논쟁]하다
0553	suffer	ⓥ (고통 등을) 겪다, 괴로워하다
0554	treasure	ⓝ 보물 ⓥ 소중히 여기다
0555	degree	ⓝ 〈온도/각도〉 도; 정도, 단계; 학위
0556	patient	ⓝ 환자 ⓐ 인내심 있는, 참을성 있는
0557	accumulate	ⓥ 축적하다, 모으다
0558	peculiar	ⓐ 특이한, 특유의; 이상한
0559	adapt	ⓥ 적응하다, 적응시키다
0560	adopt	ⓥ 받아들이다, 채택하다; 입양하다

DAY 15

0561	display	ⓥ 전시하다; 보여주다, 발휘하다 ⓝ 전시, 진열; 표시, 표현; 과시
0562	worthwhile	ⓐ 가치[보람] 있는
0563	civilization	ⓝ 문명 (사회), 문화
0564	location	ⓝ 위치, 장소
0565	maximum	ⓐ 최대의, 최고의 ⓝ 최대한, 최대(량)
0566	infant	ⓝ 유아, 아기
0567	lessen	ⓥ 줄다, 줄이다
0568	friction	ⓝ 마찰; 불화
0569	attack	ⓝ 공격 ⓥ 공격하다
0570	portable	ⓐ 휴대용의, 들고 다닐 수 있는, 이동식의
0571	solution	ⓝ 해결책, 해법; 용액
0572	candidate	ⓝ 후보(자), 지원자
0573	indifferent	ⓐ 무관심한; 그저 그런
0574	ethnic	ⓐ 민족의, 인종의
0575	design	ⓥ 고안[설계]하다, 꾀하다 ⓝ 디자인, 설계도
0576	refuse	ⓥ 거절하다, 거부하다
0577	award	ⓥ 수여하다 ⓝ 상
0578	request	ⓝ 요구, 요청 ⓥ 요구하다, 청하다
0579	standard	ⓝ 수준; 기준, 표준 ⓐ 기준의, 표준의
0580	infection	ⓝ 감염, 전염

0581	discover	ⓥ 발견하다, 알아내다
0582	steadily	ⓐⓓ 꾸준히, 지속적으로; 착실하게
0583	extraordinary	ⓐ 특별한, 비상한, 기이한, 놀라운
0584	surround	ⓥ 둘러싸다, 에워싸다
0585	sweat	ⓝ 땀 ⓥ 땀을 흘리다
0586	direction	ⓝ 방향; (-s) 길 안내; 지시
0587	arise	ⓥ 생기다, 발생하다, 일어나다
0588	wound	ⓝ 상처, 부상 ⓥ 상처를 입히다
0589	gravity	ⓝ 중력, 인력
0590	smooth	ⓐ 매끄러운, 부드러운, 원활한 ⓥ 매끄럽게 하다, 원활하게 하다
0591	local	ⓐ 지역의 ⓝ 현지인
0592	intention	ⓝ 의도, 목적
0593	heroic	ⓐ 영웅적인 ⓝ (-s) 영웅적 행위
0594	phase	ⓝ 단계, 상태, 국면, 측면
0595	match	ⓝ 시합, 경기; 잘 어울리는 것[사람]; 성냥 ⓥ 어울리다, 맞다
0596	relative	ⓝ 친척, 인척 ⓐ 상대적인; 관계 있는
0597	provoke	ⓥ 유발하다, 일으키다, 화나게 하다
0598	anonymous	ⓐ 익명의, 익명으로 된
0599	confirm	ⓥ 확인하다, 확정하다
0600	conform	ⓥ 따르다, 순응하다; 부합하다

DAY 16

0601	sphere	ⓝ 구(球), 구체; 범위, 영역
0602	uncomfortable	ⓐ 불편한, 거북한
0603	minimum	ⓝ 최소한도 ⓐ 최소한의
0604	flexible	ⓐ 유연한, 융통성 있는
0605	element	ⓝ 요소, 성분; 〈화학〉 원소
0606	earn	ⓥ 얻다, 획득하다; (일을 하여) 돈을 벌다
0607	visual	ⓐ 시각의, 시각적인, 눈에 보이는
0608	admit	ⓥ 인정하다, 시인하다; 입원시키다
0609	stress	ⓥ 강조하다 ⓝ 압박; 강조
0610	boundary	ⓝ 경계(선), 한계, 범위
0611	pioneer	ⓝ 개척자, 선구자
0612	brief	ⓐ 간결한, 간단한; 짧은, 잠시의
0613	career	ⓝ 직업, 일, 경력, 진로
0614	alert	ⓐ 기민한, 경계하는 ⓥ 알리다 ⓝ 경보
0615	command	ⓝ 명령(어), 지휘 ⓥ 명령[지휘]하다
0616	impatient	ⓐ 성급한, 조급한, 참을성 없는
0617	population	ⓝ 인구; 개체 수, 개체군
0618	economic	ⓐ 경제적인, 경제의
0619	companion	ⓝ 친구, 동반자
0620	worn	ⓐ 낡은, 닳아서 해진; 지친

0621	**sound**	ⓐ 건전한, 괜찮은, 건강한 ⓥ ~처럼 들리다 ⓝ 소리, 음
0622	**component**	ⓝ 구성 요소, 성분
0623	**method**	ⓝ 방법, 방식
0624	**guarantee**	ⓥ 보장하다 ⓝ 보증, 담보
0625	**formal**	ⓐ 형식적인, 격식을 차린, 공식적인
0626	**substitute**	ⓝ 대체물, 대신하는 것[사람] ⓥ 대체하다
0627	**conclude**	ⓥ 결론짓다, 종결하다
0628	**intend**	ⓥ 의도하다, 계획하다
0629	**technique**	ⓝ 기법, 기술
0630	**efficient**	ⓐ 효율적인, 능률적인
0631	**due**	ⓐ (제출) 기한인, ~ 하기로 되어 있는; 정당한
0632	**familiarity**	ⓝ 친밀함, 친숙함
0633	**given**	ⓐ 주어진, 정해진 ⓟ ~을 고려할 때
0634	**honesty**	ⓝ 정직, 솔직함
0635	**practice**	ⓝ 관행, 습관; 실행, 실천; 연습, 실습 ⓥ 실행하다; 연습하다
0636	**develop**	ⓥ 발달하다, 개발하다, 성장시키다; (필름을) 현상하다
0637	**abstract**	ⓐ 추상적인, 이론적인 ⓝ 추상화; 개요
0638	**compromise**	ⓝ 타협, 절충 ⓥ 타협하다
0639	**expand**	ⓥ 확장하다, 팽창시키다, 확대하다
0640	**expend**	ⓥ (돈·시간·에너지를) 쏟다[들이다], 다 써버리다

DAY 17

0641	identical	ⓐ 동일한, 똑같은
0642	income	ⓝ 소득, 수입
0643	rectangular	ⓐ 직사각형의
0644	informal	ⓐ 격식을 차리지 않는, 비공식적인
0645	consideration	ⓝ 고려, 숙고; 배려
0646	diminish	ⓥ 줄어들다, 줄이다, 축소하다
0647	judge	ⓝ 심판, 심사위원; 판사 ⓥ 판단[판정]하다
0648	regularly	ad 주기적으로, 규칙적으로, 정기적으로
0649	empty	ⓐ 비어 있는, 공허한 ⓥ 비우다
0650	lower	ⓥ 내리다, 낮추다 ⓐ 아래쪽의; 더 낮은
0651	discount	ⓥ 무시하다, (무가치한 것으로) 치부하다; 할인하다 ⓝ 할인
0652	inner	ⓐ 내부의, 내적인, 내면의
0653	discard	ⓥ 버리다, 폐기하다
0654	balance	ⓝ 균형; 잔고, 잔액 ⓥ 균형을 맞추다
0655	habitat	ⓝ 서식지, 생태; 거주지
0656	rub	ⓥ 문지르다, 비비다
0657	opponent	ⓝ 상대, 반대자
0658	survey	ⓝ 조사, 연구 ⓥ 조사하다
0659	accidentally	ad 우연히, 잘못하여, 뜻하지 않게
0660	logical	ⓐ 논리적인, 타당한

0661	signature	ⓝ 서명; 특징 ⓐ 특징적인
0662	majority	ⓝ 대다수, 과반수, 대부분
0663	drought	ⓝ 가뭄
0664	mammal	ⓝ 포유류, 포유동물
0665	drop	ⓝ 하락; (액체) 방울 ⓥ 하락하다, 떨어지다
0666	tension	ⓝ 긴장, 불안, 팽팽함
0667	silence	ⓝ 침묵, 고요, 정적 ⓥ 침묵시키다
0668	fatal	ⓐ 치명적인; 중대한, 운명의
0669	newborn	ⓐ 갓 태어난 ⓝ 신생아
0670	otherwise	ad 그렇지 않으면, 다른 상황에서는
0671	admission	ⓝ 입장, 입장료, 입학; 시인, 인정
0672	outcome	ⓝ 결과, 성과
0673	credit	ⓝ 신용; 공로, 공적, 인정 ⓥ ~을 믿다
0674	fool	ⓥ 속이다, 기만하다 ⓝ 바보
0675	board	ⓥ 타다, 승선하다; 하숙하다 ⓝ 판자; ~판, 게시판; 위원회
0676	feature	ⓝ 특징, 특성; 특집; 이목구비 ⓥ 특집으로 다루다
0677	synthetic	ⓐ 합성의, 인조의
0678	mount	ⓥ 쌓이다, 증가하다; 올라타다
0679	appliance	ⓝ 전기제품, (가정용) 기구, 기기
0680	applicant	ⓝ 지원자, 신청자

DAY 18

0681	overestimate	ⓥ 과대평가하다
0682	debt	ⓝ 빚, 부채
0683	philosophy	ⓝ 철학
0684	enroll	ⓥ 등록하다, 입학하다
0685	similar	ⓐ 비슷한, 유사한
0686	disease	ⓝ 질병
0687	beast	ⓝ 짐승, 동물, 야수
0688	reject	ⓥ 거절하다, 거부하다; 불합격시키다
0689	advertise	ⓥ 광고하다, 알리다
0690	beat	ⓥ 이기다, 물리치다; 두드리다; (심장이) 고동치다 ⓝ 박자, 비트
0691	sensitive	ⓐ 민감한, 예민한
0692	so-called	ⓐ 소위, 이른바
0693	value	ⓝ 가치, 진가 ⓥ 소중히 여기다
0694	analyze	ⓥ 분석하다, 조사하다
0695	specialist	ⓝ 전문가, 전공자
0696	foundation	ⓝ 기초, 기반, 토대; 재단, 협회
0697	suddenly	ad 갑자기, 순식간에
0698	traffic	ⓝ 운행, 교통(량), 통행
0699	handle	ⓥ 다루다, 처리하다, 취급하다 ⓝ 손잡이
0700	negative	ⓐ 부정의, 부정적인; 음성의

0701	**harmful**	ⓐ 유해한, 해로운
0702	**vacuum**	ⓝ 진공 (청소기); 공백 ⓥ 진공청소기로 청소하다
0703	**attain**	ⓥ 얻다, 달성하다, 이루다
0704	**dedicate**	ⓥ (시간, 생애 등을) 바치다, 헌신하다
0705	**endangered**	ⓐ (동식물이) 멸종될 위기에 처한
0706	**support**	ⓝ 지지, 지원, 뒷받침 ⓥ 부양하다, 지지하다
0707	**evenly**	ad 고르게, 균등하게, 균일하게
0708	**afterwards**	ad 나중에, 그 후에
0709	**temporary**	ⓐ 일시적인, 임시의
0710	**highly**	ad 매우, 대단히
0711	**awkward**	ⓐ 어색한, 불편한, 서투른; 힘든
0712	**annoy**	ⓥ 짜증나게 하다, 화나게 하다
0713	**glow**	ⓥ 빛나다, 타다 ⓝ 불빛, 백열(광)
0714	**inherit**	ⓥ 상속하다, 물려받다
0715	**arrange**	ⓥ (미리) 정하다, 준비하다; 배열하다; 편곡하다, 각색하다
0716	**content**	ⓝ (-s) 내용(물); 함유량; 목차 ⓐ 만족하는 ⓥ 만족시키다
0717	**controversy**	ⓝ 논란, 논쟁
0718	**vulnerable**	ⓐ 상처받기 쉬운, 취약한
0719	**define**	ⓥ 정의하다, 규정하다
0720	**refine**	ⓥ 정제하다, 다듬다

DAY 19

0721	seek	ⓥ 찾다, 추구하다, 노력하다
0722	reach	ⓥ 닿다, 이르다, 도달하다 ⓝ 범위
0723	destiny	ⓝ 운명, 숙명, 필연
0724	target	ⓥ 목표로 삼다, 겨냥하다 ⓝ 목표, 대상
0725	adequate	ⓐ 적절한, 적당한, 충분한
0726	failure	ⓝ 실패, 패배
0727	negotiation	ⓝ 협상, 교섭
0728	financial	ⓐ 재정적인, 금전적인
0729	chance	ⓝ 기회, 가능성; 우연 ⓥ 우연히 ~하다
0730	compete	ⓥ 경쟁하다, (시합 등에) 참가하다
0731	inexpensive	ⓐ 비싸지 않은, 저렴한
0732	pros and cons	ⓝ 찬반양론, 장단점
0733	fatigue	ⓝ 피로, 피곤
0734	bloom	ⓥ 번성하다, 꽃이 피다 ⓝ 꽃
0735	strategy	ⓝ 전략, 계획
0736	distort	ⓥ 왜곡하다, 비틀다
0737	recycle	ⓥ 재활용하다
0738	uniform	ⓐ 획일적인, 똑같은 ⓝ 교복, 제복
0739	bravery	ⓝ 용감함, 용기
0740	employ	ⓥ 고용하다; 사용[이용]하다, (기술, 방법 등을) 쓰다

0741	crisis	ⓝ 위기, 고비
0742	urge	ⓥ 강력히 권고하다 ⓝ 충동, 강한 욕구
0743	mission	ⓝ 임무, 사명
0744	carve	ⓥ 조각하다, 새기다, 파다
0745	enrich	ⓥ 풍부하게 하다, 풍요롭게 하다
0746	lyric	ⓝ (-s) 가사, 노랫말 ⓐ 서정시의, 노래의
0747	injure	ⓥ 부상을 입히다, 해치다
0748	dig	ⓥ (구멍 등을) 파다, 파내다
0749	trustworthy	ⓐ 믿을 만한, 신뢰할 수 있는
0750	mature	ⓐ 성숙한, 다 자란; 숙성된 ⓥ 성숙하다; 발달하다; 숙성하다
0751	favor	ⓝ 부탁, 호의 ⓥ 선호하다
0752	edit	ⓥ 편집하다, 수정하다, 교정하다
0753	gorgeous	ⓐ 아주 멋진, 아름다운
0754	fare	ⓝ (교통) 요금, 운임, 통행료
0755	firm	ⓝ 회사, 기업 ⓐ 단단한, 딱딱한 ⓥ 단단하게 하다
0756	produce	ⓥ 만들어내다, 생산하다 ⓝ 농산물, 생산물
0757	conventional	ⓐ 전형적인, 전통적인, 관습적인
0758	altitude	ⓝ 고도
0759	memorable	ⓐ 기억할 만한, 인상적인
0760	memorial	ⓐ 기념하기 위한, 추도의, 추모의

DAY 20

0761	vote	ⓥ 투표하다 ⓝ 투표(권)
0762	tell	ⓥ 구분[구별]하다, 알다, 판단하다; 말하다
0763	review	ⓝ 검토, 비평 ⓥ 재검토하다, 복습하다; 관찰하다
0764	supply	ⓝ 공급(량) ⓥ 공급하다
0765	stretch	ⓥ 늘이다; 뻗어 있다, 펼쳐지다 ⓝ (도로 등의) 구간, 길이
0766	skull	ⓝ 두개골
0767	retain	ⓥ 유지[보유]하다, 간직하다
0768	promote	ⓥ 홍보하다, 촉진하다; 승진시키다
0769	council	ⓝ 의회, 위원회, 협의회
0770	discuss	ⓥ 논의하다, 토론하다, 상의하다
0771	accordingly	ad 그에 따라, 부응해서
0772	symbol	ⓝ 상징, 기호, 부호
0773	technical	ⓐ 기술적인, 전문적인
0774	vibration	ⓝ 진동, 흔들림
0775	novel	ⓐ 참신한, 새로운 ⓝ 소설
0776	regulate	ⓥ 규제하다; 조절하다
0777	bold	ⓐ 과감한, 용감한; 뚜렷한, 두드러진
0778	vividly	ad 생생하게, 선명하게
0779	aim	ⓥ 겨누다, 목표로 하다 ⓝ 목표, 목적
0780	universal	ⓐ 보편적인, 일반적인

0781	fulfill	ⓥ 실행하다, 실현[성취]하다, 완수하다; 채우다
0782	continuous	ⓐ 지속적인, 계속적인, 끊임없는
0783	price	ⓝ 대가, 보상, 희생; 가치; 값
0784	several	ⓐ 여러, 몇몇의
0785	origin	ⓝ 기원, 근원; 출신, 태생
0786	celebrate	ⓥ 기념하다, 축하하다
0787	consult	ⓥ 조언을 구하다, 상담[상의]하다
0788	costume	ⓝ 복장, 의상
0789	strict	ⓐ 엄한, 엄격한
0790	restore	ⓥ 복구하다, 반환하다, 되돌리다
0791	maximize	ⓥ 극대화[최대화]하다
0792	skip	ⓥ 거르다, 건너뛰다, 빼먹다
0793	spark	ⓥ 촉발시키다, 야기하다 ⓝ 불꽃
0794	interconnected	ⓐ 상호 연결된
0795	right	ⓝ 권리 ⓐ 맞는, 옳은, 정당한 ad 정확하게, 적절하게
0796	stick	ⓥ 찌르다; 달라붙다; 고집하다 ⓝ 막대기, 나뭇가지
0797	tame	ⓥ 길들이다 ⓐ 길든
0798	replicate	ⓥ 복제하다, 모사하다
0799	clarify	ⓥ 명확[명료]하게 하다, 분명하게 하다
0800	classify	ⓥ 분류하다, 구분하다

DAY 21

0801	likely	ⓐ ~할 것 같은 ⓐⓓ 아마도
0802	refund	ⓝ 환불 ⓥ 환불[반환]하다
0803	flow	ⓥ 흐르다, 흘러가다 ⓝ 흐름
0804	imaginary	ⓐ 상상의, 공상의
0805	eventually	ⓐⓓ 결국, 마침내
0806	common	ⓐ 흔한, 공통적인, 일반적인 ⓝ 공유지, 공원
0807	nervous	ⓐ 초조한, 긴장한, 신경과민의
0808	categorize	ⓥ 범주화하다, 분류하다
0809	phrase	ⓝ 구, 구절, 문구
0810	severe	ⓐ 심각한, 혹독한, 심한
0811	spin	ⓥ 회전하다, 돌다; (정보를) 제시하다 ⓝ 회전
0812	devote	ⓥ (시간·노력·돈을) 바치다, 전념하다
0813	inhabitant	ⓝ 거주자, 주민; 서식 동물
0814	voluntary	ⓐ 자발적인, 자원 봉사의
0815	advantage	ⓝ 유리(함), 장점, 이점, 이득
0816	corresponding	ⓐ 해당하는, 상응[대응]하는
0817	task	ⓝ 일, 과업, 과제
0818	recreate	ⓥ 재현하다, 되살리다
0819	cure	ⓝ 치유(법), 치료(제) ⓥ 치료하다
0820	normal	ⓐ 정상적인, 일반적인, 평범한

0821	ecological	ⓐ 생태학의, 생태학적인
0822	risky	ⓐ 위험한, 무모한
0823	export	ⓥ 수출하다 ⓝ 수출(품) ⓐ 수출(용)의
0824	frustrated	ⓐ 낙담한, 답답한, 좌절한
0825	altogether	ad 전적으로, 완전히; 모두
0826	apology	ⓝ 사과, 사죄
0827	secure	ⓥ 보장하다, 안전하게 하다 ⓐ 안전한, 확실한
0828	border	ⓝ 국경, 경계
0829	incorporate	ⓥ 통합하다, 포함하다
0830	sufficient	ⓐ 충분한, 넉넉한
0831	durable	ⓐ 내구성 있는, 튼튼한, 오래 견디는
0832	pour	ⓥ 붓다, 퍼붓다, 쏟아지다
0833	closet	ⓝ 벽장, 찬장
0834	deserve	ⓥ (~을 받을) 자격이 있다, ~할 만하다
0835	cover	ⓥ 덮다; 감추다; 다루다, 보도하다, 포함하다 ⓝ 덮개, 표지
0836	folk	ⓝ 사람들 ⓐ 민간의; 민속의, 전통적인
0837	autonomy	ⓝ 자율성, 자주성
0838	resign	ⓥ 사직[사임]하다, 물러나다, 포기하다
0839	invaluable	ⓐ 매우 귀중한
0840	valuable	ⓐ 가치 있는, 귀중한

DAY 22

0841	intake	ⓝ 섭취(량); 빨아들임, 흡입
0842	dominant	ⓐ 지배적인, 우월한, 우세한
0843	entertaining	ⓐ 재미있는, 즐거움을 주는
0844	extinct	ⓐ 멸종된, 사라진
0845	fabric	ⓝ 직물, 천, 섬유
0846	insert	ⓥ 삽입하다, 집어넣다
0847	polish	ⓥ 광택을 내다, 윤이 나게 하다, 다듬다
0848	suppress	ⓥ 억누르다, 억제하다, 참다
0849	examine	ⓥ 조사[검토]하다, 검사하다
0850	moreover	ad 게다가, 더욱이
0851	symptom	ⓝ 증상, 징후
0852	possession	ⓝ 소유(물), 보유, 점유
0853	eruption	ⓝ 분출, 폭발, 분화
0854	remark	ⓝ 말, 언급; 주목 ⓥ 말하다, 논평하다
0855	forbid	ⓥ 금지하다, 금하다
0856	gear	ⓝ 장비, 복장; 기어
0857	store	ⓥ 저장하다, 보관하다 ⓝ 가게; 저장량
0858	confront	ⓥ 맞서다, 직면하다
0859	ash	ⓝ 재, (*pl.*) 잿더미, 화산재
0860	core	ⓝ 핵심, 중심(부) ⓐ 중요한, 핵심의

0861	endure	ⓥ 견디다, 참다; 지속되다, 오래가다
0862	guilty	ⓐ 유죄의, 죄를 느끼는
0863	rotate	ⓥ 회전하다, 돌다; 교대하다
0864	astonishing	ⓐ 놀라운, 믿기 힘든
0865	entrance	ⓝ 입구; 입장, 입학
0866	relaxation	ⓝ 휴식, 기분 전환; 완화
0867	frighten	ⓥ 겁나게 하다, 놀라게 하다
0868	cancel	ⓥ 취소하다, 철회하다
0869	compose	ⓥ 구성하다; 작곡하다
0870	agreement	ⓝ 합의, 동의, 승낙, 계약
0871	designate	ⓥ 지정하다, 지명하다, 선정하다
0872	compensate	ⓥ 보상하다, 배상하다; 보충[보완]하다
0873	appearance	ⓝ 외모, 겉모습; 등장, 출현
0874	injustice	ⓝ 부당함, 부정, 불공평
0875	interest	ⓝ 이익, 이득; 이자; 관심, 흥미 ⓥ 흥미를 끌다
0876	current	ⓐ 현재의, 지금의 ⓝ 해류, 기류; 전류
0877	torment	ⓝ 고통, 골칫거리 ⓥ 괴롭히다
0878	restless	ⓐ 가만히 못 있는, 불안한
0879	lay	ⓥ 놓다, 두다; (알을) 낳다
0880	lie	ⓥ 거짓말하다, 속이다; 눕다, 누워 있다; (물건이) 놓여 있다

DAY 23

0881	frequent	ⓐ 빈번한, 잦은, 자주 일어나는
0882	internal	ⓐ 내적인, 내부의
0883	neglect	ⓥ 간과하다, 무시하다; 방치하다 ⓝ 무시; 태만
0884	promising	ⓐ 유망한, 촉망되는
0885	junk	ⓝ 잡동사니, 쓸모없는 물건, 쓰레기
0886	linguistic	ⓐ 언어적인, 언어의
0887	manipulate	ⓥ 조작하다, 조종하다
0888	active	ⓐ 활동적인, 적극적인, 활발한
0889	exceed	ⓥ 넘어서다, 초과하다
0890	contestant	ⓝ 참가자, 경쟁자
0891	approximately	ad 대략, 거의
0892	marine	ⓐ 해양의, 바다의
0893	innocent	ⓐ 순결한, 순수한; 무죄의, 죄가 없는
0894	mere	ⓐ 그저 ~에 불과한, 단순한
0895	proposal	ⓝ 제안, 제의, 계획
0896	aircraft	ⓝ 항공기, 비행기
0897	unity	ⓝ 통일, 통합, 일치
0898	psychology	ⓝ 심리(학)
0899	mimic	ⓥ 따라하다, 흉내내다
0900	moderate	ⓐ 적당한, 보통의, 절제하는

0901	illegal	ⓐ 불법의, 불법적인
0902	gene	ⓝ 유전자
0903	invention	ⓝ 발명(품), 창작
0904	largely	ad 대체로, 주로
0905	grief	ⓝ 큰 슬픔, 비탄, 비통
0906	irregular	ⓐ 불규칙한, 고르지 못한
0907	fluid	ⓝ 유동체, 액체 ⓐ 유동성의
0908	nourish	ⓥ 자양분을 공급하다; (감정 등을) 키우다
0909	optimal	ⓐ 최적의, 최선의
0910	property	ⓝ 재산(권); 소유물, 소유권
0911	race	ⓝ 인종, 민족; 경주
0912	sculpture	ⓝ 조각품, 조각
0913	privilege	ⓝ 특권, 특전, 영광 ⓥ 특권을 주다
0914	advocate	ⓝ 옹호자, 지지자 ⓥ 옹호[지지]하다
0915	edge	ⓝ 끝, 가장자리, 모서리; 우위, 강점; 위기 ⓥ 테두리를 두르다
0916	fine	ⓐ 세밀한, 미세한; 괜찮은, 좋은 ⓝ 벌금 ⓥ 벌금을 물리다
0917	rear	ⓐ 뒤쪽의, 뒤에 있는 ⓝ 뒤쪽 ⓥ 기르다
0918	verify	ⓥ 검증하다, 확인하다
0919	considerable	ⓐ 상당한, 많은; 중요한
0920	considerate	ⓐ 사려 깊은, 배려하는

DAY 24

0921	unfortunately	ad 유감스럽게도, 불행하게도
0922	addiction	n 중독
0923	disposable	a 일회용의
0924	vet	n 수의사(= veterinarian)
0925	concept	n 개념, 생각, 발상
0926	weakness	n 약점, 단점, 결점
0927	historical	a 역사적인, 역사(상)의
0928	sustain	v 지탱하다, 부양하다; 지속하다
0929	cheer	v 환호성을 지르다 n 쾌활함, 생기
0930	mobile	a 이동하는, 이동식의 n 휴대전화
0931	necessarily	ad 필연적으로, 반드시, 물론
0932	thrilled	a 아주 흥분한, 신이 난
0933	grind	v 갈다, 분쇄하다
0934	clap	v 박수 치다, 손뼉을 치다 n 박수
0935	architecture	n 건축(술), 건축학, 건축 양식; 구조
0936	behave	v 행동하다, 처신하다; 예의 바르게 행동하다
0937	fancy	a 멋진, 근사한, 화려한 n 공상, 환상 v 상상하다
0938	horrified	a 겁이 난, 겁먹은
0939	tug	v 잡아당기다, 끌다
0940	previous	a 이전의, 앞의, 먼저의

0941	enemy	ⓝ 적
0942	numerous	ⓐ 다수의, 수많은, 엄청난
0943	biologist	ⓝ 생물학자
0944	ironically	ad 얄궂게도, 역설적으로
0945	digest	ⓥ (음식을) 소화하다, 소화시키다
0946	gifted	ⓐ 재능 있는, 타고난
0947	branch	ⓝ 가지; 지사, 지점; 분야 ⓥ 갈라지다
0948	caution	ⓝ 주의 사항, 경고 ⓥ 경고를 주다
0949	government	ⓝ 정부, 정권, 행정
0950	central	ⓐ 중심적인, 가장 중요한, 중심의
0951	boost	ⓥ 북돋우다, 밀어올리다, 늘리다 ⓝ 증가, 증대
0952	corporate	ⓐ 기업의, 회사의; 공동의
0953	leather	ⓝ 가죽, 가죽 제품
0954	chill	ⓝ 냉기, 한기 ⓥ 차가워지다; 소름끼치게 하다; 진정하다
0955	reason	ⓝ 이유, 근거; 이성 ⓥ 추론하다
0956	state	ⓝ 상태; 국가, 주(州) ⓥ 진술하다, 말하다; 명시하다
0957	molecule	ⓝ 분자
0958	reciprocity	ⓝ 호혜, 상호 이익; 상호 관계[작용], 교환
0959	explode	ⓥ 폭발하다, 터지다
0960	exploit	ⓥ 이용하다, 착취하다

DAY 25

0961	deepen	ⓥ 깊어지다, 심화시키다
0962	collision	ⓝ 충돌, 부딪침, 상충
0963	vegetation	ⓝ 초목, 식물
0964	tackle	ⓥ (문제 등을) 다루다, 대처하다, (힘든 문제와) 씨름하다
0965	dense	ⓐ 밀집한, 자욱한, 짙은
0966	compel	ⓥ 강요하다, 억지로 ~시키다
0967	organ	ⓝ 내장, 장기, 기관
0968	inquiry	ⓝ 문의; 조사, 연구
0969	insist	ⓥ 주장하다, 고집하다, 우기다
0970	enlighten	ⓥ 계몽하다, 가르치다, 이해시키다
0971	scarce	ⓐ 부족한, 불충분한, 드문
0972	equal	ⓐ 평등한, 같은 ⓥ 같다, 맞먹다
0973	tie	ⓥ 연결하다, 묶다, 매다 ⓝ 유대; 넥타이
0974	finite	ⓐ 한정적인, 한정된, 유한의
0975	serial	ⓐ 연속되는, 일련의, 순차적인
0976	sociology	ⓝ 사회학
0977	deceive	ⓥ 속이다, 기만하다, 사기치다
0978	soothing	ⓐ 진정시키는, 통증을 완화하는
0979	gather	ⓥ 모으다, 수집하다; 모이다, 집결하다
0980	triumph	ⓝ 승리, 대성공 ⓥ 승리를 거두다, 이기다

0981	fur	ⓝ 털, 털가죽; 모피
0982	flock	ⓝ 떼, 무리 ⓥ 모이다, 떼짓다
0983	conceive	ⓥ 상상하다, 마음에 품다, 생각해내다; 임신하다
0984	text	ⓝ 문자, 본문, 글 ⓥ 문자를 보내다
0985	generous	ⓐ 관대한, 너그러운, 아량 있는
0986	belly	ⓝ 배, 복부
0987	hands-on	ⓐ 직접 해 보는, 실제 체험하는
0988	flourish	ⓥ 번창하다, 번영하다, 꽃피우다
0989	humid	ⓐ 습기 있는, 축축한
0990	department	ⓝ 부(서), 과; (상품별) 매장, 코너
0991	blur	ⓥ 흐릿하게 하다, 흐릿해지다 ⓝ 흐릿한 형체; 더러움, 얼룩
0992	joint	ⓐ 공동의, 합동의 ⓝ 관절; 이음매
0993	contemporary	ⓐ 현대의, 현대적인; 동시대의
0994	mound	ⓝ 흙더미, 언덕; <야구> 마운드
0995	rate	ⓝ 속도; 비율 ⓥ 여기다, 평가하다
0996	stable	ⓐ 안정적인, 안정된 ⓝ 축사, 마구간
0997	endeavor	ⓝ 노력, 시도 ⓥ 노력하다
0998	fertile	ⓐ 비옥한, 기름진
0999	moral	ⓐ 도덕적인, 도덕의, 윤리의
1000	morale	ⓝ 사기, 의욕

DAY 26

1001	sacred	ⓐ 신성한, 성스러운
1002	portion	ⓝ 부분; (음식의) 1인분
1003	faith	ⓝ 신념, 믿음
1004	sophomore	ⓝ (대학, 고등학교의) 2학년생
1005	intrinsic	ⓐ 본질적인, 고유한, 내재적인
1006	swiftly	ad 신속히, 빨리
1007	drip	ⓥ (액체가) 똑똑 떨어지다
1008	dependent	ⓐ 의존적인, 의지하는
1009	glory	ⓝ 영광, 명예
1010	expressive	ⓐ (감정을) 나타내는, 표현[표정]이 풍부한
1011	duty	ⓝ 의무, 임무, 업무
1012	recipe	ⓝ 조리법, 요리법; 방안, 비결
1013	cognitive	ⓐ 인지적인, 인식의
1014	nevertheless	ad 그럼에도 불구하고
1015	operate	ⓥ (기계를) 조작하다, 운영하다; 수술하다
1016	private	ⓐ 사적인, 개인적인; 사립의
1017	punish	ⓥ 벌을 주다, 처벌하다, 혼내다
1018	nod	ⓥ (고개를) 끄덕이다; 졸다 ⓝ 끄덕임
1019	blow	ⓥ (바람이) 불다, (입김, 공기 등을) 내뿜다[불다] ⓝ 일격, 강타
1020	sprint	ⓝ 단거리 경주 ⓥ 전력 질주하다

1021	**proceed**	ⓥ 진행하다, 계속하다; 나아가다
1022	**reserve**	ⓥ 보류하다, 유보하다; 예약하다 ⓝ 비축
1023	**rotten**	ⓐ 썩은, 부패한
1024	**bias**	ⓝ 편견, 편향
1025	**worship**	ⓥ 우러러보다, 숭배하다, 예배하다 ⓝ 예배, 숭배
1026	**crack**	ⓝ 갈라진 금, 균열 ⓥ 갈라지다
1027	**haste**	ⓝ 서두름, 성급함
1028	**activate**	ⓥ 활성화하다, 작동시키다
1029	**cue**	ⓝ 단서, 힌트, 신호
1030	**additional**	ⓐ 추가의, 추가적인, 부가적인
1031	**stir**	ⓥ 휘젓다, 섞다; 감동시키다, 자극하다 ⓝ 동요, 혼란
1032	**underlie**	ⓥ 기초가 되다, 기저를 이루다
1033	**referee**	ⓝ 심판
1034	**hydrogen**	ⓝ 수소
1035	**strike**	ⓥ 치다, 공격하다; (성냥불을) 켜다; 마음에 떠오르다; 파업하다
1036	**capital**	ⓝ 자본(금), 자원; 수도; 대문자 ⓐ 주요한; 자본의; 사형의
1037	**reckless**	ⓐ 무모한, 난폭한
1038	**splendidly**	ad 훌륭하게; 화려하게, 호화롭게
1039	**desert**	ⓥ 버리다, 떠나다 ⓝ 사막
1040	**dessert**	ⓝ 디저트, 후식

DAY 27

1041	aid	ⓝ 도움, 원조; 보조물 ⓥ 돕다, 원조하다
1042	burst	ⓥ 터지다, 터뜨리다; 폭발하다; (폭풍우가) 갑자기 일다
1043	implement	ⓥ 시행하다, 실행[이행]하다 ⓝ 도구
1044	longing	ⓝ 갈망, 열망 ⓐ 갈망하는
1045	scholar	ⓝ 학자, 지식인
1046	sink	ⓥ 가라앉다, 침몰하다 ⓝ 싱크대
1047	citizen	ⓝ 시민, 주민, 국민
1048	rank	ⓥ (순위를) 차지하다 ⓝ 지위, 계급
1049	indeed	ad 정말로, 사실
1050	seldom	ad 좀처럼[거의] ~ 않는, 드물게
1051	childhood	ⓝ 유년기, 어린 시절
1052	mastery	ⓝ 숙달, 숙련; 지배, 통제
1053	sponsor	ⓥ 후원하다, 지지하다 ⓝ 후원자
1054	substantial	ⓐ 상당한, 많은; 실질적인
1055	arrest	ⓥ 체포하다 ⓝ 체포, 검거
1056	exclaim	ⓥ 외치다, 소리치다
1057	minimal	ⓐ 최소의, 최소한의
1058	react	ⓥ 반응[대응]하다
1059	exclusion	ⓝ 제외, 배제
1060	maxim	ⓝ 격언

1061	**necessity**	ⓝ 필수(품), 불가결한 것; 필요성
1062	**overlook**	ⓥ 간과하다, 소홀히 하다; 눈감아주다; 내려다보다
1063	**pain**	ⓝ 통증, 고통, 골칫거리 ⓥ 아픔을 주다
1064	**embrace**	ⓥ 껴안다; 받아들이다, 포용하다 ⓝ 포옹; 용인
1065	**adolescent**	ⓝ 청소년 ⓐ 청소년기의
1066	**rapid**	ⓐ 빠른, 급한, 신속한
1067	**persuasive**	ⓐ 설득력 있는, 설득적인
1068	**vertical**	ⓐ 상하의, 수직의; 꼭대기의
1069	**revive**	ⓥ 활기를 되찾다, 소생시키다, 되살아나게 하다
1070	**saint**	ⓝ 성인, 성자(= St.)
1071	**tribe**	ⓝ 부족, 종족, 집단
1072	**temper**	ⓝ 성질, 기질; 화
1073	**rigid**	ⓐ 완고한, 엄격한; 단단한
1074	**reconsider**	ⓥ 재고하다, 다시 생각하다
1075	**figure**	ⓝ 모습, 형상; 수치, 숫자; (저명) 인사 ⓥ 생각하다; 계산하다
1076	**suit**	ⓝ 정장; 소송 ⓥ 어울리다; 적합하다, ~에게 맞다
1077	**affirm**	ⓥ 단언하다, 주장하다; 확인하다
1078	**explicit**	ⓐ 명백한, 명시적인, 분명한
1079	**quit**	ⓥ 그만두다, 중단하다
1080	**quite**	ad 꽤, 상당히

DAY 28

1081	tremble	ⓥ 떨다, 떨리다, 흔들리다
1082	utter	ⓥ 말을 하다, 발언하다, 발음하다
1083	particle	ⓝ 입자, 조각
1084	assemble	ⓥ 모이다, 모으다, 집합시키다; 조립하다
1085	violate	ⓥ 위반하다, 침해하다
1086	curse	ⓥ 저주하다 ⓝ 저주, 악담
1087	warranty	ⓝ 보증(서), 보증 기간
1088	stream	ⓝ 개울, 시내, 하천
1089	widespread	ⓐ 널리 퍼진, 광범위한
1090	threat	ⓝ 위협, 협박
1091	irritated	ⓐ 짜증이 난, 화난
1092	mutual	ⓐ 서로의, 상호간의
1093	obtain	ⓥ 얻다, 획득하다
1094	precise	ⓐ 정확한, 명확한, 정밀한
1095	stare	ⓥ 빤히 쳐다보다, 응시하다 ⓝ 응시
1096	profession	ⓝ 직업, 직종, 전문직
1097	dispute	ⓝ 분쟁, 논쟁, 논란 ⓥ 반박하다
1098	trait	ⓝ 특성, 특징, 특색
1099	rational	ⓐ 이성적인, 합리적인
1100	civil	ⓐ 민간(인)의, 시민의; 국내의

1101	thrive	ⓥ 번영하다, 번성하다, 번창하다
1102	innovate	ⓥ 혁신[쇄신]하다
1103	spontaneously	ⓐⓓ 자발적으로, 자동적으로, 자연스럽게
1104	flaw	ⓝ 결함, 결점, 흠
1105	transition	ⓝ 변화, 변천, 과도기, 전환
1106	violent	ⓐ 폭력적인, 난폭한; 격렬한, 극심한
1107	cattle	ⓝ (집합적) 소, 소떼
1108	shrink	ⓥ 줄어들다, 작아지다, 수축하다
1109	hide	ⓥ 숨기다, 감추다, 가리다, 숨다 ⓝ 가죽
1110	fortune	ⓝ 운, 행운; 재산
1111	dismiss	ⓥ 묵살[일축]하다, 무시하다; 해고하다
1112	envious	ⓐ 부러워하는, 선망하는, 질투하는
1113	fantasy	ⓝ 공상, 상상
1114	ragged	ⓐ 누더기를 걸친, 너덜너덜한
1115	stock	ⓝ 재고(품); 저장, 비축(물); 주식 ⓥ (상품 등을) 저장[비축]하다
1116	major	ⓐ 주요한, 중요한; 다수의; 심각한 ⓝ 전공 ⓥ 전공하다
1117	accusation	ⓝ 비난; 고소, 고발
1118	rally	ⓝ 집회 ⓥ 결집하다
1119	evolutionary	ⓐ 진화적인, 진화의
1120	revolutionary	ⓐ 혁명적인, 획기적인

DAY 29

1121	summary	ⓝ 요약, 개요
1122	concise	ⓐ 간결한, 명료한
1123	deliberate	ⓥ 숙고하다, 신중히 생각하다 ⓐ 신중한; 의도적인
1124	anticipate	ⓥ 예상하다, 예측하다, 기대하다
1125	tremendous	ⓐ 엄청난, 굉장한, 대단한
1126	conquer	ⓥ 정복하다, 이기다
1127	decorate	ⓥ 꾸미다, 장식하다
1128	flush	ⓥ (변기의) 물을 내리다; 얼굴을 붉히다 ⓝ 물을 내림
1129	eager	ⓐ 간절히 바라는, 열렬한
1130	apparent	ⓐ 분명한, 명백한
1131	investigate	ⓥ 조사하다, 연구하다, 살피다
1132	jury	ⓝ 배심원(단), 심사위원단
1133	aggressive	ⓐ 공격적인, 침략적인; 적극적인
1134	delicate	ⓐ 섬세한, 연약한, 민감한
1135	inclined	ⓐ ~하는 경향이 있는, ~할 것 같은
1136	therapy	ⓝ 치료(법)
1137	departure	ⓝ 출발, 발차
1138	vastly	ad 대단히, 막대하게, 엄청나게
1139	wilderness	ⓝ 황무지, 황야
1140	innate	ⓐ 타고난, 선천적인

1141	sentiment	ⓝ 감정, 정서, 심리
1142	witness	ⓝ 목격자 ⓥ 목격하다
1143	tide	ⓝ 조수, 조류, 조석
1144	swallow	ⓥ 삼키다; (감정을) 억누르다 ⓝ 제비
1145	warehouse	ⓝ 창고, 저장소
1146	cuisine	ⓝ 요리(법)
1147	uncertainty	ⓝ 불확실성
1148	unfold	ⓥ 전개되다, 펼치다, 펼쳐지다
1149	bark	ⓝ 나무껍질; 짖는 소리 ⓥ 짖다
1150	embarrass	ⓥ 당황하게 하다, 난처하게 하다
1151	chaos	ⓝ 무질서, 혼란, 혼돈
1152	superstition	ⓝ 미신, 미신적 행위
1153	ambition	ⓝ 야망, 포부
1154	greet	ⓥ 맞이하다, 환영하다, 인사하다
1155	status	ⓝ 지위, 신분; 상황, 상태, 사정
1156	manage	ⓥ 관리하다; 간신히 ~하다, 용케 해내다
1157	recession	ⓝ 불경기, 불황
1158	stride	ⓥ 성큼성큼 걷다 ⓝ 큰 걸음; 보폭
1159	comparison	ⓝ 비교, 비유
1160	compassion	ⓝ 연민, 동정심

DAY 30

1161	capable	ⓐ 유능한, ~을 할 수 있는
1162	retail	ⓝ 소매 ⓐ 소매의 ad 소매로
1163	steer	ⓥ 조종하다, 키를 잡다
1164	thoughtful	ⓐ 사려 깊은, 배려심 있는
1165	fit	ⓥ (~에) 맞다, 어울리다 ⓐ 꼭 맞는, 어울리는 ⓝ 어울림, 조화
1166	carry	ⓥ (상점이 상품을) 취급하다; 나르다, 전하다
1167	verbal	ⓐ 말의, 언어의; 동사의
1168	amuse	ⓥ 즐겁게 하다
1169	election	ⓝ 선거, 투표
1170	though	ⓒ 비록 ~일지라도 ad 그래도, 그렇지만
1171	awesome	ⓐ 멋진, 굉장한, 경탄할 만한
1172	bandage	ⓥ 붕대를 감다 ⓝ 붕대
1173	theme	ⓝ 주제, 테마
1174	female	ⓝ 여성 ⓐ 여성의
1175	sort	ⓥ 분류하다, 구분하다 ⓝ 종류, 유형
1176	alley	ⓝ 좁은 길, 골목
1177	wealth	ⓝ 부(富); 재산, 재화; 풍부, 다량
1178	straight	ⓐ 곧은, 똑바른 ad 똑바로, 곧장
1179	vehicle	ⓝ 탈것, 차량, 운송 수단; 매개물, 수단
1180	chat	ⓥ 담소를 나누다, 잡담하다; 채팅하다 ⓝ 잡담

1181	creature	ⓝ 생물, 동물, 창조물
1182	disorder	ⓝ 무질서, 엉망; 장애, 질병
1183	institution	ⓝ 협회, 기관; (사회) 제도
1184	fashion	ⓝ 방식; 유행
1185	frame	ⓝ 틀, 액자, (-s) 안경테; 구조, 뼈대 ⓥ 틀에 넣다
1186	resume	ⓥ 재개되다, 다시 시작되다
1187	fault	ⓝ 잘못, 결함
1188	spice	ⓝ 향신료, 양념, 풍미; 정취, 맛
1189	ridiculous	ⓐ 우스꽝스러운; 바보 같은, 터무니없는
1190	excel	ⓥ 뛰어나다, 탁월하다, 능가하다
1191	erase	ⓥ 지우다, 없애다
1192	fuel	ⓝ 연료, 에너지원 ⓥ 연료를 공급하다
1193	essence	ⓝ 본질, 정수
1194	trace	ⓥ (기원을) 추적하다 ⓝ 흔적, 자취
1195	spot	ⓝ 점, 얼룩; 장소 ⓥ 발견하다, 찾다
1196	character	ⓝ 등장인물; 성격, 특성; 문자
1197	banish	ⓥ 추방하다; 제거하다
1198	decent	ⓐ (수준·질이) 괜찮은, 제대로 된; 예의 바른
1199	physical	ⓐ 육체의, 신체의; 물리적인, 실제의
1200	physiological	ⓐ 생리학의, 생리(학)적인

DAY 31

1201	ceremony	ⓝ (공식적) 식, 의식, 의전
1202	strap	ⓝ (가죽) 끈, 띠 ⓥ 끈으로 묶다
1203	trail	ⓝ 자취, 자국; 오솔길 ⓥ 추적하다; (질질) 끌다
1204	glue	ⓥ (접착제로) 붙이다 ⓝ 접착제, 풀
1205	reluctance	ⓝ 꺼림, 주저함
1206	import	ⓥ 수입하다 ⓝ 수입
1207	alarm	ⓝ 불안, 놀람; 경보 ⓥ 놀라게 하다
1208	contrast	ⓥ 대조하다 ⓝ 대조, 차이
1209	unify	ⓥ 단일화하다, 통합하다
1210	factual	ⓐ 사실의, 사실에 입각한
1211	nightmare	ⓝ 악몽
1212	angle	ⓝ 각, 각도; 관점, 입장
1213	decompose	ⓥ 분해되다, 부패하다
1214	toss	ⓥ (가볍게) 던지다 ⓝ 던지기
1215	regain	ⓥ 되찾다, 회복하다
1216	soar	ⓥ (하늘 높이) 날아오르다; 치솟다, 급등하다
1217	supervise	ⓥ 감독[관리]하다
1218	empathy	ⓝ 감정 이입, 공감
1219	staple	ⓐ 주된, 주요한
1220	accommodation	ⓝ 숙박[수용] 시설, 거처, 숙소

1221	**simultaneously**	ad 동시에
1222	**colony**	n 식민지; 집단 거주지, 군집
1223	**deprive**	v 빼앗다, 박탈하다
1224	**slight**	a 약간의, 조금의
1225	**dynasty**	n 왕조, 왕가
1226	**enforce**	v (법률 등을) 집행[시행]하다; 강요[강제]하다
1227	**accompany**	v 동반하다, 수반하다; 반주를 하다
1228	**fuse**	v 융합[결합]하다
1229	**hostile**	a 적대적인; (기후 등이) 부적당한, 척박한
1230	**informative**	a 유익한 정보를 주는, 유익한
1231	**monument**	n 기념물, (역사적) 건축물
1232	**prominent**	a 현저한, 두드러진; 중요한; 유명한
1233	**beam**	n 광선 v 비추다, 빛나다; 환히 웃다
1234	**orbit**	n 궤도 v ~의 주위를 궤도를 그리며 돌다
1235	**tip**	n (뾰족한) 끝; 조언; 팁, 봉사료 v 기울어지다, 기울이다
1236	**discipline**	n 훈련, 절제; 규율, 훈육; 학문 분야, 학과목
1237	**retrieve**	v 되찾다, 회수하다; 검색하다
1238	**validity**	n 타당성, 유효함
1239	**minor**	a 소수의; 사소한
1240	**miner**	n 광부

DAY 32

1241	horizon	ⓝ 수평선, 지평선; 시야
1242	renewable	ⓐ 재생 가능한
1243	oral	ⓐ 구두의, 입의
1244	radiation	ⓝ 방사선
1245	choir	ⓝ 합창단, 성가대
1246	miserable	ⓐ 몹시 불행한, 비참한
1247	offense	ⓝ 위반, 위법 행위; 공격; 기분 상함, 불쾌
1248	domain	ⓝ 분야, 영역, 범위; 영토
1249	fascinate	ⓥ 매혹[매료]시키다
1250	soak	ⓥ 푹 담그다, 흠뻑 젖다
1251	bunch	ⓝ 다발, 묶음, 한 무리
1252	commute	ⓥ 통근하다 ⓝ 통근 (거리)
1253	spare	ⓐ 남는, 여분의, 예비의 ⓥ 아끼다, 절약하다
1254	chimney	ⓝ 굴뚝
1255	withstand	ⓥ 견디다, 이겨내다
1256	proportion	ⓝ 비율, 부분
1257	brochure	ⓝ 소책자, (안내용) 책자
1258	ambassador	ⓝ 대사, 사절, 특사
1259	solar	ⓐ 태양의
1260	cherish	ⓥ 소중히 여기다, (마음속에) 간직하다

1261	antique	ⓝ 골동품 ⓐ 옛날의
1262	territory	ⓝ 영토, 지역; 영역
1263	circular	ⓐ 원형의; 순회하는
1264	analogy	ⓝ 비유; 유추; 유사(성)
1265	harvest	ⓝ 수확(기), 추수 ⓥ 추수하다, 수확하다
1266	coward	ⓝ 겁쟁이 ⓐ 겁 많은
1267	breast	ⓝ 가슴
1268	dispense	ⓥ 나누어 주다, 분배하다, 제공하다; 조제하다
1269	adversity	ⓝ 역경, 고난
1270	string	ⓝ 실, 줄, 끈, (악기의) 현 ⓥ 끈을 달다, 묶다
1271	fame	ⓝ 명성, 명예
1272	thrust	ⓝ 밀침; 추진력 ⓥ (세게) 밀다
1273	pronounce	ⓥ 발음하다; 선언하다
1274	biography	ⓝ 전기, 일대기
1275	solid	ⓝ 고체 ⓐ 고체의, 고형의; 확고한, 굳건한; 순수한; 무늬가 없는
1276	mark	ⓥ 표시하다, 나타내다; 기록[채점]하다 ⓝ 점, 반점; 표시, 부호
1277	testify	ⓥ 증언[증명]하다, 진술하다
1278	outrageous	ⓐ 터무니없는, 엉뚱한; 난폭한
1279	flesh	ⓝ 살, 살집, 고기
1280	flash	ⓝ 번쩍임, (카메라) 플래시 ⓥ 빛나다, 비추다

DAY 33

1281	clash	ⓝ 충돌; 불일치 ⓥ 충돌하다; (빛깔이) 안 어울리다
1282	beverage	ⓝ 음료, 마실 것
1283	thereafter	ad 그 후에, 그에 따라
1284	hatch	ⓥ 부화하다 ⓝ 부화
1285	dull	ⓐ 우둔한; (칼 등이) 무딘; 단조로운, 지루한; 흐릿한, 칙칙한
1286	awaken	ⓥ 깨우치다, 자각시키다; (잠에서) 깨다, 깨우다
1287	charm	ⓝ 매력 ⓥ 매혹하다
1288	hence	ad 따라서, 그러므로
1289	curl	ⓥ 휘다, 굽이지다; (머리칼이) 곱슬곱슬하다
1290	awful	ⓐ 끔찍한, 지독한; 무서운 ad 몹시
1291	interfere	ⓥ 간섭하다, 방해하다
1292	dye	ⓥ 염색하다 ⓝ 색소, 염료
1293	competent	ⓐ 유능한, 능력이 있는
1294	dynamic	ⓐ 역동적인, 활발한
1295	reproduce	ⓥ 다시 만들어내다, 복제하다; 번식하다
1296	energize	ⓥ 활기를 북돋우다
1297	metaphor	ⓝ 은유, 비유
1298	square	ⓐ 직각의, 직각을 이루는 ⓝ 정사각형; 광장
1299	first-hand	ⓐ 직접 경험한
1300	drain	ⓥ 물이 빠지다, 배수하다, 유출하다

1301	elegant	ⓐ 우아한, 품격 있는; 멋진, 훌륭한
1302	fountain	ⓝ 분수, 샘
1303	fragile	ⓐ 깨지기 쉬운, 잘 부서지는
1304	mistakenly	ad 잘못하여, 실수로, 틀리게
1305	inherent	ⓐ 내재하는, 고유의, 타고난
1306	agent	ⓝ 대리인; 행위자
1307	socialize	ⓥ 사회화하다; (사람들과) 사귀다, 어울리다
1308	harden	ⓥ 단단하게 하다, 굳히다
1309	canal	ⓝ 운하, 수로
1310	talent	ⓝ 재능, 소질, 재주
1311	steep	ⓐ 가파른, 경사가 급한
1312	pavement	ⓝ 포장 도로; 인도, 보도
1313	following	ⓐ 다음의, 다음에 나오는
1314	scatter	ⓥ 흩어지다, 흩뿌리다
1315	decline	ⓥ 거절[사양]하다; 감소하다, 하락하다 ⓝ 감소
1316	stage	ⓝ (발달상의) 단계; 시기; 무대 ⓥ 상연하다; 조직하다
1317	magnificent	ⓐ 장대한, 장엄한, 매우 아름다운
1318	deficiency	ⓝ 부족, 결핍, 결함
1319	proper	ⓐ 적절한, 알맞은
1320	prosper	ⓥ 번성하다, 번영하다

DAY 34

1321	tempt	ⓥ 유혹하다, 부추기다
1322	humanity	ⓝ 인류, 인간애, 인간성
1323	combat	ⓝ (전쟁에서의) 전투, 싸움 ⓥ 싸우다
1324	dairy	ⓝ 유제품 (판매소), 낙농장 ⓐ 유제품의
1325	indirect	ⓐ 간접적인; 우회하는
1326	diligent	ⓐ 성실한, 근면한
1327	flavorful	ⓐ 맛 좋은, 풍미 있는
1328	equate	ⓥ 동일시하다, 동등하게 다루다
1329	figurative	ⓐ 비유적인, 수식이 많은
1330	authority	ⓝ 권한, 권위; 당국
1331	persevere	ⓥ 인내하다, 꾸준히 계속하다
1332	column	ⓝ 기둥; (페이지의) 세로의 난[단]
1333	jealous	ⓐ 질투가 나는, 시기하는
1334	cruel	ⓐ 잔혹한, 잔인한
1335	dare	ⓥ 감히 ~하다
1336	surgeon	ⓝ 외과 의사
1337	auditorium	ⓝ 강당, 청중석
1338	glacier	ⓝ 빙하
1339	justify	ⓥ 정당화하다
1340	beware	ⓥ 조심[주의]하다

1341	foam	ⓥ 거품을 일으키다 ⓝ 거품; 발포 고무
1342	counterpart	ⓝ 상응하는 사람[것], 상대
1343	narrow	ⓐ 좁은; 제한된 ⓥ 좁히다, 제한하다
1344	prejudice	ⓝ 편견, 선입관 ⓥ 편견을 갖게 하다
1345	former	ⓐ 이전의, 과거의
1346	cease	ⓥ 멈추다, 그만두다
1347	intimate	ⓐ 친밀한, 친한, 사적인
1348	crawl	ⓥ 기어가다, 포복하다 ⓝ 포복
1349	jail	ⓝ 감옥, 교도소 ⓥ 투옥하다
1350	calculate	ⓥ 계산하다, 산출[산정]하다
1351	burden	ⓝ 부담, 짐 ⓥ 짐을 지우다
1352	intuitive	ⓐ 직관적인, 직관력 있는
1353	grammatical	ⓐ 문법의, 문법적인
1354	captive	ⓐ 사로잡힌, 억류된 ⓝ 포로
1355	trade	ⓝ 거래, 무역; 직업, 생업 ⓥ 교류[교역]하다; 교환하다
1356	article	ⓝ 기사, 논설, 논문; 품목, 물건; 〈문법〉 관사; (계약·협정 등의) 조항
1357	precedent	ⓝ 전례, 선례 ⓐ 선행하는, 앞서는
1358	transparent	ⓐ 투명한; 명백한
1359	simulate	ⓥ 흉내내다; 모의 실험을 하다
1360	stimulate	ⓥ 자극하다, 격려하다, 활발하게 하다

1361	interval	ⓝ 간격; (연극 등의) 막간, 휴식 시간
1362	certificate	ⓝ 증명서
1363	approve	ⓥ 찬성하다; 승인하다
1364	compute	ⓥ 계산하다, 산출하다
1365	framework	ⓝ 체제, 틀, 뼈대
1366	assurance	ⓝ 보장, 보증, 확신
1367	strain	ⓝ 압박, 부담, 긴장 ⓥ 긴장시키다; 잡아당기다
1368	surrender	ⓥ 항복[굴복]하다; (권리 등을) 넘겨주다 ⓝ 항복; 양도
1369	track	ⓥ 추적하다 ⓝ 지나간 자국; 길, 궤도, 선로
1370	diagnose	ⓥ 진단하다
1371	march	ⓥ 행진하다; 진행되다, 진전하다 ⓝ 행진
1372	mechanic	ⓝ 수리공, 정비공
1373	tropical	ⓐ 열대의, 열대 지방의
1374	freeze	ⓥ 얼다, 얼리다, (몸, 표정 등이) 굳다
1375	conceal	ⓥ 감추다, 숨기다
1376	appraisal	ⓝ 평가, 판단, 감정
1377	pastime	ⓝ 소일거리, 취미, 여가
1378	hardship	ⓝ 고난, 어려움
1379	gratify	ⓥ 만족시키다, 기쁘게 하다
1380	contradict	ⓥ 모순되다, 반하다; 반박하다

1381	exotic	ⓐ 외래의, 이국적인
1382	correlate	ⓥ 연관시키다, 연관성이 있다
1383	welfare	ⓝ 복지, 안녕, 행복
1384	copyright	ⓝ 저작권 ⓐ 저작권이 있는
1385	committee	ⓝ 위원회; 위원
1386	tragic	ⓐ 비극적인, 비극의
1387	shipment	ⓝ 배송, 수송
1388	applaud	ⓥ 박수를 치다, 환호하다
1389	desirable	ⓐ 바람직한, 탐나는
1390	readily	ad 쉽게; 기꺼이
1391	humble	ⓐ 겸손한; 초라한
1392	dirt	ⓝ 먼지, 흙
1393	splash	ⓥ (물 등을) 튀기다, 첨벙거리다 ⓝ 튀기기, 물장구침
1394	conversely	ad 역으로, 반대로
1395	contract	ⓥ 계약하다; (병에) 걸리다; 수축시키다, 줄어들다 ⓝ 계약(서)
1396	issue	ⓝ 주제, 문제, 사안; 발행물, (출판물의) ~호 ⓥ 발표[발행]하다
1397	arbitrary	ⓐ 임의적인, 제멋대로인
1398	exaggerate	ⓥ 과장하다
1399	personal	ⓐ 개인의, 개인적인; 인간적인
1400	personnel	ⓝ 직원들, 인원 ⓐ 인사의, 직원의

DAY 36

1401	coordinate	ⓥ 조정하다, 조화시키다
1402	enclose	ⓥ 둘러싸다, 에워싸다; 동봉하다
1403	disapproval	ⓝ 반대, 못마땅함, 비난
1404	mold	ⓝ 틀; 곰팡이 ⓥ ~을 (틀에 넣어) 만들다
1405	confine	ⓥ 한정하다, 제한하다; 가두다 ⓝ 경계
1406	cliff	ⓝ 절벽, 낭떠러지
1407	superior	ⓐ 우월한, 우수한, 뛰어난; (~보다) 위의
1408	disaster	ⓝ 재앙, 재난, 천재지변
1409	theater	ⓝ 극장(= theatre); 연극(계), 연극 극단
1410	renovate	ⓥ 개조[보수]하다, 수리하다
1411	geography	ⓝ 지형, 지리(학)
1412	distress	ⓝ 괴로움, 고통, 곤란 ⓥ 괴롭히다
1413	ideal	ⓐ 이상적인, 완벽한 ⓝ 이상
1414	sincerely	ad 진심으로, 진정으로
1415	situate	ⓥ 위치시키다
1416	extraction	ⓝ 추출, 뽑아냄
1417	coincidence	ⓝ (의견 등의) 일치, 우연의 일치; 동시 발생
1418	fable	ⓝ 우화, 지어낸 이야기
1419	optimist	ⓝ 낙관주의자, 낙천주의자
1420	thereby	ad 그로 인해, 그것 때문에

1421	fade	ⓥ (색이) 바래다, 흐릿해지다, (기억 등이) 희미해지다, 사라지다
1422	intervene	ⓥ 개입하다, 끼어들다
1423	ethical	ⓐ 윤리[도덕]적인, 윤리의
1424	feast	ⓝ 향연, 축제; 성찬
1425	restrict	ⓥ 제한하다, 한정하다
1426	distinction	ⓝ 구별, 차이; 특징
1427	genius	ⓝ 천재; 비범한 재능
1428	descend	ⓥ 내려오다, 내려가다
1429	allocate	ⓥ 할당하다, 배분하다
1430	laboratory	ⓝ 실험실, 연구실(= lab)
1431	commodity	ⓝ 상품, 물품
1432	grant	ⓝ (정부나 단체의) 지원금, 보조금 ⓥ 주다; 승인하다
1433	hallway	ⓝ 복도; 현관
1434	infinite	ⓐ 무한한, 끝없는
1435	scale	ⓝ 저울, 눈금; 규모, 범위; 등급; 음계
1436	snap	ⓥ 사진을 찍다; (탁/툭) 닫다[열다]; 딱 부러뜨리다 ⓐ 급히 하는
1437	embed	ⓥ 박다, 끼워 넣다
1438	fabulous	ⓐ 기막히게 좋은, 훌륭한, 멋진; 터무니없는
1439	extend	ⓥ 확장하다, 연장하다
1440	extent	ⓝ 정도, 범위, 규모

DAY 37

1441	conference	ⓝ 총회, 회담
1442	entitle	ⓥ 자격을 주다; 제목을 붙이다
1443	official	ⓐ 공식적인 ⓝ 공무원, 관리, 관계자
1444	alien	ⓝ 외계인; 외국인 ⓐ 외국의; 생경한
1445	differentiate	ⓥ 차별화하다, 구분 짓다
1446	hospitality	ⓝ 후한 대접, 환대
1447	immune	ⓐ 면역의, 면역성이 있는
1448	casual	ⓐ 격식을 차리지 않는, 평상시의; 우연한
1449	induce	ⓥ 유발하다, 유도하다; 설득하다
1450	imply	ⓥ 함축[내포]하다, 의미하다, 암시[시사]하다
1451	postpone	ⓥ 미루다, 연기하다
1452	medium	ⓝ 수단, 매개; 매체 ⓐ 중간의
1453	instance	ⓝ 사례, 보기; 경우
1454	coastal	ⓐ 해안의, 연안의
1455	prevail	ⓥ 널리 퍼지다, 만연하다; 우세하다
1456	likewise	ad 똑같이, 마찬가지로; 게다가
1457	retire	ⓥ 은퇴하다, 퇴직하다
1458	magnitude	ⓝ 규모, 크기, 강도, 세기
1459	revenue	ⓝ 세입, 수입, 수익
1460	liquid	ⓝ 액체 ⓐ 액체의

1461	**sum**	ⓝ 금액, 액수; 합계 ⓥ 합계하다
1462	**notable**	ⓐ 눈에 띄는, 주목할 만한
1463	**subjective**	ⓐ 주관적인, 개인적인; 주격의
1464	**sociable**	ⓐ 사교적인, 우호적인
1465	**astronomer**	ⓝ 천문학자
1466	**miraculous**	ⓐ 기적적인, 초자연적인, 놀랄 만한
1467	**select**	ⓥ 고르다, 선택하다
1468	**shameful**	ⓐ 수치스러운, 창피한
1469	**misconception**	ⓝ 오해, 잘못된 생각
1470	**bump**	ⓥ 부딪치다 ⓝ 충돌; 혹, (도로의) 융기
1471	**encode**	ⓥ 암호화하다, (정보를 특정한 형식으로) 입력하다
1472	**quarrel**	ⓝ 말다툼, 언쟁 ⓥ 싸우다, 말다툼하다
1473	**narrative**	ⓐ 이야기의, 이야기체[식]의 ⓝ 이야기
1474	**overall**	ad 전반적으로 ⓐ 전반적인
1475	**draw**	ⓥ 끌어당기다, 뽑아내다; 그리다; 마음을 끌다 ⓝ 무승부; 추첨
1476	**note**	ⓥ 적어두다; 주목하다; 말하다, 언급하다 ⓝ 메모, 편지; 음, 음표
1477	**disguise**	ⓥ 위장하다, 변장하다 ⓝ 변장, 위장
1478	**marvelous**	ⓐ 놀라운, 경이로운, 신기한
1479	**physician**	ⓝ 의사, 내과 의사
1480	**physics**	ⓝ 물리학

DAY 38

1481	prospect	ⓝ 전망, 가망, 예상, 기대
1482	navigate	ⓥ 길을 찾다, 항해하다, 항행하다
1483	liberation	ⓝ 해방, 석방
1484	throughout	ⓟ ~동안 내내; ~ 도처에 ⓐⓓ 처음부터 끝까지, 내내; 전부, 완전히
1485	lighten	ⓥ 가볍게 하다, 가벼워지다
1486	obey	ⓥ 복종하다, 따르다
1487	accelerate	ⓥ 속력을 내다, 빨라지다
1488	tight	ⓐ 단단한, 꽉 조이는, 빽빽한, 빠듯한
1489	offspring	ⓝ 자식, 후손, (동물의) 새끼
1490	chunk	ⓝ (큰) 덩어리, 상당히 많은 양
1491	notion	ⓝ 개념, 관념, 생각
1492	likelihood	ⓝ 가능성, 가망, 기회
1493	pasture	ⓝ 목장, 목초지 ⓥ 방목하다
1494	persist	ⓥ 끈질기게 노력하다, 지속하다; 고집하다
1495	formulate	ⓥ 만들어내다, 고안하다; 공식화하다
1496	priority	ⓝ 우선 사항, 우선권
1497	flatter	ⓥ 아부하다, 기분 좋게 만들다
1498	probability	ⓝ 가능성, 확률
1499	industrial	ⓐ 산업의, 공업의
1500	hatred	ⓝ 증오, 혐오

1501	infrastructure	ⓝ 인프라, 기반 시설
1502	dizzy	ⓐ (현기증이 나서) 어질어질한
1503	outline	ⓝ 윤곽; 개요 ⓥ ~의 윤곽을 그리다
1504	neutral	ⓐ 중립적인 ⓝ 중립
1505	split	ⓥ 쪼개다, 분할하다, 갈라지다 ⓝ 분할; 균열
1506	noteworthy	ⓐ 주목할 만한, 현저한
1507	assert	ⓥ 주장하다, 단언하다
1508	texture	ⓝ 질감; 직물
1509	regarding	ⓟ ~에 관해서, ~에 대해
1510	publish	ⓥ 발간[발행]하다, 출판하다
1511	qualify	ⓥ 자격을 갖추다, 자격증을 취득하다
1512	rather	ad 오히려; 다소
1513	constitution	ⓝ 헌법; 구성
1514	devastate	ⓥ 황폐시키다, 완전히 파괴하다
1515	bow	ⓝ 활 ⓥ (머리를) 숙이다, 절하다
1516	comprehend	ⓥ 이해하다; 포함하다, 함축하다
1517	summon	ⓥ (용기 등을) 내다[불러일으키다]; 소환하다
1518	enrage	ⓥ 격분하게 하다
1519	sew	ⓥ 바느질하다, 꿰매다
1520	sow	ⓥ 씨를 뿌리다

DAY 39

1521	recruit	ⓥ 모집[채용]하다 ⓝ 신입사원, 신참자, 신병
1522	devil	ⓝ 악마, 악령
1523	outdated	ⓐ 시대에 뒤처진, 구식인
1524	lifespan	ⓝ 수명
1525	steam	ⓝ 증기, 수증기 ⓥ 증기[김]를 내다; (식품 등을) 찌다
1526	manuscript	ⓝ 원고, 필사본
1527	mindless	ⓐ 무의식적인, 생각 없는
1528	tear	ⓥ 찢다, 뜯다 ⓝ 눈물
1529	atom	ⓝ 원자
1530	reverse	ⓝ 역(逆), 반대 ⓐ 거꾸로의, 반대의 ⓥ 거꾸로[반대로] 하다
1531	disrupt	ⓥ 방해하다, 붕괴시키다
1532	fierce	ⓐ 사나운, 난폭한, 맹렬한
1533	roam	ⓥ 배회하다, 돌아다니다, 방랑하다
1534	obligation	ⓝ 의무, 책임
1535	rob	ⓥ 약탈[강탈]하다, 빼앗다
1536	sensation	ⓝ 느낌, 감각, 지각; 센세이션, 돌풍, 선풍
1537	discrimination	ⓝ 구별, 식별; 차별
1538	simplify	ⓥ 단순화하다
1539	solely	ad 오로지, 단지; 혼자서, 단독으로
1540	fate	ⓝ 운명, 숙명

1541	weed	ⓝ 잡초 ⓥ 잡초를 뽑다
1542	fairy	ⓝ 요정 ⓐ 요정의; 상상의
1543	sympathy	ⓝ 동정(심), 연민; 공감
1544	corrupt	ⓐ 부패한, 변질된, 타락한 ⓥ 부패[타락]시키다
1545	criterion	ⓝ 기준, 표준, 척도
1546	rehearse	ⓥ 리허설하다, 예행연습하다
1547	drift	ⓥ 떠다니다, 떠돌다 ⓝ 표류
1548	terrifying	ⓐ 무서운, 놀라게 하는
1549	spatial	ⓐ 공간의, 장소의(= spacial)
1550	lean	ⓥ (몸을) 기울이다; 기대다
1551	whisper	ⓥ 속삭이다, 귓속말을 하다 ⓝ 속삭임
1552	mandatory	ⓐ 의무적인, 강제적인
1553	sprout	ⓥ 싹틔우다, 싹트다 ⓝ (새)싹, 눈, 움
1554	damp	ⓐ 축축한, 습기가 있는
1555	general	ⓐ 일반적인, 보편적인 ⓝ 장군
1556	refer	ⓥ 언급하다, 부르다; 참조하다; 나타내다
1557	equivalent	ⓐ 동등한, 맞먹는
1558	peasant	ⓝ 농부, 농민; 소작농
1559	resolve	ⓥ 해소하다, 해결하다; 결심하다 ⓝ 각오, 결심
1560	revolve	ⓥ 돌다, 회전하다

DAY 40

1561	denial	ⓝ 부정, 부인
1562	suspend	ⓥ (일시) 정지[중지]하다; 매달다
1563	tale	ⓝ 이야기, 소설
1564	dimension	ⓝ 차원; 치수, 부피
1565	troop	ⓝ 병력, 군대, 군부대; 무리
1566	stroll	ⓥ (한가로이) 거닐다, 산책하다 ⓝ 산책
1567	suburb	ⓝ 교외, 근교
1568	virtue	ⓝ 미덕, 덕행; 장점
1569	rough	ⓐ 거친, 험한, 사나운; 대강의, 개략적인
1570	scrub	ⓥ 문지르다, 문질러 씻다 ⓝ 문질러 씻기
1571	deadly	ⓐ 치명적인, 위험한
1572	wrinkle	ⓝ 주름 ⓥ ~에 주름을 잡다
1573	democracy	ⓝ 민주주의, 민주 국가
1574	spit	ⓥ 뱉다, 토해내다, 침을 뱉다 ⓝ 침
1575	torch	ⓝ 횃불, 성화
1576	flour	ⓝ 가루, 밀가루 ⓥ 가루로 빻다
1577	inference	ⓝ 추정, 추론, 결론
1578	entrepreneur	ⓝ 사업가, 기업가
1579	coin	ⓥ 신조어를 만들다 ⓝ 동전
1580	invade	ⓥ 침입하다, 침략하다

1581	province	ⓝ 지방; <행정 단위> 주, 도
1582	sorrow	ⓝ 슬픔, 비애 ⓥ 슬퍼하다
1583	diplomacy	ⓝ 외교(술), 사교 능력
1584	temple	ⓝ 사원, 절, 성당
1585	cottage	ⓝ 오두막
1586	surpass	ⓥ 넘어서다, 능가하다
1587	digit	ⓝ (0에서 9까지의) 아라비아 숫자, 자릿수; 손[발]가락
1588	toxic	ⓐ 유독성의
1589	mythology	ⓝ 신화, 신화학
1590	detergent	ⓝ 세제, 세척제
1591	upright	ⓐ 똑바른, 수직으로[똑바로] 세워 둔 ad 똑바로, 직립하여
1592	monotony	ⓝ 단조로움, 변화가 없음
1593	swear	ⓥ 맹세하다; 욕하다
1594	nomadic	ⓐ 유목의, 유목민의, 방랑의
1595	pose	ⓥ 자세를 취하다; (위험·문제를) 제기하다 ⓝ 자세
1596	pupil	ⓝ 학생; 문하생, 제자; 동공
1597	elicit	ⓥ 이끌어내다, 도출하다
1598	implicit	ⓐ 내재적인, 내포된, 함축적인
1599	subsistence	ⓝ 생존; 생계
1600	substance	ⓝ 물질; 본질, 실체

DAY 41

1601	make sense of	~을 파악하다, ~을 이해하다
1602	find out	~을 발견하다[알아내다], ~을 알게 되다
1603	end up	결국 ~하게 되다
1604	depend (up)on	~에 의존하다; ~에 달려 있다, ~에 좌우되다
1605	come up with	(해답 등을) 찾아내다[내놓다], ~을 생각해내다
1606	deal with	~을 다루다, ~을 처리하다
1607	rely (up)on	~에 의존[의지]하다
1608	pay attention to	~에 주의를 기울이다, ~에 주목[집중]하다
1609	contribute to	~에 기여[이바지]하다; ~의 원인이 되다
1610	be faced with	~에 직면하다
1611	figure out	~을 알아내다, ~을 이해하다
1612	engage in	~을 하다, ~에 참여[관여]하다; ~에 종사하다
1613	a variety of	다양한, 많은
1614	according to	~에 따르면, ~에 따라
1615	tend to *do*	~하는 경향이 있다
1616	fall off	~에서 떨어지다, 넘어지다
1617	get rid of	~을 제거하다, ~을 없애다
1618	at once	동시에; 즉시, 당장
1619	interfere with	~을 방해[저해]하다
1620	look forward to	~을 기대하다, ~을 손꼽아 기다리다

1621	**other than**	~ 외에, ~을 제외하고는; ~와 다른
1622	**point out**	~을 지적하다; ~을 가리키다
1623	**have ~ in common**	~을 공통으로 지니다, ~을 공유하다
1624	**take place**	열리다, 개최되다; 일어나다, 발생하다
1625	**act as**	~으로 작용하다, ~으로서의 역할을 하다
1626	**no longer**	더이상 ~ 않다
1627	**be related to**	~와 관계가 있다, ~에 연관되다
1628	**in general**	일반적으로, 보통, 전반적으로
1629	**on behalf of**	~을 대표하여, ~을 대신하여(= on one's behalf)
1630	**regardless of**	~에 관계없이, ~에 상관없이
1631	**set up**	~을 설치하다, 세우다, 설립[건립]하다; 자립하다
1632	**show off**	~을 뽐내다, ~을 자랑[과시]하다, 으스대다
1633	**take a risk**	위험을 감수하다[무릅쓰다]
1634	**work on**	~하려고 노력하다; (일·연구 등에) 종사하다
1635	**throw away**	~을 버리다, ~을 없애다
1636	**be against**	~에 반대하다
1637	**instead of**	~ 대신에, ~이 아니라
1638	**take part in**	~에 참가[참여]하다
1639	**as for**	~에 관해 말하자면, ~에 있어서는
1640	**consist of**	~으로 구성되다, ~으로 이루어지다

DAY 42

1641	result in	결국 ~하게 되다, ~을 낳다[야기하다]
1642	stand for	~을 의미하다, ~을 나타내다, ~을 대표하다
1643	take on	맡다, 책임지다; (특정한 특질, 모습 등을) 띠다
1644	turn out	~임이 밝혀지다[판명되다]
1645	let alone	~은 말할 것도 없이, ~은 고사하고, ~커녕
1646	look after	~을 보살펴 주다, ~을 돌보다
1647	all the way	내내, 줄곧; 멀리
1648	carry out	~을 수행[실행]하다
1649	apply to	~에 적용되다
1650	take over	~을 인수하다, ~을 물려받다; ~을 장악하다
1651	be supposed to *do*	~하기로 되어 있다; ~할 의무가 있다
1652	go through	(일련의 절차를) 거치다, ~을 겪다
1653	turn to	~에 의지하다; ~로 변하다; ~로 눈을 돌리다
1654	in charge of	~을 담당하는, ~을 책임지는
1655	in terms of	~이라는 면에서, ~에 관하여
1656	turn A into B	A를 B로 변화시키다[바꾸다]
1657	suffer from	~로 고통받다, ~로 고생하다
1658	be about to *do*	막 ~하려던 참이다
1659	and so on	기타 등등
1660	as a result	결과적으로, 그 결과

1661	**at the expense of**	~을 희생하여
1662	**back and forth**	왔다갔다, 이리저리, 앞뒤로
1663	**as though**	마치 ~처럼, 마치 ~인 듯이(= as if)
1664	**be left behind**	뒤처지다
1665	**in the long run**	결국; 장기적으로
1666	**look down on**	~을 얕보다, ~을 경시하다
1667	**better off**	(형편이) 더 나은, 더 좋은, 더 행복한
1668	**chances are (that) ~**	아마 ~일 것이다
1669	**on the contrary**	이와 반대로, 오히려
1670	**as opposed to**	~와는 대조적으로, ~이 아니라
1671	**earn a living**	생계를 꾸리다, 생계를 유지하다(= make a living)
1672	**be inclined to *do***	~하는 경향이 있다
1673	**except for**	~을 제외하고는
1674	**put up with**	~을 참다[견디다]
1675	**give up**	~을 포기하다, ~을 넘겨주다
1676	**hand over**	~을 건네주다
1677	**in advance**	미리, 사전에
1678	**cope with**	~에 대처하다, ~을 처리하다; ~을 이겨내다
1679	**benefit from**	~로부터 혜택을 받다, ~로부터 이익을 얻다
1680	**in return**	보답으로, 답례로

DAY 43

1681	**be likely to *do***	~할 것 같다, ~할 가능성[개연성]이 있다
1682	**in contrast**	반면에, 그와 대조적으로(= by contrast)
1683	**look into**	~을 조사하다, ~을 살펴보다
1684	**make sure (that) ~**	반드시 ~을 하다(= make sure to *do*)
1685	**be made up of**	~으로 이루어지다, ~으로 구성되다
1686	**melt away**	차츰 사라지다, 서서히 없어지다
1687	**nothing but**	오직, (단지) ~일 뿐인
1688	**take advantage of**	~을 이용[활용]하다
1689	**prevent A from -ing**	A가 ~하는 것을 막다
1690	**provide A with B**	A에게 B를 제공하다(= provide B for[to] A)
1691	**in response to**	~에 대응하여, ~에 반응하여
1692	**regard A as B**	A를 B로 여기다[간주하다]
1693	**result from**	~에서 비롯되다, ~로부터 생기다
1694	**a series of**	일련의 ~
1695	**run into**	(곤경 등을) 만나다, ~을 우연히 만나다
1696	**settle down**	정착하다; 전념하다, 본격적으로 착수하다
1697	**based on**	~에 근거하여, ~에 기반하여
1698	**speak out for**	~을 지지하는 목소리를 내다
1699	**check out**	대출하다, 빌리다; ~을 살펴보다, ~을 확인하다
1700	**take in**	~을 섭취하다; ~을 받아들이다, ~을 이해하다

1701	when it comes to	~에 관한 한, ~의 경우
1702	sign up	등록하다, 신청하다
1703	rule out	~을 배제[제외]하다
1704	be derived from	~에서 파생되다, ~에서 비롯되다
1705	be up to	~에 달려 있다
1706	bring about	~을 초래하다, ~을 불러오다
1707	dispose of	~을 없애다, ~을 처분하다
1708	fall apart	오래되어 허물어지다, 분리되다
1709	in addition to	~에 더하여, ~ 외에도
1710	in turn	결국; 차례차례
1711	make fun of	~을 놀리다, ~을 비웃다
1712	on one's own	혼자서, 독자적으로
1713	pass away	사망하다, 돌아가시다
1714	be willing to *do*	기꺼이 ~하다, 흔쾌히 ~하다
1715	pass on	~을 전달하다, ~을 전수하다
1716	specialize in	~을 전문으로 하다, ~을 전공하다
1717	take turns	교대로 하다
1718	in person	직접, 몸소
1719	stay in touch with	~와 연락하고 지내다
1720	make up	~을 구성[형성]하다, ~을 지어내다

DAY 44

1721	peel off	~의 껍질을 벗기다[까다]
1722	make one's way	나아가다; 출세[성공]하다
1723	think outside the box	새로운 방식으로 사고하다, 틀에서 벗어나다
1724	at all costs	무슨 수를 써서라도, 어떤 희생을 치르더라도
1725	call off	~을 중단하다, ~을 취소하다
1726	get across to	~에게 전달[이해]되다
1727	break down	고장 나다, 부서지다; 와해되다, ~을 분해하다
1728	stand out	눈에 띄다, 두드러지다
1729	take ~ for granted	~을 당연시하다
1730	be aware of	~을 알다, ~을 알아차리다[인식하다]
1731	make an effort	노력하다
1732	run out of	~을 다 써버리다, ~이 없어지다[떨어지다]
1733	apart from	~ 외에는, ~ 이외에, ~과는 별도로(= aside from)
1734	a pair of	한 짝[쌍]의 ~, ~ 한 벌
1735	a wide range of	광범위한 ~, 다양한 ~
1736	along with	~와 더불어, ~와 마찬가지로
1737	all too	정말, 너무나
1738	at a glance	한눈에, 얼핏 보면
1739	correlated with	~와 서로 관련된
1740	as well	또한, 역시

1741	at a cost	대가를 지불하여
1742	be caught up in	~에 사로잡히다
1743	at one's convenience	편한 때에, 형편이 되는 대로
1744	bring together	~을 모으다(= put together)
1745	a host of	많은, 다수의
1746	come into play	작동[활동]하기 시작하다
1747	be bound to *do*	~할 수밖에 없다, (반드시) ~하게 되어 있다
1748	above all	무엇보다도, 특히
1749	be in common use	흔히 쓰이다
1750	cross one's mind	(생각이) 문득 떠오르다, 뇌리를 스치다
1751	pay off	성과를 거두다, 성공하다; (빚을) 청산하다
1752	at one's own expense	자비로, 사비로
1753	in a moment	곧, 바로
1754	beyond one's control	통제할 수 없는, 통제 범위를 넘어선
1755	give off	~을 방출하다, ~을 발산하다
1756	bring out	~을 끌어내다
1757	go well with	~와 잘 어울리다
1758	after all	결국, 어쨌든
1759	feel free to *do*	자유롭게 ~하다, 거리낌 없이 ~하다
1760	in search of	~을 찾아서

DAY 45

1761	a handful of	소수의
1762	be stuck with	~을 어쩔 수 없이 사용하다
1763	come across	~을 우연히 마주치다[발견하다]
1764	attend to	~에 주의를 기울이다; ~을 돌보다[시중들다]
1765	come over	(생각·감정이) ~에게 밀려오다
1766	as of	~일자로, ~ 현재로
1767	try one's best	최선을 다하다(= do one's best)
1768	cut into	~에 끼어들다, ~을 침해하다; ~을 줄이다
1769	draw on	~을 이용하다; ~에 의존하다
1770	far from	~에서 먼; 전혀 ~이 아닌, ~은커녕
1771	be true of	~도 마찬가지이다, ~에도 적용되다
1772	make the most of	~을 최대한 활용하다
1773	nothing more than	단지, ~에 지나지 않는
1774	cave in to	~에 대해 굴복[항복]하다, (반대에) 응하다
1775	give rise to	~이 생기게 하다, ~을 낳다
1776	bring up	~을 불러일으키다; ~을 기르다[양육하다]
1777	cling to	~을 고수하다, ~에 매달리다
1778	prior to	~ 이전에, ~에 앞서, ~보다 먼저
1779	now and then	때때로, 가끔, 이따금
1780	on a ~ basis	~ 기준으로

1781	be into	~을 좋아하다, ~에 관심이 많다
1782	live on	~을 먹고 살다, ~을 많이 먹다
1783	for one's own sake	~ 자체[자신]를 위해
1784	in a row	연달아; 일렬로
1785	knock down	~을 쓰러뜨리다
1786	keep up with	따라가다, 따라잡다, ~에 뒤처지지 않다
1787	call for	~을 필요로 하다, ~을 요구하다
1788	take ~ into account	~을 고려하다, ~을 감안하다
1789	an array of	다수의 ~, 여러 ~
1790	get through	~을 끝내다[완수하다]; (많은 양을) 써버리다
1791	remind A of B	A에게 B를 상기시키다[생각나게 하다]
1792	serve as	~의 역할을 하다
1793	move on to	~로 옮기다[이동하다], ~로 넘어가다
1794	look up	(사전 등에서) ~을 찾아보다
1795	make a fool of	~을 웃음거리로 만들다
1796	catch up on	(앞서 못했던 일을) 하다, ~을 보충[만회]하다
1797	turn over	(몸)을 뒤집다
1798	view A as B	A를 B라고 간주하다[여기다]
1799	work out	운동하다
1800	free of	~이 없는

memo

memo

memo

memo

memo